Regine Lockot
Die Reinigung der Psychoanalyse
Die Deutsche Psychoanalytische Gesellschaft
im Spiegel von Dokumenten und Zeitzeugen
(1933 - 1951)

Regine Lockot

Die Reinigung der Psychoanalyse

Die Deutsche Psychoanalytische Gesellschaft
im Spiegel von Dokumenten und Zeitzeugen
(1933 - 1951)

edition diskord

Der Abdruck der Briefe von Anna Freud und Ernest Jones erfolgt mit freund-
licher Genehmigung der Sigmund Freud Copyrights, Colchester, und der
Honorary Archivists of the British Psycho-Analytical Society, Miss Pearl
King und Miss Jill Duncan (Executive Officer).

Die Deutsche Bibliothek — CIP-Einheitsaufnahme

Lockot, Regine:
Die Reinigung der Psychoanalyse: die Deutsche
Psychoanalytische Gesellschaft im Spiegel von Dokumenten
und Zeitzeugen (1933 - 1951) / Regine Lockot. — Tübingen: Ed.
diskord, 1994
ISBN 3-89295-583-2

Titelbild: Budapester Straße/Ecke Wichmannstraße, Berlin

© edition diskord, Tübingen
Satz: Computer-Schreibbüro Anne Schweinlin, Tübingen
Druck: Fuldaer Verlagsanstalt

Inhalt

Dank

Mein herzlicher Dank gilt Irmingard Staeuble, deren wichtige struktu-
relle Anregungen mir immer wieder Lust gemacht haben, über die
Konzeption des Buches nachzudenken. Ihr vorurteilsfreies Engagement und ihre freundschaftliche Unterstützung hatten mir bereits bei
meiner Dissertation »Erinnern und Durcharbeiten. Zur Geschichte der
Psychoanalyse im Nationalsozialismus« (1985) dabei geholfen, auch
»Durststrecken« durchzustehen.

Besonders danken möchte ich auch Gert Habelitz. Durch seinen
»neuen«, aber außerordentlich kenntnisreichen Blick hat er mich immer wieder gemahnt, fürsorglicher mit dem Leser umzugehen — Dinge zu erklären, die ich für selbstverständlich hielt. Auf seine Anregung hin habe ich manche Passage ausformuliert und konnte erst
dadurch neue Entdeckungen machen. Besonders hilfreich war Ludger
Hermanns mit seiner beeindruckenden Sachkenntnis, seinem nach-
denklichen, inhaltlichen Abwägen und seiner sorgfältigen Korrektur.
Er hatte immer ein offenes Ohr für meine kleinen und großen Fragen
und hat mir sein umfangreiches Wissen sehr freundschaftlich zur
Verfügung gestellt. Das *Berliner Forum zur Geschichte der Psychoanalyse* ist für mich nun seit den 7 1/2 Jahren, in denen es sich regelmäßig bei Ludger Hermanns trifft, zu einer unverzichtbaren Einrichtung geworden, deren oft scharfe, aber im Grundton wohlwollende,
sachliche Kritik mich immer wieder zum Nachdenken herausgefordert
hat.

Für ihre treue Begleitung sei auch Angela Schneider und Ralf
Knübel gedankt — Weggenossen, deren besondere, freundschaftliche
Qualität sich über viele Jahre bewährt hat.

Ohne das ermutigende und freundlich beteiligte Interesse des Ver-
legers Gerd Kimmerle wäre das Buch sicher nicht zustande gekommen. Für die sorgfältige Korrektur und technische Gestaltung danke
ich Dagmar Kimmerle.

Einleitung

Zur Einführung in die Thematik

Der in der Nachkriegsrezeption der Geschichte der *Deutschen Psychoanalytischen Gesellschaft* gepflegte Mythos von der Rettung der Psychoanalyse ist inzwischen ad absurdum geführt worden. Die Publikationen der letzten Jahre haben es unmöglich gemacht, die Augen davor zu verschließen, daß fast zwei Drittel der Mitglieder austreten mußten, um die Gesellschaft »zu retten«.[1] Aber auch der Mythos von der Vernichtung der Psychoanalyse hatte seine Funktion. Er diente als depressive Unterwerfungsgeste gegenüber dem internationalen Publikum, das 1949 in Zürich auf dem ersten internationalen psychoanalytischen Kongreß nach dem Krieg höchst skeptisch die Hybris der deutschen Vertreter verfolgte.

Es geht hier nicht darum, Mythen zu brandmarken, um sie dann zu »entlarven«. Mythen haben ihren legitimen Stellenwert in Entwicklungsphasen von Gruppen, die sich zu schwach fühlen, andere Verarbeitungsmöglichkeiten gelten zu lassen.

Die Zeit scheint inzwischen reif zu sein, danach zu fragen, welche Gravuren der Nationalsozialismus in der Geschichte der Psychoanalyse nach dem Krieg hinterlassen hat.

Korrumpiert durch die verführerischen Angebote der Nationalsozialisten nahm die *Deutsche Psychoanalytische Gesellschaft* (DPG) eine Entwicklung, die nicht in Einklang mit der *Internationalen Psychoanalytischen Vereinigung* (IPV) zu bringen war. Um kurzfristig kleine Vorteile zu gewinnen, wurden den Nationalsozialisten schwerwiegende Konzessionen gemacht – aber auch sie bewahrten die DPG nicht vor ihrer erzwungenen Auflösung und dem Austritt aus der IPV. Ein quälender Fragmentierungsprozeß der *Deutschen Psychoanalytischen Gesellschaft* nach dem Krieg war die Folge, der erst

---

[1] Von den 56 Mitgliedern der DPG, die 1932 noch offiziell aufgeführt wurden, lebten 1935 noch 14 in Deutschland.

durch ihre Spaltung in *Deutsche Psychoanalytische Vereinigung* (DPV) und *Deutsche Psychoanalytische Gesellschaft* (DPG) zu einem Ende kam.

In der Geschichte der Abspaltungsprozesse psychoanalytischer Gesellschaften sieht Cremerius[2] vorwiegend Elemente der Psychopathologie als ideengeschichtliche oder wissenschaftstheoretische Beweggründe. Spaltungen haben damit den Beigeschmack, etwas »Krankes« zu sein. Hier steht die Spaltung in unmittelbarer zeitlicher Nähe zum Ende der nationalsozialistischen Herrschaft und zur Annäherung an die IPV.

Die Frage nach der persönlichen Pathologie der DPG-Mitglieder, die nach dem Krieg aufgebrochen sein könnte, läßt sich »posthum« nicht befriedigend klären. Dokumentiert sind Aussagen zur charakterlichen und moralischen Beurteilung der führenden DPG-Mitglieder durch die internationale psychoanalytische Öffentlichkeit.

— Waren es die *moralischen Schwächen* der in Deutschland zurückbleibenden Kollegen, ihr Geltungsbedürfnis, ihr Neid und ihr Opportunismus, die die Emigrierenden mit psychischer, sozialer und letztlich auch physischer Vernichtung bedroht hatten?

— War es der Verrat der »reichsdeutschen« Psychoanalytiker, ihr *Antisemitismus*, den die jüdischen[3] IPA-Mitglieder ihnen verständlicherweise nicht verziehen hatten?

— War es der *Verrat an der Psychoanalyse*, den die Freudianer in der IPA den ehemaligen Mitgliedern des *Göring-Instituts* anlasteten?

Bei *formaler* Betrachtung erscheint die Spaltung der DPG nach dem internationalen psychoanalytischen Kongreß in Zürich von 1949 als Preis, den die IPA in Revanche forderte. Mußten ab 1933 zwei Drittel der Mitglieder die DPG aus rassenpolitischen Gründen verlassen, um die Gesellschaft zu »retten«, so mußten wiederum zwei Drittel der Mitglieder die Gesellschaft verlassen, um die IPA-Mitgliedschaft zu »retten«.[4] Diese absurde Gleichung durchzieht unterschwellig eine

---

[2] Cremerius, J. (1982) S. 492.

[3] Es erscheint mir angemessen, »jüdisch« und »Juden« in Anführungsstriche zu setzen, wenn es sich um die rassistische, nationalsozialistische Terminologie handelt. Wenn eine eigene Definition damit verbunden ist, fallen sie natürlich weg. Dieser Grundlinie bin ich, so weit wie möglich, gefolgt.

[4] Die DPG hatte 1949 35 Mitglieder. 1952 zählte die DPV 11 Mitglieder (siehe Anhang).

Vielzahl von historischen Darstellungen von NS-und Nachkriegszeit, gebahnt durch zeitgenössische Berichte und Protokolle, in denen immer wieder von »Ressentiments« der IPV-Mitglieder[5] die Rede ist, ohne allerdings die Gleichung »Juden und Ausländer« hier, »Nationalsozialisten« da so pointiert zu benennen und sich vermutlich auch nicht darüber Rechenschaft abzulegen.

Es gelang immerhin der kleinen Gruppe von Psychoanalytikern, die sich 1950 in Abgrenzung zur *Deutschen Psychoanalytischen Gesellschaft* (DPG) in der *Deutschen Psychoanalytischen Vereinigung* (DPV) organisiert hatten, die Verbindung zu ihren im Ausland lebenden Kollegen vorsichtig wieder aufzunehmen und 1951 einen Platz in der *International Psychoanalytic Association* (IPA), wie die *Internationale Psychoanalytische Vereinigung* (IPV) nach dem Krieg hieß, zu finden. Die *Deutsche Psychoanalytische Gesellschaft* (DPG) wurde nicht wieder in die IPA aufgenommen.

»Let the documents speak!«

Auf dem Umschlag des Buches steht mein Name, aber ich habe es nicht geschrieben. »Geschrieben« wurden die Texte — abgesehen von den Interviews, die abgetippte gesprochene Texte aus den letzten Jahren sind — von Zeitzeugen für Zeitgenossen. Ich habe diese Form gewählt, weil ich sie für besonders authentisch halte. Ich »höre« mit großem Interesse, worüber sich die oft bereits nicht mehr lebende Generation untereinander oder miteinander verständigt hat. Zum »Zuhören« ermutigt hat mich damals, als ich an meiner Dissertation »Erinnern und Durcharbeiten«[6] schrieb, einer meiner »Doktorväter«, Prof. Hellmut Becker, der im Dezember 1993 starb, als er mir riet: »Let the documents speak«. Auch wenn ich die größten Teile des Buches nicht geschrieben habe, habe ich es doch durch die Auswahl des Materials gestaltet. Es war mir dabei wichtig, das Gefühl zu vermitteln, nicht »über« Menschen und Vorgänge zu schreiben, sondern

---

[5] Siehe 7. Kapitel.
[6] »Erinnern und Durcharbeiten.« Zur Geschichte der Psychoanalyse und Psychotherapie im Nationalsozialismus, Frankfurt 1985.

11

gleichsam direkt dabei zu sein, sich »verstricken« zu lassen, aber wieder zurückzufinden — sich auf den Standpunkt außerhalb, auf die »dritte Position« besinnen zu können. Wenn die Verknüpfung der Materialelemente zu einem Text oft gebrochen erscheinen mag, wenig flüssig, so wird die Form zum Abbild der Fragmentierung der innerpsychischen und innersozialen Vorgänge der Protagonisten und ihrer Gruppen.

In der Literatur zur Geschichte der Psychoanalyse während der NS-Zeit scheint mir, vor allem in den letzten Jahren, eine Tendenz der Trennung vorzuherrschen zwischen den Autoren, die »am Material« arbeiten, und denen, die »über« das Material verfügen und sich der anderen fast raubbaumäßig »bedienen« — also sich nehmen, was gerade paßt. Auch das folgende Buch böte sich in diesem Sinne als »Steinbruch« an. Bis zu einem gewissen Grad ist dagegen wohl nichts einzuwenden. Zu bedenken geben möchte ich allerdings, daß damit wesentliche Erkenntnisquellen verschlossen bleiben. Jedes Dokument bezeugt nicht nur Geschichte, sondern hat seine eigene Vergangenheit. Manche Dokumente sind sorgsam verwahrt worden, andere routinemäßig aufgehoben oder nur zufällig erhalten geblieben und viele vernichtet. Als Ideal schwebt mir eine enge Verbindung von Material und seiner Stellenzuweisung als Deskription, Darstellung oder Deutung vor. Deutungen sind aber nicht möglich, wenn sie nichts von dem Schicksal ahnen, das das Material bereits vor der Veröffentlichung »erlitten« hat. Unbewußte, mit der Geschichte vergesellschaftete Vorgänge zeigen sich als Latenz im Umgang mit den Dokumenten.

In Deutschland wurden wichtige Akten aus der Frühgeschichte der Psychoanalyse über die Nazizeit und sogar den Krieg hinweggerettet. Sie gingen erst in der Nachkriegszeit verloren bzw. wurden vernichtet. Das geschah mit den meisten noch geretteten Akten des alten *Berliner Psychoanalytischen Instituts* (vor 1933) und wichtigen Dokumenten aus der Zeit der nationalsozialistischen Herrschaft. Am 13.03.1963 schrieb der Psychoanalytiker Werner Kemper, der zwei Ordner mit Korrespondenz zwischen den führenden, prominenten jüdischen Psychoanalytikern Eitingon, Simmel, Bernfeld, Radó, Reich, Reik, Harnik, Sachs, Fenichel und anderen, sowie Protokollen über die mit Jones in der Nazizeit geführten Verhandlungen im Keller seines Hauses eingemauert hatte, an die Historikerin Hannah Decker auf ihre Anfrage hin, daß er diese Ordner 1948 an den Vorsitzenden der DPG, Carl Müller-Braunschweig, zurückgegeben habe. Bei seiner Nachforschung Anfang der 60er Jahre seien sie nicht mehr im Nachlaß Müller-Braunschweigs zu finden gewesen. Sein Sohn Hans Müller-Braunschweig wurde erst nach dem Tod seiner Eltern Psychoanalytiker und mußte dann auch bedauernd feststellen, daß nur noch eine kleine Mappe mit Unterlagen über seines Vaters mißglückten Versuch, die Wiener psychoanalytischen Einrichtungen dem *Deutschen Institut für psychologische Forschung und Psychotherapie (Reichsinstitut im Reichsforschungsrat)* anzugliedern, übrig war.

Die Akten sollen von Carl Müller-Braunschweigs Frau, Ada Müller-Braunschweig, vernichtet worden sein, die im Dezember 1959 — vierzehn Monate nach ihrem Mann — starb. Aber es geht mir nicht darum, einen/eine Schuldige auszumachen. Vielmehr wundere ich mich darüber, daß die Last der Geschichte an Einzelpersonen »hängen« bleibt. Was bedeutet es, wenn eine Gesellschaft, in diesem Falle die *Deutsche Psychoanalytische Vereinigung,* sich als legitime Nachfolgeeinrichtung des alten *Berliner Psychoanalytischen Instituts* versteht, aber nicht dafür Sorge tragen kann, daß die dies bezeugenden Unterlagen erhalten bleiben? Es war keineswegs so, daß das Bewußtsein dafür gefehlt hätte. — Als ich am 20.05.1980 Erich Simenauer, Psychoanalytiker am *Karl Abraham Institut* (DPV), befragte, der Deutschland im Mai 1933 verlassen mußte, weil er als »Jude« von den Nationalsozialisten verfolgt wurde, und der 1957 zurückkam, erfuhr ich, daß er keine Unterstützung bei seinem Vorschlag gefunden hatte, die Unterlagen des alten *Berliner Psychoanalytischen Instituts,* die er fälschlicherweise bei der *Deutschen Psychoanalytischen Gesellschaft* vermutete, mit Hilfe eines Rechtsanwalts zurückzufordern. Vielleicht war ja der bewußte Wunsch, »da wieder an(zu)fangen, wo wir 33 hatten aufhören müssen,« wie Gerhard Scheunert, ein führendes Mitglied der DPV es formulierte[7], bestimmt durch den gegenläufigen Wunsch, nämlich alle Verbindungen zur Vergangenheit — auch der vor 1933 — abzubrechen. Es scheint so, als hätten sich die

---

[7] Ein von M. Rutschky 1984 erstellter Film über das *Berliner Psychoanalytische Institut* wurde unter dieses Motto gestellt.

Verantwortlichen mit einem »scharfen Schnitt« von der Vergangenheit, die mit Schuldgefühlen, aber auch mit Enttäuschungen verbunden war, getrennt —, und zwar nicht nur von der nationalsozialistisch dominierten.

Was bedeutet es, daß nur der »Wiener Bestand« im Privatbesitz von Hans Müller-Braunschweig verblieb?

Die Berliner DPG-Mitglieder hatten die Vorstellung, daß Müller-Braunschweig sich durch das Scheitern der »Wiener Aktion«, auf die ich im 1. Kapitel kurz eingehen werde, nach dem Krieg ein gewisses Ansehen in der internationalen Öffentlichkeit verschafft hatte.[8] Es war ihm offensichtlich so wichtig, daß es der Nachwelt überliefert wurde, daß er dafür Sorge trug, daß dieser Bestand erhalten blieb. Was auf den ersten Blick als aktueller Opportunismus erscheinen mag, erweist sich beim zweiten als sehr viel gebrochener. Bei diesen Dokumenten, in denen, neben seinem Einsatz für die Wiener Einrichtungen, Müller-Braunschweigs Unterwürfigkeit und Angst vor den Behörden zum Ausdruck kommen, findet sich auch, in einer kaum bekannten Kurzschrift[9], ein Brief an den Hochschuldezernenten Wirz (vom 01.04.1938) zur Gründung einer *Deutschen Zeitschrift für Psychoanalyse* »auf dem Boden des Dritten Reichs« als Stärkung des »nichtjüdischen« Teils der Psychoanalyse. Beigelegt ist eine Liste der *Societa Psicoanalitica Italiana*, mit acht Mitgliedern; drei davon sind als »Juden« markiert.

Die Arbeit an der Geschichte der Psychoanalyse wird in England nicht nur für die eigenen Ausbildungskandidaten[10] gefördert, sondern auch für den allgemeinen Gebrauch mit einem aus der privaten Initiative der Psychoanalytikerin Pearl King bereitgestellten und zum

---

[8] Nach Kempers Vorschlag soll eine etwaige Wiederbegründung der *Deutschen Psychoanalytischen Gesellschaft* vorerst zurückgestellt, aber vorbereitet werden. Als Leiter wird Müller-Braunschweig vorgesehen, »als der bei den ausländischen Zweigvereinigungen Bestbekannte und wegen seiner Wiener Erlebnisse bei der Liquidierung des Verlages dazu am ehesten Berechtigte« (Kemper-Protokoll, 14.05.45, B.A.).

[9] Er machte seine Notizen in Stoze-Scheyscher Stenographie.

[10] Nach Mitteilung von Pearl King wurde dort jeder Ausbildungskandidat dazu aufgefordert, einen Abschnitt der Geschichte zu bearbeiten.

Teil auch finanzierten Computersuchprogramm unterstützt.[11] Der freimütige Umgang mit den Dokumenten signalisiert, daß hier nichts verborgen wird und man im Prinzip stolz auf die Geschichte ist. Dieses Selbstverständnis, dem ich in den *Archives of the British Psycho-Analytical Society* (Brit. A.) in London begegnet bin, hat mich gefreut und ermutigt. Für die Geschichte der DPG bedeutet dieser sorgsame Umgang mit den Dokumenten, daß die dokumentierte Beziehung der DPG und der DPV zu ihren eigenen Wurzeln und ihre Zugehörigkeit zu der internationalen Gemeinschaft eigentlich nur durch die internationalen Archive — vielleicht gibt es so etwas wie ein »internationales Unbewußtes« — gestützt wird.

Mit dem Bestand des *Reichsinstituts für psychologische Forschung und Psychotherapie* — in dem unter der Leitung des Psychotherapeuten und Onkels von Hermann Göring, Mathias Heinrich Göring, alle psychotherapeutischen Richtungen zusammengeschlossen waren — wollte nach dem Krieg niemand so recht etwas zu tun haben. Schultz-Hencke, der Begründer der Neoanalyse, und Kemper waren zwar bei der Gründung »ihres« *Instituts für Psychopathologie und Psychotherapie*, wie das *Institut für psychogene Erkrankungen* zunächst noch hieß, bereit, »treuhänderisch« die Institutsakten zu übernehmen — die »juristische und moralische Nachfolge« lehnten sie ab.[12] Diese Dokumente fristeten ein unbeachtetes Dasein auf dem Dachboden des *Instituts für Psychotherapie*, bis sie einen »Interessenten« fanden, der sie an sich nahm — allerdings ohne Wissen der DPG bzw. des Instituts, deren Besitzrecht ja auch nicht eindeutig war. Nun blieb der Bestand nicht in der Rumpelkammer des »Interessenten« — es fand sich ein weiterer »Interessent« ein, der es ihm in einem unbeobachteten Augenblick stahl. Nach einigen Umwegen kam dieser Bestand ins Bundesarchiv. Aber selbst da war er nicht sicher und wurde, obwohl zugänglich, für die Ausstellung zur Geschichte der Psychoanalyse zum Internationalen Psychoanalytischen Kongreß in Hamburg, 1985,

---

[11] Ludger Hermanns verdanke ich die Mitteilung, daß Erich Simenauer dem Jones-Archiv eine hohe Summe zum Ausbau des Computersuchprogramms vermacht hat (siehe auch Hermanns, L., 1993).

[12] Kemper-Protokoll, 04.12.45, B.A.

wiederum, ganz unnötigerweise zunächst »gestohlen« – d.h., ohne die dafür nötige Genehmigung einzuholen, benutzt.

Zerrissen, wie die Gruppenprozesse der *Deutschen Psychoanalytischen Gesellschaft* nach dem Krieg, waren auch die Aktenbestände, die die Zeit zwischen 1945 und 1950 bis zur DPV-Gründung dokumentieren. Unsystematisch auseinandergepflückt war ein Teil der Akten bei dem Bestand des *Reichsinstituts*, der dann ins Bundesarchiv kam, ein anderer befindet sich bei der DPV, die damals ja noch nicht gegründet war, da Müller-Braunschweig als DPG-Vorsitzender sie verwahrte und sie bei der DPV-Gründung bei ihm verblieben. Obwohl die Korrespondenz nicht spektakulär ist, wie ich aus einer den Bestand darstellenden Veranstaltung am *Karl Abraham Institut* und der Vorbereitung zur Ausstellung der Geschichte der Psychoanalyse, an der ich mitgearbeitet habe, weiß, wurde mir ihre Benutzung verweigert.

Die persönlichen und fachlichen Aufzeichnungen Harald Schultz-Henckes konnten nur durch einen Zufall gerettet werden. Sie wurden vor einigen Jahren vor seinem Haus in Berlin, das noch von seiner ehemaligen Lebensgefährtin bewohnt wird, für den Sperrmüll zum Abholen bereit, von einem aufmerksamen Psychoanalytiker gefunden und aufgehoben. Allem Anschein nach sollten sie nicht aus mangelndem Interesse weggeschmissen werden, sondern gerade weil Interesse[13] daran gezeigt wurde. Auch sie sind noch in privatem Gewahrsam.

Ich machte ähnliche Erfahrungen mit dem Nachlaß des Schweizer Psychoanalytikers Gustav Bally, der deutlich Jungs pronationalsozialistische Haltung[14] kritisiert hatte und in der Nachkriegszeit zu einem wichtigen Knotenpunkt zwischen den in Deutschland verbliebenen Psychoanalytikern – vor allem im Heidelberg-Stuttgarter Raum – und ausländischen Kollegen geworden war. Seine beiden Söhne waren sehr freundlich bereit, mir seine Korrespondenz zu überlassen.

---

[13] Kurze Zeit vorher hatte ich der ehemaligen Lebensgefährtin von Schultz-Hencke den Vorschlag gemacht, die bei ihr noch verwahrten Unterlagen Schultz-Henckes wie seine Tagebücher, Korrespondenz, Protokolle etc. dem Bundesarchiv zu übergeben. Sie hatte darauf mir gegenüber nicht reagiert.

[14] Bally, G. 1934.

Als ich extra nach Zürich kam, um daran zu arbeiten, stellte sich heraus, daß der eine Sohn davon ausgegangen war, daß der andere Sohn sie verwahrte und umgekehrt. Nun mußten beide betroffen feststellen, daß die Dokumente ohne ihr Wissen von Ballys zweiter Frau, Hanni, vernichtet worden waren, die bei meiner Anfrage nicht mehr lebte.

Bei Müller-Braunschweig, Schultz-Hencke und auch Bally waren es die ihre Männer überlebenden Frauen (bei Schultz-Hencke die Lebenspartnerin), die nach deren Tod die Dokumente vernichteten. Das war nur möglich, weil die Funktionen, die ihre Männer innerhalb ihrer Gruppen innehatten, letztlich als ihre Privatangelegenheit betrachtet wurden. Als die Psychoanalytikerin und Mitbegründerin des *Instituts für Psychotherapie und Psychoanalyse* in Hannover (1965), Ina Böhlendorf, 1987 starb, löste eine entfernte Nichte ihren Haushalt auf, ohne sie persönlich gekannt zu haben. Trotz »längerer Suche« habe sich niemand für die große Menge an Unterlagen, Akten, Dokumenten etc. interessiert und sie habe sie weggeworfen. Hier war es die menschlich-persönliche Einsamkeit, die die Verwandte tief erschütterte.[15] Zu ihren Lebzeiten hatte sich Ludger Hermanns vergebens darum bemüht, mit ihr Kontakt aufzunehmen. Ihm gegenüber war sie völlig abweisend gewesen.[16] Selbst die IPA hat sich erst in den letzten Jahren ein Archiv geschaffen. Vorher wanderten die Akten von einem Präsidenten zum anderen (oder auch nicht) und waren damit, nach ihrem Tod, der Willkür ihrer Erben ausgeliefert.

Es gibt aber auch sehr erfreuliche Gegenbeispiele: so hat Margarete Mitscherlich dafür gesorgt, daß der Nachlaß ihres Mannes der Frankfurter Universitätsbibliothek zur benutzerfreundlichen Betreuung überlassen wird und Lene Keppler (die enge Mitarbeiterin von Felix Schottlaender, Psychoanalytikerin) und Eva Schottlaender (Schottlaenders Tochter, Kinderanalytikerin) und auch Gisela Schirren (Witwe von Julius Schirren, führender Jungianer) konnten sich dazu entschließen, die Nachlässe von Schottlaender bzw. Schirren dem Bundesarchiv in Koblenz zu übergeben. Sowohl aus Kreisen der DPV als auch der DPG sind Initiativen entstanden, historisches Material zu

---

[15] Klaus Oberborbeck danke ich für diese Mitteilung.
[16] Persönliche Mitteilung.

sammeln und im Bundesarchiv zu deponieren. Das *Archiv zur Geschichte der Psychoanalyse* ist ein zu diesem Zweck gegründeter gemeinnütziger Verein, dem im wesentlichen DPV-Mitglieder angehören, der aber auch Nichtanalytikern offensteht. Nun wäre es naiv zu meinen, damit ein für allemal die unbewußten Prozesse, die sich im Umgang mit der dokumentierten Geschichte manifestieren, gebannt zu haben: Eine besondere Art der Abwehr bei der Verleugnung von Geschichte besteht darin, alle Dokumente bestens geordnet und für alle zugänglich zu verwahren. Es ist immer wieder erstaunlich festzustellen, daß manche Themen, die als geheim, unantastbar oder sogar unerforschbar gelten, bei systematischer Suche leicht aufzuhellen sind. Als kleines Beispiel mag die Auseinandersetzung um die Parteimitgliedschaft des DPV-Psychoanalytikers Gerhard Scheunert dienen. Die formalen Details seiner NSDAP-Mitgliedschaft sind, öffentlich zugänglich, im *Amtsgericht Berlin Charlottenburg* (bzw. inzwischen im *Berliner Landesarchiv*) bei den Gründungsunterlagen der *Deutschen Psychoanalytischen Vereinigung* einzusehen.

Die ganz spezifische Dynamik im Umgang mit historischem Material ist mir eigentlich erst bei meinen vielen Gesprächen mit Zeitzeugen klar geworden.[17] Auch wenn ich hier nur aus einzelnen Gesprächen zitiere, gibt es kein Gespräch, das ich nichtssagend oder überflüssig fand. Meine Gesprächspartner waren in der Regel sehr bereit, mein Anliegen, die Nachkriegsgeschichte kennenzulernen, zu fördern: Ich danke hier vor allem Hellmut Becker, Friedrich Beese, Kurt Höck, Wolfgang Hochheimer, Margarete Köhler, Paul Parin und Horst-Eberhard Richter. Einige können diesen Dank leider nicht mehr entgegennehmen. Eine wirkliche Freundin ist mir die Psychoanalytikerin Luise Meyer geworden. Sie starb am 21.08.1993 mit 87 Jahren. Mit ihrer Fähigkeit, gleichsam mit dem Herzen nicht nur das Elend der Nachkriegszeit zu »sehen« und ihrer Mutter darüber in Briefen, die sie mir zur Verfügung gestellt hat, zu berichten, hat sie mir tiefen Eindruck hinterlassen.

Die Diskrepanz zwischen der großzügigen Unterstützung in den Gesprächen und der feindselig-indifferenten Haltung der Institutionen

---

[17] Im »Anhang« habe ich alle meine Gesprächspartner aufgeführt. Ihnen sei herzlich gedankt.

— bzw. deren Sachwaltern — sind m. E. zwei Seiten einer Medaille. Beides zusammen verstanden erkennt man die Angst der älteren Generation, daß sich die jüngere ihrer Geschichte ohne Einfühlung bemächtigt. Gleichzeitig freuen sich die meisten älteren Menschen über das ihnen entgegengebrachte Interesse.

Diese Generationsdynamik ist mir dann, gewissermaßen am eigenen Leibe, in der Identifizierung mit den Teilen der Geschichte, über die ich geschrieben habe, deutlich geworden. Als ich anfing, über die Geschichte der Psychoanalyse im Nationalsozialismus zu arbeiten, interessierte sich kaum jemand für die Thematik. Dann gab es plötzlich ein breiter werdendes bis inflationäres Interesse, gerade vor dem Internationalen Psychoanalytischen Kongreß in Hamburg 1985. Ich spürte deutlich die Übertragung von »in der Forschung jüngeren« Kollegen, die sich mit Fragen an mich wandten, deren Beantwortung oft einen ziemlichen Aufwand erforderte. War ihre Bitte erfüllt, hörte ich nichts mehr von ihnen. Diese Spannung zwischen der Angst davor, ausgebeutet zu werden, und der Freude darüber, »Gleichgesinnte« zu finden, ist, glaube ich, das übertragungsmäßige Gegenstück zu meinen Erfahrungen mit »Sachwaltern« und »Zeitzeugen«. Aber ich möchte nicht ausschließen, daß auch ich mich, gerade zu Beginn meiner historischen Untersuchungen, ähnlich verhalten habe.

Neben diesem ambivalenten Umgang mit Material im eigenen Land — hier als Spaltung zwischen »Sachwaltern« und einzelnen beteiligten Gesprächspartnern — hat sich eine eigene, »gute« »Forscherkultur« herausgebildet. Dokumente, zu denen ich selber Zugang habe, stelle ich »Mitforschern« zur Verfügung, umgekehrt habe ich immer wieder Dokumente von »Mitforschern« bekommen. Die Voraussetzung für einen solchen Austausch ist m. E. an einen gedanklichen Austausch gekoppelt. Michael Schröter und Erika Wantoch haben mir aus der *Library of Congress* interessantes Material mitgebracht. Auch Mitchel Ash, Helmut Bach, Karen Brecht, Hannah Decker und Klaus Oberborbeck haben mich mit Dokumenten und Hinweisen unterstützt. Manche Forscher mögen diese Art des Dankes nicht. Sie werden wissen, daß sie hier bedacht werden.

Der Umgang mit der Geschichte scheint in besonderem Maße Raub- und Raffgelüste zu stimulieren. Dabei ist die Geschichte der Psychoanalytiker während des Nationalsozialismus und auch der

Nachkriegszeit nichts, was neidisch machen könnte. Es ist eher ein »trauriges Kapitel«. Was macht die Geschichte also zu einem so ambivalent und zugleich hoch besetzten Gegenstand? Zwischen dem Versuch, sie den »Eltern« zu »rauben«, an ihr zu partizipieren und der radikalen Trennung von ihr?

Die Geschichte, von der ich »schreiben lasse«, führt in die Zeit vor und kurz nach meiner Geburt und ist damit mit der Ambivalenz der eigenen Existenz behaftet, in der »Urszene« — also dem Moment der eigenen Zeugung — verdichtet. So besteht die Gefahr, daß ich mich als Forscherin unbewußt so verhalte, als wäre ich ein Kind, das auf die Beischlafgeräusche aus dem elterlichen Schlafzimmer, gleichsam mit angehaltenem Atem, lauscht — »dabei« sein möchte und zugleich das eigene, nun symbolisch vollzogene, sich wiederholende Werden meint nicht ertragen zu können. Aber auch die »Eltern« könnten sich so verhalten, als wären die über die Geschichte arbeitenden, meist jüngeren Kollegen »Kinder«, die zunächst vorurteilsfrei und liberal »aufgeklärt« werden, denen aber in wütendem Affekt die Schlafzimmertür vor der Nase zugeschlagen wird, wenn sie selber aktiv werden.

Hätte ich mich in dieser Dynamik, die eine von mehreren möglichen Phantasiefacetten darstellt, fangen lassen, dann wäre das das Ende der konstruktiven Arbeit an der Geschichte.

Die Spaltung zwischen »Sachwalter« und »Mensch«, die ich im Umgang mit den Akten fand, ist in der Geschichte angelegt, in der die Menschen schwerwiegende innerpsychische Spaltungsprozesse als Funktionsträger und fühlende und denkende Menschen erfuhren — bzw. in seiner extremen Form als »deutsche Soldaten«.

Zu den einzelnen Kapiteln

Für das 1. Kapitel über die »Deutsche Psychoanalytische Gesellschaft zwischen internationaler Öffentlichkeit und nationalsozialistischer Politik« habe ich im wesentlichen Dokumente benutzt, die in Deutschland vernichtet wurden — also die ganze offizielle DPG-Korrespondenz mit Jones und mit Anna Freud — und zusätzlich, gleichsam die »dritte Position« repräsentierend, also den Standort außerhalb der Liaison der DPG mit dem Staat, den Gedankenaustausch zwischen Jones und Anna Freud. Anna Freud versuchte immer wieder, das *Bekannte in den ihr fremd werdenden Kollegen* zu finden — und sei es über negative Eindrücke von ihnen vor der Zeit der Nationalsozialisten. Aus ihren Kommentaren geht eine Mischung aus interessiertem Beobachten und verwirrtem Befremden hervor.

Das 2. Kapitel über die »Körperlichen und seelischen Folgen des Krieges und der NS-Zeit« — im wesentlichen durch die Darstellungen in der *Psyche* gestaltet — entstand aus einer ganz anderen Art des Aktenstudium. Zwischen dem 07.05.1945 und dem 11.04.1946 zeichneten Schultz-Hencke und Kemper alle Gespräche und Verhandlungen auf, die sie führten — oft mehrere am Tag. Aus diesen akribischen, gegenseitig abgezeichneten und korrigierten bzw. ergänzten Protokollen bildete sich bei mir ein merkwürdiges Lebensgefühl ab: Offenbar konnten sie sich auf nichts und niemanden mehr verlassen — auch nicht auf die eigene Wahrnehmung. Deutlich wurde mir auch die völlige Zerstörung der gesellschaftlichen Infrastruktur, des Behördenapparats. Tragende Figuren aus der NS-Zeit wie z.B. der berühmte Chirurg Ferdinand Sauerbruch, ursprünglich Fachspartenleiter der Abteilung Medizin im *Reichsforschungsrat*, tauchten — wenn man sie, rein räumlich, überhaupt hatte finden können — als wichtige Funktionsträger wieder auf. Sauerbruch, vom sowjetischen Stadtkommandanten am 17.04.1945 zum Leiter der *Abteilung Gesundheitswesen* eingesetzt, trat am 12.10.1945 zurück und war dann auf einer anderen Bühne wieder präsent, auf derjenigen der *Notgemeinschaft Deutscher Wissenschaftler*, jener »Gemeinschaft«, die Mitscherlich seine Dokumentation des Nürnberger Prozesses so übel genommen hatte. Die Protokolle von Schultz-Hencke und Kemper erschienen mir losgelöst auch von dem Lebenskampf der übrigen Zeitgenossen. Dieser Eindruck wurde besonders stark, als ich über eine Mitteilung der Wilmersdorfer Gesundheitsbehörde stolperte, aus der hervorging, daß am Nikolsburger Platz, also ganz in der Nähe von Schultz-Henckes Wohnung, ca. 300 Leichen verscharrt waren und ordnungsgemäß bestattet werden müßten, um damit einer Seuchengefahr zu begegnen. Die *Spaltung zwischen psychosomatischer und sozialer Existenz* — die ich übrigens in den Briefen von Luise Meyer aufgehoben finde — erlaubt eine Fülle von Assoziationen über den Umgang mit dem Elend. Wurde es als »gerechte Strafe« empfunden und damit als eine Art der Wiedergutmachung?

Der Eindruck, daß die psychosomatische Verfassung der Menschen einerseits verdrängt wurde, andererseits von entscheidender lebensgestaltender Bedeutung war, wird dadurch verstärkt, daß sich die aktuellen »psychosomatischen« Themen in der *Psyche* vorwiegend in Rezensionen finden, aber wie Mitscherlich und Schottlaender ausdrücklich bedauern, keine Orginalarbeiten zu Fallberichten und den großen Zeitfragen wie Flüchtlinge, Heimatlosigkeit, Wohnungsnot, mangelnde Freizügigkeit, Jugendkriminalität und Prostitution zu bekommen waren.

Zunächst zögerte ich, dieses Kapitel überhaupt mit in das Buch aufzunehmen. Zu oft wurde von der älteren Generation das Elend in Deutschland nach dem Krieg mißbräuchlich als gut bestandener Lebenskampf zitiert, das vorher Angerichtete damit verleugnet. Aber ich glaube, daß eine neue Verleugnung, die die Lebensbedingungen der Nachkriegszeit nicht erwähnt, keinem nutzen würde.

Im 3. Kapitel stelle ich die beiden »Psychoanalytischen Zentren in Deutschland nach 1945« dar. Im ersten Teil habe ich die Situation in Berlin, im wesentlichen aus den Dokumenten des *Bundesarchivs* (Kl-Ew 762), dem Rest des *Kemper-Archivs,* und verschiedenen privaten Kommentaren aus Briefen und Gesprächen wiedergegeben. Solange Kemper und Schultz-Hencke zusammenarbeiteten, gelang es ihnen, ein Stück konstruktiver Gesundheitspolitik umzusetzen — wenn auch mit einer ziemlichen Rücksichtslosigkeit ihrem älteren, die DPG-repräsentierenden Kollegen Müller-Braunschweig gegenüber. Der Konflikt zwischen dem »Vater«, der unglaubwürdig geworden war, und dem »Sohn«, der ihn das auf hybride Weise spüren ließ, eskalierte auf dem Internationalen Psychoanalytischen Kongreß in Zürich, den ich im 5. Kapitel darstellen werde.

Berlin verlor trotz seines traditionellen Anspruchs langsam seine Bedeutung als »Zentrale«. Unabhängig von der DPG, versehen mit den Vor- und Nachteilen des psychoanalytischen »Wildwuchses«, gelangen Mitscherlich und Schottlaender, im Gegensatz zu den Berliner DPG-Mitgliedern, die Begründung einer psychoanalytischen Zeitschrift als Forum einer psychoanalytischen Identitätsbildung und einer strukturellen Verankerung der Psychoanalyse in die Universität und dort in die Psychosomatik. Die tatsächliche Alternative zur institutionalisierten Psychoanalyse wuchs im Stuttgart-Heidelberger Raum. Es drohte also auch eine geographisch sich abbildende ›Spaltung‹ zwischen denen, die mit der Vergangenheit ›belastet‹ waren und den ›Unbeschwerten‹. Als Quellen habe ich vor allem die Korrespondenz zwischen Mitscherlich und Schottlaender benutzt. Am Rande taucht hier die eher gebrochene — sowohl moralisch als auch menschlich — Gestalt Viktor v. Weizsäckers auf, der den fehlenden »väterlichen« Part nicht übernehmen konnte. In beiden psychoanalytischen Zentren war es ein eher gleichwertiges Männerpaar — hier Kemper und Schultz-Hencke, da Mitscherlich und Schottlaender —, das durch seine Verbundenheit miteinander — wie auch immer sie jeweils gefärbt sein mochte — wesentliche gesellschaftliche Strukturen schaffen konnte.

Erst im 4. Kapitel wird deutlich, wie sehr die Berliner DPG-Mitglieder um sich selber kreisten und kaum dazu in der Lage waren, ihren »verclinchten« Dunstkreis zu verlassen. Vor allem Kemper und Schultz-Hencke waren vorwiegend an der Wirkung ihres Auftretens interessiert — so z.B. auf dem Londoner *Congress of Mental Hygiene* (1948). Müller-Braunschweig bemühte sich deutlich um ein Wiederanknüpfen an alte Beziehungen. Als »Laie« und älterer Repräsentant der Psychoanalyse hatte er in Deutschland keine politische Lobby. Rickmans Beurteilung der führenden, in Deutschland verbliebenen Psychoanalytiker (Müller-Braunschweig, Boehm, Kemper, Dräger und Steinbach) zeigt, wie tief der *Bruch zwischen der internationalen Öffentlichkeit und den führenden DPG-Mitgliedern* war. Dieser Bruch ist auch heute noch deutlich zu spüren: Obwohl sein Bericht schon seit fünf bis sechs Jahren publiziert[18] vorliegt, wurde er bisher in keiner deutschsprachigen Veröffentlichung übersetzt und ist weitgehend unbekannt.[19]

---

[18] King, Pearl. Sur les activités et l'influence des psychanalystes britanniques durant la Deuxième Guerre mondiale. In: Revue Internationale d'Histoire de la Psychanalyse, Presses Universitaires de France, Bd. 1, 1988. King, Pearl. Activities of British Psychoanalysts during the second world war and the influence of their inter-disciplinary collaboration in the development of Psychoanalysis in Great Britain. In: Int. Rev. Psycho-Anal. Bd. 16, S. 15-33, 1989.

[19] Nur Rickmans Bericht über Käthe Dräger wurde in der *Informationsschrift für*

Schottlaenders und Mitscherlichs Kontaktaufnahmen mit Kollegen außerhalb Deutschlands sind, bedingt durch ihren »unbelasteten« Hintergrund, unkomplizierter. Beide sind sich ihrer historischen Position deutlicher bewußt als die Berliner, die einen etwas provinziellen Eindruck hinterlassen.

Im 5. Kapitel werden die Auftritte von Schultz-Hencke und Müller-Braunschweig auf dem IPA (*International Psychoanalytical Association*)-Kongreß in Zürich 1949 und die internationale Reaktion darauf dargestellt. Die Entscheidung, die *Deutsche Psychoanalytische Gesellschaft* nach dem Krieg nicht sofort wieder in die IPA aufzunehmen, stellt sich mir als Bilanz eines *jahrelangen innerpsychischen Spaltungsprozesses der einzelnen DPG-Mitglieder bis hin zu der Fragmentierung der Gruppe* dar, auf die die IPA mit ihrer Entscheidung reagierte.

Über die »Auswirkungen der internationalen Begegnung auf die Psychoanalyseentwicklung in Deutschland« nach dem Züricher Kongreß bis zum Amsterdamer Kongreß (1951) schreibe ich im 6. Kapitel. Die Berliner DPG-Mitglieder hatten das internationale Forum des Kongresses als »Bühne« zur Selbstdarstellung benutzt. Hätten sie es wirklich ertragen können, schweigend dabeizusein? Und wenn ja, wäre das angemessen gewesen? Ihre Konflikte hatten hier eine theoretische Kontur gewonnen, die schließlich die Trennlinie markierte. Die außerordentliche Schärfe in der persönlichen Auseinandersetzung zwischen Müller-Braunschweig und Schultz-Hencke wurde zunehmend von der Gruppe mitübernommen. Die DPG nahm, die Bestimmungen der Besatzungsmächte ausnutzend, Einfluß auf Schultz-Henckes Berufung zum Professor, *die DPV trennte sich von der DPG*, die provisorische Mitgliedschaft der DPG wurde gelöscht und die DPV (*Deutsche Psychoanalytische Vereinigung*) als die die »reine Psychoanalyse« vertretende Organisation von der IPA akzeptiert.

Mit der Aufnahme der DPV in die IPA ist eine Ära zu Ende gegangen, in der sich auf dem Berliner Schauplatz die Geschichte ihre Protagonisten schuf und sich daraus Strukturen entwickelten, die sowohl den menschlichen Enttäuschungen aneinander als auch dem

---

die Weiterbildungsteilnehmer der Deutschen Psychoanalytischen Vereinigung, Sept. 86, PsA-Info-Nr. 27, publiziert.

24

Wunsch nach Konturierung des eigenen Standpunktes entsprachen. Auf der Heidelberger-Stuttgarter Bühne hatten die Protagonisten Geschichte gemacht. Die persönliche Beziehung zwischen Schott-laender und Mitscherlich hatte ihre eigene Bewegung, ihre eigene Zeit — mit einer langen Vorlaufphase — einer gegenseitigen Idealisie-rung, einer Distanzierung, bis hin zu dem schmerzlichen Bruch.

Die DPV-Analytiker wurden als »entsühnt« in die IPA wieder auf-genommen und gaben sich viele Jahrzehnte große Mühe, dieser Op-tion zu entsprechen.

Im 7. Kapitel geht es um die fachlichen Fragen, die den psycho-therapeutischen Berufsstand in seiner Verbindung zur Psychiatrie und Psychosomatik nun ohne Zensur beschäftigten. Die internationale Diskussion hatte sich längst sozialpsychiatrischen, gruppentherapeu-tischen, psychoanalytischen und anderen psychotherapeutischen Mo-dellen zugewandt und beurteilte Psychochirurgie und Elektroschock-behandlung allerhöchstens als Notlösungen. In Deutschland wurden, vor allem von der Psychiatrie, ausschließlich aggressive Behandlungs-methoden diskutiert und ihre Aggressivität zugleich verleugnet.

Die von Psychiatern, Psychoanalytikern und Psychotherapeuten ausgiebig geführte Debatte um die ärztlich-psychotherapeutische Zulässigkeit der Kastration eines Transsexuellen scheint mir, gemes-sen an der minimalen Patientengruppe und den eigentlichen ›großen Zeitfragen‹, nur symbolisch verstehbar zu sein. Auf der einen Seite wird offen die Artikulation der beruflichen Identität herausgefordert, auf der anderen scheint sich mir dieses Thema der personalisierten Ambivalenz — des Männlichen und Weiblichen — und der Qual, diese Ambivalenz zu ertragen, als Folie für die Projektion unbewußter, aber beherrschender Prozesse anzubieten.

Damit könnte sich auf der Ebene der Theoriediskussion eine ähn-liche Wendung zur *Externalisierung von Spaltung* (z.B. bei der Emp-fehlung zur Kastration) vollziehen, wie sie sich im Spaltungsgesche-hen der DPG gruppendynamisch ausdrückt.

1.0. Die *Deutsche Psychoanalytische Gesellschaft* (DPG) zwischen internationaler psychoanalytischer Öffentlichkeit und nationalsozialistischer Politik

Die *Internationale Psychoanalytische Vereinigung* als Gemeinschaft von Gleichgesinnten

Bei der Gründung der *Internationalen Psychoanalytischen Vereinigung* 1910 auf dem *2. Internationalen Kongreß* in Nürnberg hatte Ferenczi das Prinzip verfolgt,»daß dieser Vereinigung nur solche angehören sollten, die bezüglich der Grundideen übereinstimmen; ... Ich glaubte und glaube auch heute noch, daß Diskussionen nur unter Gleichgesinnten förderlich sind und daß Leute mit verschiedenen Grundgedanken ihre eigenen Arbeitszentren haben sollen. Diese Tendenz, die unsere Vereinigung auch heute verfolgt, verschaffte uns das nicht immer liebenswürdig gemeinte Adjektiv der Orthodoxie, wobei diesem Wort ungerechtfertigterweise auch der Sinn des Nichtfortschreitenwollens angehängt wurde. Nun gibt es aber bekanntlich auch Spaltungen und Aufstände gegen den Fortschritt und Zeiten, in denen die Jungen reaktionärer als die Alten sind«.

Als Beispiele dafür führte er die Jungsche Richtung an, die sich an den »bereits glücklich überwunden gewähnten Mystizismus« annähere und die Adlersche Richtung, die wie die Behavioristen die Psychologie beiseite ließe und »alles Heil in einer neuen sozialen Ordnung« suche.[1]

Die *Berliner Psychoanalytische Vereinigung*, wie sie damals noch hieß, konstituierte sich als erste Ortsgruppe der IPV im Anschluß an den Nürnberger Kongreß (1910). Ihr folgte die Wiener und die Züricher Gruppe. Nach dem 1. Weltkrieg begann sich die Gruppe unter Abrahams Leitung zu konsolidieren — aber die Psychoanalyse war noch ein höchst skeptisch betrachtetes Unternehmen, wie wir z.B. aus dem Bericht von Edith Weigert, Lehranalysandin Müller-Braun-

---

[1] Ferenczi, S. (1928) S. 428 f.

26

schweigs, wissen: »Wer sich in Deutschland vor der nationalsozialistischen Ära für Psychoanalyse interessierte, wurde vielfach belacht und angegriffen und wer sich gar auf das Studium der Psychoanalyse einließ, mußte auf eine akademische Laufbahn verzichten und sich auf eine mehr oder weniger geringschätzige, wenn nicht feindliche Behandlung von seiten der Kollegen einrichten ... Der junge Ausbildungskandidat war häufig durch eigene neurotische Störungen dazu veranlaßt, die analytische Therapie an sich auszuprobieren ... In der Vergangenheit brauchte der Psychoanalytiker ein gutes Maß an Überzeugungskraft, um sich gegen den Strom der öffentlichen und ›wissenschaftlichen‹ Meinung zu behaupten. Wenn die persönliche Analyse ihn weitgehend von seiner eigenen neurotischen Störung befreit hatte, dann war solche Überzeugungskraft, die auf realistischer Erfahrung beruhte, wohl begründet. Wenn aber diese Befreiung nur teilweise gelungen war, blieb seine Beziehung zur Psychoanalyse ambivalent, offen für Enttäuschungen, Zweifel, Trotz oder überkompensierenden Fanatismus. Solche subjektiven Faktoren waren in den Anfängen der Psychoanalyse nicht auszuschließen, sie erhöhten andererseits das Mißtrauen des Wissenschaftlers. Es ist bedeutend leichter, z.B. in der Physik oder Astronomie objektiv zu sein, als im Gebiet menschlicher Emotionen.«[2]

Abraham starb im Dezember 1925 und Jones schrieb über seine Beerdigung, daß sich Ferenczi recht formal verhalten habe — vielleicht weil er sich zu sehr habe kontrollieren müssen. Sachs sei sehr bewegt gewesen und habe eine großartige Rede gehalten, bei der viele, Jones schloß sich hier ein, zusammenbrachen. Nun sei die Situation der *Berliner Gesellschaft* schlimmer als erwartet, da keiner als Führer in Frage komme. Überstürzt sei eine Sitzung abgehalten worden, auf der sich die Berliner »badly and jealously« benommen hätten.[3]

---

[2] Weigert, E. (1952) S. 633.

[3] »Ferenczi was rather formal, perhaps from excessive self-control. Sachs was exceedingly moving — a great speech and many ... including myself broke down. I think he and Ophuijsen are feeling it worst ... The situation in the Berlin Society is even worse than I expected. No leader at all possible. They couldn't wait for Karl ... hurried before calling a meeting quickly behaving badly and jealously.« (Jones/K. Jones, seine Frau, 29.12.25, Brit. A.).

Vielleicht als unbewußte Reaktion auf Abrahams Tod und Abwehr der Trauer entstand eine zentripetale Bewegung mit eigenen Schulrichtungen wie die von Melanie Klein, Karen Horney, Franz Alexander, Wilhelm Reich und schließlich auch die von Schultz-Hencke. In der folgenden politischen Zäsur, die der Nationalsozialismus brachte, war es nicht mehr möglich, die auseinanderstrebenden Impulse am *Berliner Institut*, die ja auch weiterbestanden, nachdem ihre führenden Vertreter Berlin verlassen hatten, zu diskutieren. Es galt nun nicht mehr, sich mit den »inneren Gegnern« der Freudschen Psychoanalyse auseinanderzusetzen, sondern sich den »äußeren Gegnern«, den nationalsozialistischen Funktionären, zu stellen.

Die Berliner Psychoanalytiker waren aber nicht nur der äußeren Gefahr ausgesetzt, als Anhänger einer »jüdischen Wissenschaft« diskriminiert und eingeschränkt zu werden, sondern vor allem einer neuen, andersgearteten, inneren: Die führenden Psychoanalytiker waren Juden und standen an exponierten Stellen des Instituts. Wie in allen Gruppen wird es auch hier Neid, Geltungsbedürfnis und Opportunismus der Schwächeren, der sog. arischen Psychoanalytiker, gegeben haben, die nun ihre Bedeutung aufwerten konnten und sich über ihre »begabteren Geschwister« hinwegsetzten.

Eitingon, damals Direktor des *Berliner Psychoanalytischen Instituts,* beriet sich bereits im Januar 1933 mit Freud über die Möglichkeit seines erzwungenen Ausscheidens. Freud diskutierte drei Möglichkeiten (21.03.1933) :

»Erste: Die Psychoanalyse wird verboten, das Institut von Amtsgewaltigen geschlossen. Dazu ist am wenigsten zu sagen oder zu tun, Sie haben dann bis zum letzten Moment ausgehalten, ehe das Schiff versenkt ist.

Zweite: Dem Institut geschieht nichts, aber Sie werden als Ausländer usw. von der Leitung entfernt. Sie bleiben aber in Berlin und können Ihren Einfluß inoffiziell weiter ausüben. In diesem Fall meine ich, können Sie das Institut nicht sperren, Sie haben es zwar begründet und die längste Zeit erhalten, aber dann haben Sie es dem Berliner Verein überlassen, dem es jetzt gehört. Sie können es rechtlich nicht; es ist aber auch im allgemeinen Interesse, daß es erhalten bleibt, um die ungünstigen Zeiten zu überstehen. Im Intervall kann ein Indifferenter wie Boehm es weiterführen. Es dürfte weder von

Einheimischen noch von Fremden viel aufgesucht werden, solange die Beschränkung andauert.

Dritte: Wiederum geschieht dem Institut nichts, aber Sie verlassen freiwillig oder gezwungen Berlin. Dieser Fall läßt dieselben Betrachtungen wie der vorige, nur daß Ihr Einfluß ganz wegfällt und die Gefahr wächst, daß innere Gegner wie Schultz-H. sich des Instituts bemächtigen und ihren Absichten dienstbar machen. Dagegen gibt es kein anderes Mittel, als daß der Vorstand der I.P.V. das so mißbrauchte Institut disqualifiziert und gewissermaßen ausschließt, bis es entsühnt werden kann. Natürlich zuerst die Warnung davor. Eine traurige Diskussion!«[4]

Gemäß dieser 3. Möglichkeit gestaltete sich das Schicksal der *Deutschen Psychoanalytischen Gesellschaft*: »Mißbrauch« und »Disqualifizierung« sind die Stationen, die bis 1951 dann tatsächlich durchlaufen wurden. Aber wie hatte sich Freud wohl die »Entsühnung« vorgestellt?

Von seiner Unterredung mit Freud berichtete Boehm: Freud habe zwei Wünsche für die Leitung der Gesellschaft ausgesprochen: »Schultz-Hencke dürfe nie in den Vorstand unserer Gesellschaft gewählt werden. Ich gab mein Wort, daß ich niemals mit Schultz-Hencke in einem Vorstand zusammensitzen würde«. Und zweitens: »Befreien Sie mich von Reich«.[5]

Schultz-Henckes Position als »innerer Gegner« hatte sich bereits Ende der 20er Jahre abgezeichnet. Der Diskussionsstand läßt sich unter Umständen in Fenichels Beurteilungen von Schultz-Henckes Position, wie sie sich in seiner Rezension (1929) zu Schultz-Henckes »Einführung in die Psychoanalyse« und in einem undatierten, siebenseitigen Dokument, darstellt, ablesen:

Es gehe Schultz-Hencke nicht darum, der Psychoanalyse neue Tatbestände oder auch nur Gesichtspunkte hinzuzufügen — gab Fenichel Schultz-Henckes Position in seiner Rezension wider —, sondern sie einer breiteren, nichtanalytisch vorgebildeten Leserschaft nahezubringen. Deshalb vermeide er Termini wie »unbewußt«. Fenichel meinte,

---

[4] Neiser, E.M.J. (1978) S. 56 f.
[5] Boehms Bericht über die Ereignisse 1933-1934, vom 21.08.34, zit. nach Brecht et al. (1985) S. 101.

Dr. Harald Schultz-Hencke

daß es ein legitimes Mittel sei, Interessenten mit »terminologischen Vorurteilen«, nicht durch das Provozieren derselben, von den Inhalten der Psychoanalyse abzuschrecken — hier merkte die Redaktion der *Internationalen Zeitschrift für Psychoanalyse* an: »Durch den Versuch, die Analyse den überkommenen intellektuellen und affektiven Vorurteilen anzupassen, wird man ... die Gegner immer in dem Maße gewinnen, als man die Analyse verliert.« (S. 553) Fenichel nahm Schultz-Henckes Vorgehen insofern in Schutz, als er darauf hinwies, daß er »Tatbeständen« den Vorrang vor terminologischen und auch

Dr. Harald Schultz-Hencke

dynamischen Denkfiguren einräumte. Dementsprechend sei das entscheidendste an der Psychoanalyse das Erkennen bestimmter psychischer Realitäten und nicht ihre Interpretation. Zwar wohlwollend in der Rezension von Schultz-Henckes Buch, aber kritisch in der internen Diskussion, stellte Fenichel Schultz-Henckes Theorie der Verdrängung dar: das Schicksal der nichterfüllten Kinderwünsche könne zum einen, verknüpft mit elterlichen Verboten, »verdrängt« werden, zum anderen sei ein Verzicht auf die Erfüllung möglich, die allerdings eine »Lücke« hinterlasse, die als »Hemmung« in verschiedenen Facetten eine wesentliche Rolle in der Neurosenentstehung spiele — so die Darstellung von Schultz-Henckes Position in der Rezension. Fenichel stellte Freuds Auffassung in dem internen Text dagegen: »Gewisse kindliche Triebansprüche haben das Schicksal der mißglückten Triebabwehr erfahren, d.h. sie sind vom bewußten Ich ausgeschlossen, eben dadurch von der Weiterentwicklung der Persönlichkeit nicht mehr betroffen worden, sie sind im Unbewußten in ihrer ursprünglichen Form erhalten geblieben, weil das kindliche Ich sich ihre Befriedigung nicht gönnen konnte oder durfte (deren Vorstellung mit Angst besetzt hatte), aber auch noch nicht im Stande war, zu verzichten. Nicht nur die Energie des durch die Verdrängung fixierten Triebanspruches ging dabei der praktischen Lebensverwendung verloren, sondern die Verdrängung selbst erforderte zu ihrer Aufrechterhaltung einen Daueraufwand, die ›Gegenbesetzung‹. Ist dieser Energiebetrag groß, so kann sich infolgedessen von allem Anfang an kein gesunder Mensch entwickeln! Ist er klein, so kann er durch ›Versagungen‹ im späteren Leben regressive Verstärkungen erfahren und dann doch zur Erkrankung führen. Wenn also der Neurotiker seine Libido in Anteilen des realen Lebens (Beruf, Liebesleben) nicht im nötigen Maße untergebracht hat, so liegt das nicht nur daran, daß ein Stück Entwicklung ausgeblieben ist, das durch Anregung, durch Erziehung, durch ›Verführung‹, wie Schultz-Hencke gesagt hat, wettgemacht werden könnte, sondern es liegt daran, daß diese Entwicklung unmöglich war und auch nach Anregung und Verführung unmöglich bleibt, solange die dort unterzubringende Libido anderswo, nämlich im Verdrängungskampf, fixiert ist. *Ohne* Lösung der Verdrängung durch Wiedererweckung und affektive Bewältigung des *infantilen* Erlebens gibt es keine tiefgreifende und nachhaltige Heilung« (S. 3). Als Stellen, die von der inhaltlichen Darstellung der Freudschen Ansichten »nicht vorteilhaft« abweichen, griff Fenichel in seiner Rezension die Bestimmung des »Sadismus«, die Auffassung Schultz-Henckes von »Zärtlichkeit« und schließlich die Konzeption eines »autonomen ›intentionalen‹ Gebiets« heraus. Besonders kritisch sah Fenichel den letzten Punkt: »Alle verdrängten Impulse sind solche zu Triebhandlungen, haben also die Vorstellung einer bestimmten Beziehung des Ichs zu Objekten zum Inhalt ...« (S. 556) und, so muß man ergänzen, waren damit nicht mehr als »autonome intentionale Gebiete« zu bezeichnen.

Für die Beurteilung von Schultz-Henckes Referat auf dem Züricher Kongreß von 1949[6] erscheint mir vor allem Fenichels Kritik an Schultz-Henckes Anspruch, die Psychoanalyse »naturwissenschaftlich« zu formulieren, wichtig: »Es scheint, daß der Autor mit der ausdrücklichen Hervorhebung der Unzweckmäßigkeit oder reinen Metaphorik der Ausdrücke ›Es‹ oder ›dynamisch, topisch, ökonomisch‹ in der richtigen Betonung des Umstandes, daß es nur tatsächliches Erleben und nicht Theorie Verständnis für die Psychoanalyse geben kann, doch die selbständige wissenschaftliche Bedeutung der Theorienbildung erheblich unterschätzt« (S. 557).

Abschließend empfahl Fenichel »die Lektüre dieses schweren und interessanten Buches durchaus«. »Hier wird *Freud* − zum Teil wenigstens − in eine andere Denkwelt eingefügt. Den Menschen dieser Denkwelt, denen die Psychoanalyse bisher verschlossen war, wird sie durch dieses Buch zugänglich gemacht. Und dem Psychoanalytiker selbst tut es gewiß gut, die ihm bekannte Welt auch einmal mit anderen Augen betrachtet zu sehen.«[7]

Für die Ausbildungskandidaten hatte Schultz-Hencke schon damals eine ziemliche Anziehungskraft. Medard Boss[8], der Anfang der 30er Jahre seine Ausbildung am *Berliner Institut* vervollständigte, schrieb am 4.5.1932 an Eitingon : »... ich habe nämlich in den letzten Monaten in Kinderseminaren und Referatabenden öfters Herrn Schultz-Hencke diskutieren hören. Dabei sind mir in seinen Ausführungen wesentliche Unterschiede gegenüber den eigentlichen Freudschen Auffassungen aufgefallen. Obschon ich mit Schultz-Henckes Ansichten gar nicht einverstanden sein kann, oder vielleicht gar deswegen, würde es mich interessieren, etwas Näheres von ihm zu hören. Da ich aber nur noch kurze zwei Monate hier in Berlin zur Verfügung habe,

---

[6] Siehe Anhang (6).

[7] Fenichels Darstellung von Schultz-Henckes Position, in Abgrenzung der Freudschen, ist in einem undatierten, siebenseitigen Dokument festgehalten, das sich im Archiv von Karen Brecht befindet. Für seine Überlassung danke ich ihr. Eine ausführliche Rezension von Fenichel über Schultz-Henckes »Einführung in die Psychoanalyse« findet sich in der I.Z.f.P. Bd XV, H4, 1929.

[8] Siehe vor allem das 7. Kapitel.

bevor ich wieder ins Burghölzli in Zürich zurückkehren muß, glaube ich am schnellsten mit Schultz-Henckes Denkweisen bekannt zu werden, wenn ich eine meiner poliklinischen Analysen, die ich bisher von Frau Dr. Horney und Dr. Fenichel kontrollieren ließ, von ihm beaufsichtigen ließe. Ich möchte deshalb anfragen, ob Sie mir dazu Ihre Zustimmung geben könnten.«[9]

1.1. Spannungen zwischen DPG und *Internationaler Psychoanalytischer Vereinigung* (IPV) nach 1933

Nationalsozialistische Vorstandsumbildung der DPG

»Eitingon, Simmel und andere arbeiten ruhig weiter und sind bisher nicht behelligt worden«, liest man in Anna Freuds Rundbrief. »Wieweit Ophuijsens Besorgnis berechtigt ist, können wir von hier aus nicht beurteilen. Aber mein Vater und ich beurteilen doch Eitingons Standpunkt ganz anders als Ophuijsen. Wegfahren ist eine zu einfache Lösung und man läßt damit zu viel im Stich. Wenn man hinausgeworfen wird, bleibt einem nichts anderes mehr übrig; das kann man abwarten ... Freud denkt nicht daran, Wien zu verlassen — ist der Ruhigste unter sehr viel Aufgeregten hier.«[10]

Felix Boehm hatte sich bei den Behörden bestätigen lassen, daß die Verordnung, daß keine »Juden« im Vorstand einer wissenschaftlichen Gesellschaft sein dürften, auch für die DPG gelte. Das hieß, daß Max Eitingon, der Institutsleiter, und Ernst Simmel, Leiter der Poliklinik, ihre Positionen aufgeben müßten. Während Boehm und Müller-Braunschweig bereits im Mai 1933 einen Versuch der Vorstandsumbildung unternahmen, der dann allerdings scheiterte, wollten Eitingon und Simmel die politische Entwicklung abwarten. Im Oktober 1933 äußerte der Präsident der *Internationalen Psychoanalytischen Vereinigung*, Jones, seinen Eindruck, daß Müller-Braun-

---

[9] Boss/Eitingon, 04.05.32, B.A.
[10] Anna Freud/Rundbrief 29.03.33, siehe auch Steiner, R. (1989) S. 46.

schweig die Lage ziemlich objektiv sehe, wenn auch »rather German«. Für antisemitisch hielt er ihn nicht, auch wenn er einen leichten Hang zur nationalsozialistischen Ideologie habe. Boehm sei dem Regime gegenüber mißtrauischer, zeige aber einige antisemitische Züge. Selbst wenn Boehms anfängliche Aktivitäten fraglich seien, gebe es gute Gründe für sein Verhalten. Zwar sei er durch äußere Umstände gezwungen gewesen, habe sich dabei aber klug verhalten, die Gesellschaft vor der Auflösung gerettet und die Inhaftierung der meisten ihrer Mitglieder in Konzentrationslager verhindern können. Boehm und Müller-Braunschweig übernahmen die offizielle Vertretung der DPG. Schultz-Hencke wurde von Jones als nicht ausreichend zuverlässig in bezug auf seine psychoanalytische Arbeit beurteilt, obwohl er als Repräsentant der Psychoanalyse in die von Göring geleitete Psychotherapiekommission berufen worden sei. Die DPG und das Institut dürften unbehindert weiterarbeiten; ungefähr 21 Mitglieder und assoziierte Mitglieder wollten weiterhin in Deutschland praktizieren. Neun von ihnen seien Laien. Neun jüdische Analytiker seien noch in Berlin. Es sei zu pessimistisch anzunehmen, daß die Psychoanalyse in Deutschland zerstört werde. Sie werde weiterbestehen, auch wenn sie zu einem neuen Start auf niedrigerem Niveau gezwungen würde. Solange es keinen Grund gebe, das Gegenteil anzunehmen, werde es das beste sein, Boehm und Müller-Braunschweig in ihren ehrenvollen Bemühungen zu unterstützen.[11]

---

[11] »After the interview my impression of the German situation has slightly altered and I do not feel that the people concerned are quite so villainous as it had been suggested to me here. Müller-Braunschweig was pretty objective. He showed no signs of any anti-Semitism but evidently felt rather German, I suppose his learnings towards idealism draw him a little to that somewhat neglected aspect of Hitlerism. Boehm on the other hand, was more sceptical about the Government but did show some indications of anti-Semitism, possibly associated with the unfortunate discovery of his unhappy grandmother. It would certainly be absurd to make them responsible for the fact that outer circumstances have unavoidably brought them certain slight advantages ...It certainly looks as if he must be given the credit for having saved Psycho-analysis in Germany from a terrific explosion that threatened early in August ... and the internment of most of its members in concentration camps ... It continues and will continue, though it has been forced to make a fresh start on a lower basis and with mostly fresh material. Unless any reason appears to the contrary I think our wisest course is defini-

Jones ermutigte Boehm und Müller-Braunschweig ausdrücklich — wenn auch in einer Diktion, die in unangenehmer Weise an die von M. H. Göring einberufene »Führerzusammenkunft« (vom 30.9. und 1.10.1933) erinnert[12]: »Da Sie dazu bestimmt erscheinen, eine noch wichtigere Rolle als bisher in der psychoanalytischen Arbeit zu spielen, ergreife ich die Gelegenheit, Sie zu beglückwünschen und Sie offiziell als die Führer unserer Arbeit in Deutschland anzuerkennen. Ich freue mich, denken zu können, daß es solche Führer in Deutschland gibt mit Takt, Entschlußfähigkeit und kompetentem Wissen begabt, alles Eigenschaften, die Sie besitzen, wie ich aus langen Jahren der persönlichen Erfahrung weiß. Ich möchte auch der Hoffnung Ausdruck geben, daß die Psychoanalyse, die sich als so unschätzbar in sonst unheilbaren Störungen erwiesen hat, das gleiche hohe Prestige in Ihrem Lande und bei Ihrer neuen Regierung genießen möge, das sie hier bei unserem English National Government hat ...«[13]

Boehm und Müller-Braunschweig, sich ängstlich »Sachzwängen« unterwerfend, ohne sie in Frage zu stellen, und der Unterstützung Jones' gewiß, drängten so, daß sie trotz Eitingons Abwesenheit den Vorstand »arisierten« und Eitingons Leitungsfunktionen am 18.11. 1933 übernahmen.[14] Die DPG-Mitglieder fühlten sich gespalten: »... mit dem Verstand bin ich für die Änderung, mit dem Gefühl dagegen; wenn ich sicher wüßte, daß die Änderung in der Abstimmung beschlossen wird, würde ich meinem Gefühl entsprechend dagegenstimmen«, so kommentierte Fenichel die Entscheidung. In Eitingons Abschiedsbrief an Boehm hieß es: »Die Entwicklung der Dinge in unserer Vereinigung hat anscheinend zwangsläufig die Diskussion entschieden, die wir so lang geführt haben. Ich hoffe, Sie werden es zumindest begreiflich finden, daß ich nun einen Schritt tue, der mir sehr schwer fällt, sind doch die letzten 24 Jahre, deren Hauptinhalt die Arbeit für die Psychoanalyse war, mit uns und für unsere Gesell-

---

tely to support Boehm and Müller-Braunschweig in the honest efforts they are undoubtedly making to salvage the situation« (Jones/Anna Freud 02.10.33, nach Steiner, R. (1989) S. 49).

[12] Siehe dazu Lockot, R. (1985) S. 136 f.

[13] Jones/Müller-Braunschweig, Boehm 24.10.33, K.A.

[14] Boehm, 1934, S. 3, nach Brecht et al. (1985) S. 101.

schaft war, wahrscheinlich der wesentlichste und entscheidende Abschnitt meines Lebens. Ich bitte meinen Namen aus dem Vereinsregister der Mitglieder der *Deutschen Psychoanalytischen Gesellschaft* zu löschen. Meinen Austritt anmeldend, drücke ich allen hiesigen Mitarbeitern, Kollegen und Freunden im Geiste die Hand, allen denen, die durch das mir so lang erwiesene Vertrauen und durch ihre Mithilfe mir die vergangenen Berliner Jahre zu so unvergeßbaren gemacht haben. Ich wünsche jedem Einzelnen von Euch und unserer gemeinsamen Sache hier alles Gute.«[15]

Auch Sachs, Fenichel, Bernfeld, Landauer, Reich und schließlich Simmel — um nur die Prominentesten zu nennen — verließen Deutschland.[16]

Während Boehm sich vor allem um die organisatorische Einfügung des *Berliner Psychoanalytischen Instituts* in das neu entstehende gesellschaftliche System bemühte, übernahm Müller-Braunschweig die ideologische Anpassung; er führte in einem Memorandum die Nützlichkeit der Psychoanalyse auch für den nationalsozialistischen Staat aus.[17] Anna Freud und Eitingon und dann auch Jones sahen in Müller-Braunschweig keinen uneigennützigen, vertrauensvollen Vertreter der Psychoanalyse. Jones meinte nun, daß Müller-Braunschweig mit einer Verbindung der psychoanalytischen Philosophie mit dem quasi-theologischen Konzept der nationalsozialistischen Ideologie kokettiere und antisemitisch eingestellt sei.[18] Anna Freud fand, daß »vor allem Müller-Braunschweig« den »Umschwung der äußeren Verhältnisse« »als lang ersehntes Mittel, um sich von den ›anderen‹ frei zu machen«, begrüße. »Der eingeschickte Artikel von Müller-Braunschweig macht mir vieles an der Reaktion der jüdischen Mitglieder, z.B. Frau Dr. Happel um vieles verständlicher. Was er im 3. Kapitel[19] sagt, ist durchaus ernst gemeint, nicht auf den Leser berechnet

---

[15] Eitingon/Boehm, 21.11.33, K.A.

[16] Siehe dazu Brecht et al.(1985) S. 64 f.

[17] Müller-Braunschweig, C. (1933).

[18] Jones/Anna Freud 02.12.35, nach Brecht et al.(1985) S. 114.

[19] Es handelt sich um einen 22 Seiten langen Artikel vom Juni 1935 mit dem Titel: Nationalsozialistische Idee und Psychoanalyse. Die Kapitel: I. Die Psychoanalyse. II. Die nationalsozialistische Idee. III. Nationalsozialismus und Psychoanalyse. IV. Psychoanalyse und Deutschtum. V. Psychoanalyse und Juden-

37

... Es ist übrigens genau die Art Artikel, die aus der bestehenden Lage erwachsen müssen. Das, ebenso wie andere Situationen, die Du schilderst, ist offenbar als die Antwort auf Angst und Druck unvermeidlich ... In einer Zeit, in der nichts mehr sicher ist, hat man vor allem Angst und verliert jedes Zutrauen ... Kannst Du dir die Entwicklung der deutschen Gesellschaft anders vorstellen als in der Richtung des Müllerschen Artikels? Wahrscheinlich auch nicht, aber selbst dann ist es nicht nötig, daß wir den Ereignissen vorgreifen, auch nicht, daß wir schon jetzt auf alle übertragen, was vorläufig nur für einzelne stimmt. Übrigens gibt es auch eine andere Möglichkeit: daß nämlich die Regierung den internationalen Charakter der Analyse besser durchschaut als Müller und sich nicht beschwichtigen läßt. Auch dann haben wir natürlich keinen Anlaß, die Ereignisse zu beschleunigen.«[20]

Auch Eitingon, »erschüttert« über alles, was er kommen sah und was dann auch tatsächlich eintraf, beurteilte Müller-Braunschweig, »wie Du ihn charakterisierst. Du erinnerst Dich vielleicht meiner Äußerung aus unserer letzten Unterhaltung. Er wird bestimmt sehr leicht bereit sein, sich auch mit der Nazi-Weltanschauung zu identifizieren, wenn es verlangt wird, ja er dürfte es auch unverlangt tun, wenn es irgendwie opportun wäre. Und Boehm ist zweifellos ehrlicher, aber der schwierigen Situation nicht gewachsen«.[21]

Indem der Vorstand der DPG nicht mehr frei gewählt werden konnte, sondern den staatlichen Forderungen entsprechend gestaltet

---

tum. Im III. Kapitel wird die Frage rhetorisch aufgeworfen, ob sich Psychoanalyse und Nationalsozialismus widersprechen können. Müller-Braunschweig erörterte: Psychoanalyse die als Wissenschaft »unter der ethischen Voraussetzung der rücksichtslosen Wahrheitsforschung steht ... kann einer Weltanschuung nicht widersprechen, deren Natur es ist, kämpferisch zu sein ...«. Die Psychoanalyse könne aus Menschen, die in »krankhafte Isolierung und Vereinzelung« geraten seien, »solche ... machen, die sich wieder innerhalb des Volksganzen fruchtbar ... betätigen ... die aus sonst mit guter Erbmasse ausgestatteten Frauen, die aber ihrer Aufgabe, Ehefrau und Mutter zu sein, entfremdet sind, solche macht, die zu dieser ihrer natürlichen Berufung zurückzufinden vermögen — kann eine Behandlungsmethode, die zu solchen Zielen führt, der Idee des Nationalsozialismus entgegen sein?« (S. 15/16) (Brit. A.).

[20] Anna Freud/Jones, 09.12.35, Brit. A.
[21] Eitingon/Jones, 18.12.35, Brit. A.

wurde, war einer gemeinsamen identifikatorischen Basis die Grundlage entzogen.

Ausschluß der »jüdischen« Mitglieder und nachdrückliche Distanzierung von der kommunistischen Opposition[22]

Es mißfiel den Nationalsozialisten nicht nur, daß ein großer Teil der Psychoanalytiker Juden war, sondern auch, daß einige von ihnen und auch ihre Patienten sich sozialistisch und kommunistisch engagiert hatten.

Wilhelm Reich[23], den Jones als Analytiker durchaus schätzte (obwohl etwas wild und unzuverlässig), wurde von seinen Berliner Kollegen »seine Mischung aus Kommunismus und Psychoanalyse« vorgeworfen. Jones äußerte Anna Freud gegenüber: »Da er aber Lehranalytiker ist, kann Eitingon ihm nicht verbieten, an einem anderen Institut zu lehren.«[24] »Wir sind hier alle jederzeit bereit, uns für die Psychoanalyse zu exponieren, aber keineswegs für Reich's Ideen, die keiner von uns teilt«, engagierte sich auch Anna Freud. »Der Ausspruch meines Vaters darüber ist: wenn die Psychoanalyse verboten wird, so soll sie als Psa. verboten werden, aber nicht als das Gemisch von Politik und Analyse, das Reich vertritt ... Mein Vater kann nicht erwarten, Reich als Mitglied loszuwerden. Ihn beleidigt die Vergewaltigung der Analyse ins Politische, wo sie nicht hingehört.«[25]

Eine ehemalige Patientin von Else Fuchs, die mit den Kommunisten sympathisiert hatte, war nach Prag geflohen. Jones meinte, daß sie »dumm genug« gewesen sei, nach Berlin zurückzukehren, um ihre Analyse bei Edith Jacobsohn[26] fortzusetzen. Die Patientin wurde von den Nationalsozialisten ermordet. Mehrere Patienten von Jacobsohn, Benedek und Liebeck-Kirschner wurden verhaftet, weil sie verdächtigt wurden, Kommunisten zu sein.[27]

---

[22] Siehe dazu Ash, M. (1991) und (1994) im Druck.
[23] Siehe dazu Mühlleitner, E. u. Reichmayr, J., (1993).
[24] Jones/Anna Freud 20.04.33, siehe auch Steiner, R., (1989) S. 60.
[25] Anna Freud/Jones 27.04.33, Brit. A.
[26] Nach ihrer Flucht aus Deutschland ›Jacobson‹ geschrieben.
[27] Jones/Anna Freud, 31.10.35, Brit. A.

Um nicht mit den von den Nationalsozialisten verfolgten und mißtrauisch betrachteten linken Psychoanalytikern identifiziert zu werden,
verfaßte die DPG eine Resolution, derzufolge keine politisch engagierten Patienten behandelt werden durften.
Edith Jacobsohn wurde am 24.10.1935 verhaftet.[28] Ein Koffer mit
Dokumenten der sozialistischen Widerstandsgruppe *Neu Beginn* war
aus dem Grunewaldsee gefischt worden und in diesen Dokumenten
wurde sie als Mitglied der Gruppe unter dem Decknamen »John« geführt.[29] Da sich Jacobsohn nicht an die DPG-Resolution gehalten
hatte, erwogen ihre psychoanalytischen Kollegen, sie aus der Gesellschaft auszuschließen. Anna Freud wurde zunehmend klarer, daß in
Deutschland ein schrecklicher Terror herrschte.[30] Die Auflösung der
Gesellschaft konnte bisher nur durch Boehms »heroische Bemühungen« verhindert werden.[31]

---

[28] Siehe Hermanns, L. (1987) ›Kurzbiographie von E. Jacobson‹ und Brecht, K.
(1987): Der »Fall Edith Jacobson«. In PsA-Info-Nr. 28, Informationsschrift für
Weiterbildungsteilnehmer der *Deutschen Psychoanalytischen Vereinigung*, März
1987. Hg. Hermanns, L. u. Bomhard, K. v.

[29] Ilse Bry, heute Psychoanalytikerin in den USA, 1932 Medizinstudentin in Berlin, war 1933 (4 - 5 Monate) bei Carl Müller-Braunschweig in Analyse gewesen. Damals lernte sie ihren späteren Mann Gerhard kennen, der als Kadermit-
glied der Widerstandsgruppe *Neu Beginn* (auch *Org.* = Organisation als Tarn-
name verwandt) aktiv war. Den konspirativen Anforderungen der Gruppe entsprechend mußte sie ihre Analyse wegen der ›freien Assoziationsregeln‹ aufgeben. Als Vorwand Müller-Braunschweig gegenüber gab sie an, daß sie »ihres
Judentums wegen eine psychoanalytische Beziehung mit einem nicht-jüdischen
Therapeuten für untragbar hielt. Da das im Frühling 1932 vor der Machtergrei-
fung der Nazis vor sich ging, erklärte er, verständlicherweise, das plötzliche
Entdecken meines Judentums und den konsequenten Abbruch der Analyse als
klassischen Ausdruck von Widerstand. Er fand es beunruhigend, daß er mein
Verhalten nicht in eine begreifliche Beziehung zu unserer analytischen Arbeit
bringen konnte. Schließlich betrachtete er meinen Schritt als Zeichen einer unerwartet schweren Psychopathologie.« Ilse Bry verließ Deutschland Ende 1935
und konnte ihre Analyse 1936 in London wieder aufnehmen (Vortrag am *Karl
Abraham-Institut* im Juli 1983).

[30] »I had a telephone call last night from the Jewish members in Berlin. They
naturally are very excited and feel very uncertain. Evidently their ›paradise‹ in
the last half year has not been quite as ideal as Boehm describes it« (Anna
Freud/Jones »Wednesday« 11. od 12. 35, Brit. A.).

[31] »Actually the German Psycho-Analytic Society had recently passed a resolution
that its members were not to treat such cases and Boehm has been very offen-

Im November 1934 kam die norwegische Ärztin Nic Hoel[32] nach Berlin, um die genauen Umstände von Jacobsohns Verhaftung zu erfahren und Jones und Anna Freud direkt darüber zu informieren.[33] Boehm und Müller-Braunschweig verfaßten ein Gutachten, um Jacobsohn zu retten. Dann fürchteten sie, daß ihre Solidarität mit ihr die DPG gefährden könnte und forderten es, allerdings erfolglos, wieder zurück.[34]

Sowohl Boehm als auch Anna Freud sahen in Edith Jacobsohns Verhalten eine Illoyalität der DPG gegenüber, die die gesamte Gruppe und damit die Sache in Gefahr bringen könnte. »... was wir bei Reich, solange er noch unser Mitglied war, kennen gelernt haben, stimmt für alle ähnlich eingestellten Mitglieder. Rücksicht auf die Vereinigung ist ihnen fremd, Vorstellungen in dieser Hinsicht sind sie nicht zugänglich. Man bekommt den Eindruck, daß es mit zu ihren Lebensbedingungen gehört, sich und andere zu exponieren. Daß man zwar das Recht hat, sich selbst zu exponieren, nicht aber das Recht, andere mit hineinzureißen, war weder Reich noch ist es einem dieser anderen begreiflich zu machen.«

---

ded that E. Jakobson who stood near him personally should have broken this rule. There is some serious talk of excluding her from the Society as the result, but probably that will not be done ... There is of course always the possibility of the Society itself being dissolved and the opinion was expressed to Dr. Hoel that this certainly would have happened before now had it not been for the heroic efforts of Dr. Boehm. In spite of his timidity he really has done his best and behaved very bravely in the face of the greatest difficulties« (Jones/Anna Freud 14.11.35, Brit. A.).

[32] Nic Hoel war eine norwegische Ärztin, die sich für die psychoanalytische Ausbildung in Berlin interessiert hatte. Bei ihrer Anfrage an Eitingon (12.08.32) war sie 26 Jahre alt und seit 5 Jahren verheiratet. Während des Studiums ging sie für 230 Stunden zu Dr. Harald Schjelderup (Oslo) in eine therapeutische Analyse (schwere Angstneurose mit Halluzinationen), die weitgehend abgeschlossen werden konnte. Da sie ihren »Todestrieb« noch nicht losgeworden sei, fragt sie an, »Ob es welche Hindernisse oder Verspätungen eintreten werden, wenn man Dr. med. Schultz-Hencke, Berlin als Lehranalytiker wählt? Ich weiß von hören sagen, daß er nicht ganz mit dem Verein Berlins übereinstimmt« (B.A.).

[33] Wesentliche Passagen des Briefes sind in Brecht et al (1985) S. 113 wiedergegeben.

[34] Jones/Fenichel, 11.11.35; Jones/Anna Freud, 14.11.35, Brit. A.

Fenichel war bestürzt darüber, daß Jones, auf Boehms Wunsch hin, seine internationalen Bemühungen um die Befreiung Jacobsohns einstellte. Er sehe darin ausschließlich Boehms subjektive Ängste. Anna Freud fiel es »nicht leicht, Boehms Standpunkt ganz zu teilen; das Persönliche und das Sachliche gehen auseinander. Sachlich fürchte ich, hat er Recht.«[35,36]

Am 1.12.1935, einen Monat nach der Planung der Gründung des *Deutschen Instituts für psychologische Forschung und Psychotherapie* unter Leitung Mathias Heinrich Görings, einem Vetter des Reichsmarschalls Hermann Göring, mit Unterstützung des Innenministeriums in Zusammenarbeit mit den anderen psychotherapeutischen Richtungen, wurden die »jüdischen« Mitglieder der DPG zum Austritt aus der Gesellschaft aufgefordert.[37] Jones schloß sich ganz Boehms Auffassung an, daß es nicht sinnvoll sei, die Gesellschaft aufzulösen. Die ausgeschlossenen »jüdischen« Mitglieder könnten ja die direkte Mitgliedschaft bei der IPV bekommen.[38]

Fenichel schrieb in einem aufgebrachten Brief an Jones, daß sich die DPG unnötig durch Überanpassung in Gefahr bringe. So sei ein Bild Freuds durch ein »aktuelleres« ersetzt und die große Zahl der

---

[35] Anna Freud/Jones, 25.11.35, Brit. A. Brecht et al. (1985) S. 165.

[36] 1938 gelang Edith Jacobsohn, unterstützt von ihren politischen Freunden, während eines Hafturlaubs die Flucht über Prag nach New York (Brecht et al. (1985) S. 110 f. und Peters, U.H. (1992) S. 355).

[37] Nach Boehm wurde das Institut erst im Februar 1936 geplant. Jones berichtete auf dem Marienbader Kongreß (2.-8.8.1936) allerdings davon, daß einen Monat (also Dez. 1935) vor dem »Austritt« der »Juden«, den er auf Januar 1936 datiert, verfügt worden sei, daß die DPG als Sektion dem *Deutschen Institut für Seelenkunde und Psychotherapie* angeschlossen werden solle (I.Z.f.P., Korr.blt. 1936, S. 184).

[38] »About the Jewish members I think his (Boehms) suggestion is the only possible one, for it would surely not be sensible to make the gesture (which would improse nobody) of dissolving the whole Society. On the ground that the government makes a foolish racial distinction the Congress gave me the right to make direct members of the IPV only ex-members of the German Society, not those who never have been members of it. I am willing however to take the responsibility of proclaiming the latter also to be direct members and will ask the Congress to absolve me from exceeding my legal rights. It looks as though that may have to be a rather permanent institution« (Jones/Anna Freud 05.10.35, Brit. A.).

»jüdischen« Mitglieder reduziert worden. Er meinte, daß die Kollegen nicht verstehen, daß während der gegenwärtigen Säuberungswelle nur Widerstand sie beschützen könne. Zum Beispiel müßten sie den Standpunkt beziehen, daß ein Arzt nicht für die Überschreitungen seiner Patienten verantwortlich gemacht werden könne.[39] Jones tat Fenichels Auffassung ab: Er habe ihn immer schon etwas konfus gefunden. Fenichel könne nicht klar ausdrücken was er meine und fordere wohl eine entschiedenere Opposition gegen die Nazis.[40]

Jones wurde dringend nach Berlin gerufen, da es um die Auflösung der Gesellschaft gehe und, wie Boehm in seinem Bericht hervorhob, es sich um den Ausschluß der »Juden« aus der Gesellschaft handele. Zu dem letzten Punkt habe Jones bereits vor der denkwürdigen Sitzung am 1.12.1935 seine Zustimmung »freiwillig und vollkommen« gegeben.[41] Besser solle die Psychoanalyse nur von »Gentiles« in Deutschland vertreten werden als überhaupt nicht.[42,43]

---

[39] »Our opinion is that the German Association acts inexpediently and endangers itself unnecessarily through different measures it tries to take. With regard to the prevealing tendency, the German Association will not be able to protect itself in that it removes the pictures of the Professor from the rooms of the institute and replaces them with more ›up to date‹ ones; or by reducing the great number of its Jewish members for racial reasons; or by submitting those written promises whereby the physicians had to make a special choice of the needy position of the German Association and their now trying to keep itself apart from the colleagues as far as it is possible. But I think that the colleagues there do not understand one thing: that in the course of the present ›clear-up‹ only a resistance concerning the real matter can protect them, i.e. that they must take up the standpoint as far as possible that the treating physicians cannot be made responsible for possible transgressions of patients. How far in this case the duty has not been kept which was undertaken by signing the written promise cannot be proved at all now« (Fenichel/Jones 26.11.35, Brit. A.).

[40] »He (Fenichel) has always seemed to me to have a confused mind. He is certainly not able to express to us what he is excited about, and it may be that he is not really clear about it himself. I suppose he thinks« that the German Society should take a more determined stand of opposition against the Nazis. His main point, which I have marked at the side, is really quite nonsensical. No one was suggested making physicians responsible for possible transgressions of their patients, so the Society would be protesting against something that does not exist ...« (Jones/Anna Freud 28.11.35, Brit. A.).

[41] Brecht et al. (1985) S. 121.

[42] »I should still say that I prefer Psycho-Analysis to be practised by Gentiles in

Anna Freud konnte aus seinem Bericht, »so ausführlich er war«, allerdings nicht die Situation erfassen. »Ich sehe aber, daß sich die Frage schließlich doch auf die Abtrennung der jüdischen Mitglieder einschränkt und nicht auf die Auflösung der Gesellschaft erstreckt hat. Ich konnte mir nicht klar werden, ob Du das für einen Vorteil hältst oder nicht.«[44]

Um diese Position den ausgegrenzten Mitgliedern gegenüber zu vertreten, sollte er die Rolle des »guten Papa« übernehmen.[45] Der »gute Papa« Jones sollte also, die Bleibenden entlastend, ihre Entscheidung für die politisch Herrschenden und gegen ihre Kollegen absegnen. Boehm hatte diese Art der Entlastung auch von Freud erhofft.[46] Seit Abrahams Tod habe in Berlin ein »guter Vater« gefehlt, wie Jones Brill, dem Vorsitzenden der New Yorker, gegenüber äußerte. Für die New Yorker empfahl er ihm deshalb, die Gruppe mit »starker Hand« zu führen, da sonst dort dasselbe passieren könnte wie mit der Berliner Gruppe nach Abrahams Tod. Der Vater-Komplex sei dort noch nicht gelöst. Radó, der ja aus Berlin kam, mache in New York ernsthafte Schwierigkeiten. Ähnlicher Unfrieden herrsche in der französischen und der holländischen Gruppe — von der deutschen sei wenig übrig geblieben. Die einzig stabilen Gruppen

---

Germany than not at all, and I hope you agree with it« (Jones/Anna Freud, 11.11.35, Brit. A.).

[43] Die Sitzung selber (am 1.12.35) ist ausführlich von Jones und Boehm dokumentiert worden (Brecht et al. (1985) S. 114-127).

[44] Anna Freud/Jones 09.12.35, Brit. A.

[45] »... that they (die Berliner Psychoanalytiker) are in a severe crisis and that it is a question of dissolving the Society. Before doing so they would like to talk over the whole situation with me. He (Boehm) went on to say that their nerves were all broken up and that they badly needed einen guten Papa« (Jones/Anna Freud 22.11.35, Brit. A.).

[46] »Es stimmt auch, daß ich ein Gespräch mit Dr. Boehm bei seinem Aufenthalt in Wien gehabt habe, in dem er mir auseinandergesetzt hat, daß man die jüdischen Mitglieder zum Austritt aus der Vereinigung auffordern muß, was ich schlecht aufgenommen habe. Ich habe ihn gefragt, ob er denn bereit wäre, auch meinen Vater zum Austritt zu veranlassen, was er bejahend beantwortet hat. Ich könnte noch hinzusetzen, daß mein Vater nichts tun wollte, um es den Berlinern schwerer zu machen, aber einverstanden waren wir mit deren Handlungsweise natürlich nicht« (A. Freud/Lockot, 24.9.79).

seien die englische und die Wiener. Jones fürchtete, daß die Wiener Gruppe sich ähnlich wie die deutsche entwickeln wird, wenn Hitler Österreich zu einer deutschen Provinz macht, was früher oder später geschehen würde. Deutsche Flüchtlinge hätten in der Regel zu wenig Geld, um in die USA zu kommen. England habe sechs aufgenommen. Es sei unsicher, ob sie ihren Lebensunterhalt verdienen können. Mehr sind in Frankreich, der Rest sei verstreut.[47] Allem Anschein nach habe die alte *Berliner Psychoanalytische Gesellschaft* ihre nicht enden wollenden persönlichen Auseinandersetzungen, die nach Abrahams Tod nicht mehr verborgen bleiben konnten, in andere Länder verlagert.[48]

Zusammenschluß mit anderen therapeutischen Richtungen

Nach Boehms Aussagen wurde ihm erst im Februar 1936, als er sich im Reichsinnenministerium um eine Unterrichtserlaubnis für das *Berliner Psychoanalytische Institut* bemühte, die Gründung des *Deutschen Instituts für psychologische Forschung und Psychotherapie*, unter Leitung von Prof. M. H. Göring, vorgeschlagen. Die DPG beschloß, zusammen mit Anhängern von Jung, Künkel/Adler und keiner Richtung zuzuordnenden Psychotherapeuten (wie z.B. J. H. Schultz, Begründer des Autogenen Trainings), an diesem Institut mitzuwirken. Leihweise sollte das Inventar des *Berliner Psychoanalytischen Instituts* allen psychotherapeutischen Richtungen zur Verfügung gestellt werden.

Anna Freud besprach die Situation in einem vierstündigen Gespräch mit Boehm in Brünn. »Er ist in Wirklichkeit gekommen, um sich zu verabschieden«, schrieb sie an Jones; und weiter: »Seine Situation ist eine sehr schwierige, ich kann sie sehr gut verstehen, aber es wird wahrscheinlich auch viele unter uns geben, die ihm den Ent-

---

[47] Jones/Brill 20.06.33, nach Steiner, R. (1989) S. 50.

[48] »It is in all events plain that the old Berlin Society has transferred its interminable personal quarrels to other countries, which after Abraham's death were no longer to be concealed« (Jones/Anna Freud, 12.07.34, siehe Steiner, R. (1989) S. 65).

schluß, den er jetzt fällt, sehr übel nehmen werden. Die Existenz von Institut und Gruppe in Berlin unter dem jetzigen Namen und den jetzigen Bedingungen der Selbständigkeit ist nicht länger möglich, trotz Einführung des Arierparagraphen, der bei den Behörden gut aufgenommen worden ist. Jetzt beginnt man viel größere Schwierigkeiten zu machen, wobei der Name Psychoanalyse, aber auch die Existenz eines selbständigen Instituts, besonders Anstoß erregt. Boehm hat nun zwei Möglichkeiten. Er kann Gruppe und Institut auflösen, die Lehrtätigkeit einstellen und jedes einzelne Mitglied kann als Einzelindividuum wahrscheinlich oder sogar sicher ungestört weiter in seiner Privatpraxis Analyse betreiben. Aber das ist ihm als freiwilliger Entschluß so gut wie unmöglich. Er hängt ungeheuer an dem Wirkungskreis, vor allem an der Ausbildung anderer und an der Arbeit mit der Analyse nach außen hin. Merkwürdigerweise floriert die Arbeit. Es kommen neue Kandidaten, die Kurse werden besucht, die verschiedenen Krankenanstalten schicken im Überfluß Patienten zur Behandlung. Sogar die offiziellen Stellen glauben an die Ernsthaftigkeit der Analyse und an ihre therapeutische Wirksamkeit. Dieses Stück Erfolg in der Außenwelt macht es ihm natürlich erst recht schwer, alles aufzulösen und aufzugeben ... Nun sieht er noch eine Möglichkeit vor sich, für seine Gesellschaft eine gewisse Existenz zu retten und den Fortgang des Unterrichts etc. zu sichern und, wenn es ihm gelingt, verschiedene psychotherapeutische Richtungen, die sich alle etwas bedroht fühlen, und vor allem kein Institut haben, zu einem größeren Verband in seinem Institut zu vereinen, so meint er, daß er sich damit wenigstens einen eigenen Betrieb in zwei Zimmern retten kann, indem er dann unter der Deckung des gemeinsamen Betriebes machen kann, was er will. Er will also seine Selbständigkeit aufgeben, um sich eine Selbständigkeit anderer Art zu erhalten. Aber er weiß genau, daß es dabei ohne gewisse Kompromisse nach allen Seiten nicht abgeht und daß das ein Schritt ist, den er als Mitglied der IPV nicht machen kann. Wenn es ihm gelingt, der Analyse damit einen Dienst zu leisten, so möchte er in besseren Zeiten in die IPV zurückkehren. Ich glaube, er schwankt in sich selbst, ob er damit der Analyse einen Dienst leistet oder nur den dort lebenden Analytikern. Er selbst ist so sehr Analytiker, daß er sich wohl auch bei einer veränderten Existenz nicht mehr ändern wird. Er fürchtet andererseits etwas die Assimilanten im eigenen Kreis. Besonders Müller-Braunschweig soll von einer erneuerten deutschen Analyse schon sprechen. Boehm liegt das fern. Er hat etwa 12 Leute um sich, die seine Absichten noch nicht genau kennen, aber diesen Schritt mitmachen werden. Ich glaube, er hat sogar eine geheime Hoffnung, Einfluß auf die anderen Psychotherapeuten zu bekommen, wenn er mit ihnen arbeitet und träumt davon, sie zur Analyse zu bekehren.

Ich glaube eigentlich an einen anderen Ausgang der Sache. Ich glaube es wird ihm der Schritt bei den Psychotherapeuten nicht gelingen und dann wird ihm nichts bleiben als die stille Einzelexistenz. In diesem Fall wird er froh sein, direktes Mitglied der IPV bleiben zu können. Im ersten Fall scheint es ihm nicht vereinbar, er fürchtet auch die Kritik der anderen zu sehr. Ich möchte sehr gerne wissen, wie Du dazu stehst. Mir scheint es begreiflich, daß er diesen Versuch machen will. Gelingt es nicht, so hat die Analyse nichts dabei verloren. Dann ist uns eben eine Gruppe verloren gegangen, die unter diesen Bedingungen nicht zu halten war. Rettet er eine kleine Arbeitsgruppe in eine andere Zeit hinüber, so ist es gut.

Er spricht sehr vernünftig. Er sagt: das ärgste am Leben dort ist, daß einem heute schon als natürlich vorkommt, wobei sich einem voriges Jahr noch die Haare gesträubt haben. Er bittet, daß Du nichts darüber an ihn schreibst. Du bekommst in kurzer Zeit einen formellen Brief von ihm, in dem er den Austritt der Deutschen Gruppe anmeldet. Er ist auch nicht gekommen, um sich zu beraten, sondern um einen Entschluß mitzuteilen. Und er war sehr ehrlich dabei.«[49]

Jones fürchtete eine Beeinflussung der Psychoanalytiker durch andere Richtungen und zögerte zunächst mit seiner Zustimmung. Ausschlaggebend war dann aber die Hoffnung, in besseren Zeiten eine kleine Kerngruppe (»nucleus«)[50] zu haben, die neu wachsen könne, deren Umfeld dann aber »gereinigt« werden müsse.[51] Nach

---

[49] Anna Freud/Jones, 10.03.36, Brit. A.

[50] Die Bezeichnung »Kerngruppe«, die Schultz-Hencke nach dem Krieg für seine Mitarbeiter wählte, könnte auf diese Wendung zurückgehen.

[51] »... it would be wrong of any one to criticise whichever of the two decisions Boehm makes, because it is quite impossible for anyone not in his position to be aware of the complicated and imponderable factors of every day life there. I

kurzer Zusammenarbeit wurde deutlich, daß Boehm seine leitende Stellung nicht behalten konnte. Göring oder einer seiner engsten Mitarbeiter war bei den wissenschaftlichen Sitzungen anwesend, um darauf zu achten, daß keine psychoanalytische Terminologie verwandt wurde. Müller-Braunschweig und Boehm als »erklärten Psychoanalytikern« wurden von Göring keine Ausbildungskandidaten zur Lehranalyse mehr zugewiesen.[52] Boehm fühlte sich der Lage nicht mehr gewachsen.

Das sichere Gefühl für die Konstanz von Handlungsabläufen, die ihre Bestätigung gerade in dem geschützten und stützenden Diskurs von »Gleichgesinnten« erfahren, begann sich ihm zu entziehen. Diese Gemeinschaft wurde zerstört und zerstörte sich selber.

---

am rather pessimistic about the possibility of influencing the outsider psychotherapists and also would fear their influence on many of our own members. My first instinct was therefore to choose a more isolated position and keep analysis pure. On second thoughts, however it is probably the more honorable and excellent way. It also shows what confidence he must have in himself so far as the grasp on the tenets of Psycho-Analysis is concerned. When better days come we shall in any case find that there is a nucleus left over from which we can again grow, and I hope we shall be wise enough when that day comes to start with a small nucleus and realise how much purification will be needed in the region around it« (Jones/Anna Freud 13.03.36, Brit. A.).

[52] Protokoll der Generalversammlung vom 17.04.48 (B.A). Der Sohn von M. H. Göring, Ernst Göring, ging mit Unterbrechungen von 1939 bis 1946 zu Müller-Braunschweig in Analyse. Da er offiziell bereits eine Lehranalyse bei Leonhard Seif in München gemacht hatte wie sein Vater, wurde diese Analyse als »therapeutische« deklariert. Ernst Göring besuchte Müller-Braunschweig auch nach dem Krieg mehrfach und brachte ihm Nahrungsmittelgeschenke. Müller-Braunschweig war dann aber nicht bereit, diese Besuche auch schriftlich zu bestätigen, sondern gab an, sich daran nicht mehr erinnern zu können. Für Göring wäre eine solche Bestätigung sehr wichtig gewesen, weil er damit zu den Engländern in Gefangenschaft gekommen wäre und nicht zu den Franzosen. Die Franzosen schickten ihn dann zum sehr gefährlichen Minensuchen. Er habe großes Glück gehabt, das lebend überstanden zu haben (05.08.80, Gespräch mit E. Göring).

Gestaltung der Beziehung zur IPV
nach staatlichen Vorschriften

Jones erwartete, daß es während des Luzerner Kongresses (1934) heftige Kritik gegen das Vorgehen der Deutschen geben werde — vor allem aus Kreisen der deutschen »Exilanten«. Er hielt es für möglich, daß Boehm als Person und die gesamte DPG aus der IPV ausgeschlossen würden. Er finde diese »emotions and ultra-Jewish attitude« sehr unsympathisch und es sei klar, daß Boehm und seine Kollegen als »dumping-ground« für Gefühle benutzt würden, die verschoben seien. Jones unterstützte Boehm eindeutig.[53]

Nic Hoel fand, daß die Analyse unter diesen Zwangsbedingungen nicht »rein« erhalten werden könne. Unter der Voraussetzung, daß die DPG nicht aufgelöst werde, hielt sie es für klüger, eine örtliche Gruppe ohne direkten Kontakt und auch ohne Mitgliedschaft bei der IPV aufzubauen.[54]

Über die Einstellung der DPG zur IPV waren die Ansichten geteilt: Während Boehm, wohl im Gefühl der Unvereinbarkeit seiner Politik mit dem internationalen Standard, sich für eine Trennung von der IPV einsetzte, waren Müller-Braunschweig[55] und Schultz-Hencke dagegen.[56] Anna Freud riet dazu abzuwarten. Einen Ausschluß aus

---

[53] »You will know, that I myself regard those emotions and ultra-Jewish attitude very unsympathetically, and it is plain to me that you and your colleagues are being made a dumping-ground for much emotion and resentment which belongs elsewhere and has displaced in your direction« (Jones/Boehm 24.07.34 nach Steiner, R. (1989) S. 51).

[54] »I thought it wiser for them, if they had the intention not to dissolve the German Society, to build a local group without direct contact or membership in the international.« He (Kemper) meant that it could possibly come so in the future (Hoel/Jones 04.01.35, Brit. A.).

[55] Müller-Braunschweig hatte während der Sitzung mit Jones und Kemper am 30.11.35 »mit Verve« die Auffassung vertreten, »welche ungünstige psychologische Wirkung ein Austritt aus der IPV haben müsste«. Boehm dagegen setzte sich für einen Austritt ein: 1. um sich nicht dem Vorwurf auszusetzen, mit Ausländern Kontakt zu haben, 2. weil er befürchte, daß sich die Psychoanalyse in ihrer Reinheit nicht würde erhalten lassen und er es vorziehen würde, freiwillig auszutreten, um nicht zum Austritt veranlaßt zu werden (Boehm Bericht, 04.12.35, Brecht et al. (1985) S. 120/122).

[56] Jones/Anna Freud, 02.12.35, Brecht et al. (1985) S. 114.

schluß aus der IPV empfand sie zu dem jetzigen Zeitpunkt als Vorgriff, der auch die anderen DPG-Mitglieder vielleicht ungerechterweise treffen könnte.[57] In seinem Gespräch mit Anna Freud in Brünn (08.03.1936) sah Boehm wohl richtig, daß er diese Kompromisse nicht als Mitglied der IPV machen konnte. Er meldete den Austritt der DPG aus der IPV an. »Boehms Austrittserklärung ist deutlich genug, aber seine Briefe gefallen mir nicht. Er war im Reden viel ehrlicher als im Schreiben.«[58] »Boehms Briefe kann man nicht ganz ohne verschiedene Gefühle lesen. Es ist am besten nichts darüber zu sagen.«[59] Müller-Braunschweig hatte Jones davon berichtet, daß er davon gehört habe, daß die DPG aus der IPV ausgeschlossen werden solle. Jones wollte die DPG in der IPV behalten und suchte einen Konsens mit Göring.[60] Die DPG bat darum, den Austrittsantrag rückgängig zu machen, da die Behörden die Verbindungen zum Ausland nun wieder wohlwollend beurteilten. Anna Freud war irritiert durch die wechselnde Einstellung Boehms zur IPV, die er ganz von den oberen Behörden abhängig mache, weshalb sich seine Worte »bis zum vollen Gegenteil verkehren lassen. Bei dem Gespräch in Brünn stand er unter dem Eindruck, daß die Behörden seinen Austritt aus der IPV verlangten. Ich habe ihm mit Absicht eher zum Bleiben zugeredet. Er dagegen hat mir versichert, daß es bei einer solchen Fusion, wie er sie vorhat, nicht ohne weitergehende Konzessionen an die anderen abgehen kann und daß er nicht imstande ist, diese Konzessionen vor uns zu vertreten. Jetzt wo die Behörden das Gegenteil wünschen, versichert auch er, wie rein er die Analyse erhalten kann.

---

[57] Anna Freud/Jones, 09.12.35, Brit. A.

[58] Anna Freud/Jones, 28.05.36, Brit. A.

[59] Anna Freud/Jones, 10.07.36, Brit. A.

[60] »Personally I am favourably inclined to the possibility of the German Society remaining with us, if that proves to be possible on both sides. In that case I might consider flying to Switzerland next Saturday to talk the situation over with Göring. What I have very much in mind is the possibility of helping the Verlag in many ... Also could you give me more information with which to answer Müller-Braunschweigs letter. He mentions a rumour that someone intended to propose the exclusion of the German Society. What do you know of this? Do you think it likely to happen, and that event how would the voting go? What would the feeling in Vienna be? etc.« (Jones/Anna Freud 11.07.36, Brit. A.).

Er hat in dem Gespräch mit mir eigentlich vor Müller-Braunschweig gewarnt. Er hat gesagt, Müller begrüße die Veränderung und hält den Aufbau einer ›deutschen‹ Psychoanalyse für durchaus möglich. Müller schien auch damals den Austritt aus der IPV sehr zu begrüßen. Boehm war damals unsicher, wie weit er dem Einfluß Müllers auf die anderen Analytiker entgegentreten kann. Trotz dieser Bedenken bin ich bereit, mich in der deutschen Sache ganz Deinem Urteil anzuschließen. Man könnte der Gruppe jedenfalls die Möglichkeit lassen, bis zum nächsten Kongreß zu beweisen, daß sie etwas zustande bringt. In 2 Jahren werden wir mehr über sie wissen. — Diese Toleranz ist mir nicht ganz natürlich, aber sie scheint mir vernünftig. Hanns Sachs und Eitingon werden sehr anders darüber denken; aber mein Vater steht ganz auf meinem Standpunkt.«[61]

In Basel, im Haus von Gustav Ballys Vater,[62] verhandelte Jones am 20.07.1936 mit Göring, Müller-Braunschweig, Boehm und Brill[63] und versuchte Göring davon zu überzeugen, daß die Ausbildung keine »weltanschaulich fremdartigen« Elemente enthalte. Jones, der von Göring einen sehr guten Eindruck hatte (leicht zu beeinflussen, aber scheue sich davor, Verantwortung zu übernehmen), fand die Kompromisse nicht so einschneidend, daß er die Notwendigkeit eines Ausschlusses der DPG aus der IPV sah.[64] Von Boehm habe er einen besseren Eindruck als Anna Freud.[65] Jones empfahl, daß das Zentralkomitée der IPV die Austrittserklärung der deutschen Gruppe

---

[61] Anna Freud/Jones 15.07.36 Brit. A.

[62] Gustav Bally war in Mannheim geboren und stammte von Schweizer Eltern ab. Von 1925 - 1933 hatte er am *Berliner Psychoanlytischen Institut* seine Ausbildung absolviert. Seine erste Frau hatte sich von ihm scheiden lassen, um ihren Analytiker Schultz-Hencke zu heiraten. Exponiert hatte sich Bally (1934) während der Nazizeit, als er Jungs politische Haltung in der »Neuen Züricher Zeitung« scharf angegriffen hatte.

[63] »Brill offended Boehm by not recognising him and asked his name« (Jones/Anna Freud 20.07.36, Brit. A.).

[64] »I can see no reason against the German Society remaining with us, except for one thing, the question of Ausbildung« (Jones/Anna Freud, 20.07.36, Brit. A.).

[65] Nach dieser Unterredung wurde Boehm von Göring zur Rede gestellt, warum er ihn in das Haus eines Juden gebeten hätte. Bally bestätigte auf Boehms Anfrage hin, daß er Alemanne sei (Boehm/Jones Bezug: 20.07.36/02.10.52, Brit. A.).

nicht annehmen solle. Auf dem Kongreß in Marienbad (2.-8.8.1936) solle nichts davon erwähnt werden.[66]

Anna Freud war anderer Auffassung: der Standpunkt der deutschen Vereinigung solle auch vor den anderen vertreten werden. Sie formulierte folgende Erklärung für die internationale psychoanalytische Öffentlichkeit:

»Erklärung. Die DPG bringt zur Kenntnis, daß sie in einer geschäftlichen Sitzung vom 09.09.36 einstimmig beschlossen hat, den Austrittsbeschluß vom 13.05.36 zurückzunehmen. Die DPG bedauert, daß sie unter dem Eindruck äußerer Geschehnisse voreilig diesen Austrittsbeschluß gefaßt hatte und daß dieser Beschluß durch ein Mißverständnis vorzeitig zur Veröffentlichung gelangt ist. Sie spricht die Hoffnung aus, daß der nächste internationale psychoanalytische Kongreß[67] die Zurücknahme des Austrittsbeschlusses zur Kenntnis nehmen wird und möchte in der Zwischenzeit fortfahren, alle ihre Mitgliedspflichten der IPV gegenüber wie bisher zu erfüllen.«[68]

Die Mitgliedschaft ruhte. Anna Freud fand: »Er (Boehm) hat einen recht guten und weitgehend aufrichtigen Eindruck gemacht. Aber er ist in einer schweren Lage und weiß selber noch nicht, wie er es aushalten wird. Das neue Institut ist gegründet. Aber er hat nicht, wie er offenbar gehofft hatte, eine leitende Stellung, und er hat offenbar viel weniger Selbständigkeit behalten, als er gedacht hat. Das Ambu-

---

[66] »It was easy to get on excellent terms with Göring who is a very sympathetic personality. We can easily bend him our way, but unfortunately so can other people. He is decidedly weak and has a great fear of taking responsibility. His position is such that he really could make everything satisfactory, were if not for this serious obstacle ... I laid down my conditions about this very emphatically, and made it clear to him that Psycho-Analysis could not continue beyond the present exponents, unless they were adhered to think he saw this very clearly, but he felt unable to promise anything until he had personally attended some of the courses in order to make sure that was nothing weltanschauliches fremdartiges! in them. This will probably work out all right, but I shall have to remain in contact with him. He is to take up his duties next month as Director of the Institut. There is complete freedom about the psycho-analytic work itself. My impression of Boehm was better than yours. I think the apparent changeability is quite explicable, and he really has succeeded beyond all hope« (Jones/Anna Freud, 20.07.36, Brit. A.).

[67] 2.-8.8.1936, 14. Kongreß, Marienbad.

[68] Anna Freud/Jones, 23.07.36, Brit. A.

latorium und die poliklinischen Besprechungen sind gemeinsam mit den fremden Gruppen; der Leiter scheint in seiner ersten Ansprache recht aggressiv etc. gewesen zu sein. Dafür ist alles völlig offiziell, auch die Analyse hat von der Öffentlichkeit nichts mehr zu fürchten. Immerhin beginnt Boehm jetzt die Ausbildungskurse und wird sehen, wie weit er darin ungestört bleibt. Mein Vater hat ihn im ganzen sehr ermutigt und ihm Lust gemacht, es auszuhalten. Boehm fürchtet irgendetwas, wahrscheinlich seine eigene Schwäche oder die seiner Mitarbeiter. Aber vielleicht hält er es aus. – Er ist ganz zufrieden mit seiner jetzigen Stellung der IPV gegenüber und verlangt eigentlich nicht mehr als diese latente Mitgliedschaft. Er weiß selbst genau, daß eine Diskussion über die deutsche Gruppe auf einem Kongreß jetzt keine gute Chance hätte.«[69]

Ein dreiviertel Jahr später versuchte Boehm, österreichische Psychoanalytiker zu einer Vortragsreise nach Berlin zu gewinnen. Anna Freud schrieb an Jones: »Ich kann mir nicht klar darüber werden, inwieweit die beiden (Boehm und Müller-Braunschweig) sich über die Beurteilung der Lage im Ausland wirklich nicht im klaren sind und inwieweit sie nur so tun. Sicher ist, daß die internationale Verbindung von oben her gewünscht wird und sie sich danach richten. Boehms Hilferuf klingt auch sehr echt. Aber trotzdem hat das ganze einen Anstrich, den man sehr schlecht verträgt. Boehm hat auch durch mich an die arischen Mitglieder der Vereinigung eine Bitte um Vortragsreisen gerichtet und ich habe das hier im Vorstand ausgerichtet. Es hat keinen Erfolg gehabt, offenbar weil diese Mitglieder fürchten, man könnte es ihnen übelnehmen, wenn sie deutsche Sympathie zeigen. Oder auch nur, weil sie sich nicht sehr geehrt fühlen, daß man sie ihrer Abstammung wegen und nicht wegen ihres wissenschaftlichen Namens einlädt. Wir haben es ähnlich gemacht wie Du mit unserer Absage und sind ausgewichen. Aber um Dich bewerben sie sich natürlich sehr viel energischer.«[70]

Mit Hilfe eines Stipendienfonds konnten Kandidaten am alten *Berliner Psychoanalytischen Institut* bei der Finanzierung ihrer Ausbildung unterstützt werden. Müller-Braunschweig schlug Jones vor,

---

[69] Anna Freud/Jones, 11.11.36, Brit. A.
[70] Anna Freud/Jones, 13.08.37, Brit. A.

die von »ausschließlich fast jüdischen Kandidaten« noch ausstehenden Beträge im »Interesse der Förderung der psychoanalytischen Wissenschaft« für die IPV zurückzufordern. Ihren moralischen Anspruch auf diesen erheblichen Betrag von 27.632,50 RM trete die DPG an die IPV ab, da »weitgehend ein Ressentiment gegen die nunmehr ausschließlich aus Nicht-Juden bestehende *Deutsche Psychoanalytische Gesellschaft*« an der »Unwilligkeit zu zahlen« beteiligt sei.[71] Müller-Braunschweig konnte sich offensichtlich nicht in die Lage seiner »verdrängten« Kollegen hineinversetzen. Anna Freud kommentiert: »Dein Briefwechsel mit Müller-Braunschweig hat mich sehr interessiert. Wie manche der Genannten dazu kommen, dem Stipendienfond Geld zu schulden, ist nicht ohne weiteres verständlich. Aber ich denke mir, daß wie bei uns, die Mitglieder monatlich Beiträge gespendet haben und man sie den Ausgewanderten bis zu ihrer formellen Übernahme in eine andere Gruppe noch weiter angerechnet hat. Z.B. bei Eitingon kann das nur so gewesen sein. Ich weiß nicht, ob Du Geschichten des Stipendienfonds aus alten Zeiten kennst; z.B. daß Boehm einmal durch Monate nicht imstande war, die von Mitgliedern an ihn eingezahlten Beiträge auch wieder auszuzahlen, weil er sie inzwischen für sich verwendet hatte? Man schweigt vielleicht besser von solchen alten Sachen, aber mein Mißtrauen gegen Boehm stammt von diesen Dingen ...«[72]

1.2. Von der Auflösung der DPG zur Etablierung des »*Deutschen Instituts*«

Der mißlungene Versuch der »Verdeutschung« der Wiener psychoanalytischen Einrichtungen und die Auflösung der DPG

Nach der Besetzung Österreichs (13.03.1938) wurde mit Zustimmung der *Wiener Psychoanalytischen Vereinigung*, deren Mitglieder bis auf zwei Ausnahmen gemäß der Definition der Nationalsozialisten »Juden« waren und im Begriff, Wien zu verlassen, von Müller-Braun-

---

[71] Müller-Braunschweig/Jones, 29.12.36. Siehe Brecht et al. (1985) S. 69.
[72] Anna Freud/Jones, 22.01.37, Brit. A.

schweig der Versuch unternommen, die Wiener psychoanalytischen Institutionen nach dem Muster des *Berliner Psychoanalytischen Instituts* dem *Deutschen Institut für psychologische Forschung und Psychotherapie* treuhänderisch zu übergeben, in der Hoffnung, damit die Verlagsbestände dem *Deutschen Institut* einverleiben und die Poliklinik erhalten zu können.

Die Wiener Unternehmung war den Nationalsozialisten suspekt und Müller-Braunschweig fühlte sich von Göring im Stich gelassen, wie er mehrfach notierte.[73] Als Anna Freud am 22.3.1938 von der Gestapo verhört wurde, zeigte sie einen freundlichen Brief Müller-Braunschweigs vor. Dieser mußte sich dafür vor Göring, dem Landesärzteführer für Deutsch-Österreich, Kaufmann, und dem Beauftragten des Reichsärzteführers, Ramm, rechtfertigen: »Der freundliche teilnehmende Ton des Briefes war der rein private Versuch, über alle weltanschaulichen und rassischen Gegensätze hinweg — einem Menschen, dem man aus hoher Notwendigkeit etwas für ihn sehr Schmerzliches antun mußte, zum Ausgleich eine rein menschliche Geste zu zeigen. Gerade weil ich mich rassisch durchaus instinktsicher fühle, glaubte ich mich zu einer solchen Geste befähigt und berechtigt. Daß ich dort, wo es nicht nur auf Worte, sondern auf Handeln ankam, in der Sitzung vom 20.3., nüchtern und sachlich vorging und bei den Teilnehmern jede gefühlsmäßige Anwandlung abzubiegen verstand, wird mir Herr Dr. Sauerwald bezeugen können.«[74] Die Aufforderung, in die Partei einzutreten, lehnte Müller-Braunschweig ab. Nun durfte er nicht mehr das Institut betreten und erhielt Lehrverbot — wie er später beklagte.[75]

Die *Deutsche Psychoanalytische Gesellschaft* mußte aufgelöst werden (19.11.1938) und damit erlosch ihre Mitgliedschaft bei der IPV. Jones bestätigte Müller-Braunschweig, daß er sich selbst Kollegen

---

[73] Lockot, R. (1985) S. 302 f.

[74] Müller-Braunschweig, Memorandum, 20.04.38, B.A.

[75] Über Freuds Flucht aus Wien wird gerade eine umfangreichere Arbeit von E. Wantoch verfaßt. Sie geht dabei auch der besonderen Persönlichkeit Sauerwalds nach. »Merkwürdig ist, daß nach Abwanderung aller Freunde und Verwandten jetzt unser Kommissär eine wirkliche Hilfe bei allen Erledigungen ist« (Anna Freud/Jones, 28.05.38, Brit. A.).

gegenüber, die er seit vielen Jahren kannte, absolut korrekt und den deutschen Behörden gegenüber loyal verhalten habe.[76]

Jones teilte Anna Freud am 25.04.1938 mit, daß sie sich »über das Schicksal des Professors« nach Aussage der deutschen Kollegen keine Sorgen zu machen brauchte. »Ihm wird, wenn die derzeit geltenden Bestimmungen erfüllt sind, die Ausreise erlaubt sein.« Die Abreise verzögerte sich noch, da die Reichsfluchtsteuer nicht gezahlt werden konnte. Das Geld war für die Liquidation des Verlags verwendet worden.[77]

In einem der letzten Briefe heißt es bei Anna Freud: »... nicht mehr ganz hier und noch gar nicht dort. So ist das sonst nur in den Hemmungstraumen, in denen zwei Tendenzen gegeneinander wirken und man immer wieder am gleichen Ort steht. Aber der Vergleich ist eher optimistisch, denn die erledigen sich ja am Ende immer durch das Aufwachen.«[78]

Etablierung des *Instituts für Psychologische Forschung und Psychotherapie* als *Reichsinstitut* und sein Ende

Während das alte *Berliner Psychoanalytische Institut* ein rein privates Unternehmen gewesen war mit einem Etat von 16 000 Reichsmark jährlich[79], war das psychotherapeutische Institut in der Nazizeit zu einer gesellschaftlichen Institution geworden, die von der Einheitsgewerkschaft (*Deutsche Arbeitsfront*), von Privatkassen und, nachdem Hermann Göring zum Präsidenten des *Reichsforschungsrates* gewor-

---

[76] »I was most disturbed and puzzeled at your personal news, since I should have thought you would have been the last man whose conduct and attitude could have been criticised by the German authorities. I remember when I met you last month in Vienna noticing with what special correctitude and loyalty you represented the official German view and that you never moved in the slightest degree from this attitude and tone, even when speaking with individuals whom you had known personally years ago« (Jones/Müller-Braunschweig, 11.05.38, K.A.).

[77] Jones/Anna Freud, 25.04.38, Steiner, R. (1989) S. 67.

[78] Anna Freud/Jones 25.05.38; Steiner, R. (1989) S. 57.

[79] Schultz-Hencke, Protokoll, 11.06.45, B.A.

den war, vom *Reichsforschungsrat* und dem *Luftwaffenministerium* mit 880 000 Mark 1944/45 finanziert wurde. Das zum *Reichsinstitut im Reichsforschungsrat* »erhobene« *Deutsche Institut für Psychologische Forschung und Psychotherapie* war als »kriegswichtig« eingestuft worden und genoß diverse Privilegien.[80]

Der ehemalige Geschäftsführer des Instituts, Felix Scherke, nahm nach dem Krieg noch folgende Transaktionen vor:

5000 RM Barzahlung an den Direktor des Reichsinstituts zur besonderen Verfügung für unvorhergesehene Ausgaben. 5000 RM Barzahlung an den stellvertretenden Direktor des Reichsinstituts, Prof. J. H. Schultz, zur besonderen Verfügung für unvorhergesehene Ausgaben. 2000 RM Überweisung an Arbeitsgemeinschaft München des RI. 3000 RM Überweisung an Arbeitsgemeinschaft Stuttgart des RI. 15000 RM Überweisung an Arbeitsgemeinschaft Wien des RI. 99660 RM Überweisung von der Niederlausitzer Bank in Cottbus an die Bayr. Hypotheken- u. Wechselbank München. 2900 RM Barzahlung aus dem Kassenbestand der Geschäftsführung in Cottbus an den Geschäftsführer Dr. Scherke im Zuge der Übersiedlung nach Bayern.

Bei der Deutschen Bank in Berlin blieb auf dem Postscheckkonto des Instituts das Vermögen des Deutschen Instituts von ca. 15000 RM, das Vermögen des Reichsinstituts (200000 RM) sowie die sonstigen Mittel des *Deutschen Instituts* aus dem Luftwaffenfonds etc.[81]

Über das Ende des Instituts in der Keithstraße 41 protokollierte Schultz-Hencke den Bericht eines Institutsangehörigen, der dabei gewesen war:

»Görings haben im Institut bis zum letzten Augenblick proklamiert, die Westarmee käme und würde die Russen vertreiben. Als die Russen erschienen, besichtigte ein russischer Offizier das Institut, das mit einer Lazarettfahne versehen war. Der russische Offizier bekam von oben anwesender SS einen Schuß in den Rücken. Daraufhin wurden die Hausinsassen in den Keller geschickt und das Haus angezündet. Es ist bis auf die Grundmauern ausgebrannt. Göring in Uniform gab Fr. Pfitzer kurz vor Eintreffen der Russen den Auftrag, seinen Stahlhelm, Waffe und Munition im Garten zu vergraben, was von

---

[80] Lockot, R. (1985) S. 356 f.
[81] Grunert, J. (1984) S. 882.

Frau Pfitzer abgelehnt wurde. Göring wurde abgeführt. Die Hausbewohner retteten sich durch einen Mauerdurchbruch im Keller, wobei Fr. Göring die Schützung und Benachrichtigung der SS proklamierte.«[82]

Bei Kemper (1947), der diesen Bericht kannte, liest sich das Ende des Instituts sehr anders: Er schreibt, daß das *Institut für psychologische Forschung und Psychotherapie* in den letzten Apriltagen 1945 bei »einem der letzten nächtlichen Großangriffe ... durch einen Bombentreffer buchstäblich dem Erdboden gleichgemacht« wurde. Es sei »mitsamt seiner Einrichtung und all dem, was an sichtbaren Arbeitsergebnissen vorlag«, niedergebrannt.[83] »Dadurch wurde in wenigen Stunden wieder zerstört, was in Jahrzehnten mühsam aufgebaut worden war.«[84] Die Zerstörung des Instituts schreibt Kemper gleichsam einer anonymen Macht zu und verbirgt damit seine Ambivalenz, die in einer anderen Arbeit (über den »schweigenden Patienten«) ihren Ausdruck findet: Das Dritte Reich habe sich wieder einmal als »ein Teil von jener Kraft, die stets das Böse will und doch das Gute schafft«, erwiesen.[85]

* * *

Über die *moralischen Schwächen*, den *Antisemitismus* der Bleibenden und ihren *Verrat an der Psychoanalyse* haben sich Jones und Anna Freud regelmäßig schriftlich ausgetauscht.

Das Mißtrauen von Anna Freud und Jones galt vor allem der Persönlichkeit Müller-Braunschweigs, der auch äußerlich besser in die »deutsche Landschaft« gepaßt haben dürfte (stattlich, blond) als der kleine, dunkelhaarige, auslandsdeutsche Boehm. Boehm vertrauten sie eher, wenn auch nicht uneingeschränkt und dann zunehmend weniger. Schultz-Hencke wurde nicht erwähnt — ebenso wie im Bericht von Rickman (siehe 4. Kapitel).

---

[82] Bericht von Cäcilie Otten; Schultz-Hencke, Prot. 24.05.45, B.A. Otten kam dann in ein sowjetisches Konzentrationslager und wurde nach ihrer Entlassung Mitglied des *Instituts für Psychotherapie*.
[83] Kemper, W. (1973) S. 293.
[84] Kemper, W. (1947) S. 7.
[85] Kemper, W. (1947) S. 66.

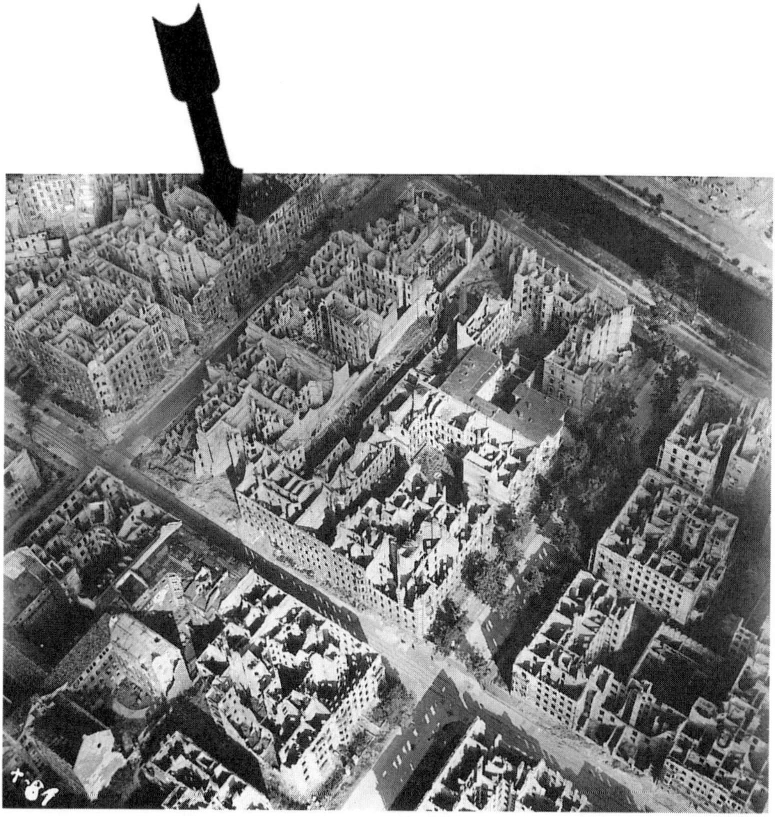

Berliner Psychoanalytisches Institut
Wichmannstraße 10   Okt. 1928 - 1936
Institut für Psychologische Forschung
und Psychotherapie
Budapesterstr. 19   1936 - Mai 1939
Budapesterstr. 29   1939 - Sommer 1941
Reichsinstitut im Reichsforschungsrat
(ab 1.1.44)
Keithstraße 41   Sommer 1941 - Mai 45

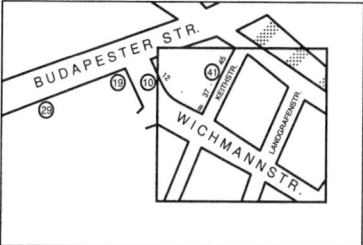

Seine theoretische Gegnerschaft war kein Verhandlungsthema mehr. Während der NS-Zeit schien er in den Augen der internationalen Öffentlichkeit nicht als »innerer Gegner«, wie ihn Freud noch bezeichnet hatte, als theoretischer Kontrahent, eine Bedrohung für die innere Zerrüttung der Gesellschaft zu sein.

Die Entscheidung darüber, daß nur ein kleiner »nucleus« wieder in die IPA aufgenommen werden würde, wenn der Ausschluß der DPG notwendig wurde, war eigentlich schon 1936 gefallen. Die führenden DPG-Mitglieder werden als moralisch instabil, mehr oder weniger antisemitisch eingestellt und unsicher in ihrer psychoanalytischen Identität beurteilt. Welche Parameter für die neue Gestalt der DPG, ihren neuen Kern, wirksam werden sollten, warum Müller-Braunschweig und nicht Boehm oder Schultz-Hencke der bevorzugte Kandidat der IPA wurde, werde ich in den folgenden Ausführungen zu klären versuchen.

2.0. Körperliche und seelische Folgen der NS-Zeit und des Krieges

55 Millionen Tote, 35 Millionen Verwundete, 3 Millionen Vermißte hatte der 2. Weltkrieg gefordert.[1] In einer zeitgenössischen Tageszeitung[2] wurde diese Bilanz der »Opfer des Wahnsinns« für Deutschland fortgesetzt:

»14,5 Millionen Gefallene.
2 900 000 Fliegeropfer.
11 Millionen Opfer der Konzentrationslager.
30 Millionen Schwerkriegsbeschädigte.
21 Millionen Obdachlose.
15 Millionen Vertrieben.
3,5 Millionen Ermordete.«

Opfer des Wahnsinns

Ergebnis des zweiten Weltkrieges ist:
14,5 Millionen Gefallene.
2 900 000 Fliegeropfer.
11 Millionen Opfer der Konzentrationslager.
30 Millionen Schwerkriegsbeschädigte.
21 Millionen Obdachlose.
15 Millionen Vertriebene.
3,5 Millionen Ermordete.

Sitzung des Parteiausschusses

Etwa 30 Millionen Europäer verloren ihre Heimat (davon 60 % Deutsche).

50 535 Menschen wurden von der Gestapo als »Juden« im Sinne der nationalsozialistischen Rassengesetzgebung aus Berlin verschleppt. Nach dem Krieg gab es noch 5000 »Juden« in Berlin — von denen etwa 1000 aus Konzentrationslagern zurückgekehrt waren und etwa 1000 im Untergrund überlebt hatten.[3]

Diese Skizze über das Ausmaß der Zerstörung — der inneren wie der äußeren — erhebt nicht den Anspruch einer objektiven Darstellung. Im Hintergrund steht vielmehr die Frage nach der volkswirtschaftlichen und sozialen Berechtigung von Psychotherapie und Psy-

---

[1] Krumholz, W. (1969) S. 335.
[2] Die Zeitung ist mir nicht bekannt.
[3] Krumholz, W. (1969) S. 335.

choanalyse an diesem historischen Ort. Abgesehen von der helfenden
und tröstenden Funktion der Psychotherapie und den psychotherapeutischen Aspekten der Psychoanalyse kommt der Psychoanalyse
sicher noch eine besondere Bedeutung zu. Die Kohärenz von Bezie-
hungszusammenhängen war, politisch diktiert und durch einen prä-
morbiden Hintergrund begünstigt, weitgehend zerstört. Desintegrierte
Aggressivität, blinde Idealisierung und Angst hatten ihre destruktive
Wirkung gezeigt. Über den Trost und die Unterstützung hinaus, die
die Psychotherapie bringen könnte, besteht die besondere Chance der
Psychoanalyse darin, auch das archaische Triebgeschehen als etwas
»menschliches« anzunehmen. Aber wie können psychoanalytische
Deutungen greifen,
— wenn der Selbsterhaltungstrieb, der Hunger, alle anderen Trieb-
  regungen zum Schweigen bringt?
— bei Vergewaltigungen, die nicht mehr mit den bürgerlichen Vorstellungen von Moral und Triebverdrängung in Verbindung zu
  bringen sind, sondern zu einem kollektiven Schicksal wurden?
— bei Verwahrlosung und dem »suizidalen Syndrom«, bei denen die
  innerpsychische Beziehungsbasis als Voraussetzung für psychotherapeutisches Arbeiten fehlt?
Nur die sorgfältige Prüfung jeder einzelnen Geschichte kann über
diese Fragen entscheiden.

Trotzdem bleibt eine große Patientengruppe, der mit anderen Mitteln nur schlecht oder gar nicht geholfen werden konnte.
— Das sind zum einen die zurückkehrenden Kriegsgefangenen, bei
  denen die enge Verbindung zwischen Schuldabwehr und seelischer
  und psychosomatischer Erkrankung nachgewiesen wurde,
— zum anderen sind es depressive Erkrankungen auf unterschiedlichen Ebenen der Regression. Hier ging es vor allem um die seelische Bewältigung eines Verlustes, der die Möglichkeiten der me-
  dikamentösen Behandlung überstieg.
Die Psychiater kamen hier nur zum geringen Teil als Ansprechpartner
in Frage. Sie waren unter anderem durch die an Geisteskranken be-
gangenen Verbrechen diskreditiert.[4]

---

[4] Siehe dazu auch Kapitel 7.

Die Psychoanalytiker, gleichermaßen von der allgemeinen Not betroffen und zugleich dazu aufgerufen, sie zu lindern und einen verantwortungsvollen Umgang damit zu fördern, fanden oft nur wenig innere Distanz. Auch ihnen drohte sich die »dritte Position« immer wieder zu entziehen. Zum Beispiel schreibt Ada Müller-Braunschweig[5] davon, daß Deutschland ein »großes KZ« gewesen sei[6] — aber was waren daneben die tatsächlichen Konzentrationslager, »kleine KZ« etwa? Ihr gelingt es dann allerdings wieder, die Relationen zurechtzurücken, indem sie nach den von Deutschen verursachten Leiden fragt (siehe unten).

2.1. Folgen für die Bevölkerung im allgemeinen

»... späteren Generationen wird es unfaßbar sein, daß der Naziterror tatsächlich angehalten hat, bis sie da waren«, schrieb die Psychoanalytikerin Luise Meyer am 15.03.1946 an ihre Mutter »... am 23.4.(45) waren sie da und am 22.4. haben sie noch nachmittags in der Wuhlheide, 10 Min. von den Russen entfernt, 6 Volkssturmmänner, die die Sache verloren gaben, aufgehängt, in Friedrichshagen etliche HJ Jungens, die sich ›verlaufen‹ hatten d.h. türmen wollten desgl. Von den Buchholzer H J. Jungs von 14-16 Jahren sind, wie mir meine Mädels erzählten, von 300, ca. 50 mit dem Leben davongekommen.«

Als die Amerikaner, Engländer und Franzosen nach Berlin kamen (Juli 1945), hatten die Russen bereits neben dem Einfrieren aller

---

[5] Ada Müller-Braunschweig, geb. Schott, Pfarrerstochter aus dem Voigtland (pers. Mitteilung von M. Köhler), mit Verbindungen nach Budapest, zum Kreis um Ferenczi. Ausbildung als Kindergärtnerin am Pestalozzi-Fröbel-Haus in Berlin, dann Ausbildung (2 Monate, 1919/20) in »Psychoanalytischer Heilpädagogik« in Wien bei H. v. Hug-Hellmuth (Archiv von Hans Müller-Braunschweig). 1922 Mitarbeiterin an der *Berliner psychoanalytischen Poliklinik* für Kindertherapie. Nach Grosskurth, P. (1993) soll sie mit Melanie Klein befreundet gewesen sein (S. 177). Lehranalyse bei ihrem späteren Ehemann, Carl Müller-Braunschweig, und bei dem Jungianer G. R. Heyer (Kurzbiographie zu Heyer in Lockot, R. 1985, S. 161 ff.). Heyer war Nationalsozialist und wurde im Sommer 1939 von Göring nach Berlin berufen, um den Einfluß der Jungschen Gruppe zu stärken.
[6] A. Müller-Braunschweig/Ehrmann, 23.01.46, LC. Ich danke E. Wantoch für die Überlassung dieses Dokuments.

privater Konten die Stillegung aller früheren Einrichtungen der Sozialversicherung verfügt.

Luise Meyer berichtete ihrer Mutter (30.03.1946) von einer Dame, »fast so alt wie Du, sie hat verloren: im Tresor 150000 RM, ausgebombt ein 4-Stockmietshaus, 15 echte Teppiche mit der dazu gehörenden Wohnungeinrichtung und Garderobe, besitzt 2 Paar geschenkter Schuhe 1 Gr. 41, 1 Gr. 38, ein Kleid, 1 Mantel, 1 Bunkerstuhl, im Winter schlief sie unter dem Regenschirm und ging mit Gummigaloschen ins Bett. Und am Ende lachen wir noch über solche und ähnliche Situationen. Weinen können wir nicht mehr ... die Polen sagen, die deutschen Frauen brauchen nur noch Augen zum Weinen und Hände zum Grab schaufeln.«

Hunger

Drei Tage nach Einmarsch der Westmächte in Berlin zog der sowjetische Oberbefehlshaber seine Zusage zurück, die Berliner Bevölkerung mit Grundnahrungsmitteln zu versorgen. Am 19.7.1946 wurden alle Obst- und Gemüselieferungen aus der Sowjetisch Besetzten Zone (SBZ) in die drei westlichen Zonen eingestellt.[7] Die private amerikanische Hilfsorganisation Care ermöglichte vielen Berlinern das Überleben.[8] Am 11.05.1945 führte die sowjetische Besatzungsmacht fünf Kategorien von Lebensmittelkarten ein: I. für Schwerstarbeiter, Wissenschaftler, Künstler und Betriebsführer, II. für Arbeiter, III. für Angestellte[9], IV. für Kinder und V. für Beschäftigungslose (wie Rentner) und Hausfrauen. 34 % der Bevölkerung bekamen 1945 Lebensmittelkarten der niedrigsten Stufe (V). Das waren monatlich 9000 g Brot, 600 g Fleisch, 210 g Fett, 900 g Nährmittel, 450 g Zucker, 12000 g Kartoffeln, 100 g Kaffeeersatz, 25 g Bohnenkaffee, 20 g Tee und 40 g Salz. »Die Hungerei mit allen Begleiterscheinungen hat in unmittelbarer Stadtnähe tolle und ungesunde Verhältnisse geschaf-

---

[7] Krumholz, W. (1969) S. 694.
[8] Harenberg, B. (1986) S. 437.
[9] Die Mitarbeiter der *Versicherungsanstalt Berlin*, der psychotherapeutischen Poliklinik, bekamen die III. Kategorie.

fen«, schrieb Luise Meyer an ihre Mutter. »Die Bauern haben für
Generationen Silber, Gold, Seide, Garderobe, ihnen fehlt nur noch ...
der Perser im Schweinestall. So erklären sich meiner Meinung nach
auch die z.T. rigoros durchgeführten Bodenreformmaßnahmen.«[10]
Die Wirkung von Hunger auf die seelische Verfassung war schon
während der letzten Kriegsjahre immer wieder untersucht worden.
Schilling berichtete über seine mehrjährige russische Gefangenschaft.
Man »hat« nicht Hunger, sondern der Hunger »hat« einen — der Hunger, der von keiner Sättigung mehr weiß. Hunger kann zu einem psychosomatischen Wandel der Persönlichkeit führen, der »die Triebseite
des Menschen in Reinkultur hervorbrechen läßt. Die Schilderung der
Essenserwartung und Essensverteilung erinnert an Fütterungsszenen
von Raubtieren im Zoo. Eine ständige latente Panikstimmung erreicht
ihren Höhepunkt. Ein Zwischenstadium ist die ›pathologische Freß-
gier‹ von kaum vorstellbarem Ausmaße, in der Geiz, Besitzgier und
Sicherungsbedürfnisse gegen die existentielle Angst gleichzeitig auftreten, aber mit Instinktlosigkeit gegenüber dem lebensnotwendigen
Maßhalten verbunden« (sind). In der das Schicksal bejahenden Aske-
se verwandele sich der Zwang in Freiheit, als etwas, was nicht mehr
der feindlichen Objektwelt zugehört, sondern dem Subjekt. Neben dieser idealistischen Seite der Askeseerscheinungen werden auch ihre
masochistischen Züge und die kindlichen Rache- und Drohungsten-
denzen des »euch geschieht es ganz recht, wenn einer nach dem
anderen umfällt«, aufgedeckt. »Schilling selbst erlebte dieses Aske-
sestadium in einer Art hochgestimmten Phase künstlerischer Produktivität. Doch folgte bald darauf der Zusammenbruch in den geistigen
Tod des Vegetierens, verbunden mit dem Abbruch aller freundschaftlichen Beziehungen.« Das ist für Hungerkollektive besonders charakteristisch. Diese »Negation der Mitwelt ... ist aber nicht nur einfache
Teilnahmslosigkeit«, sondern äußert sich in der »ambivalente(n)
Eruption des Aggressionstriebes ... als elementarer Vernichtungshaß
gegen den Mitmenschen, ›weil er Platz und Nahrung wegnimmt‹, und
als aggressives Liebesverlangen mit dem Ziel der Vereinnahmung des
angestrebten Objekts.« Wenn es um die nackte Selbsterhaltung gehe,

---

[10] Luise Meyer an ihre Mutter, 27.05.46.

verliere das Über-Ich »nur zu häufig seine Herrschaft an den Selbst-erhaltungstrieb.«[11]

Vergewaltigung und Schwangerschaftsabbrüche

Über die Tage der Eroberung Berlins liegen eine Reihe tagebuch-artiger Aufzeichnungen vor[12], die von Vergewaltigung und Ermor-dung von Frauen, Mädchen und Kindern berichten. In dem Kommen-tar dazu heißt es, daß wohl der erstaunlich sachliche Ton dieser Be-richte auf die vorherrschende Gefühlslage jener Tage zurückzuführen ist. Gewalttätigkeit werde nicht mehr als individuelles, sondern kol-lektives Schicksal empfunden.

Die sowjetischen Soldaten verhielten sich sehr widersprüchlich: einerseits wurde, einem alten orientalischen Kriegsbrauch entspre-chend, zur Vergewaltigung aufgerufen, andererseits berichtete der evangelische Theologe Probst Grüber davon, wie sowjetische Sol-daten, die in diesem Sinne für schuldig befunden wurden, von ihren Offizieren erschossen wurden. Ernst Lemmer, damals noch Korre-spondent ausländischer Zeitungen, später Mitbegründer der CDU in der sowjetischen Besatzungszone, gab den Kommentar eines Jour-nalistenkollegen wieder, der vermutete, daß die Vergewaltigungen nicht nur die Antwort auf die deutschen Taten in der Sowjetunion seien, sondern daß es sich hier eigentlich um eine Reaktion auf die »arrogante Rassenpolitik« der Nationalsozialisten und ihre »zoolo-gisch-brutalen Pläne von der Germanisierung der Rassen«, der »Auf-nordung der Rasse« handele. »Vielleicht soll die Rasse selber hier jetzt gedemütigt werden und die Niederlage bis auf den Grund zu spüren bekommen.«[13]

Schwangerschaftsabbruch stand unter Strafe. Der Antrag Grübers, der als unerbittlicher Gegner Hitlers und Mittelsmann zwischen jüdi-schen Organisationen und NS-Behörden zur Rettung von »Juden« von

---

[11] Haas, R. (1950) Rez. Schilling, F. (1948) S. 287 ff. Haas, R. (1949) Rez. In der Beeck, M. (1949) S. 693 und Seemann, W. (1950a) Rez. Schmitz, W.P. (1950).

[12] Boveri, M. (1969) S. 84 ff.

[13] Burkert et al. (1985) S. 232.

1941 bis 1943 im KZ gewesen war, und Sauerbruchs[14] im *Berliner Magistrat*, die ethische Indikation zum Abbruch zuzulassen, scheiterte an den Stimmen der Kommunisten und Katholiken. Walter Ulbricht, im April 1945 aus der Sowjetunion zurückkehrend und maßgeblich an der Organisation der Berliner Stadtverwaltung und der KPD beteiligt, erklärte scharf: »Die Diskussion über dieses Thema betrachte ich als abgeschlossen. Eine Stellungnahme von unserer Seite, Abtreibung als Folge der Zwischenfälle zu gestatten, ist vollkommen ausgeschlossen. Diejenigen, die sich heute über diese Vorkommnisse aufregen, hätten sich lieber aufregen sollen, als Hitler seinen Krieg begann. Ein Zurückweichen vor solchen Stimmungen kommt für uns überhaupt nicht in Frage. Ich betrachte diese Frage als beendet und werde eine

---

[14] Ferdinand Sauerbruch war einer der bedeutendsten von 960 Professoren, die sich im Herbst 1933 öffentlich für Hitler und das nationalsozialistische Regime ausgesprochen hatten. Hindenburg hatte zu seinen Patienten gehört — aber auch Hitler, Goebbels und auch Oberst v. Stauffenberg. Trotz seiner pro-nationalsozialistischen Einstellung unterhielt er auch Verbindung zu dem Kreis um Generaloberst Beck (Wistrich, R. 1983, S. 236). Sauerbruch war von Wissenschaftsminister Rust, der im März 1937 den *Reichsforschungsrat* als Teil der *Deutschen Forschungsgemeinschaft* gegründet hatte, zum Fachspartenleiter der Abtg. Medizin berufen worden. 1942 wurde H. Göring zum Präsidenten des *Reichsforschungsrats*. Die Förderung des nun zum *Reichsinstitut im Reichsforschungsrat* erhobenen *Deutschen Instituts für Psychologische Forschung und Psychotherapie* lief über Sauerbruchs Abteilung. Als »kriegswichtige« Einrichtung wurde besonders die Ausbildung hoch subventioniert und die Kandidaten genossen diverse Privilegien (Lockot, R. 1985, S. 356 f.). Am 17.5.45 wurde der Magistrat durch den sowjetischen Stadtkommandanten eingesetzt. Sauerbruch wurde die *Abteilung Gesundheitswesen* übertragen, da er mit seiner neuen Operationstechnik großen Einfluß auf die sowjetische Chirurgie gehabt hatte (Thorwald, J. 1960, S. 27). Am 12.10.45 wurde Sauerbruch seines Amtes enthoben, da er durch seine Vergangenheit als Leiter der Charité, Armeearzt mit Generalsrang, Minister und einem Jahreseinkommen zwischen 200 000 und 300 000 Mark nach den verschärften amerikanischen Entnazifizierungsbedingungen zunächst überprüft werden mußte (Allg. Ztg. 12.10.49). Sauerbruch wurde schließlich entlastet, da er den Staatsratstitel für die Behandlung Hindenburgs bekommen und sich, abgesehen von seinem anfänglichen Enthusiasmus, während der Nazizeit zurückgehalten habe. Außerdem habe er rassisch Verfolgte unterstützt (Der Kurier, 26.7.49, Nr. 172). Als Vorstandsmitglied der *Notgemeinschaft Deutscher Wissenschaftler* lehnte er die finanzielle Unterstützung eines unter Mitscherlichs Leitung stehenden Instituts ab (siehe Kap. 6.2. Mitscherlich/Schottlaender, 21.02.50, B.A.).

erneute Erörterung nicht mehr zulassen. Die Besprechung ist beendet.« Grüber lag vor allem daran, eine Kränkung der heimkehrenden Soldaten zu vermeiden: »Wir haben auch für diese Zeit den Paragr. 218 des Strafgesetzbuches, soweit es sich um ethische Indikationen handelte, außer Kraft gesetzt, denn wir wollten es den deutschen Gefangenen nicht zumuten, daß sie nach der Entlassung unter ihren Kindern ein fremdes vorfanden. Das hätte nach unserer Überzeugung nur Haß und Feindschaft gesät.«[15]

In Hamburg war die medizinische Indikation die einzige, die anerkannt wurde. Schwangerschaftsabbrüche nach Vergewaltigungen wurden über die »medizinische Indikation« legalisiert, da »Vergewaltigungen ein schweres seelisches Trauma darstellen, das ernste Folgen für den Gesundheitszustand der Frau hat«. In der Zeit vom 1.5.1945 - 31.12.1946 wurden 858 Schwangerschaften = 44 % wegen Vergewaltigung unterbrochen.[16]

In der *Psyche* wurde zwar über den Paragraphen 218 geschrieben[17] — das brennende Problem der »Vergewaltigung« kam dabei nicht zur Sprache. Auch der als »Seelenheilkundler« bezeichnete Carl Müller-Braunschweig äußerte sich in einer öffentlichen Diskussion im Berliner *Telegraf* vom 21.12.1946 zum Paragraphen 218 unter der Überschrift »Rache der Psyche«.[18] Seiner normativ-partiarchalischen

---

[15] Burkert et al. (1985) S. 235-237.
[16] Jores, A. (1947/48) S. 50.
[17] Kütemeyer, W. (1947).
[18] »Die Redeweise, daß eine jede Frau ein Recht auf ihren Körper habe und die dazu dienen soll, den Entschluß einer Frau zu einer Abtreibung zu rechtfertigen, erhält durch die auf psychoanalytischem Wege gewonnenen Erfahrungen ein sehr zweifelhaftes Gesicht. Häufig ergibt es sich, daß der Entschluß zur Abtreibung nur der Bewußtseinsoberfläche der Frau entspricht. Könnte sie sich aus der Tiefe ihrer Persönlichkeit heraus entscheiden, würde sie das Kind zur Welt bringen wollen. Wenn Frauen sich unter dem Eindruck wirtschaftlicher Not oder durch vorübergehend getrübte Beziehungen zum geliebten Mann oder beeinflußt von konventionellen Vorurteilen — etwa beim außerehelichen Empfang — über ihr ihnen selbst oft kaum bewußtes innerliches Wünschen hinwegsetzen, löst das fast regelmäßig nach vollzogener Abtreibung seelische Reaktionen aus, in Gestalt von Selbstvorwürfen, Rachegefühlen gegen den Mann, von Enttäuschung und Depression, von Verbitterung oder geminderter Lebenslust und in einigen Fällen ernsthafte seelische Erkrankungen. Der Mann steht aus seiner völlig anderen körperlichen Verfassung heraus, rein biologisch gesehen, dem großarti-

Diktion verhaftet, geht er an den aktuellen Zeitumständen und deren unbewußter Dimension völlig vorbei.

Über die Opfer des Nationalsozialismus wurde in den zeitgenössischen Fachzeitschriften affektisoliert und bis zur Unkenntlichkeit entstellt, worum es eigentlich ging, z.b. folgendermaßen berichtet: Die unter einem medizinischen Oberbegriff angekündigte Rezension der Arbeit von Klebanow, D. und Hegnauer, H. »Zur Frage der kausalen Genese von angeborenen Mißbildungen« entpuppte sich als eine Untersuchung an Frauen, die im Lager gewesen waren: bei Einweisung in das Lager Sistieren der Periode, Amenorrhoe meist bis zur Haftentlassung, nach Entlassung normaler Zyklus, aber erhebliche und hartnäckige Stoffwechsel- und verschiedene Fortpflanzungsstörungen. Häufig Sterilität, Spontanaborte und intrauteriner

---

gen Geschehen, das Empfängnis, Schwangerschaft, Geburt, Stillen heißt, ungleich ferner als die Frau, ja, steht dem oft fremd gegenüber, während die Frau der fast alleinige Träger und Schauplatz dieses großen, die ganze körperliche und geistige Existenz des Menschen tragenden und erhaltenden Geschehens ist. Hat sich die Frau wesentlich durch den Wunsch des Mannes zum künstlichen Abort bestimmen lassen — ein sehr häufiger Fall —, so muß er diese Gefügigkeit der Frau meist schwer büßen. Sie entwickelt offene oder versteckte Feindseligkeit gegen ihn, ihre Liebe und Zärtlichkeit erkalten, oft auch versagt die Fähigkeit zum Zusammensein. Besonders verhängnisvoll an dieser Entwicklung ist, daß sie sich zumeist in der Frau vollzieht, ohne *daß sie weiß, welches ihr Ursprung ist.* Für die körperlich und seelisch gesunde Frau ist das Kind mit all dem, was es ihr an Erleben bringt, in ihrem Liebesverlangen gleichsam eingeschlossen, gehört unablöslich zu ihm. Darum kann die Frau, je naturverbundener sie ist, und je differenzierter sie in dieser Verbundenheit steht, nur schwer ohne Schädigung ihrer Persönlichkeit den ihr eigenen Möglichkeiten zuwider handeln. Diese keineswegs neuen und der gesund empfindenden Frau immer selbstverständlich gewesenen Gedankengänge sind im vorigen Jahrhundert unter der zunehmenden Industrialisierung, dem immer schwerer werdenden Kampf um die wirtschaftliche Existenz und der Einbeziehung der Frau in diesen Kampf scheinbar in den Hintergrund gedrängt worden.

Wir dürfen sie aber nicht bagatellisieren, sie auch nicht gerade bei der Diskussion um den § 218 vergessen. Selbst in einer Notzeit der schlechten Ernährungslage und dann, wenn eine den Zeitumständen Rechnung tragende Gesetzgebung — und zwar aus Gründen stärksten Gewichtes — dahin gelangen würde, etwa mit der Einschränkung jederzeitigen Widerrufs den künstlichen Abort nur zu bestrafen, wo er unter Außerachtlassung ärztlich gebotener Durchführung ausgeübt wird.«

Fruchttod. Bei ausgetragenen Kindern viele somatische Abartigkeiten. Bei 1500 Geburten 4 % Fehl- und Mißbildungen. Unter den 58 geschädigten Kindern 12 mongoloide Idioten. Jede 130. der inhaftierten Frauen hat ein mongoloides Kind geboren (vergl. auf 6000 - 10000 Geburten ein Fall).[19]

Das sich über weitere Generationen fortsetzende Leid, das der Nationalsozialismus geschaffen hatte, ist hier, gleichsam symbolisch, markiert.

Verwahrlosung und Suizidalität

Alexander Mitscherlich schrieb an Gustav Bally[20]: »Von innen und von unten gesehen ist unser Land in einer entsetzlichen *Verwahrlosung* ... Ob und wie man hier noch tiefergreifend helfen kann und nicht nur konjunkturell die ärgsten Mißstände verdecken kann — ein solcher Versuch war ja bereits der Nationalsozialismus bis 1939 — ist mir ganz unklar.« Seit langem hätten sich in Deutschland in einem lieblosen Leben destruktive Wünsche pathologisch angestaut und seien der Kontrolle entglitten, wie der Krieg gezeigt hätte. Nach dem kompletten Bindungsversuch in der Unterwerfung unter die nationalsozialistische Diktatur werde nun ebenso dranghaft die »zweifelhafte Freiheit der Bindungslosigkeit« gesucht. Mit der »historischen Entmündigung der Väter« sei der Verlust des »historischen Standortes« und die Möglichkeit, in die Zukunft zu schreiten, verbunden.[21]

Verheerende Ausmaße nahm die Kriminalität im Nachkriegsdeutschland im Vergleich mit der Vorkriegszeit an: eine Steigerung um 500 - 600 % wurde ermittelt. Vor allem Delikte wie Mord und Diebstahl wurden vermehrt festgestellt.

Sittlichkeitsdelikte dagegen waren gleichbleibend. Als Tendenz wurde eine Primitivierung und Verrohung der Delikte beobachtet: »Jedes Wertgefühl schwindet in einer Phase, die sich allein durch Macht und Gewalt auszeichnet. Zweifellos geht die Primitivierung

---

[19] Seemann, W. (1950) Rez. Klebanow, D., Hegnauer, H. (1950).
[20] Mitscherlich/Bally, 04.10.46, M.A.
[21] Mitscherlich, A. (1947a) S. 108 f.

und Verrohung, die Nichtachtung fremden Eigentums nicht unwesentlich auch auf das eigentliche Kriegserleben zurück ... In diesem Zusammenhang muß dann auch die Auswirkung der Lehre des Nationalsozialismus mit ihrem Primat der Gewalt, dem staatlich sanktionierten Mord, der willkürlichen Handhabung der Strafzumessung erweitert beurteilt werden.« Entgegen der allgemeinen Auffassung beteiligten sich die »Entwurzelten« nur unerheblich an der Gesamtsteigerung der Kriminalität. Es überwogen »Jungtäter« (30. Lbj).[22] Gewalt richtete sich nicht nur auf Mitmenschen, sondern auch auf die eigene Person.

Angesichts des Vormarsches der sowjetischen Truppen kam es zu zahlreichen *Selbstmorden* hoher nationalsozialistischer Funktionäre (vor allem SS-Angehörige), aber auch Massenselbstmorden in der Bevölkerung, angeheizt durch die in den Massenmedien verbreitete Parole »lieber tot als rot«. Von einer Oderbrücke stürzten sich nacheinander 70 Familien in die Fluten. Eine Ärztin in der Nähe von Elbing vergiftete sich mit ihren beiden Töchtern. Ihr Vater bot allen, die sich im Haus aufhielten, eine Kugel an. Es starben 62 Menschen.[23]

Luise Meyer beschrieb, auf welche Weise ihre notwendigen Wanderungen durch die Stadt unterbrochen wurden[24]: »Frau komm, robotta! Robotta heißt arbeiten ... und so wurde mancher dringende Weg für 2-3 Std. weiter unterbrochen durch Straßen und Bunker reinigen, Steine schleppen, Kohlen verladen (einzeln mit den Händen), Leichen Kadaver bergen und eingraben aus Wässern und Trümmern letztes wegen der bereits eintretenden Fäulnis und Seuchengefahr nicht ungefährlich ... Die sehr hohe Selbstmordziffer in den Apriltagen hat die Russen immer wieder erschüttert, da sie ja im Grunde ihrer Seele weich, zu weich sind, was ihre gewalttätigen gelegentlichen Durchbrüche bedingt. Die Selbstmörder haben wohl nicht daran gedacht, wie schwer es für uns war, sie hinterher in die Erde zu bringen. Wohl noch lange wird man in Berlin gelegentlich Tote finden, die mitten zwischen unserem pulsierenden Leben unter der Erde ruhen.«

---

[22] Giese, (1950) Rez. Bader, K. (1949) S. 117.
[23] Baechler, J. (1981) S. 245 f.
[24] Luise Meyer an ihre Mutter (13.04.46).

In seiner Studie »Über suizidale Kranke« heißt es bei dem Heidelberger Hochschullehrer Herbert Plügge über die große Zahl der jungen Selbstmordgefährdeten (1951): »Sie haben keine Freunde, sondern Kumpane. Sie haben den Eindruck gewonnen, das Böse ist nur halb so schlimm, aber alles Gute ist auch nur ein Viertel so gut, wie die Erwachsenen sagen. Das Resultat aus ihren Erfahrungen ist eine Mischung aus abgrundtiefer Skepsis und extremer Unbedenklichkeit. Sie schließen vorzeitig Ehen, gehen ohne große Überlegungen in Berufe, kriegen unüberlegt Kinder, treiben ebensoleicht Schwangerschaften ab; und wie sie mit dem Leben umgehen, so gehen sie auch mit dem Tod um. Sie sind eigentlich nie recht verzweifelt, nie unglücklich, nie wirklich tief gekränkt, halten nicht zu den Eltern und Geschwistern, haben keine übertriebenen Erwartungen, keine hohen Hoffnungen, aber auch keine tiefen Enttäuschungen, sind keine unglücklich Liebenden, keine verlassenen Mädchen, haben keine ›Weltanschauung‹, wechseln öfter Wohnung, Beruf und Umgebung als das Hemd. Das heißt aber: sie sind einsam, ohne es recht zu merken.«[25]

Die seelische Verfassung der Kriegsgefangenen

Echte Neurosen wurden bei Kriegsgefangenen relativ selten beobachtet, im Gegensatz zu den neurotischen Reaktionen des 1. Weltkriegs. Als charakteristische Persönlichkeitsveränderungen aller Kriegsgefangenen wurde die »Tendenz zum Autismus« beschrieben. »Das psychische Bild unterschied sich von Psychosen durch die Reversibilität und die situationsbezogene Entstehung.«[26] Gottschick bestätigte in seinen Beobachtungen an 600 - 800 deutschen Kriegsgefangenen in den USA dieses Ergebnis. Auch er fand eine auffallend hohe Zahl psychotischer Erkrankungen, die zwar als »Schizophrenie« diagnostiziert wurden, »höchstwahrscheinlich aber keine Schizophrenien im Sinne ›endogener‹, ›prozeßbedingter‹ Erkrankungen waren. Die Grundreaktionen des Kriegsgefangenendaseins, nämlich Antriebsarmut, traurige Verstimmung, Mißtrauen, Angst« finden

---

[25] Plügge, H. (1951) S. 436.
[26] Seemann, W. (1950a) Rez. Schmitz, W.P. (1950) S. 289.

sich bei diesen Patienten in psychotisch übertriebenem Ausmaß »als Stupor und Depression, Sinnestäuschung und Verfolgungswahn« und sind wohl »als Sonderform krankhafter Reaktionen« aufzufassen. Auffallend war die Einengung psychischer Funktionen auf einen ganz kleinen Vorstellungskreis, der wahnhafte Bedeutungsakzente trug, während sich die Kranken außerhalb dieser Atmosphäre meist als ungestört erwiesen.[27]

Jensch untersuchte Kriegsgefangene in einem amerikanischen Kriegsgefangenenlazarett in Frankreich 1944 - 1946 und verglich sie mit Erfahrungen der Vorjahre aus einem deutschen Lazarett. Während im 1. Weltkrieg Kriegszitterer beobachtet wurden, dominierten in den Lagern während des 2. Weltkrieges Krankheitsbilder mit Magenbeschwerden, Ulkuserkrankungen und rheumatische Leiden. Die Kriegszitterer von »gestern« erwiesen sich als die Ulkuskranken von »heute«.

Bonhoeffer sah den Grund für den Symptomwandel darin, daß sich die Maßstäbe für erschütternde Ereignisse gewandelt haben und die Gesunden weniger Mitleidsbereitschaft aufbringen. Endemisch, in Anhängigkeit von akuten Belastungen des Lagerlebens wie Schreckensgerüchten, traten dann wieder »unzeitgemäße« hysterische Anfälle wie Lähmungen, hysterische Störungen des Sehens, Hörens, Sprechens etc. auf.

Mit der Kapitulation änderte sich die Klientel des Lazaretts, die bisher aus Patienten bestanden hatte, die zwischen hysterischen und psychosomatischen Reaktionen schwankten. Nun zeichnete sich das Erkrankungsbild durch farblos wirkende Personen mit pseudodementem Verhalten aus. Diese Patienten fürchteten, von dem Sieger für die Vergehen Deutschlands schuldig befunden zu werden und versuchten, dieser Last durch ihre Pseudodemenz zu entgehen. Dabei handelte es sich keineswegs um politisch belastete Menschen, sondern um »die zahlreichen Primitiven ... die eine dumpfe Schuld zu empfinden schienen und häufig auch ihre Furcht vor vermeindlichen Kollektivstrafen äußerten«. In flachen Erregungszuständen schienen sie sich gegen imaginäre Exekutionskommandos zu verteidigen. Suchte man also einerseits durch das pseudodemente Verhalten sich der Verant-

---

[27] Ehebald, U. (1950) Rez. Gottschick, J. (1950) S. 150.

wortlichkeit zu entziehen, so wurde andererseits in Erregungszuständen die Verurteilung inszeniert. Eine weitere Gruppe von Kranken, die sich sowohl in ihren sozialen als auch in ihren intellektuellen Bezügen deutlich von der ersten Gruppe unterschied, erlebte nach der Kapitulation Angst als Krankheit. Menschen mit einem »gehetzten und gequälten Augenausdruck«, Menschen, die unter Schlaflosigkeit oder Angstträumen litten. Die Angst wurde in der Herzgegend und Brust lokalisiert. Bei diesen Patienten war ein uniform-mechanistisches Weltbild (»stur wie ein Panzer«) zusammengebrochen. Auch die Angstkranken waren vorher nicht psychopathisch auffällig gewesen. Sie unterschieden sich aber hinsichtlich ihres intellektuellen und sozialen Milieus deutlich von der ersten Gruppe, den primitiveren Pseudodementen.[28]

Lewin (1949) schilderte den Zustand deutscher Kriegsgefangenen in Ägypten zwischen 1941 und 1947. In der ersten Periode, in der das frisch aufgestellte Afrikakorps unter Rommel siegreich vordrang, wurden, im Vergleich zum englischen Lager, so gut wie keine psychogenen Erkrankungen (wie hysterische Lähmungen) beobachtet.[29] Nach der Niederlage von El Alamein im Juli 1942 häuften sich psychogene Erkrankungen und stiegen weiter an, nachdem die Deutschen den Krieg verloren hatten. Die Antifaschisten und auch die religiösen Protestanten und Katholiken blieben durchweg frei von psychischen Störungen. Befallen waren vor allem die Faschisten und unter ihnen vor allem ältere Männer. Ihre Erkrankung wurde als »Flucht in die Krankheit« verstanden.[30]

---

[28] Jensch, N. (1949).

[29] 10 % aller Krankmeldungen und Verwundungen, ohne funktionelle Magen-Darm-, und Herzstörungen gerechnet, erfolgten aus psychogenen Gründen. Die englische Truppe war ungleich höheren Belastungen ausgesetzt, da sie seit 1939 in Ägypten stationiert war, ohne die Möglichkeit zu haben, ausgewechselt zu werden. Die Sorge um die Angehörigen bei den sich verstärkenden Bombenangriffen und nicht zu klärende Ehekonflikte (Untreue, uneheliche Kinder ...) wurden bei dieser langen Trennung akut.

[30] Lewin, B. (1949) S. 234.

Depression in der Nachkriegszeit

Friedrich Mauz[31] leitete den 3., der Psychotherapie vorbehaltenen Tag der *Jahresversammlung der Deutschen Neurologen und Psychiater* mit einer Bemerkung »über unsere Zeit« ein, »in der der Mensch in einer technisierten Welt die Fähigkeit sich zu entsetzen, die große Angst und die gewaltige Furcht verloren hat«. Seelische Konflikte würden nicht mehr mit seelischen Mitteln zum Ausdruck gebracht, sondern manifestierten sich in vegetativen Regulationsstörungen, die von der Laboratoriumsmedizin zwar vorzüglich erfaßt, aber nur ungenügend behandelt werden könnten. Die Psychotherapie sei im »Zeitalter der nichtgelebten Liebe und Angst« nicht mehr eine Behandlung anlagemäßig abnormer Persönlichkeiten, sondern die Therapie für den Menschen schlechthin. Der Psychotherapie der depressiven Erkrankungen räumte Mauz einen besonderen Platz ein, vor allem deshalb, weil reaktive und endogene Momente meist so verschränkt seien, daß sich im Einzelfall schwer entscheiden lasse, welches von beiden überwiege.[32]

Kemper beschrieb die »allgemeine Lähmung«, »das niederdrückende Gefühl der derzeitigen Ausweglosigkeit nach einem vergeblichen, jahrelangen, weit über die wirkliche Leistungsfähigkeit hinaus abgenötigten, nur widerstrebend erduldeten Auspressen der letzten körperlichen und seelischen Kraftreserven. Sie äußert sich neben massenhaften reaktiven Depressionen weitgehend in Form körperlicher Störungen mannigfacher Art.«[33]

Gerade Mütter, die unter dem Verlust ihrer, oft gefallenen Söhne litten, zeigten sich besonders anfällig für Organneurosen, denen der Arzt[34] hilflos, nur mit »dauernden Morphiuminjektionen« begegnen könne.

---

[31] Mauz, Friedrich, ehemaliger Mitarbeiter Kretschmers, der aus politischen Gründen den Vorsitz der *Allgemeinen Ärztlichen Gesellschaft für Psychotherapie* 1933 niedergelegt hatte. Mauz gehörte zu den Gutachtern der sog. T.4-Aktion zur Vernichtung von Geisteskranken (Kaul, F. 1973, S. 59 f., S. 70).

[32] Becker, H. (1949) S. 253.

[33] Kemper, W. (1947b) S. 79.

[34] Neumann, J. (1949).

40 % der Patienten, die den praktischen Arzt aufsuchten, reagierten nicht auf Medikamente, da sie im wesentlichen neurotisch und funktionell erkrankt seien.[35]

Am häufigsten wurden neurasthenisch-apathische Erkrankungen beobachtet. »Hauptopfer des Krieges sind die Schwerbeschädigten, die Hinterbliebenen der Gefallenen, die Umsiedler, die Totalausgebombten«. »Da die jetzige Nachkriegszeit diejenige des 1. Weltkrieges an Schwere und Dauer der seelischen Erschütterungen weit übertrifft, so ist es nicht zu verwundern, daß derartige seelische Einwirkungen auch beim vorher völlig Gesunden pathologische Reaktionen zur Folge haben können. Ein Mensch, dem der Boden unter den Füßen weggezogen wurde, der keine Freude und kein erstrebenswertes Ziel mehr erkennen kann, muß zwangsläufig seelisch erkranken.«[36]

Eineinhalb Millionen Neurotiker wurden 1947[37] in Deutschland geschätzt. Allein in Berlin ging Kemper (1948) von 50000 Neurosekranken aus, von denen sich jährlich (1947) 1500 zur Behandlung meldeten. Ein Viertel der Patienten litt unter schweren Neurosen, die Hälfte unter mittelschweren und wiederum ein Viertel unter leichten Neurosen. Aktuell, wie es 20 Jahre zuvor bereits Robert Sommer, der Begründer der Psychohygienebewegung in Deutschland, formuliert hatte, ist auch nun wieder das Stichwort von der »Neurose als Volksseuche«.[38]

52 % aller Kinder (150), die zur psychotherapeutischen Behandlung gebracht wurden, reagierten mit Bettnässen auf den Mangel an Geborgenheit in diesen ersten Nachkriegsjahren.[39] Als Folge von miterlebter Grausamkeit und Vergewaltigung hatten Kinder extreme Lernschwierigkeiten und viele Eltern fanden keinen Zugang mehr zu ihnen.[40]

---

[35] Seemann, W. (1951) S. 480.
[36] Henßge, E. (1949) S. 134.
[37] Kemper, W. (1947b) S. 21.
[38] *Allgemeine Ärztliche Zeitschrift f. Psychotherapie u. Psychische Hygiene.* Hg. R. Sommer (1928) S. 4.
[39] ZSDDR, Q-1 No 38.
[40] Kroug, W. (1951).

»Im tiefsten Grunde haben mich die letzten Jahre, aber ganz entscheidend das Jahr 1945 so erschüttert«, schreibt Luise Meyer am
02.06.1946 an ihre Mutter, »daß im alleruntersten Grunde immer
noch tiefstes Mißtrauen und abgründige Angst vor unerwarteten Vul-
kanausbrüchen lauern, die sogar meinem Herzen sehr zusetzen.«

Ansprechpartner für die Hilfebedürftigen

Der Psychoanalytiker Alexander Mette nahm eine Untersuchung von
Hanns Schwarz[41] zum Anlaß, den Verfall des Verantwortungsbe-
wußtseins von Ärzten in der Naziperiode zu brandmarken.

Schwarz untersuchte 56 Gutachten von drei Ärzten über ihre ärztliche Gutachtertätigkeit im sog. Erbgesundheitsverfahren. Diese Ärzte
hatten der dem Gesetz zur Verhütung erbkranken Nachwuchses inne-
wohnenden Tendenz einer brutalen Ausmerzungsstrategie teils kritik-
los, teils beipflichtend Hilfestellung geleistet. Die Gutachten wurden
oft völlig verantwortungslos erstellt. So wurde z.B. die Sterilisation
bei einer Patientin bejaht, die bereits zwei Jahre zuvor gestorben war.
Bei mehreren Fällen habe es sich um Patientinnen gehandelt, die an
der Grenze des Klimakteriums gestanden hätten und bei denen die
Fortpflanzungswahrscheinlichkeit sehr gering gewesen sei. Weiter
wurde bei einer Patientin, die sich bereits einer gynäkologischen
Operation unterzogen hatte, aus der Sterilität resultierte, die Sterilisierung bejaht.

Die »barbarischen Methoden zur Vernichtung von Gegnern und
›überflüssigen Menschen‹« erreichte erst in »ihren todbringenden Ex-
perimenten an lebenden Häftlingen und den Euthanasiemorden ihren
brutalsten Gipfel«.[42]

Auch die Psychoanalytikerin und Psychiaterin Ingeborg Kath, später Gründungsmitglied der *Deutschen Psychoanalytischen Vereinigung*, erfuhr bei ihrer Tätigkeit in der Heilanstalt Buch durch einen

---

[41] Schwarz hatte Freud und Adler nach den Verunglimpfungen in der Nazizeit
wieder das Maß an Anerkennung zuteil werden lassen, das ihnen »als Bahnbre-
chern und Meistern ihres Faches« gebührt (Mette, A. 1950, S. 158).
[42] Mette, A. (1950a) S. 318.

Zufall von der Vernichtung Geisteskranker. Eine Schwester, die einen Kranken begleitete, wurde aus Versehen ebenfalls erschossen. Ingeborg Kath bekam einen Stapel von Zetteln vorgelegt und sie hatte die Diagnosen einzusetzen. Auf den Zetteln stand »dem Volke zur Last«. Da sie ahnte, was mit den Kranken geschah, änderte sie Diagnosen und wählte nur alte Patienten aus, »die sowieso bald gestorben wären«.[43,44]

Der Leiter der Landesheilanstalt Uchtspringe Nobbe nahm verantwortungsvoll Stellung zu der Situation der deutschen Psychiatrie nach 1945. Auf der Tagung der *Neurologen und Psychiater* am 28.05.1948 brachte er folgende Resolution ein: »Wenn wir stolz daran denken, was unsere Wissenschaft in den letzten Jahrzehnten geleistet hat, müssen wir uns daran erinnern, welche Schuld so viele von uns und leider auch viele von unseren Bedeutendsten haben, die es hätten merken müssen und sprechen durften, ohne, wie wir, die kleinen – ins KZ zu kommen. Wie viele von uns waren Mithelfer und Mitwisser an den Verbrechen, die an den Kranken begangen worden sind? Wir haben geschwiegen, als viele unserer Besten verformt und verbrannt wurden. Wir haben geschwiegen, als S. Freud vertrieben wurde, in London in der Verbannung starb. Wir wollen heute nicht wieder schweigen, sondern offen bekennen, woran wir durch unser Schweigen schuldig geworden sind. Wir wollen unsere wissenschaftliche Arbeit nicht fortsetzen, ehe wir nicht dieses Bekenntnis und Gelöbnis abgelegt haben und uns über die Forderungen des neuen Tages klar geworden sind.«[45]

Von den rund 100000 Menschen, die aus dem Osten nach Westberlin kamen, wurden 1949 33831 Personen als politische Flüchtlinge registriert. 1949 kehrten 23649 Kriegsgefangene, die von den Westmächten entlassen worden waren, zurück nach Berlin. 1950 mußten rund 200000 Flüchtlinge aufgenommen und versorgt werden.

---

[43] Gespräch mit Ingeborg Kath vom 14.10.79.

[44] 1938 befanden sich noch 16295 Geisteskranke in den Anstalten der Provinz Brandenburg. 1945 betrug ihre Zahl nur noch 2379. 14000 Kranke sind also ermordet worden. Nahezu eine Viertelmillion Millionen Geisteskranke waren als sogenannte Erbkranke sterilisiert worden (Roggenbau, 1949, S. 129).

[45] ZSDDR, Q-1 AKt. Nr. 38, S. 221.

Aus dem Jahresbericht der *Abtg. f. Sozialwesen des Magistrats von Groß-Berlin* ist Anteilnahme und Engagement spürbar, wenn gefragt wird: »Woran soll man die Leistungen einer Sozialverwaltung messen? ... An der Zahl der unterstützten Hilfebedürftigen? Nein — die Zahl der Hilfebedürftigen ist viel größer, als die der Unterstützten sie angibt. An der Summe der aufgewendeten Kosten? Nein, sie befriedigt nur einen Teil dessen, was das Wort Lebensnot umfaßt. An den sogenannten Sachleistungen, wie Unterkunft, Krankenpflege, Nahrung, Kleidung und Feuerung? Nein — sie sind ein Tropfen auf den heißen Stein, irgendwo — — überall bleibt ein Rest, denn viele blieben ungesättigt, blieben einsam und verlassen, kraft- und freudlos, viele froren und tappten im Dunkeln, viele suchten vergebens nach einer neuen Heimat, sehnten sich erfolglos nach Arbeit und selber verdientem Brot. — Überall blieb ein Rest. Dieser Rest lastet auf dem Empfänger — — lastet er nur auf ihm? Nein, er lastet auch auf dem Geber, er verfolgt ihn als ungelöstes Exempel noch lange, nachdem sich die Tür hinter dem Empfänger geschlossen hat, nachdem sein ›Danke‹ verhallt ist. Vielleicht liegt in diesem ›Danke‹ für beide Teile die schwerste Last aus einem für immer unlösbaren X. — Also waren Mühe und Arbeit vergebens ...? Nein, aber die verfügbaren Millionen reichten nicht aus ... Niemand weiß das besser als die zur Hilfe Bereiten im Kampf um den lebensbedrohenden Strudel der Blockadeflut, in den Ungezählte zu versinken drohten. Niemand weiß das besser als die, deren Akten keine ›Vorgänge‹ sondern Schicksale sind, deren ›Fälle‹ lebendige, um ihre Existenz ringende Menschen sind, deren Schatten den ›Sachbearbeiter‹ auf Schritt und Tritt verfolgen, die keinen ›Dienstschluß‹ vertreiben, deren menschliches Leid man nicht ›z.d.A.‹ schreiben kann. Ob die Sozialversicherung das alles sieht, ob ihre Mitarbeiter sich unablässig bemühen, danach zu handeln und die Hilfsbedürftigen zu behandeln, ist der Wertmesser für ihre Leistungen, ist der Maßstab für Inhalt und Umfang der gestellten Aufgabe, läßt sich einigermaßen das Verhältnis zwischen materieller Forderung und menschlichem Erfolg abwägen, rechtfertigt jeden Aufwand, der dem Ziel dient, Menschen in ihrer Lebensnot zu helfen.«[46]

---

[46] Jahresbericht, 1949, S. 15 f.

Das hohe menschliche Niveau der Mitarbeiter der Sozialversicherung ist gewinnend und beeindruckend.

2.2. Folgen für die Psychoanalytiker

Die Psychoanalytiker waren im Zeitgeschehen befangen, ohne es schreibend verarbeiten zu können. Schottlaender bedauerte, keine Manuskripte zu den großen Zeitfragen wie Flüchtlinge, Heimatlosigkeit, Wohnungsnot, mangelnde Freizügigkeit, Jugendkriminalität, Prostitution, die sich doch jedem von uns fast in jeder Sprechstunde aufdrängen«, zu haben.[47]

Mitscherlich bemühte sich vergebens um Manuskripte mit klinischkasuistischen Beiträgen: »Dies ist auch noch immer mein Ziel, auf das ich alle Autoren fast in jedem Brief aufmerksam mache. Aber was ereignet sich: es zeigte sich, daß die deutschen Autoren wieder einmal mit tiefsinniger Nabelschau beschäftigt sind, es werden laut und vernehmlich Grenzsteine hin- und hergerollt, Thesen mit ingrimmiger Miene angeschlagen, das ›Herz‹ entblößt und noch mehrere ähnliche Unternehmungen im Zwischenreich zwischen Menschen und Göttern ›geplant und geschaut‹. Um die Patienten scheint sich kaum jemand zu kümmern, die Bescheidenheit der Krankengeschichtsschreibung lockt offenbar nur wenige in einer Zeit, in der die Welt verteilt wird[48] und bei der dieses Mal die Psychotherapeuten wie weiland der Poet nicht zu spät kommen wollen.«[49]

Auch ein Jahr später fehlte es noch an strenger, eindringender analytischer Arbeit, die »fast kaum irgendwo bei uns geleistet« wird. Plügge[50], der über das »suizidale Syndrom« geschrieben hatte, »ist

---

[47] Bilz/Schottlaender, 03.11.47, B.A.
[48] Anspielung auf »Die Teilung der Erde« von F. Schiller (Der ewige Brunnen, München, 1955, S. 852).
»... Wenn Du im Land der Träume dich verweilest«, versetzt der Gott, »so hadre nicht mit mir. Wo warst du denn, als man die Welt geteilet?« »Ich war«, sprach der Poet, »bei dir«.
[49] Mitscherlich/Boehm, 27.12.47, M.A.
[50] Heidelberger Hochschullehrer, der Mitscherlichs Klinik unterstützte.

charakteristisch für dieses neue Ausweichen der Deutschen nach Fernzielen, diesmal in der Vertikalen«.[51]

Felix Boehm galt als erfahrener Praktiker, von dem Mitscherlich kasuistische Beiträge erwartete:»Ich hatte mir wirklich erwartet, daß aus Berlin, wo praktische Arbeit in großem Stil geleistet wird, Kasuistik in großer Zahl käme.— Bisher hat aber nur Kollege Kemper hier meine Wünsche erfüllt.« An Boehm hieß es weiter:»Wenn ich den Beitrag so brächte, wie Sie ihn mir geschickt haben[52], würden gewiß Ihre psychoanalytischen Kollegen sagen, ›jetzt ist Boehm auch schon vom Heidelberger Geist angesteckt und ergeht sich ins Allgemeine‹. Und von mir hieße es zum Schluß noch, daß diese Linie der ›Prolegomena‹[53] etc. meine Linie und nicht meine Notspeise wäre. Ich glaube auf diese Manier täten wir uns gegenseitig unrecht und würden etwas stützen, was wir gemeinsam zu überwinden hoffen.« Obwohl sich die Manuskripte zu häufen begannen, hielt Mitscherlich Boehm »für Konkretisierung« in der *Psyche* »jeden Platz frei«. »Zum Schluß zu meiner Darstellung zur Trinksucht[54]: ich arbeite jetzt seit 8 Jahren fast ausschließlich als Analytiker, aber ich lasse mir von älteren Kollegen ohne jedes innere Verschließen sagen, daß meine Technik noch anfängerhaft ist. Es genügt mir bloß auf keinen Fall, wenn mir diese Auskunft wie eine Zensur mitgeteilt wird, ich möchte korrigiert werden, möchte etwas lernen, möchte hören, welche ›für den erfahrenen Analytiker offenkundigen Zusammenhänge‹ ich übersehen habe. Ich glaube, das ist ein verständlicher Egoismus. Und da ich nicht zuletzt durch den bisherigen Gang mei-

---

[51] Mitscherlich/Schottlaender 22.12.48, B.A.

[52] Mitscherlich hatte sich sehr anerkennend über Boehms »Mitteilung« »Die notwendige Lehranalyse« (Psyche, 1948, Bd 1, S. 463-469) geäußert. Schottlaender forderte Boehm dazu auf, sein Manuskript über »Reaktiv-Depressive Persönlichkeiten« durch Anfügen von Krankengeschichten abzurunden (Schottlaender/ Boehm, 31.12.47).

[53] Anspielung auf Müller-Braunschweigs (1947) Arbeit: »Prolegomena zum Grundriß einer praktischen und theoretischen Tiefenpsychologie«.

[54] Mitscherlich hatte am 26.07. und 08.10.47 in Berlin unter Vorsitz von Wiegmann und Boehm über seine Habilitationsarbeit »Vom Ursprung der Sucht« (Eine pathogenetische Untersuchung des Vieltrinkens. Stuttgart, 1947) gesprochen.

ner Eigenanalyse ein ziemlich stabiles Selbstbewußtsein erlangt habe und ein Gefühl dafür habe, was ich kann, würde ich mich auch da nicht scheuen, diese Kritik vor den Ohren der Öffentlichkeit zu hören.« Mitscherlich erbat eine Rezension seines Berliner Vortrags, »da es nicht bei dem ›Geheimwissen der Auguren‹ bleiben soll«.[55]

In der offiziellen Korrespondenz, aber auch in den internen Protokollen von Kemper und Schultz-Hencke wurde die allgemeine Zerstörung gelegentlich fast kontraphobisch abgewehrt oder sachlich verbrämt, wie in dem Schultz-Hencke-Protokoll vom 10.07.1945, in dem es nur heißt: »Kemper erkrankte am 7.7.45 mit hohem Fieber an Lymphangitis und war erst wieder seit dem 10.7. zu Verhandlungen in der Lage.« Gisela Krichhauf[56] schrieb mir nach unserem Gespräch[57]: »Mir ist klar geworden ... daß ich als Zeugin der Zeit nicht einmal Auskunft über mein Erleben damals geben kann. Bis etwa 1950 habe ich nur registriert aber nicht erlebt. Den Luxus einer Emotionalität konnte man sich unter damaligen Lebensbedingungen offenbar nicht leisten. Sie fiel den Einsparungsanforderungen biologischer Art wohl ebenso zum Opfer wie auf physiologischem Gebiet die Menstruation ... Todesnachrichten von den Kriegsschauplätzen, Bombenopfern, Hinrichtungen. Man war so zu Tode erschöpft, daß man dachte: sie haben es überstanden. Wäre es nur vorbei! Analytiker habe ich erst 1946 kennen gelernt. Sie haben unter dem gleichen Druck gestanden, wie alle anderen auch. Kemper und Schultz-Hencke haben damals außerordentliche Arbeit geleistet unter ungünstigsten Bedingungen. Ich habe Fotos, die sie in Mänteln mit Handschuhen in fensterlosem Raum bei der Aktenarbeit zeigen. Kemper hatte 3 kleine Söhne, die vor Hunger weinten. Man kämpfte gegen die Dunkelheit, die Kälte und den Hunger und arbeitete weiter wie schon seit Jahren wie eine Maschine. Man nahm sich selbst längst nicht mehr wahr. Das ist wohl die Voraussetzung dafür — ein sinnvoller natürlicher Selbstschutzmechanismus — dass man überhaupt überlebte.«

---

[55] Mitscherlich/Boehm, 27.12.47, M.A.
[56] Die Psychoanalytikerin Gisela Krichhauf, Jahrgang 1911, war die Lebensgefährtin von Werner Kemper nach seiner Rückkehr nach Deutschland.
[57] Schreiben vom 05.09.79.

In der zeitgenössischen persönlichen Korrespondenz lassen sich nur zufällig Fragmente finden, die Auskunft über die psychische oder psychosomatische Verfassung des Betreffenden geben.

Von der nach Göttingen »verschlagenen« Elly Achelis-Lehbert erfuhr Müller-Braunschweig: »Denn ich armer Teufel habe ja nun alles eingebüßt: die Wohnung ist vernichtet, restlos — alle evakuierten Besitztümer sind an 4 verschiedenen Orten verlorengegangen — restlos; Bank- und Postscheckkonto sind eingefroren auf immerdar, 30000 RM für das estländische Erbe sind zur Schimäre geworden — und der größte Verlust ... ist der Verlust meines Sohnes. Es gibt sicherlich viele, die so arm geworden sind wie ich, aber noch ärmer kann man nicht sein. Von einem alten Patienten bekam ich etwas Wäsche, denn ich hatte kaum mehr übrig behalten, als das, was ich auf dem Leibe hatte.«[58]

Luise Meyer erzählte mir: »Ich hatte son' ganz rotes Kleid und mir war als wenn ich über son' Grab ging — da waren alle Regeln des Lebens außer Kurs: da mußte man an der Straße stehen und pumpen, daß man Wasser kriegte und dann war man so aufgeregt. In der Nacht ist einem das Wasser aus dem Körper gelaufen, daß ich einen Eimer voll Urin hatte. Durch die Aufregung war alles in Unordnung ... Ich bin unter den Linden gegangen — da war die U-Bahn bis oben hin voll Wasser — da waren blaue Fliegen drauf. Da waren in einem Tunnel abgestellt SS-Verwundete, dann haben sie den Tunnel durchgestochen und die sind alle ertrunken. Am Breitenbachplatz konnte man immer sehen wie hoch es gestanden hat.«[59]

Sowohl Müller-Braunschweig als auch Mitscherlich und Schottlaender baten Gustav Bally um Nahrungsmittel. »Man verliert in solcher chronischen Not eine anständige Portion seines bisher gewöhnten Schamgefühls« schrieb Müller-Braunschweig an ihn »und läßt direkt oder indirekt eindringlich durchmerken, wie sehr man hofft, von seinen Freunden im Ausland etwas von dem Fehlenden und Entbehrten zugesandt zu bekommen ... Ich persönlich leide auch sehr unter dem Entbehren von Marmelade ...«.[60]

---

[58] Achelis-Lehbert/Müller-Braunschweig, 28.05.46, B.A.
[59] Gespräch mit Luise Meyer vom 15.01.88.
[60] Müller-Braunschweig/Bally, 06.04.46, B.A.

Auch Schottlaender bat seinen Freund Bally um ein Carepaket. Das Ausgelegte möchte er später verrechnen. »Ich wäre Dir auch im Namen meiner Frau sehr dankbar, weil wir im Augenblick ziemlich unter der mangelnden Ernährung leiden ...« Schottlaender wählte die bescheidenste Ausführung (Typ D, 15 M), Bally übersandte Typ A.[61] Aus seinem Brief vom 18.08.1945 wissen wir, welche Überwindung ihn diese »Bettelei« gekostet hatte: »Wir sind durch all dieses Durchgemachte grenzenlos empfindlich geworden; wir sind gegen Kritik ohne Wohlwollen verschlossen, wir reagieren auf gönnerhaftes Mitleid aufs heftigste und sind für offene Feindschaft immer noch empfänglicher als für sogenannte ›Gerechtigkeit‹. Wie wäre da zu erwarten, daß uns zugewandt wird, wessen wir am meisten bedürfen: Sympathie und echtes Verständnis!«[62]

Selbst Mitscherlich, der regelmäßig in die Schweiz fahren konnte, war dankbar für ein Paket von Bally. »Habe sehr vielen Dank, ohne die Lebensmittelzulagen von euch und meinem Onkel in Amerika könnte ich tatsächlich das Leben nicht aushalten mit seinen Beanspruchungen. Gottlob habe ich als Arzt auch etwas Kohlen bekommen, sodaß ich hier wenigstens in Ruhe arbeiten kann.«[63]

Metaphern wie »Hunger nach psychotherapeutischer, insbesondere psychoanalytischer Literatur«[64] oder über die wenigen noch vorhandenen Bücher Freuds, die nicht ausreichten, um den »Hunger« zu stillen[65], oder auch Mitscherlichs Bemerkung über den großen Hunger des deutschen Publikums nach ausländischer Literatur[66] weisen darauf hin, wie weitgehend das geistige Leben von elementaren, körpernahen Bildern durchsetzt war.

---

[61] Schottlaender/Bally, 11.08.46, B.A.

[62] Schottlaender/Bally, 18.08.45, B.A.

[63] Mitscherlich/Bally, 18.02.47, M.A.

[64] Müller-Braunschweig/M. Maetze, 03.09.45, B.A.

[65] Klett/Anna Freud, 07.05.46, M.A.

[66] Damals konnten ausländische Bücher nur durch Bibliotheksaustausch oder als Geschenk erworben werden. Immerhin erhielten 15 deutsche Bibliotheken seit einigen Monaten von der Germanistic Society in New York Bücher (?/Mitscherlich, 08.09.48, B.A.).

Budapester Straße / Ecke Wichmannstraße

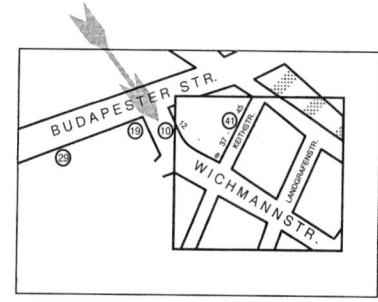

Berliner Psychoanalytisches Institut
Wichmannstraße 10   Okt. 1928 - 1936
Institut für Psychologische Forschung
und Psychotherapie
Budapesterstr. 19   1936 - Mai 1939
Budapesterstr. 29   1939 - Sommer 1941
Reichsinstitut im Reichsforschungsrat
(ab 1.1.44)
Keithstraße 41   Sommer 1941 - Mai 45

Über die seelische Situation, in der sich die Familie Müller-Braunschweig befand, berichtet ein Brief von Ada Müller-Braunschweig an ihre in den USA lebende Bekannte, Frau Ehrmann, die den Kontakt zu ihr wieder aufgenommen hatte. Über die Verfassung Müller-Braunschweigs während der NS-Zeit schrieb Ada Müller-Braunschweig: »Das Institut unter Leitung von Prof. Göring war alles andere als eine Freude, alles andere aber auch als ein wissenschaftliches Institut. Im Jahre 38 wurde meinem Mann wegen eines harmlosen, rein privaten Briefes an die Tochter von Prof. Freud, der in die Hände der Gestapo fiel, der Brief, die Lehr-Vortrags- und Ausbildungstätigkeit entzogen und es war wohl nur ein Zufall, daß er am KZ vorbei kam. Sie können sich denken, daß das alles sehr aufregend für uns war. Für meinen Mann bedeutete es die Aufgabe eines Stückes Lebensarbeit, denn er war begeisterter Dozent. Das Verfahren gegen ihn hatte ihn so deprimiert, daß er in seiner Produktivität völlig gelähmt war. Vielleicht hätte er noch schreiben dürfen. Aber seinen Lehrer Freud nur mit negativer Kritik erwähnen dürfen oder gar nicht? Das ging doch auch nicht. So waren die Jahre von 38 - 45 für uns ganz besonders schwer. Nach dem Zusammenbruch blühte er wieder auf, schrieb, hielt Vorträge, gründete die Psychoanalytische Gesellschaft neu. Leider wurde er Anfang November schwer krank mit Rippenfellentzündung, lag 11 Wochen und kann sich infolge der schlechten Ernährung und dem, was hinter uns liegt, gar nicht erholen. Vielleicht wenn das Frühjahr kommt, wird es ein wenig besser. Wir sind alle vor der Zeit alt und verbraucht.

Die schweren Luftangriffe, die uns zuletzt Tag und Nacht in Atem hielten, kann man nicht beschreiben. Das muß man wirklich mitgemacht haben. Wir legten uns zuletzt nicht mehr ins Bett, schliefen in Kleidern, um schnell unten sein zu können. Das Grauen im Keller ist nicht zu schildern. Und dann zuletzt, in den Monaten, vor dem endgültigen Zusammenbruch, kaum mehr Elektrizität, fast immer bei einer Kerze im Keller (wenn überhaupt eine vorhanden war), kaum Heizung, völlig unzureichende Ernährung und gänzlich hilflos und entkräftet den Luftangriffen preisgegeben ...

Am 26. vormittags saßen wir gänzlich im Dunkeln im L-Keller, kamen die ersten Russen. Von da an lebten wir noch 10 Tage und Nächte im Keller unter den unmöglichsten Bedingungen, durften nur zeitweise zum Wasserholen zum Brunnen. Es gab ja nichts mehr, kein Wasser, kein Licht, kein Gas, alles war teils durch die Nazis, teils durch die Kämpfe zerstört. Wasser und Licht bekamen wir nach Monaten wieder. Gas haben wir heute noch nicht und kochen primitiv wie vor 100 Jahren auf einem kleinen selbstgebauten Ziegelofen. Licht ist wegen der Transportschwierigkeiten sehr eingeschränkt. Was es aber heißt, diese Dinge überhaupt wieder zu haben, kann nur ermessen, der sie so bitter entbehrt hat wie wir.

In den 10 Tagen nach der Eroberung lebten wir unter ständiger Bedrohung, Plünderung, Unruhe, Angst, Verzweiflung, die jungen Frauen und Mädchen in ständigem Gebrauch (man kann es wirklich nicht anders nennen.) Dazu hatten wir einen durch Bomben Schwerstverwundeten im Keller, für den wir erst nach Tagen unter großer Mühe einen Arzt bekamen, zwei Frauen, die versucht hatten, sich die Pulsadern aufzuschneiden und die auf unsere Pflege angewiesen waren, Flüchtlinge, die aus Häusern nach den Bahnhöfen vertrieben waren und hier Schutz suchten usw. usw. Selbstmörder gab es damals haufenweise. Tote auf der Straße, die erst nach Tagen beerdigt werden durften, nächtliche Trommelfeuer, denn der Kampf ging ja dort, wo die Russen noch nicht durchgekommen waren, weiter ...

Unsere jetzt 18jährige Tochter ... blieb auch nicht verschont. Sie erlebte das Kriegsende als Rotkreuzhelferin ... Trotzdem E. nur 10 Minuten von uns entfernt war, konnte sie nicht bis zu uns vordringen und erlebte unterwegs das Schicksal, dem hier kaum ein junges Mädchen entgangen ist ... Aber daß dieses Schicksal so ein allgemeines war und man offen darüber sprach, hat es die Mädels leichter tragen lassen ...

Die Leute haben alle kein Geld mehr und scheuen den Luxus einer Analyse. Ansich gäbs genug zu tun. Obwohl es eine eigene Sache damit ist: Ich habe immer gedacht, daß, wenn einmal Krieg und Naziregime zu Ende sind, und die Spannung nachließe, die Neurosen ausbrechen würden, die bisher in Schach gehalten worden sind. Irgendwie ist das auch der Fall, aber andererseits ist es so, daß mit der Spannung auch jede Kraft nachläßt. Die Leute sterben wie die Fliegen an Unterernährung, Infektionskrankheiten, Furunkulose usw. Es ist einfach keine Widerstandskraft mehr da. Wir leiden ja alle furchtbar unter dem Fehlen jeglicher Vitamine ... Haben wir bereits im

Krieg gehungert, so wissen wir jetzt gründlich, was Hungern heißt! ...
Es ist bitter, wenn man die Familie so hungern sieht und nicht helfen
kann. Ich habe seit Ausbruch des Krieges ein Magengeschwür und
leide natürlich auch sehr unter der Unmöglichkeit, Diät zu halten.
Durch Tausch und Verkauf von Sachen, soweit sie noch vorhanden
sind (Möbel, Bilder) halten wir uns einigermaßen über Wasser, aber
es ist elend schwer ...

Und doch, jetzt erst kann ich mich wieder als Deutsche fühlen. All
die Jahre über habe ich mich geschämt, eine zu sein ... Wir werden
besser behandelt, als wir es erwartet haben, denn nach allem, was von
Deutschland in besetzten Ländern angerichtet worden ist, hätte es für
uns anders kommen können ... Hunger nach all den geistigen Dingen,
die uns jetzt endlich wieder entgegenströmen könnten und kaum die
Kraft, sie noch aufzunehmen ... Deutschland war ja ein einziges großes KZ und wir hungern nach Befreiung und Weite. Aber wie soll
alles, was von Deutschen verbrochen worden ist, je wieder gut gemacht werden? Alles was jetzt im Nürnberger Prozeß besprochen
wird und wovon wir keine Ahnung hatten, macht uns krank in Gedanken an die Leiden all der Menschen ...«[67]

Von dem ersten Treffen zur *Mitteleuropäischen Tagung* im Mai
1947 in Amsterdam, zu der die Deutschen zögernd eingeladen wurden und verspätet eintrafen, kam Müller-Braunschweig mit einer
Mischinfektion einerseits von Streptokokken und Staphylokokken,
andererseits von Kolibakterien, die vor allem die Hoden befallen
hatte, stark fiebernd zurück. Aus dem Krankenhaus schrieb er an
seine alte Freundin Karen Horney über das neu entstandene *Institut
für Psychotherapie*: »Kemper sieht seinen Ehrgeiz darin, die Psychotherapeuten aller Schattierungen zusammenzufassen und eine von den
offiziellen Behörden anerkannte, obligatorische Ausbildungs- und
Prüfungs- und Berufsordnung auf die Beine zu stellen. Ich bin auf die
Dauer etwas skeptisch gegenüber diesen ›Mischinfektionen‹ der armen Ausbildungskandidaten und wäre froh, wieder in der Lage zu
sein, ein stileinheitliches Gebilde in Form eines psychoanalytischen
Instituts zu schaffen.«[68]

---

[67] A. Müller-Braunschweig/Ehrmann, 23.01.46, L.C.
[68] Müller-Braunschweig/Horney, 21.07.47, K.A.

Nach mehrfachen Rückfällen und einem sich dahinschleppenden Gesundungsprozeß riet ihm seine behandelnde Ärztin zu einer Analyse bei der Jungianerin Gertrud Weller.[69] Nach einiger Zeit drehte sich das Verhältnis um und Gertrud Weller ging zu Müller-Braunschweig in Analyse.[70]

»Praktisch haben wir alle ganz von vorne neu anfangen müssen« schrieb Luise Meyer am 15.03.46 an ihre Mutter. »Ich habe damals ohne Sentiments allen seelischen Ballast über Bord geworfen, kühl die Verluste an Hab und Gut und Existenz und Sicherung überblickt, mich von den bürgerlichen Vorurteilen frei gemacht und dann die Zukunft besehen, wobei ich festgestellt habe, daß es vielerlei Möglichkeiten gibt, sein täglich Brot, inklusive der Butter darauf, zu verdienen und dann habe ich dementsprechend gehandelt.«

---

[69] Persönliche Mitteilung v. M. Köhler.

[70] Auch seine Frau, Ada Müller-Braunschweig, stand der Jung-Gruppe besonders nah (Schultz-Hencke, Protokoll, 9.06.45, B.A. und Kemper, Protokoll 25.06.45, B.A.).

3.0. Psychoanalytische Zentren in Deutschland nach 1945

Amerikaner und Engländer verhielten sich nach dem Krieg relativ wenig strafend, berichtete Mitscherlich. Anstelle des Morgenthau-Planes setzten sie das Konzept der Re-education.[1] Von diesem romantischen Glauben an die Macht der »richtigen Erziehung«, die in den USA aus der Tradition der *Childguidance-Bewegung* und ihrer Liaison mit der Psychoanalyse erwachsen war, gewann die Psychoanalyse auch in Deutschland nach dem Krieg ein gewisses, aus dem anglo-amerikanischen Raum gespeistes Ansehen. Sowohl unter Mitscherlichs Federführung als auch durch Schultz-Henckes und Kempers Einsatz wurde eine Verankerung der Psychoanalyse in der Bevölkerung und der Gesundheitsversorgung möglich.

Unter KPD-Stadtrat Ottmar Geschke wurde Ernst Schellenberg[2] dazu beauftragt, eine Einheitsversicherung, die *Versicherungsanstalt Berlin* (VAB), aufzubauen, die die wichtigsten Bereiche der Sozialversicherung abdeckte (Krankheit, Schwangerschaft und Geburt, Unfälle, Invalidität, Alter und Tod). Das geschah seit dem 1.7.1945. Die

---

[1] Mitscherlich, A. (1980), S. 142.

[2] Schellenberg, Ernst, geb. 20.2.1907, Berlin — gest. Juni 84. Als »antifaschistischer Mustermensch« ernannte ihn Bürgermeisterin Louise Schröder zum fachlichen Leiter des *Sozialwesens von Groß-Berlin* und dann zum Direktor der VAB. Selbst aus armen Verhältnissen stammend, in Kreuzberg als Sohn einer Blumenverkäuferin aufgewachsen, war er erst Lehrling, dann Fürsorger, durch die Wandervogelbewegung geprägt und wurde mit Hochbegabtenprüfung zum Studium an die Philosophische Fakultät zugelassen. Promotion zum Dr. rer. pol., Helfer bei einem Rechtsanwalt, Tätigkeit bei einer Siedlungsgenossenschaft, dann der Kalkulationsabteilung der Allianz-Versicherung Stuttgart, und, 1938, beim Reichsverband der Privatversicherungen Berlin. 1942 lernte er als Seminarleiter des Hochschulinstituts für Versicherungswissenschaften das System der sozialen Sicherung von Grund auf kennen (Bartholomäi et al., 1977, S. 530 und Henkels, 1965). Vielleicht war es seine Bekanntschaft mit dem Psychoanalytiker Siegfried Bernfeld (siehe Kemper Prot. v. 23.11.45, B.A.) in Verbindung mit den Ausführungen aus dem Handbuch der Ambulatorien des Verbandes der Krankenkassen und ihrer Wertschätzung der Psychoanalyse (siehe Dührssen, 1971, S. 21 f.), die Schellenberg zur Finanzierung des psychotherapeutischen Ambulatoriums durch die VAB veranlaßten.

Beitragssätze wurden einheitlich erhoben. 20 % des Bruttoeinkommens waren je zur Hälfte vom Arbeitnehmer und Arbeitgeber zu zahlen. Berlin war das erste Gebiet in Deutschland, dessen Sozialversicherung nach dem ersten Nachkriegsjahr mit 90 % Versicherten in der Berliner Bevölkerung arbeitsfähig war.[3]

Es scheint charakteristisch für Zeiten des Umbruchs zu sein, daß diejenigen, die sich führende Positionen erhoffen, die Tendenz haben, sich übereifrig mit den jeweiligen Machthabern in Verbindung zu setzen. Zwölf Jahre vorher war es Felix Boehm gewesen, der sich nach der Gültigkeit der neuen Bestimmungen für die *Deutsche Psychoanalytische Gesellschaft* erkundigt hatte, um dann, zusammen mit Müller-Braunschweig, den DPG-Vorstand umzubilden. Schultz-Henckes unterschiedliche Datierungen seiner Institutsgründung, am 4. und am 14.5. (siehe unten) — am 2. Mai war erst der Kapitulationsbefehl gegeben worden und seine Präsentation der Neoanalyse — erwecken ebenfalls den Eindruck, bei der »Teilung der Erde« nicht zu spät kommen zu wollen.

Zunächst war strittig, wer die Nachfolge des *Reichsinstituts* antreten würde. Aus einem Schreiben von Kemper an Mette geht hervor, daß das »bisherige Institut« in das *Zentralinstitut für psychogene Erkrankungen* überführt worden sei. Solange noch die Zonengrenzen existierten, waren nur regionale Organisationen funktionsfähig. Dieser Entschluß, die endgültige organisatorische Zusammenfassung der Psychotherapeuten Deutschlands zugunsten regionaler Organisationen zurückzustellen, sei von dem Verwaltungsrat des ehemaligen *Deutschen Instituts für psychologische Forschung und Psychotherapie,* der Ende 1945 und noch im März 1946 in Berlin getagt hatte, gefaßt worden.[4] Felix Scherke, ehemaliger Geschäftsführer, nun in München lebend, den Schottlaender keineswegs gewinnend charakterisierte[5], sollte in

---

[3] Baker, H. (1974) S. 24 ff. und Bartholomäi et al. (1977) S. 86 f.

[4] Kemper/Mette, Ende März 1946. Für die Überlassung dieses Dokuments danke ich Ludger Hermanns.

[5] »... umstrittene Persönlichkeit ... raffiniert, Berliner Organisatortyp, der statt des Psychotherapiepferdes auch ein anderes zu persönlichen Erfolgen reiten könnte. Alle wollen ihn los werden, aber niemand kann ihn entbehren. Er hat dem Institut die Anerkennung durch die Besatzungsbehörden verschafft und ist wohl vorläufig unangreifbar (Schottlaender/Mitscherlich, 28.01.48, B.A.).

Berlin Rechenschaft über den Verbleib des Vermögens des *Reichsinstituts* ablegen. Er räumte den Berliner Psychotherapeuten durchaus die moralische Berechtigung ein, an der gleichmäßigen Verteilung der 100000 RM teilzuhaben, die aus dem Etat noch verblieben waren.[6] Allerdings beanspruchte Steger, nun Leiter des *Münchner Instituts für psychologische Forschung und Psychotherapie*, die juristische Nachfolge — unter der er ausschließlich die finanziellen Mittel verstand: »Ein von uns eingeholtes juristisches Gutachten kommt im Hinblick auf die geschilderte Sachlage zu dem Ergebnis, daß kein Zweifel darüber bestehen kann, daß das Institut in München praktisch und auch formell die Fortsetzung des *Reichsinstituts* darstellt.«[7] Sowohl die Militärregierung als auch das Hauptgesundheitsamt der Stadt München anerkannten das Institut.[8]

Als Gegenleistung für den entsprechenden finanziellen Anteil forderten die Münchner, daß sich die Berliner Gruppe ihrer »Zentrale« langfristig unterordne. Diese Forderung wurde von den Berlinern einstimmig zurückgewiesen. Welche Art von Dachverband (föderalistisch oder zentralistisch) sich durchsetzen werde, meinte Kemper, müsse der zukünftigen Entwicklung vorbehalten bleiben. Jedenfalls sei gleichzeitig eine aufeinander abgestimmte Berufsordnung mit den Münchnern entwickelt worden und werde den anderen Gruppen zur Stellungnahme zugesandt.[9]

»Befreit« von den Nationalsozialisten konstellierten sich in Berlin nun deutlich die Konflikte zwischen den Persönlichkeiten von Schultz-Hencke und Müller-Braunschweig, die von der Zwangsvereinheitlichung verdeckt gewesen waren, in sich steigernder, unverhältnismäßiger Schärfe. Das sich im Heidelberger-Stuttgarter Raum entwickelnde psychoanalytische Zentrum hatte durch die Position Alexander Mitscherlichs als »unbelasteter« Dozent der Heidelberger Universität und Angehöriger des *Dreizehnerausschusses*, also des einzig funktionierenden Universitätsgremiums, eine direkte Verbindung zum klinisch-universitären Raum. In Felix Schottlaender hatte er einen wichtigen

---

[6] Kemper/Schottlaender, 06.09.46., B.A.
[7] Steger/Schottlaender, 25.09.46, B.A.
[8] Grunert, J. (1984) S. 882ff.
[9] Kemper/Schottlaender, 06.09.46, B.A.

Freund, der seinen anfänglichen Elan unterstützend aufnahm, depressive Phasen überbrücken half, bis die Zeit ihrer Gemeinsamkeit vorbei war.

3.1. Berlin: Neoanalyse und »Orthodoxie«

Luise Meyer berichtete: »Ich hab Müller-Braunschweig gar nicht gefunden und Boehm war ja auch noch nicht zu sehen und Schultz-Hencke war ja ein eleganter Mann und war auch sofort wieder erstklassig aufgetrimmt — teure und gute Garderobe.«[10] H.-E. Richter schilderte Schultz-Hencke als »zarten Mann, mit ungeheuren werbenden Wünschen«. »Also wenn man bei ihm in einem Seminar saß und er hat einen bemerkt, und das war ich mitunter, der nicht so begeistert guckte, nicht so fasziniert war, dann hat ihn das sofort beunruhigt und er hat dann auch mal einen angesprochen um einen zu fangen — also er brauchte in außerordentlichem Maße das Gefühl, daß man sich ihm verschrieb, und das war auch so, daß die meisten dieser Kandidaten dann so redeten wie er, so guckten wie er, seine Formulierungen benutzten ... Die Traumseminare liefen dann so ab: Das war wie Magie — ich meine, er ist auch ein großer Könner gewesen — und hat auch ein großes Symbolverständnis gehabt — aber er war wie ein Zauberer. Er ließ sich einen Traum schildern, er wollte auch nichts von dem Menschen wissen — ich glaube nur wie alt, und ob's ein Mann oder 'ne Frau war und dann hat er 1 1/2 Stunden gezaubert, zum Teil auch daneben gezaubert, aber er hat so suggestiv gewirkt, daß am Ende die Leute meistens rausgingen und sagten: was der mit dem Traum macht, das ist phantastisch ...«[11]

Schottlaender meinte über Schultz-Hencke: »Ich finde ihn im allgemeinen akademisch trocken, vom geistigen Hochmut zu schweigen. Zweifellos werden wir nicht um ihn herumkommen.«[12]

Schultz-Hencke berichtete im Vorwort seines 1951 erschienenen »Lehrbuch der analytischen Psychotherapie« von dem Wiederaufleben

---

[10] Gespräch mit Luise Meyer, 15.01.88.
[11] Gespräch mit H.-E. Richter vom 19.07.88. Weitere Schilderungen sind in seiner Autobiographie nachzulesen (Richter, H.-E. (1985) S. 68-71).
[12] Schottlaender/Mitscherlich, 20.10.46, B.A.

der Psychotherapie[13]: »Schon am 4. Mai eigentlich gründete der Verfasser (Schultz-Hencke, R. L.) mit einer Gruppe seiner Schüler und besonders mit dem bewährten Leiter der psychotherapeutischen Poliklinik in Berlin, Dr. W. Kemper, das *Institut für Psychopathologie und Psychotherapie.*«[14] Als Mitarbeiter am Institut wurden nur »politisch völlig unbelastete« Personen zugelassen.[15]

In zeitgenössischen Quellen wird die Institutsgründung auf den 14.05.1945 durch zwei Memoranden Schultz-Henckes belegt. »... auf Veranlassung und mit Einverständnis des russischen Bezirkskommandanten« sei das »völlig zerstörte *Institut für psychologische Forschung und Psychotherapie* als *Institut für Psychopathologie und Psychotherapie* von Kemper und Schultz-Hencke neu begründet worden, die an seinem Wiederaufbau arbeiteten. Hinter ihnen stehe eine Gruppe von etwa 20 psychotherapeutisch arbeitenden Ärzten, von weitgehend gleicher Grundauffassung«. Schultz-Hencke charakterisierte die Entwicklung der Psychotherapie aus »einem sehr chaotischen Anfangsstadium von mehreren Jahrzehnten« bis hin zur Gegenwart, in der sich die »Sicherheit ihrer Erfolge« deutlich habe verbessern können durch die in der ganzen Welt, auch in der UDSSR (und konform den entsprechenden englischen und amerikanischen Instituten) vorherrschende Kombination von »Aufklärung und Lösung von Hemmungen« mit »suggestiven« und hypnotischen Verfahren. Während er in der Kurzfassung seines Memorandums keine der psychoanalytischen Richtungen erwähnte, würdigte er in der ausführlicheren Fassung[16] Freud, der zwar den ersten genialen Schritt getan habe, kritisierte aber die »Mängel«, dieses »zeitgebundenen«, ersten Wurfs. Ein halbes Jahrhundert habe es bedurft, bis sich die beiden kritisch von Freud abgrenzenden und sich gegenseitig lebhaft bekämpfenden Richtungen von Adler und Jung erst

---

[13] Schultz-Hencke, H. (1951) S. III.

[14] Alle Verhandlungen und Gespräche wurden von Werner Kemper (vom 8.5.45-11.4.46), Harald Schultz-Hencke (vom 7.5.45-23.10.45) und Otto Haseloff (24.5.45-1.6.45) genaustens dokumentiert. Schultz-Hencke und Kemper korrigierten und unterschrieben ihre Protokolle gegenseitig; die von Haseloff wurden von Schultz-Hencke gegengezeichnet (B.A.).

[15] Schultz-Hencke-Protokoll, 24.05.45, B.A.

[16] »Memorandum zur Neubegründung eines Instituts für Psychopathologie und Psychotherapie.« An Winzer, den Leiter des Volksbildungswerkes (B.A.).

jetzt, in den letzten zehn Jahren, angenähert hätten. Diese Entwicklung habe bereits 1927 begonnen. »Ein Teil der ehemaligen Psychoanalytiker lernte in ausdrücklicher Bemühung sowohl die Individualpsychologie Adlers wie die Komplexpsychologie Jungs in Empirie und theoretischer Verarbeitung sehr genau kennen. Dieser Teil der ehemaligen Psychoanalytiker lehnte die Sexualtheorie und die mit ihr zusammenhängende sogenannte Metapsychologie entschieden ab und wandte sich neuerlich ebenso entschieden der Empirie wieder zu.« Er selber habe aus der Lehrmeinung der beiden anderen Gruppen den empirischen Teil bereitwillig aufgenommen und alles zu einem tiefenpsychologischen und psychotherapeutischen Ganzen verarbeitet, das die fundierten Positionen aller drei Lehrmeinungen enthalte. Die dieses Ganze vertretende Gruppe verstehe sich als Kerngruppe. Keine der drei anderen Gruppen habe bisher etwas entsprechendes geleistet: Die Psychoanalytiker hielten an der »Sexualtheorie und Metapsychologie« als grundlegende und höchst bedeutsame Positionen fest und verschlössen sich dem empirischen Wissen der anderen dadurch. Sie seien als Gruppe außerordentlich zurückgegangen. Ebenso verhielten sich die Individualpsychologen. Die Komplexpsychologen nehmen immer wieder Stellung gegen eine Psychotherapie als Wissenschaft und das hänge wahrscheinlich damit zusammen, daß in dieser Gruppe die nichtärztlichen Psychotherapeuten vorherrschten.

Wie entschieden Schultz-Hencke sich von »den Psychoanalytikern« abhob, geht aus seinem Memorandum an Wüssing[17] hervor: »Darüber hinaus ist aber vorauszusehen, daß, genau so wie in der ganzen Welt, auch der deutsche Staat es ablehnen wird, die ausdrücklichen Vertreter der psychoanalytischen Sexualtheorie und Metapsychologie, mögen sie sonst im einzelnen gegenüber der psychoanalytischen Überlieferung kritisch sein, mit Aufgaben zu betrauen, die Psychotherapie als Ganzes theoretisch, und insbesondere auch praktisch zu vertreten.«[18]

Diese Fehleinschätzung wurde von Kemper geteilt. Er schrieb, geheimnisvoll andeutend, von einer »im stillen« vollzogenen »Entwicklungsarbeit«, hinter der »politisierten Fassade« des *Deutschen Instituts* von einem kleinen Kreis, der nun »mit besonderer Genugtuung« fest-

---

[17] Prof. Wüssing war von Mai 1945 bis zum 09.07.1945 im Magistrat von Berlin Leiter der Abteilung Wissenschaften und Volksbildung.
[18] Exposé für Prof. Wüssing v. 20.06.45, B.A.

stellen dürfe, »daß inzwischen auch in der ganzen übrigen Welt sich im wesentlichen die gleichen Entwicklungsrichtungen abzeichneten.[19]

Zwischen dem 01.06.1945 und September 1950 sind mir 17 Briefe Müller-Braunschweigs an Schultz-Hencke und neun von Schultz-Hencke an Müller-Braunschweig bekannt. Auf zwei Briefe von Müller-Braunschweig, die in der Regel mehrere Seiten umfassen, kommt ungefähr ein recht knapper von Schultz-Hencke. Diese Proportionen mag das Interesse aneinander illustrieren:

Müller-Braunschweig warb zunächst sehr um die Anerkennung Schultz-Henckes und hatte die Hoffnung, von ihm in leitender Stellung, vor allem bei der Gestaltung des Studienplanes, in das *Institut für Psychotherapie* eingebunden zu werden, so schrieb er an Schultz-Hencke.

»Ich bin überzeugt, Sie sind darin meiner Meinung, daß die zeitgebundene, hilflose Idee des verflossenen Leiters, eine unisone deutsche Psychotherapie zu schaffen, nunmehr begraben ist und daß jetzt ein der Forschung einzig angemessener Zustand wieder herzustellen ist, bei dem sich der Fortschritt der Wissenschaft auf der Grundlage der natürlichen Auseinandersetzung einzelner selbständiger Köpfe vollzieht.« Müller-Braunschweig hatte Schultz-Henckes Neoanalyse offenbar für eine Anpassung an die Forderung Görings nach einer *Neuen Deutschen Seelenheilkunde* gehalten. Er forderte Schultz-Hencke dazu auf, sich für ihn einzusetzen. Als Leiter des Unterrichtsausschusses, Ende der 20er Jahre, »als Sie es schwer hatten sich durchzusetzen«, sei er für ihn eingetreten — wenn auch nicht immer mit Erfolg —, »trotzdem ich theoretisch wissenschaftlich, wie Sie ja wissen, in manchen Punkten immer anderer Meinung war als Sie. Ich bin für Sie eingetreten, aus dem einfachen Grunde, weil ich in Ihnen einen selbständigen Kopf sah — abgesehen von der menschlichen Sympathie, die ich Ihnen immer entgegengebracht habe. Ich bin überzeugt, daß dann, wenn mir die Mittel zur Verfügung stehen, durch die ein Wissenschaftler unseres Gebiets sich normalerweise Gehör verschafft, Sie jede faire wissenschaftliche Auseinandersetzung als Voraussetzung des Lebendigbleibens unserer Gesamtarbeit begrüßen werden. Ich möchte davon überzeugt sein, trotz Ihrer fatalen Bemerkung von dem ›extremistischen Flügel‹«.

---

[19] Kemper, W. (1947b) S. 8.

»Wenn ich es auch ablehnen muß, als ein ›orthodoxer[20] Psychoanalytiker‹ bezeichnet zu werden, so würde ich doch den Anspruch
erheben, ein gründlicher *Kenner* der psychoanalytischen Theorie zu
sein, und würde etwa, ähnlich wie ein gründlicher Kenner der spinozistischen Philosophie und Epoche den Anspruch erheben dürfen,
über das System Spinozas oder über die geistesgeschichtliche Situation dieses Systems Vorlesungen zu halten, meinerseits mich für
besonders geeignet erachten, über diejenige Epoche in der Wissen-
schaftsgeschichte der Psychotherapie Vorlesungen zu halten, die
durch die Entwicklung der psychoanalytischen Theorie charakterisiert
ist, und diese sowohl systematisch als auch geschichtlich kritisch
darzustellen.« Er würde sich zur »Unfruchtbarkeit verdammt« sehen,
wenn er nicht ein »eigenes System einer psychotherapeutischen Anthropologie, Pathologie und Therapie ... herausarbeiten ...« könnte.[21]
Müller-Braunschweig vermied es, wie die meisten seiner Zeitgenossen, von »Psychoanalyse« zu schreiben. Die von ihm später bei
Schultz-Hencke kritisierte Tendenz, Freud als Angehörigen einer
vergangenen Epoche zu entwerten, klingt auch bei ihm zu diesem
Zeitpunkt noch an, wenn er den historisierenden Vergleich mit Spino-
za wählt.

Aus der Lehranalyse von Anny Staudte mit Müller-Braunschweig
vor der NS-Zeit berichtete Luise Meyer, die gut mit ihr befreundet
gewesen war, daß die Regression bis zum Lallen ermutigt wurde: »...
man redete, redete, redete — quack quack quack ...«[22]

Schultz-Henckes Antwort an Müller-Braunschweig war spürbar zögernd: »... ich bin natürlich außerordentlich stark beschäftigt, habe
mir aber Ihren Brief jetzt zum dritten Mal durchgelesen und über-
dacht ... In dem von uns neu aufgestellten, endlich einmal systematischen Vorlesungsverzeichnis, was infolge der Ignoranz Ihrer Auftraggeber bisher nicht zustande kam, stehen die Vorlesungen

---

[20] Ferenczi, S. (1928) hatte sich bereits gegen dieses «nicht immer liebenswürdig
gemeinte Adjektiv« gewandt. Auch Simmel hatte erklärt, nie wieder einen Kongreß zu besuchen, wenn derart «beleidigende« Redensarten (›orthodoxe Psychoanalyse‹) gebraucht würden« (Schultz, J.H. 1964, S.144 f.).
[21] Müller-Braunschweig/Schultz-Hencke, 01.06.45, B.A.
[22] Gespräch mit Luise Meyer, 15.01.88.

Nr. 9 über Libidotheorie

Nr. 18 über die psychoanalytische Deutung der Träume

Nr. 19 Seminar hierzu

Nr. 25 über die psychoanalytische Auffassung des Heilungsvorganges

Nr. 30 die Technik der Therapie in der Psychoanalyse

Nr. 59-62 ausgewählte Pathographien.

Da der Kollege Boehm[23] von sich aus erklärt hat, daß er keinesfalls gesinnt sei, die Psychoanalyse zu vertreten, würden diese Vorlesungen und Seminare in dem, dem gesamten jeweiligen Vorlesungsbetrieb natürlich angepaßten Ausmaß Ihnen zufallen.

Die Vorlesung ›Libidotheorie‹ wäre z.B. obligatorisch für alle Lernenden. Da hätten Sie also m.E. genau den Standort, den Sie sich wünschen. Sie wären in der Lage, diese Libidotheorie, wenn Sie wollen, zunächst einmal zu referieren, das entspräche Ihrer Bemerkung über den Kenner der spinozistischen Philosophie. Dann aber hätten Sie ja wieder völlige Freiheit, sie außerdem positiv zu kritisieren und in dieser Kritik ihre eigene Position zu entwickeln ... So würden Sie also insgesamt genau das haben, was Sie sich wünschen und ich freue mich darüber, daß diese von uns Gründern und Ausarbeitern des Studienplanes gleich von vornherein so gedacht war ... Als Zeichen unserer Dankbarkeit (›daß Sie sich sofort meldeten und zur Mitarbeit bereit waren‹) war es für uns eine Selbstverständlichkeit, Ihre besonderen Kenntnisse sofort in den Vorlesungsplan betitelt einzuordnen ... Sie haben damit die Möglichkeit, nicht nur in voller Freiheit Schüler zu werben, dadurch, daß Sie zu Worte kommen, sondern darüber hinaus ist ja die eben genannte Vorlesung über Libidotheorie für alle Lernenden obligatorisch im 2. Semester.

Im übrigen haben wir als verpflichtend besprochen, daß sämtliche Dozenten ihre Positionen in Form von ausreichend breit dargestellten Thesen vor ihrer Installierung einzureichen haben. Ich bin außerordentlich gespannt, etwas über Inhalt und Ordnung Ihrer Gedanken zu erfahren. Auf diese Weise würde Ihre Professio, oder nennen Sie es Konfession, ja sehr bald wenigstens getippt für alle greifbar vorliegen können.«[24]

---

[23] Boehms Einstellung zur Psychoanalyse ist in seinem Schreiben vom 22.02.46 an Müller-Braunschweig widergegeben (siehe unten).

[24] Schultz-Hencke/Müller-Braunschweig, 04.06.45, B.A.

Entgegen der manifesten Aussage des Briefes kann man sich wohl kaum des Eindrucks erwehren, daß Schultz-Hencke Müller-Braunschweig eigentlich nicht erfreut zur Mitarbeit einlud, sondern ihn eher aggressiv herausforderte und sein wissenschaftliches Niveau spöttisch entwertete. Müller-Braunschweigs Wunsch, in ein Leitungsgremium einbezogen zu werden, lehnte er indirekt ab, indem er davon schrieb, daß »wir« etwas als »verpflichtend« besprochen haben — und Müller-Braunschweig nicht dazu zählte.

Müller-Braunschweig reagierte verletzt: »Ein Wort noch heute zu dem von Ihnen und Ihren Mitarbeitern aufgestellten ›Studienplan‹. Als ich in der Sitzung vom 5. Juni erstmalig von ihm hörte, war ich zuerst schwer betroffen bei der Vorstellung, daß ich zu dieser Aufstellung nicht hinzugezogen worden bin, da der Studienplan ja gerade der Gegenstand ist, dem ich seit 23 Jahren mein Hauptinteresse und meine Hauptarbeit zugewendet habe. Was mag Sie in den Stand gesetzt haben, mich so leicht und selbstverständlich beiseite zu lassen. Ich glaube nicht recht daran, daß es die Auffassung war, der Studienplan sei durch die ›Ignoranz meiner Auftraggeber‹ verhunzt und unsystematisch. In Wirklichkeit liegt die Sache so, daß in den Studienplan auf Grund der Wünsche des Chefs und aus zeitbedingten Gründen allerhand hineingenommen werden mußte, was mehr oder weniger meine Zustimmung nicht besaß, aber andererseits birgt der Studienplan, wie er in den letzten Vorlesungsverzeichnissen vorliegt, eine Fülle von Erfahrungen, die im Lauf der Jahre aus den realen sich entfaltenden Notwendigkeiten der Ausbildung und aus meinem ... Kontakt mit den einzelnen Dozenten erwachsen sind, Erfahrungen, die nur aus ständigem realen Suchen und Versuchen sich entwickeln können und durch neue bloß theoretisch-systematische Konstruktion nicht zu gewinnen und nicht zu ersetzen sind.

Ich frage, wie gesagt, was mag Sie in den Stand gesetzt haben, so leicht von meiner Hinzuziehung abzusehen. Ich will mit dieser Frage gar nicht meine persönliche Empfindlichkeit und Kränkung in den Vordergrund stellen, denn wie ich schon eben sagte, sind, wenn es sauber und ehrlich hergehen soll, wohl gegenseitige Kränkungen unvermeidlich. Ich erörtere vielmehr diese Frage trotz und jenseits dieser Kränkung. Ich glaube, daß der Hauptgrund dafür, den Studienplan des neuen Instituts unabhängig von den alten Erfahrungen und dem alten Bearbeiten völlig neu aufzustellen, mit der vorhin erörterten Frage der

beabsichtigten soziologischen Struktur des neuen Instituts zusammen-
hängt.«[25]

Müller-Braunschweig wurde zunehmend von dem gesellschaftlich
anerkannteren Schultz-Hencke entwertet. Die persönlichen, theoretischen und institutionellen Gegensätze zwischen beiden verhärteten
sich. Schultz-Henckes starke Wirkung auf die jüngere Generation ist
von vielen Seiten bestätigt worden. So berichtete Luise Meyer: »Als
erstes bin ich auf Schultz-Hencke losgestürzt — aber ich war ein Fräulein, eine Lehrerin und nicht studiert — der hat mich gleich sehr distan-
ziert und kühl abgewimmelt. Der hat mir March[26] empfohlen.«[27]

---

[25] Müller-Braunschweig/Schultz-Hencke, 06.06.45, B. A.

[26] March, Dr. Hans, geb. 14.6.1895, 3. Sohn des Geheimen Baurats Otto March,
Architekt des Schillertheaters in Berlin (im 2. Weltkrieg zerstört) und der Grune-
waldrennbahn. Hans Marchs jüngerer Bruder Werner (-1J.) baute das Olympia-
stadion.
Juni 1915 - Dezember 1916 Krankenpfleger in verschiedenen Kriegslazaretten, da
durch ein Hüftleiden Militärdienst-untauglich (March hinkte). Medizinstudium in
Berlin und Marburg, Staatsexamen in Berlin 1921, Approbation 1922. Medizinische Tätigkeit in verschiedenen Einrichtungen, u.a. Assistent an der *Universitäts-
nervenklinik* in Greifswald (1923-1926). Nervenärztliche Praxis in Berlin. Psychoanalytische Ausbildung am *Berliner Institut*, DPG-Mitgliedschaft 1936. Fürsorge-
geärztliche Tätigkeit an der *Alkoholiker-Fürsorgestelle der Berliner Stadtmission*.
1930 Leitung der *Eheberatungsstelle der Evangelischen Frauenverbände Charlottenburg*. August 34 - Oktober 37 *Fachärztliche Zentrale des Verbandes der Krankenkassen* in der *Landesversicherungsanstalt* Berlin, 7 Jahre Leiter der *neurolo-
gisch-psychiatrischen Abteilung des Beobachtungskrankenhauses des Verbandes
der Krankenkassen*. (Lebenslauf vom 05.05.41 zum Aufnahmeantrag als Mitglied
der *Reichsschrifttumskammer*, B.A.)
March war überzeugter Christ und publizierte vorwiegend zu seelsorgerisch-psy-
chologischen Themen (»Psychologische Seelsorge« (1930), »Seelsorge und christli-
che Lebenshaltung« (1941) etc. Ebenso wie Müller-Braunschweig war er in der
Gesellschaft »Arzt und Seelsorger« engagiert. Ohne Religiosität sei keine Psychoanalyse möglich. (Gespräch mit seinem Adoptivsohn, Wolfgang March, 15.08.86)
Der Gruppe um Müller-Braunschweig angehörend, setzte er sich für eine Trennung
der psychoanalytischen Richtungen ein. Am 1.6.50 legte er seinen Sitz im *Verwaltungsrat des Instituts* nieder, weil seine Veränderungsvorschläge kein Gehör
fanden. 1950 leitender Arzt der *Nervenabteilung des Klinikums Westend* und Leiter
des *Gesundheitsamtes Charlottenburg* (von Wiegmann dort eingesetzt bis
31.03.52). Nach dem Krieg war er Gutachter für Schadensersatzansprüche von
Opfern des Nationalsozialismus und publizierte über »Menschenschicksale in Gutachten« in der *Psyche* (1953).

Müller-Braunschweigs Kritik an Schultz-Henckes Führungsstil war direkt und scharf »Keinem gefällt die diktatorische Form, in der Sie das Institut gestartet haben, keinem der Tatbestand, daß Sie, anstatt sich sogleich und vor allem mit den älteren und erfahreneren Kollegen ins Benehmen zu setzen und mit ihnen zusammen die Zukunft der psychotherapeutischen Sache in Deutschland bzw. in Berlin zu beraten und mit ihnen gemeinsam den Aufbau eines neuen Instituts ins Werk zu setzen, daß Sie statt sich damit begnügt zu haben, sich mit Ihren engsten Mitarbeitern und Schülern zusammen zu tun und als einzigen Nichtschüler Herrn Kemper heranziehen, die älteren Kollegen mehr oder weniger vor vollendete Tatsachen bzw. Programme stellen ... Es ist kein bloßer Zufall und müsste auch Ihnen ernsthaft zu denken geben, daß ich von mehreren Seiten den Vergleich Ihrer Haltung mit der des Hitlerismus zu hören bekam. Erst neulich hörte ich: in dem neuen Institut gibt es sozusagen die in allen bevorrechteten Pg.'s. Ich habe solche und ähnliche Äußerungen weder zuerst ausgesprochen noch angeregt, sie decken sich aber durchaus mit meinen eigenen Eindrücken: Hier wie dort die gleiche Überzeugtheit von der einzig wahren Lehrmeinung, der gleiche ›unbeugsame‹ Wille, die Lehre zum Siege zu führen, die gleiche Ängstlichkeit, die eigene Position zu sichern und zu verteidigen, die gleiche Weitherzigkeit in der Wahl der Mittel dazu, das gleiche rücksichtslose Beiseiteschieben der Überzeugungen anderer selbständiger Persönlichkeiten, die gleiche Mißachtung gegenüber dem Wissen, das ältere und reifere Männer durch jahrzehntelange Erfahrung gewonnen haben und die gleiche hybride Überzeugung, man könne als Einziger lediglich ›vom Kopfe her‹, rein konstruktiv etwas erfinden, das sich in der Wirklichkeit zu bewähren vermag, ohne daß man zugleich die Wirklichkeit daraufhin überprüft, ob sie die Voraussetzungen zur Realisierung dieser Konstruktionen enthält.«[28]

Schultz-Hencke verfolgte sein Konzept, ohne auf Müller-Braunschweigs Einwände Bezug zu nehmen: Neben der in ihrer wissenschaftlichen Theorie übereinstimmenden Kerngruppe sei auch den der

---

[27] Gespräch mit Luise Meyer, 15.03.88.
[28] Müller-Braunschweig/Schultz-Hencke, 08.07.45 B.A. Für die Überlassung dieses Briefes danke ich Helmuth Bach.

Kerngruppenüberzeugung widersprechenden Theorien im *Institut für Psychotherapie* die Möglichkeit gegeben, ihre Lehre zu vermitteln. Dazu rechnete Schultz-Hencke 1. die Psychoanalyse, 2. die Individualpsychologie (Adler), 3. die Komplex-Theorie (Jung). Die Gründergruppe sei gewillt, etwas auch in der wissenschaftlichen Welt »Ungewöhnliches« insofern durchzuführen, als »theoretische Gegner herangezogen und von ihr ermächtigt (werden), in Freiheit mitzuteilen, zu lehren und zu werben«.[29]

Müller-Braunschweig war trotz allem bereit, mit Schultz-Hencke »konform« zu gehen, wie er schrieb. »Ich habe mich bereit erklärt, an Ihrer Neugründung loyal mitzuarbeiten. Das bedeutet nicht, daß ich mich der Kritik an Ihren Maßnahmen begeben will, es bedeutet im Gegenteil, daß ich — wie ich es in einem Brief an Sie bereits ausführte — offen und unzweideutig alles das zum Ausdruck bringen möchte, was meines Erachtens durchdacht und gesagt werden muß, damit etwas wirklich Dauerhaftes geschaffen wird, auch wenn es Empfindlichkeiten trifft und Kränkungen setzt.

Sie äußerten einmal mündlich mir gegenüber, es würde Ihnen ganz recht sein, wenn jede der psychotherapeutischen Richtungen in Berlin einen eigenen Laden aufmachen würde. Ich glaube aber, daß das, wenn irgend möglich, vermieden werden müßte. Denn die Gesamtsituation der Psychotherapie in Deutschland ist doch immerhin labil. Nicht diese oder jene Richtung der Psychotherapie wird immer noch mit Mißtrauen, Fremdheit oder Ablehnung bedacht, sondern jede Psychotherapie überhaupt. Da wäre es doch notwendig, daß alle psychotherapeutischen Richtungen versuchen sollten, gemeinsam vorzugehen und nicht mehrere Institute, sondern nur eines auf die Beine zu stellen versuchen sollten.«[30]

Darauf ließ sich Schultz-Hencke, wenn auch widerstrebend, ein. Er war davon überzeugt, daß er den Widerstand der »Medizingewaltigen« reizen würde:

— die Position der Jungianer fand er zu verschwommen,
— die Psychoanalyse sei mit erheblichen Aversionen behaftet,

---

[29] Programm des »Instituts für Psychotherapie« vom 14.05.45. (B.A.)
[30] Müller-Braunschweig/Schultz-Hencke, 08.07.45, B.A.

— die theoretische Position der Psychoanalyse hielt er (in vermeintlichem Einvernehmen mit der ›Weltmeinung‹) für einen Anachronismus.[31]

Von der Schärfe ›hinter den Kulissen‹ ist in Luise Meyers Bericht an ihre Mutter[32] nichts zu spüren: »... mein Grundsatz, der mich in der Nazizeit so oft beschämt hat, in Praxis durchzuführen, nie mehr Dinge tun und sagen zu müssen, die gegen meine innere Überzeugung gehen. Das ließ sich nach der Entwicklung der Dinge im Schulwesen nicht mehr durchführen ... Im Institut und in meinem dortigen Kollegenkreis weht weitere Luft. Ich habe dort, eigentlich weiß ich immer noch nicht recht wie, so viele liebe Menschen gefunden und alle, auch die, mit denen mich keine Freundschaft bindet, sind sehr lieb und nett mit mir.«

Müller-Braunschweig versuchte, in Boehm einen Bündnispartner zu finden, äußerte aber seine Besorgnis über einige von Boehm gemachte Bemerkungen. »Ich glaubte aus diesen Bemerkungen eine Tendenz herauszuhören dahingehend, daß Sie nicht so sehr den Wunsch haben, daß wir uns nun — frei von jedem politischen Druck — der Pflege unserer alten Psychoanalyse widmen können, als daß Sie sich mehr nach Anderem und Neuem umsehen möchten. So betonten Sie, daß wir schon 1936 froh gewesen seien, dem alten psa. Institut ade sagen und sich der neuen Aufgaben widmen zu können, und auch gestern (08.08.45, R.L.) sprachen Sie ausschließlich im Sinne der Vereinigung aller Richtungen in einem neuen Institut. Nun bin ich gewiß dafür, daß wir das Gesamtinteresse der Psychotherapie in Deutschland nicht aus dem Auge verlieren sollen, und die unendlich geduldigen Bemühungen, einen modus vivendi mit Schultz-Hencke zu finden, entspringen ja letztlich nur diesem Interesse.

Aber ich möchte auf keinen Fall, daß wir über diese Bemühungen um ein neues Gesamtinstitut unser Interesse für die psa. Sache schmälern sollten. Es wäre mir eine große Beruhigung und Freude, wenn es sich herausstellen sollte, daß ich Ihre Bemerkungen falsch interpretiert habe, denn ich kann mir unsere Bemühung um eine Neubelebung der Psychoanalytischen Gesellschaft nur in der engsten Zu-

---

[31] Siehe Protokoll der Ausschußsitzung vom 07.08.45, Anhang (4).
[32] An ihre Mutter, 22.01.47.

sammenarbeit und in vollem Einverständnis mit Ihnen sinnvoll und fruchtbar vorstellen. Ich brauche Ihre volle freundschaftliche und kollegiale Mitarbeit auf allen Gebieten, sei es auf wissenschaftlichem, sei es auf organisatorischem Gebiet. Auf wissenschaftlichem Gebiet sind Sie unersetzlich wertvoll in der Fähigkeit, ein reiches kasuistisches Erfahrungsmaterial jederzeit zur Verfügung zu haben und es in Vorträgen und Diskussionen sozusagen aus dem Ärmel zu schütteln in einer Weise, die uns anderen allen in diesem Ausmaß und in der nur Ihnen eigenen lebendigen Art nicht zu Gebote steht. Und jetzt, wo uns kein politischer Druck mehr beengt, hoffe ich doch auch, daß Sie Ihre alten wissenschaftlichen Linien wieder aufnehmen und entfalten werden, seien es Ihre Studien auf psychoanayltisch-ethnologischem Gebiet, seien es Ihre analytischen Forschungen auf dem Gebiet der schönen Literatur oder Ihre Untersuchungen zur Weiblichkeit des Mannes, zur Homosexualität oder Ihre ausgezeichnete typologische Arbeit über den hysterischen und zwangsneurotischen Charakter, oder Ihre Bemühungen um ein Diagnoseschema ... Sollte die weitere Entwicklung — was wir ja nach Möglichkeit zu vermeiden suchen wollen — es aber doch als notwendig erscheinen lassen, daß die Psychoanalytiker ein eigenes Institut anstreben, so sind Sie wiederum der gegebene Leiter der Poliklinik. Ich hätte lediglich den Wunsch, an den Erst-Anamnesen und Demonstrationen beteiligt zu sein, wie umgekehrt Sie selbstverständlich als erster Mitarbeiter des Unterrichtsausschusses unentbehrlich sind. — — — ... Ich möchte Sie zum Schluß versichern, daß mir um die Zukunft der Psychoanalytischen Gesellschaft in keiner Weise bange ist, insbesondere dann nicht, wenn wir beide zusammen halten.«[33]

Boehm kam nur unregelmäßig zu den Sitzungen, weil er in Bindow bei Königswusterhausen, außerhalb der Stadt wohnte. »Ich habe es sehr bedauert«, schrieb Müller-Braunschweig wieder an ihn, »daß Sie gestern (29.10.45, R.L.) nicht in der Sitzung waren, vor allem deswegen, weil Schultz-Hencke die sensationelle Eröffnung machte, daß er und sein engerer Kreis beschlossen hätten, eine Gruppe zu bilden, die sich *Neopsychoanalytische Gruppe* nennen wolle und auch in Aussicht nehme, sich juristisch als ›Eingetragener Verein‹ eintra-

---

[33] Müller-Braunschweig/Boehm, 09.08.45, B.A.

gen zu lassen. Ich erklärte die propagandistische Wirkung dieser Namensgebung sei also wohl so gedacht, daß man zu der Auffassung komme, die *Deutsche Psychoanalytische Gesellschaft* sei die Versammlung der alten Trottel, die nichts zugelernt haben und auch nichts weiter zuzulernen wünschen, während in der *Neopsychoanalytischen Gesellschaft* alle diejenigen jüngeren und fortschrittlicheren Geister anzutreffen seien, die es verstanden hätten, mit der Zeit mitzugehen und bei denen man immer hoffen dürfte, die jeweils neuesten, modernsten wissenschaftlichen Ergebnisse vorzufinden. Schultz-Hencke meinte darauf, er könne nicht leugnen, daß im groben gesehen eine in dieser Richtung gehende Wirkung mit dieser Namensgebung beabsichtigt sei. Daraufhin machte Fräulein Dr. Kath die sehr reizende Bemerkung, daß es aber dieser Namensgebung vielleicht ähnlich ergehen könne wie es der Bezeichnung Neo-Impressionismus ergangen sei: vom Impressionismus werde auch heute noch gesprochen, vom Neo-Impressionismus spreche aber kein Mensch mehr. Worauf dann Schultz-Hencke meinte, wenn das der Fall sei, so müsse er sich ernstlich fragen, ob die von seiner Gruppe gewählte Bezeichnung nicht tatsächlich etwas ungeschickt sei.« Diese Bezeichnung werde, so meinte Müller-Braunschweig, eine gewisse Wirkung ausüben.»Ich glaube aber trotzdem nicht, daß wir diese Separation à la longue zu fürchten haben, im Gegenteil, die Vorteile, die eine reinliche Scheidung mit sich bringt, überwiegen die evtl. Nachteile. Schultz-Hencke meinte übrigens, er für seine Person sei sehr dafür, daß jedes Mitglied der einen Gruppe grundsätzlich berechtigt sein sollte, sich an den wissenschaftlichen Veranstaltungen der anderen zu beteiligen.

Ich fürchte im Augenblick aber nur das eine — ich kann mich aber auch darin irren —, daß die Anmeldung zweier psychoanalytischer Gesellschaften beim Amtsgericht unnötige Komplikationen setzen und unseren unzweideutigen Anspruch für eine zeitlang zum Gegenstand von Feststellungen machen muß, die sonst unnötig gewesen wären.«[34]

Nach Boehms äußerst kritischen, auf Müller-Braunschweig bezogenen Bemerkungen Anna Freud gegenüber ist es nicht verwunderlich,

---

[34] Müller-Braunschweig/Boehm, 30.10.45, B.A.

daß eine enge Zusammenarbeit zwischen ihnen nicht zustande kam, sondern beide schnell bereit waren, sich gegenseitig zu mißtrauen. So schrieb Boehm am 22.02.1946 an Müller-Braunschweig: »Ich falle neulich aus allen Wolken, als Sie eine, in Bezug auf verschiedene von mir weniger geschätzte Kollegen gemachte kritische Bemerkung bereit waren, auf sich zu beziehen. Ja, ich glaubte Ihnen beim Weggehen sogar eine gewisse Verstimmung anzumerken ... Sie wissen ganz genau, wieviel ich der Psychoanalyse verdanke; ich habe es wiederholt ausgesprochen und nie einen Hehl daraus gemacht, nämlich alles was ich bin und habe. Das was ich zutiefst aus eigenem Erleben und aus dem Erleben mit vielen Patienten in einer jetzt fünfunddreißigjährigen psychoanalytischen Tätigkeit an Erkenntnissen und inneren Erlebnissen gewonnen habe, ist niemals aus meiner Seele zu entfernen oder ins Wanken zu bringen. Ich habe es wiederholt ausgesprochen, daß ich die Bedeutung unseres Wiener Lehrers für die Entwicklung der Menschheit viel größer halte, als die von Jesus Christus. — Wenn jetzt diese oder jene kritische Bemerkung, die ich aber auch schon vor zwanzig und dreißig Jahren mir zu machen erlaubt habe, etwas sporadisch und überbetont, affektbesetzt herauskommt, so wollen Sie bitte in Betracht ziehen, daß ich 12 Jahre lang habe schweigen müssen und mir eher die Zunge abgebissen hätte, als den Nazis eingeräumt, daß ich nicht jedes von den vielen hunderttausend Worten Freuds hundertprozentig unterschreibe. Sie tun es ja im übrigen auch nicht und haben sich in wesentlichen Punkten, z.B. in der Auffassung der Religion, stets Ihre eigene Meinung vorbehalten.

Ich möchte aber doch annehmen, daß Sie, verehrter Herr Müller, mit Freuds wissenschaftlichen Ergebnissen noch viel tiefer verwurzelt sind als ich, insbesondere weltanschaulich. Ich glaube nämlich, daß Sie eine Weltanschauung haben, ich aber keine. Ihre Weltanschauung ist, so weit ich das beurteilen kann, mit tiefster Ethik verbunden; und Ihr Erfassen der Psychoanalyse geht immer mit tiefstem sittlichen Streben einher. Ihre ganze Persönlichkeit ist so tief von Ethik und sittlichem Streben durchdrungen, daß sich dieser Faktor in Ihrem ganzen Ringen um wissenschaftliche Probleme immer wieder deutlich ausprägt ... Mir ist die Kunst der Beredsamkeit nicht gegeben und ich kann das, was ich meine, nie ganz so tief wie ich es empfinde und noch weniger formvollendet ausdrücken. Ich will darum für heute schließen und bitte Sie, von meiner tiefen Zuneigung und Verehrung für Sie überzeugt zu sein (was, wie Sie mich kennen, nicht ausschließt, daß ich mal einen boshaften Witz machen kann).«[35]

Felix Schottlaender beobachtete die Kontroverse der Berliner nicht nur aus seinem geographischen Stuttgarter Abstand, sondern auch aus einer inneren Distanz heraus und teilte seine Einschätzung Mitscherlich mit: »Der Berliner Steppenwind hat mir gegen Schluß meiner Ferien gleichzeitig die Ergüsse der feindlichen Brüder Müller-Braunschweig und Schultz-Hencke nach Bolsterlang geweht. Der erstere schickt Satzungsänderungen, die mich automatisch aus der Gesellschaft hinausbefördert haben[36] (kein Unglück!) eine wehmütige Adresse an die analytischen Kollegen im Ausland, den alten Plan einer rein freudianischen deutschen Zeitschrift, die, falls sie zustande kommt, sicher ein totgeborenes Kind sein wird. Ich denke gerade an das von ihm erstrebte Sammelreferat aus Amerika, das wir ja schon in einem der nächsten Hefte bringen werden. Schultz-Hencke seinerseits, der in letzter Zeit ungefähr die Allüren Bonifaz VIII. angenommen hat, ruft mit 29 Thesen alle Psychotherapeuten der Welt zur Begründung einer gemeinsamen Plattform auf. Ich lege Dir das Elaborat bei, ebenso seinen, noch nicht beantworteten Brief. Ich will mich zu beiden Materien absichtlich nicht äußern, würde aber gern bald von Dir hören, wie Du an meiner Stelle antworten würdest.«[37,38]

Die 29 Thesen wurden am 28.09., 02.10., 02.11., 16.11. und 14.12. bei den wissenschaftlichen Sitzungen der DPG, in der Wohnung von March diskutiert. Bei dieser Diskussion sollte festgestellt werden, ob Schultz-Hencke »nicht in Wirklichkeit schon längst den psychoanalytischen« Boden, den Boden Freuds verlassen hätte. Damals ergab sich«, so schrieb Schultz-Hencke, »... daß von den vier Grundpositionen, die Freud als unabdingbar bezeichnete, wenn sich jemand Psychoanaly-

---

[35] Boehm/Müller-Braunschweig, 22.02.46, B.A.

[36] Bis zum 11.08.48 konnte die DPG ihren alten Namen behalten. Dann forderte die Britische Militärbehörde, bei der die DPG eingeschrieben war, einige Änderungen der Statuten. Die DPG mußte sich *Berliner Psychoanalytische Gesellschaft* nennen und alle Hinweise auf die *Zweigstelle der Internationalen Psychoanalytischen Vereinigung* müßten gestrichen werden. (Müller-Braunschweig/Boehm, 11.08.48, B.A.) Mitglieder durften nur diejenigen sein, die in der britischen Zone wohnten.

[37] Schottlaender/Mitscherlich, 10.09.48, B.A.

[38] Schultz-Hencke, H. (1949b).

tiker nennen wolle, drei völlig eindeutig von mir vertreten wurden. Hinsichtlich der vierten Position, nämlich der Bedeutung des Ödipuskomplexes, d.h. des Gewichts, das er innerhalb des Neurosenganzen hat, im Gegensatz zur bloßen Anerkennung, daß er überhaupt qualitativ vorkommt, ergab sich allerdings eine Schwierigkeit des wechselseitigen Verständnisses. Ich verwies damals, also nach einem Vierteljahrhundert etwa, darauf, daß ich 1927 bereits in meiner ›Einführung der Psychoanalyse‹ den Begriff des ›Ödipuskomplexes‹ durch den der ›Ödipussituation‹ ersetzt hatte. Ich darf an einen im ganzen doch positiven Brief, den Freud mir damals auf eine Übersendung meines Buches hin schrieb, erinnern. Er hatte diese Ersetzung von ›Ödipuskomplex‹ durch den der ›Ödipussituation‹ nicht bemängelt. Grund für mich: ich hoffte damals auf eine Abkürzung der Diskussion, und heute im Rückblick stelle ich fest, daß dies offenbar nicht gelungen ist«.

Der für Schultz-Henckes Auffassung entscheidende Unterschied zu Freud, der die Berliner Psychoanalytiker im Frühjahr 1929 so »entsetzt« habe, bestehe darin, daß das »Expansive, das durch Hemmung und Verdrängung in die Latenz geschickt wird«, sich in drei deutlich voneinander getrennten *orginären* Antriebs*bereichen*« manifestiere. »Daß diese Antriebsbereiche und natürlich dann auch die dazugehörigen, voneinander deutlich abgehobenen Antriebsqualitäten, Bedürfnisqualitäten, Wunschqualitäten originären, autochtonen, ursprünglichen Charakter haben ... Auch Freud schrieb mir dann in einem Brief auf Grund des von mir übersandten Vortrages eine ganze Reihe von recht kritischen Sätzen. Ich glaube aber heute feststellen zu dürfen, daß die Mehrzahl, vielleicht sogar der Psychoanalytiker, meine Auffassung faktisch teilt ... Ich entwickele also mit voller Ausdrücklichkeit eine, wie ich meine, fortgeschrittene und sich auch innerhalb des angloamerikanischen Bereichs ganz entschieden durchsetzende Neurosenstrukturauffassung ... Manchmal habe ich sogar im Scherz mündlich geäußert, daß ich eines Tages als ›letzter konsequenter Freudianer‹ übrigbleiben werde, besonders hinsichtlich der Traumanalyse.«[39]

---

[39] Schultz-Hencke, H. (1953).

Die Neugründung der DPG[40]

Mit der Gründung der *Psychoanalytischen Poliklinik und Lehranstalt* wurde seit 1920 die psychoanalytische Ausbildung in Berlin systematisch ausgebaut. Seit 1922 gehörten Lehranalysen zu ihrem obligatorischen Bestandteil. Die Mitgliedschaft bei der *Arbeitsgruppe A* im *Deutschen Institut für Psychologische Forschung und Psychotherapie* wurde jedoch gelegentlich recht großzügig gehandhabt. Erich Tiling, z.B. ein baltischer Nervenarzt, ein Freund von Felix Boehm, hatte keine analytische Ausbildung, wurde aber seit 1940 als Mitglied geführt. In seiner unveröffentlichten Autobiographie berichtete er über seine »Analyse« in Wien, für die er seine Praxis in Gera »eines Sommers unterbrach«[41]: »Morgens hatte ich bei Stekel eine analytische Behandlungsstunde. Die nächsten beiden Stunden verbrachte ich in einem Wiener Kaffee mit einem Tässchen Kaffee und etwa 10 Gläsern Wasser und arbeitete das Ergebnis der Behandlungsstunde schriftlich aus und schrieb meine Träume nieder. Dann traf ich mich bei Stekel mit seinen zahlreichen Schülern zu einem Kolloquium über technische Schwierigkeiten, auffällige Symptome von Patienten ... Peinlich begann die erste Behandlungsstunde bei Stekel. Auf Stekels Aufforderung, wahllos alles zu sagen, was mir gerade einfalle, mußte ich zögernd sagen: ›Sie sind ein dreckiger alter Jude‹. Als er aber daraufhin herzlich lachte, war die Hemmung für immer überwunden.« Tilings Frau besuchte ihren Mann in Wien. »Nun zeigte ich meiner Frau die wichtigsten Sehenswürdigkeiten von Wien, sie nahm auch ein paar Analysestunden bei Frau Stekel, und mit dem ganzen Analytikerkreis machten wir einen Heurigenausflug, nicht nach Grinzing, das Stekel als Touristen-Nepplokal bezeichnete, sondern nach Salmansdorf. Hier war der etwas hypomanische Stekel in seinem Element ...«[42]

---

[40] Im Anhang: (1) Mitglieder der DPG. (2) Wissenschaftliche Sitzungen der DPG. (3) Chronologie der Gründungen und Kongresse. (4) Protokoll der Ausschußsitzung vom 7. August 1945.

[41] Der genaue Zeitpunkt ist nicht bekannt.

[42] Tiling, E. ca. 1970, S. 56 f. Die einzige Stelle, in der Tiling noch einmal auf die Psychoanalyse eingeht, ist bei der Darstellung seiner Tätigkeit als Oberarzt in Tiefenbrunn, nach dem Krieg. Das Einarbeiten sei ihm schwer gefallen, da die Ärzte nach der Neoanalyse ausgebildet gewesen wären, die ihm nicht geläufig war.

Am 16.10.1945 gründeten die Mitglieder der *Deutschen Psychoanalytischen Gesellschaft*, die 1938 bei Auflösung der DPG in Berlin lebten und Mitglieder waren, die D.P.G. (*Zweiggesellschaft der Internationalen Psychoanalytischen Vereinigung*) nach ihrer Satzung von 1931 wieder. Müller-Braunschweig wurde zum ersten Vorsitzenden gewählt, Boehm zu seinem Vertreter und Kemper zum 3. Vorstandsmitglied.[43] Boehm übernahm den Vorsitz nicht wieder, da Kemper »moralischen Druck« auf ihn ausgeübt habe und viele Mitglieder ihn nach zwölf Jahren Tätigkeit ablehnten. Auch reiche er nicht an die »geistige Persönlichkeit« Müller-Braunschweigs heran.[44]

Die DPG hatte 35 ordentliche, 2 außerordentliche Mitglieder und 6 ständige Gäste. Von den Mitgliedern waren 19 in Berlin, die übrigen lebten außerhalb (darunter der Lehrer Ranft, Tiling, Weigel, von Wimmersperg). Gestorben war Eckard v. Sydow. Ulrich Vollrath hatte sich das Leben genommen, als die Russen kamen. John Rittmeister war als Mitglied der sog. *Roten Kapelle* von den Nationalsozialisten hingerichtet worden.[45]

Müller-Braunschweig schrieb an Jones und Anna Freud über die »Atmosphäre«, in der DPG-Mitgliedern »eine wirkliche Pflege der Freudschen Forschung unmöglich (war) und es wuchs ein Stamm von Psychotherapeuten heran, der von Freud so gut wie nichts oder doch bestenfalls in der entstellten, reduzierten und banalisierten Form der Lehre Schultz-Henckes etwas wußte.«[46] Von ihrer Lehranalyse bei March, einem engen Mitarbeiter Müller-Braunschweigs, berichtete Luise Meyer[47]: »Da hab ich mich, wie sich das gehört, durch 'ne Rite-Analyse durchgewühlt — 5x mit ihm ausgebombt und immer wieder

---

In dem Schema zur Erhebung der Vorgeschichte, dem Ansetzen eines gezielten Behandlungsplans und in der Traumanalyse sei man »streng systematisch« nach Schultz-Hencke vorgegangen. Für seine weitere Tätigkeit hätte das viel Nutzen gebracht (S. 103). Über die DPG oder DPV oder auch die IPV ist nichts weiter zu erfahren, obwohl er in der DPG-Liste noch 1949 als Mitglied aufgeführt wird.

[43] Protokoll über die Versammlung vom 16.10.45, B.A.

[44] Brecht et al. (1985) S. 196.

[45] Siehe zur Biographie von Vollrath, Roellenbleck, Mette, Dräger und Rittmeister die sehr interessanten Mitteilungen von Hermanns, L. (1991).

[46] 20.02.47 mit Fortsetzung am 05.05.47; Collections of the Manuscript Division, Library of Congress. Für diesen Hinweis danke ich E. Wantoch.

[47] Gespräch am 15.01.88.

neu angefangen ... March hatte ein Beinleiden. Ich habe nie persönlich richtigen Kontakt zu ihm gefunden — der hat die Abstinenz par excellence gehalten und, obgleich ich zeitweilig sicher auf seinem Bett gelegen habe — als wir ausgebombt waren — das spielte keine Rolle.«[48]

Müller-Braunschweig berichtete weiter von der Gründung des *Zentralinstituts für psychogene Erkrankungen der Versicherungsanstalt Berlin* (01.03.1946) durch Kemper und Schultz-Hencke, an dem »teils gedrängt durch wirtschaftliche Not, teils verführt durch den wachsenden Einfluß der Redeaktivität Schultz-Henckes, eine Reihe von Mitgliedern der DPG in fester Besoldung durch Erhebung von Anamnesen, Durchführung von Tests und von Behandlungen« mitarbeiteten. »Durch die Angliederung des Instituts an die *Versicherungsanstalt Berlin* ist das Vorhandensein des Instituts auf die leichteste Weise zur Kenntnis weiter Kreise der Bevölkerung gelangt.«[49] Kemper leitete das *Zentralinstitut*, Schultz-Hencke übernahm die *Abteilung Prophylaxe*, »in der auch die wissenschaftliche Auswertung, vor allem aber die Ausbildung, eingeschlossen ist«. Aus Kempers Bericht an den Psychoanalytiker Alexander Mette, stellvertretender Landesdirektor am Landesgesundheitsamt Thüringen in Weimar, ist folgendes weiter zu erfahren. »Wir haben zwei Stockwerke eines vierstöckigen, schönen Gebäudeblocks in Berlin-Schöneberg, General-Papestraße, Block 16 A, mit insgesamt 22 Räumen übernommen und können mit einem Stab von 6 Ärzten, 18 Nichtärzten und 6 Sekretärinnen usw., die sämtlich in einem Anstellungsverhältnis zur *Versicherungsanstalt Berlin* stehen, nun endlich großzügig die Arbeit weiterführen, die wir 3/4 Jahre unter wirtschaftlich, räumlich und personell schwierigsten Bedingungen geleistet haben. Besondere Bedeutung kommt dabei der Tatsache zu,

---

[48] Am 15.03.46 schrieb Luise Meyer an ihre Mutter: »Unser Alltag vor einem Jahr, ich Nachtwache, eine Kollegin ausgebombt, die ich besuchen sollte, das lief dann so ab 2 Stdn zu Dr. March 3/4 Std. gewartet, weil sein Autobus nicht fuhr, 2 Stdn zu der Kollegin nach Neukölln gefahren, 1 Std in ihren Trümmern gegraben, 2 Stdn einen Terrorangriff bei ihr in einem alten Tonnengewölbe durchzittert, 3 Std. für den Rückweg von Neukölln nach Karlshorst, anschließend nachts 2x 1 - 1 1/2 Std in den Keller.«

[49] 20.02.47 mit Fortsetzung am 05.05.47; Collections of the Manuscript Division, Library of Congress. Für diesen Hinweis danke ich E. Wantoch.

daß mit der offiziellen Anerkennung einer so großen Zahl nichtärztlicher Psychotherapeuten seitens des maßgeblichen Sozialversiche-
rungsträgers Berlins eine wichtige Position im Interesse der nichtärztlichen Psychotherapeuten errungen ist; denn gerade die Nichtärzte
müssen hier in Berlin besonders schwer um ihre Anerkennung ringen.«[50] Auch Luise Meyer wurde die Mitarbeit am Institut (18 Wo-
chenstunden) angeboten: »Das Institut ist erstmalig von der Kranken-
versicherungsanstalt Berlin zur Behandlung von Neurosen eingerichtet
worden, liegt in einer Kaserne in der Papestraße. Dort müßte ich 6 - 8
Patienten 2 - 3x die Woche behandeln. Dafür würde ich 150 - 180.-
RM ausgezahlt bekommen. Die andere Zeit würde ich bei mir zu
Hause Privatpatienten behandeln, die mir vom Zentralinstitut überwiesen werden und nicht Mitglieder der Krankenversicherung sind.
Die Patn müssen 3 Stn wöchentlich kommen und zahlen je nach ihren
finanziellen Möglichkeiten 5 - 10 RM die Stunde ... Wenn der Laden
richtig eingelaufen ist, müßte ich nach Steuerabzügen immer noch gut
das doppelte meines augenblicklichen Einkommens verdienen. Z.Zt.
bekomme ich brutto 600.-, netto 278.-, also über 60 % gehen für Steuern ab. Das nimmt auf die Dauer die Lust, vor allem weil ja die Lebenshaltung unglaublich teuer und hoch ist.«[51]

Nach Müller-Braunschweigs Schilderung waren »Die Schattenseiten
eines solchen überbeanspruchten Betriebs ... natürlich unverkennbar:
die Nötigung zur sogenannten ›Kurzbehandlung‹ ... Die Bevorzugung
dieser Verfahren färbt auch auf die theoretische Lehrmeinung ab. Die
Lehre Schultz-Henckes nimmt immer mehr den Charakter einer Wissenschaft an, die auf das Verständnis der breiten Masse rechnet und
auf alles allzu Mühsame und Riskante, alles allzu schwer Erwerbbare
Verzicht leistet. Nach Lage der Dinge ist es unmöglich, daß eine *Deutsche Psychoanalytische Gesellschaft* sich mit diesem Institut identifizieren könnte, jedenfalls keine psychoanalytische Gesellschaft, die sich
zum Ziele gesetzt hat, die Lehre Freuds wieder zum Leben zu erwek-
ken ... Eine solche psychoanalytische Gesellschaft kann nicht in einem
Institut aufgehen, das durch die wissenschaftlichen Auffassungen eines

---

[50] Kemper/Mette, Ende März 1946. Für die Überlassung dieses Dokuments danke
ich Ludger Hermanns.
[51] An ihre Mutter, 18.11.46.

Schultz-Henckes beherrscht wird ...«. In seinem Bericht über die *Berliner Psychoanalytische Gesellschaft* an Anna Freud als Sekretärin der *International Psychoanalytic Association* (IPA) schrieb er: »Die Verhältnisse gestatten es bisher nicht, daß die *Berliner Psychoanalytische Gesellschaft* ein eigenes psychoanalytisches Institut errichtet. Dieses Ziel wird aber verwirklicht werden, sobald die notwendigen Bedingungen vorliegen. An den Vorlesungen beteiligen sich 13 Mitglieder der Gesellschaft als Dozenten und zwar 9 Analytiker und 4 Neo-Analytiker. Die 4 Neo-Analytiker sind Schultz-Hencke, Frau Cellarius, Frau Fuchs-Kamp und Frau Seiff. Außer den 13 Mitgliedern der Gesellschaft sind als Nicht-Mitglieder als Dozenten beteiligt: 3 weitere Neo-Analytiker, 4 Jungianer und eine Graphologin ...«[52]

Kurt Höck, damals in Ausbildung am *Institut für Psychotherapie*[53], später führend bei der Entwicklung der Gruppentherapie in der DDR, berichtete: »Ich kenn' noch die Zeiten, wo alle drei unter einem Dach waren (ca. Mitte 1949) (die Tradition des *Reichsinstituts* fortsetzend, R.L.). Wo Traumdeutung zu dritt gemacht wurde; da mußte also einer der Kandidaten einen Traum vortragen; da saß also Schirren, Müller-Braunschweig und Schultz-Hencke in der einen Gruppe und die 2. Gruppe, ich glaube es war eine Anamneseerhebung, war Boehm, Hochheimer und Schultz-Hencke. Das war wunderschön, denn es wurde irgendein Fall vorgetragen und dann wurde der von den dreien unter unterschiedlichen Aspekten beleuchtet. Schultz-Hencke war der jüngere und der aktivere — er spielte die jedenfalls immer an die Wand ... Müller-Braunschweig wirkte dagegen immer irgendwie hilflos.«[54]

Berliner Zeitschriftenprojekte

Als Müller-Braunschweig noch die Hoffnung hatte, die Wiener psychoanalytischen Einrichtungen dem *Deutschen Institut* zuzuführen (März 1938), fand er den Zeitpunkt offenbar günstig, Hochschuldezernent Wirz mit seinem Plan einer *Deutschen Zeitschrift für Psycho-*

---

[52] Müller-Braunschweig/Anna Freud, 09.11.48, B.A.
[53] Kurt Höck war bei Schneider-Kassel in Lehranalyse.
[54] Interview mit Kurt Höck vom 18.04.90.

analyse vertraut zu machen, um ein Gegengewicht zur »Jüdischen Psychoanalyse« zu schaffen. Es sei dahingestellt, ob er dieses Argument Wirz angeboten hatte, um ihm das Projekt »schmackhaft« zu machen. Jedenfalls bedeutete die Gründung einer *(Deutschen) Zeitschrift für Psychoanalyse* nun, nach dem Krieg, für Müller-Braunschweig einerseits, eine gute Möglichkeit, einen sachlich motivierten Kontakt zu seinen im Ausland lebenden Kollegen aufzunehmen, andererseits Schultz-Henckes Einfluß entgegenzuarbeiten und dem deutschen Publikum die Freudschen psychoanalytischen Grundbegriffe wieder zu vermitteln. Bereits Ende 1945 versuchte er, Alexander Mette, der mit seinem *Dion-Verlag*[55], den er 1925 zusammen mit Kurt Liebermann gegründet hatte und der vorwiegend literarisch-philosophischen Zielen folgte, aber auch psychoanalytische Publikationen herausbrachte, für den Plan der Gründung einer psychoanalytischen Zeitschrift zu gewinnen. Ermutigt fühlte er sich zu diesem Projekt durch die Aussage des Buchhändlers Günther, der meinte, daß die Nachfrage nach psychoanalytischer Literatur lebhaft sei. »Wie wäre es, wenn Sie in ihrem Verlag eine Reihe psychoanalytischer wissenschaftlicher Aufsätze teils aktuellen Inhalts teils als Nachdruck früherer Veröffentlichungen erscheinen liessen. Mir ging sogar durch den Kopf, ob wir nicht, falls die Erlaubnis dazu zu erreichen sein sollte (an) die Herausgabe eines psychoanalytischen Periodikums denken könnten. Was mich betrifft, so habe ich eine Fülle noch nicht veröffentlichten Materials und würde mich, auch wenn das nicht vorläge, anheischig machen, ständig solches Material zu liefern.«[56] Mette hatte seinerseits an die Fortsetzung der Publikation psychoanalytischer Schriften gedacht.[57] 1935 war seine psychoanalytische Studie[58] auf Veranlassung des Propagandaministeriums beschlagnahmt und von der Gestapo eingezogen worden. Müller-Braunschweig bescheinigte ihm: »Trotzdem bewegten sich auch die später von ihm herausgegebenen Arbeiten in derselben Richtung, insbesondere die im

---

[55] Hermanns, L. (1990) S. 37.
[56] Müller-Braunschweig/Mette, 03.11.45, B.A.
[57] Mette/Müller-Braunschweig, 05.11.45, B.A.
[58] Mette, A. (1934): Die tiefenpsychologischen Grundlagen des Tragischen, Apollinischen und Dionysischen. Berlin.

Jahre 1939 erschienene Studie ›Der Weg zum Traum‹ von Mette ... und die 1940 erschienene Schrift ›Die psychologische Wurzel des Dionysischen und Apollinischen‹ ...«[59] Mettes Versuch, seine psychoanalytisch-literarische Linie nach dem Krieg wieder aufzunehmen, stieß bei seinen psychoanalytischen Kollegen, vor allem bei Schultz-Hencke und Kemper, auf kein rechtes Interesse.[60] Er wandte sich zunehmend von der Psychoanalyse ab.[61]

1946 versuchte Müller-Braunschweig, Kemper für seinen Zeitschriftenplan, der an die Tradition der *Internationalen Zeitschrift für Psychoanalyse* anknüpfen sollte, zu gewinnen. Kemper riet »dringend ab«. Er meinte, daß »zum Überleben und damit zum späteren Wiederaufleben der Psychoanalyse im Augenblick ganz andere Aufgaben vordringlich seien ...« Außerdem habe die Zeitschrift eine zu eng umschriebene Zielsetzung. Müller-Braunschweig sei »bitter enttäuscht« gewesen. »Noch mehr, als ich seiner erneuten Einladung an mich, Anfang 1947 mit der gleichen Begründung nicht entsprach, wobei auch Boehm und andere Kollegen meine Meinung teilten.«[62]

Müller-Braunschweig wandte sich an Hirzel, (unter anderem) Verleger des *Zentralblatts für Psychotherapie* (Leipzig). Hirzel riet Müller-Braunschweig ebenfalls von der Gründung einer psychoanalytischen Zeitschrift ab, da es »keinen Zweck habe, unter heutigen Verhältnissen Spezialzeitschriften herauszubringen, die auf die Dauer doch nicht wirtschaftlich existieren können. Eine umfassende Zeitschrift, die alles berücksichtigt, und dabei auf Niveau hält, sei heute das einzig Gegebene ...«[63] Müller-Braunschweig lehnte es ab, psychoanalytische Beiträge als »Anhängsel« an die *Zeitschrift für Psychiatrie, Neurologie und Medizinische Psychologie* zu konzipieren. »Ich halte es, nachdem in Deutschland 12 Jahre lang die psychoanalytische Forschung gezwungenermaßen vernachlässigt werden mußte, für eine dringende Sonderaufgabe, der psychoanalytischen Forschung in Deutschland wieder zum Ansehen zu verhelfen. Eine solche Aufgabe kann nicht als

---

[59] Müller-Braunschweigs Bescheinigung über Dr. Alexander Mette, Inhaber des Dion-Verlages, vom 11.09.45.
[60] Müller-Braunschweig/Mette, 01.08.46, B.A.
[61] Hermanns, L. (1990) S. 42.
[62] Kemper, W. (1973) S. 311.
[63] Hirzel/Lindenberg, 25.06.47, ZSDDR, No. 308, Q-1, Blt. 315.

ein bloser Adnex einer noch so bedeutsamen Zeitschrift genommen werden, sondern bedarf der sorgfältigen Spezialpflege durch eine eigene Zeitschrift. Die psychoanalytische Forschung muß, soweit man überhaupt von ihrer Bedeutung und Notwendigkeit überzeugt ist, gleich ab ovo vor den deutschen Leser hingestellt werden. Ich befinde mich in dieser Hinsicht auch im Einvernehmen mit den führenden Persönlichkeiten auf der internationalen Ebene der psychoanalytischen Bewegung und möchte die Hauptkraft meiner Arbeitskraft in den übernächsten Jahren dieser Aufgabe widmen ...«[64]

Müller-Braunschweig bemühte sich, ausländische Mitarbeiter für seine *Zeitschrift für Psychoanalyse* zu gewinnen. An Brill, Begründer der New Yorker Psychoanalytischen Gesellschaft, schrieb er: »Ich wäre Ihnen sehr dankbar, wenn Sie durch Ihre Persönlichkeit und Ihre Stellung für meinen Plan eintreten und ihn befürworten würden. Es hängt von dem Gelingen einer *Zeitschrift für Psychoanalyse* in hohem Maße ab, ob die durch die Nazizeit verschüttete psychoanalytische Forschung in Deutschland wiederbelebt wird oder nicht.«[65]

Aichhorn gegenüber betonte Müller-Braunschweig, daß er »die Überlegung eine(r) solche(n) Gründung nicht ohne Fühlungnahme mit Wien und der IPV« vornehmen wolle, »und die bisherigen schwierigen Verhältnisse betreffs der Verlagslizenzen und der Papierbeschaffung haben mich bisher davon abgehalten, einen solchen Plan zu realisieren. Ansich brenne ich so darauf, die psa Forschungsergebnisse, das Werk Freud's durch Veröffentlichungen erneut dem deutschen Leser vor Augen zu bringen, das während des Naziregiemes tot geschwiegene Werk in voller Lebendigkeit wiedererstehen zu lassen«.[66]

Im Juni 1946 schrieb Müller-Braunschweig noch von *Deutscher Zeitschrift.* Auf der Generalversammlung der DPG vom 17.04.1948 hob er hervor, wie sehr ihm die Pflege des Freudschen Werkes am Herzen liege. Er verfolge seit langem den Plan, eine *Deutsche Zeitschrift für Psychoanalyse* herauszugeben. Im Orginaltext wurde *Deutsche Zeitschrift* korrigiert im Sinne von deutsche *Zeitschrift.*[67] »Es ist

---

[64] Müller-Braunschweig/Hirzel, 12.07.47, ZSDDR, No. 308, Q-1.
[65] Müller-Braunschweig/Brill, 10.08.48, B.A.
[66] Müller-Braunschweig/Aichhorn, 08.06.46, B.A.
[67] Müller-Braunschweig, C. (1948, unv.).

selbstverständlich, daß die Zeitschrift, auch wenn sie in erster Linie die Wiederbesinnung Freuds im Auge haben muß, es nicht versäumen wird, alle andersartigen jeweiligen Bemühungen auf der Ebene der Tiefenpsychologie und der tiefenpsychologischen Therapie mit Aufmerksamkeit zu verfolgen, ständig darüber zu berichten und sich mit ihnen auseinanderzusetzen.«[68]

Mitscherlich stimmte Müller-Braunschweigs Grundthese, »die auch wir in der Psyche verfolgen, daß nämlich Psychotherapie nur auf dem Boden und in ständiger Auseinandersetzung mit Freud stattfinden kann«, zu. »Ich persönlich bin Freud zutiefst verpflichtet, und ich glaube, daß dieser Geist einer lebendigen Fortentwicklung der Freud'schen Gedanken in der Psyche hoffentlich überall spürbar sein wird. Wenn also die Zeitschriften auch Parallelunternehmungen sein werden, so wird es gewiss nur gut sein, wenn die Bedeutung der Psychotherapie durch mehrere Organe auch nach außenhin dokumentiert wird.«[69]

Anfang 1949 kam die *Zeitschrift für Psychoanalyse. Unter Mitwirkung von Psychoanalytikern des In-und Auslandes.* Herausgeber Müller-Braunschweig, im Walter de Gruyter & Co. Verlag heraus. In seinem Geleitwort stellte Müller-Braunschweig den Bezug zu Freud ganz in den Vordergrund. Die Zeitschrift solle einer »Inventuraufnahme der psychoanalytischen Funde und Theorien« dienen, »die Themen wie ›Abwehrmechanismen‹, die ›Verdrängung‹, den ›Ödipuskomplex‹ ... in Gestalt monographischer Darstellungen zu behandeln hätten«.[70] Aus dem Ausland unterstützten Kemper[71], inzwischen in Rio de Janeiro, Weigert[72], in die USA emigrierte Lehranalysandin Müller-Braunschweigs, die Schweizer Analytiker Kielholz[73] und Zulliger[74] und

---

[68] Müller-Braunschweig, C. (1948 unv.).

[69] Mitscherlich/Müller-Braunschweig, 11.08.47, B.A.

[70] Müller-Braunschweig, C. (1949) S. VII.

[71] Heft 1: Beginn einer Analyse, geschildert an Hand der Darstellung eines Falles. (Vortrag von 1938, am *Deutschen Institut* gehalten) Heft 2: Die Übertragung — ihre diagnostischen und therapeutischen Möglichkeiten (Vortrag vom 10.5.39 am *Deutschen Institut* gehalten).

[72] Die Dynamik der Psychoneurosen. Vortrag vom Februar 1948, an der Georg Washington University gehalten.

[73] Kind, Kunst und Analyse. Vortrag vom 16.8.49, gehalten auf dem IPA-Kongreß in Zürich.

schließlich Jones[75] die ersten beiden Hefte Müller-Braunschweigs mit Beiträgen. In Deutschland beteiligten sich Boehm, Roellenbleck und Baumeyer an dem Projekt.

Rückblickend meinte Kemper (1975), daß Müller-Braunschweigs Zeitschrift von »zeitgeschichtlichem Interesse« sei, da es sich bei den meisten Artikeln um »unveränderte Orginalarbeiten aus der Zeit des Dritten Reiches« handelte. Daran sei zu erkennen, »was damals an offizieller Stelle, nämlich am damals ›gleichgeschalteten‹ *Institut für psychologische Forschung und Psychotherapie* Berlin ... trotz Ächtung der Lehre Freuds und seiner Terminologie über Psychoanalyse« noch gesagt und gelehrt werden konnte. Als Beispiele führte er die Arbeit von Baumeyer (1933) über Straßenangst an, seine eigenen von 1938 zum »Beginn einer Analyse« und 1939 über »Übertragung«, Boehms Arbeit »Fräulein von Scuderi« (1941?) und die von Roellenbleck (1943) »Neurosenstruktur einer Romanheldin« und »Zur seelischen Reaktion auf Operationen und traumatischen Schock«. Bereits nach zwei Heften mußte Müller-Braunschweigs *Zeitschrift für Psychoanalyse* (1949) ihr Erscheinen einstellen.

Auch im Kreis um Schultz-Hencke wurde über eine Zeitschrift diskutiert. Kemper hatte Haseloff als Schriftleiter vorgesehen.[76] Im Gegensatz zu Müller-Braunschweigs psychoanalytischer Schwerpunktsetzung sollten zwei psychotherapeutische Themenbereiche aufgerollt werden:

1. Die Kurztherapie
2. Als Ausgangspunkt von Schultz-Henckes 200 Fragen sollte durch ihre Beantwortung, »ein wichtiges Kapitel der ehemaligen, aber vernachlässigten Forschungsarbeit des alten *Reichsinstituts* abgeschlossen werden«.[77]

---

[74] Kollektiv-psychologische Erscheinungen in einem Ferienheim.

[75] Die Genese des Über-Ichs. Übersetzung aus der Zeitschrift »Samiksa« der Indischen Psychoanalytischen Gesellschaft, Vol. I. Nr. 1, 1943.

[76] Haseloff-Protokoll, 24.05.45, K.A.

[77] Hans von Hattingberg leitete die Forschungsabteilung des Reichsinstituts. Ziel der Abteilung war es (1941), eine »allgemein vertretbare Fassung der Neurosenlehre, sowie die wichtigsten Grundsätze der Therapie zu schaffen«, um eine Deutsche Seelenheilkunde »auf dem Boden der weltanschaulichen Haltung des neuen Deutschland zu schaffen« (Lockot, R. 1985, S. 196 f.).

Haseloff regte Schultz-Hencke dazu an, ein Lehrbuch zu schreiben —[78]
und vielleicht verdrängte dieses Vorhaben das Zeitschriftenprojekt.

Die Jungianer

C. G. Jung[79] nutzte das Vakuum, das durch das Verbot der Psychoanalyse in Deutschland während der Nazizeit entstanden war, um sowohl organisatorisch, als Präsident der überstaatlichen *Allgemeinen Ärztlichen Gesellschaft für Psychotherapie*, als auch publizistisch durch antisemitische Vorträge und Artikel in Deutschland an Bedeutung zu gewinnen.

»Ich stieß in meiner persönlichen Beziehung arg dicht auf den ›Schatten‹ Jungs«, schrieb Gustav Richard Heyer[80], ehemaliger Freund Jungs, Analytiker Ada Müller-Braunschweigs und Nationalsozialist, an Michaelis am 13.09.1956, »... beispielsweise indem er, ehemals leidenschaftlicher Parteigänger der Nationalsozialisten, von uns, als es mit diesem Regime schief ging, vorsichtig abrückte und nach 45 nicht nur die horrible These der Kollektivschuld propagierte, sondern auch seine alten deutschen Freunde und Schüler bedenkenlos den denazifizierenden Mächten zum Fraß hinwarf, nach dem bewährten Motto ›halt den Dieb‹, eine Operation, die für ihn vollen Erfolg gehabt hat. Dies und anderes veranlaßt mich, von einem miserablen Charakter zu sprechen; und ich bin eigentlich überzeugt, daß Jung selbst dem nicht widersprechen würde«.[81]

Dem aus Frankfurt 1933 in die Schweiz emigrierten Psychoanalytiker Heinrich Meng gegenüber schrieb Heyer am 31.07.1947 sehr bitter: »Da finde ich, offen gesagt, sehr geehrter Herr Meng, diejenigen bedeutend weniger ehrenhaft, die wie so viele Kollegen am gem. Berliner Institut zwar ›innerlich Freudianer‹ waren, aber ›äußerlich immer jungten‹, daß es nur so ein Staat war, die gern hohe Pfründe

---

[78] Haseloff-Protokoll, 1.06.45, K.A.

[79] Zu Jungs Rolle während der NS-Zeit siehe die ausführliche Dokumentation von Erlenmeyer, A.; Von der Tann, M. (1991); außerdem Lockot, R. (1985) S. 87 ff.

[80] Siehe dazu Lockot, R. (1985) S. 161 ff.

[81] Archiv des Instituts für Geschichte der Medizin, Zürich.

einsteckten vom abgelehnten ›dritten Reich‹ Pöstchen innehatten vom Wehrdienst freigestellt waren — alles à Konto ihres Mitmachens, nicht ehrlicher Überzeugung folgend! — und die nun die Wächter und Bewahrer der Sexualanalyse gewesen zu sein sich rühmen, welchselbe sie in ›Katakomben‹ betreut hätten (die ›Katakomben‹ bestanden in einem comfortabel eingerichteten dreistöckigen Haus in der Keithstraße und jene Herren lebten in diesen Katakomben wohldotiert und sichergestellt ...). Oder ziehen Sie jene Landsleute von Ihnen vor, die, als es dem Nationalsozialismus noch gut ging, mit Wort und Druck für ihn eintraten, die damals Freud befehdeten, ›weil er die deutsche Seele nie verstehen könnte‹ ... und die, seit sich der Hitlerismus als schlechtes Papier auf der Börse des Erfolgs erwies nun, statt von ›mea culpa‹ zu sprechen, von Kollektivschuld der Anderen laut und immer wieder tönen.«[82]

Die Berliner Jungianer, über die sich Jung mehrfach enttäuscht geäußert hatte, standen zum Teil in Opposition zum Nationalsozialismus. Zum Beispiel war für die Gruppe um Käthe Bügler das Ende des Nationalsozialismus, das Werner Kemper als »Zusammenbruch« empfand, eine »Befreiung«.[83]

Käthe Bügler war »Halbjüdin« und hatte unter den Nazionalsozialisten wohl ziemlich gelitten.[84] Ihre Position könnte in ihrer romantisch-analytischen Stringenz Müller-Braunschweig in späteren Zeiten als Anregung gedient haben.

Nach dem Krieg gründete Käthe Bügler einen *Jungianischen Arbeitskreis*, dem v. Staehr, Lemke, Aumüller, Leverkus, Ada Müller-Braunschweig, Schirren und andere angehörten. Eine Institutsgründung

---

[82] Archiv des Instituts für Geschichte der Medizin, Zürich.

[83] Kemper, W. (1973) S. 292.

[84] Bügler, Käthe. Medizinstudium in München 1923 abgeschlossen. Stark durch Heyer (ihr Chef in der II. med. Klinik der Universität) beeinflußt. 1927 Lehranalyse bei Jung. Jungs erste Frage an sie sei gewesen: »Können Sie Dinge vertragen, die einen doppelten Boden haben?« (S. 24) 1929 Übersiedlung nach Berlin, Gründung einer eigenen Praxis. Seit 1930 von Kranefeldt, ehem. Assistent bei Jung, unterstützt. Jung kam regelmäßig seit Oktober 1930, um »Deutsche Seminare« in Berlin abzuhalten. Gründung der ersten Jung-Gesellschaft, Anfang der 30er Jahre, angeregt durch Eva Moritz. Nach dem Aufgehen im »Göring-Institut« Versuch im Oktober 1946, einen selbständigen Arbeitskreis zu gründen, der 1949 wieder aufgelöst werden mußte (Bügler, K., 1963).

wurde erwogen.[85] Abgesehen von Schirren, der deutlich sein Interesse an dem Schultz-Hencke-Kemper-Institut zum Ausdruck brachte, fürchteten die anderen »Komplexpsychologen«, vor allem Bügler, daß die Zusammenarbeit ebenso unerfreulich werden könne wie vorher im *Reichsinstitut*.[86] Sie hielt den Zeitpunkt einer Institutsgründung nach dem Muster des *Reichsinstituts* für verfrüht (»man muß in solchen Zeiten die Dinge organisch reifen lassen«). Veening, ihr Mitarbeiter[87], empfand »eine Akzentuierung des Instituts auf das Wissenschaftliche als Vergewaltigung des Seelischen. Darüber hinaus sei jede institutsmäßige organisatorische Zusammenfassung so divergierender psychotherapeutischer Arbeitsweisen auf die Dauer unmöglich. Sie sei auch nicht einmal erstrebenswert, da der einzelne Ausbildungskandidat, statt organisch in der Geborgenheit einer natürlich wachsenden analytischen Entwicklung sich zu entfalten, ständig hin- und hergezerrt werde. Die wissenschaftliche Durchdringung bzw. Aufarbeitung der spezifisch tiefenpsychologischen Erlebnistatsachen dürfe niemals im Mittelpunkt des Arbeitsprogrammes eines Instituts stehen, jedenfalls eines psychotherapeutischen«. Falls ein *Jung-Institut* zustande kommen sollte, setzte sich Kemper für »freundnachbarliche Beziehungen« ein, bei denen die Kandidaten »seines« Instituts an Seminaren über Komplexpsychologie teilnehmen könnten. Bügler wollte auf keinen Fall die Kandidaten zur Seminarteilnahme am Schultz-Hencke-Kemper-Institut verpflichten.[88] Schultz-Hencke empfand ihre Haltung als »Ausbruch« aus einem gemeinsamen Institutskonzept. Die Folge davon sei eine »nunmehr unerläßliche Distanzierung von den Laien«.[89]

In der Medizinalbürokratie stieß die Jungsche Position (ebenso wie die Psychoanalyse) auf heftige Kritik und auch Ressentiments. Sauerbruch hielt sie für »verwaschen und verschwommen« und meinte, daß sie äußerst mangelhaft spezifisch organische Erkrankungen von neurotischen unterscheiden würde. Schultz-Hencke stimmte Sauerbruchs

---

[85] Schultz-Hencke, Protokoll, 09.06.45, B.A. und Kemper, Protokoll, 25.06.45, B.A.

[86] Schultz-Hencke, Protokoll, 30.06.45, B.A.

[87] Veening war Atemtherapeut.

[88] Kemper, Protokoll, 30.06.45, B.A.

[89] Schultz-Hencke in Ergänzung zum Protokoll von Kemper, 03.07.45, B.A.

Kritik zu.[90] Im Gespräch mit der jungianischen Ärztin Gertrud Lemke[91] gelang es ihm dann doch, einen Zugang zu der »nicht rationalen, nicht wissenschaftlichen, aber völlig legitimen Formulierungsart der Jungianer« (z.B. in Form eines Rilkegedichts) zu finden. »Er sagt zu, diese Grundhaltung von nun ab als völlig legitim gegenüber der Welt zu verteidigen. Er wird das zwar nur vorsichtig, peripher und zur linken Hand, im Sinne von ›Periöken‹ tun, aber werde es doch entschlossen tun können.«[92] Ganz beeindruckt berichtete Schultz-Hencke Kemper von diesem Gespräch und meinte, daß er zum ersten Mal in adäquater Form die Jungsche Position vertreten gefunden hätte. »Kemper freut sich außerordentlich über die Erfahrung Schultz-Henckes und begrüßt sehr seinen Entschluß.«[93] Schultz-Hencke wollte der Jung-Gruppe folgenden Stellenwert einräumen: »Sie wissen, daß ich persönlich der Überzeugung bin, daß es mir gelang, d.h. nicht mir allein, sondern unserem engeren neoanalytischen Kreis, eine Amalgamierung der Lehren Freuds, Adlers und Jungs zu vollziehen. Wir sind nun einmal der Meinung, daß es sich da nicht um Weltanschauungen getrennter Ideologien handelt, sondern daß die wesentlichen Positionen dieser 3 Forscher tatsächlich Facetten ein und desselben Gegenstandes sind ...«[94]

Kemper wollte die Jungianer auch für die Mitarbeit am *Zentralinstitut für psychogene Erkrankungen* gewinnen. Während Schirren Zustimmung und Interesse zeigte und auch Kranefeldt freudig zustimmte[95], blieben Bügler und Veening abweisend. »Begründung: Das Heil komme niemals von Organisationen und Zwängen, im Gegenteil. Alles was im Sinne dieser alten Methode arbeitet, hätte seine Zwecklosigkeit bis zur Genüge bewiesen. Der Übergang des bisherigen Instituts in ein der VAB gehöriges Zentralinstitut verstoße gegen

---

[90] Schultz-Hencke, Protokoll, 11.06.45, B.A.
[91] Gertrud Lemke, Leiterin des Gesundheitsamtes Wilmersdorf, wurde mitgeteilt, daß Psychotherapie im Stadtgebiet von Wilmersdorf nicht zugelassen werde. Die Anbindung an eine Klinik für Psychotherapie an ein Krankenhaus (Etat 600 000 Mark) scheiterte an Sauerbruchs Ablehnung.
[92] Schultz-Hencke, Protokoll, 11.08.45, B.A.
[93] Kemper, Protokoll, 13.08.45, B.A.
[94] Schultz-Hencke/Lemke, 6.05.46, K.A.
[95] Kemper, Protokoll, 13. u. 15.03.46, B.A.

unabdingbare Voraussetzungen jeder psychotherapeutischen Arbeit schlechthin, in dem der Therapeut, ob er wolle oder nicht, zum Zwangsvollstrecker eines der Seelenkunde letztlich wesensfremden Prinzips werde. Kempers Frage, wer denn die psychotherapeutische Betreuung derer gewährleisten solle, die, infolge fehlender Mittel sich nicht eine Privatbehandlung leisten könnten, obwohl sie der ganzen Art ihrer Erkrankung und ihrem Wesen nach durchaus für eine tiefenpsychologische Arbeit und für eine solche in Frage kämen, wenn nicht wir, zumal er, Kemper, als Leiter der Poliklinik, das Erbe und die Verpflichtung des alten Instituts gegenüber diesem Patientenkreis übernommen habe, diese Frage wird mit der Gegenfrage beantwortet, wer denn die 10 Millionen hungernden Deutschen sattmachen solle? Auch der von Kemper betonte Gesichtspunkt, daß durch das Anstellungsverhältnis einer großen Zahl nichtärztlicher Therapeuten dem sowieso schwer bedrohten Berufsstand der nichtärztlichen Psychotherapeuten damit nicht nur eine gewisse wirtschaftliche Sicherung, sondern ein moralischer Schutz geworden sei, wird als unwesentlich abgelehnt, da eine richtige Sache sich auch ohne organisatorische Schutzmaßnahmen durchsetze und wenn nicht, würde dies mit organisatorischen Schutzmaßnahmen auch nicht aufgehalten ... die Grundauffassungen seien so unüberbrückbar, daß jeder Versuch von vorneherein zwecklos sei und nur beiden schade. Deswegen wollen sie auch bei der Kemper vorschwebenden lockeren psychotherapeutischen Vereinigung keinerlei wissenschaftlichen Austausch, sondern höchstens einen berufsständigen, organisatorisch-wirtschaftlichen Zusammenschluß im Sinne etwa der früheren Reichskulturkammer gelten lassen. Alles wirklich Lebendige wachse von selbst und werde nicht organisiert. Kempers Gegenfrage, ob denn nicht dieser Plan ebenfalls als Vorbereitung künftigen Wachstums und Entwicklung künftiger Organisation angesprochen werden könnte, wird mit der Begründung verneint, daß die alte Generation längstens abgewirtschaftet habe und Lebendiges nur aus der jungen Generation und in völlig neuer Form erwachsen könne.«[96]

Selbstbewußt, eigenwillig und vielleicht in einer etwas arroganten Weise unabhängig klingt das Schreiben des Vorstands des *Jung-Instituts* (24.06.1947) an Kemper als Vertreter des Dozentenausschusses:

---

[96] Kemper, Protokoll, 15.03.46, B.A.

»Sehr geehrter Herr Kemper! Der eigenartige Zwang, dem Sie unter-
stehen, uns mit allen Mitteln in ihren Arbeitsbereich zu bringen, veranlaßt uns, zwecks Vermeidung weiterer unfruchtbaren Schriftwechsels
noch einmal kurz zusammenzufassen: wir haben von Anfang an auf
Unterscheidung gedrängt und konsequent danach gehandelt ... Wir
haben vor Zeugen jede Abgleichung unserer Ausbildungs- und Prüfungsordnung von Anfang an abgelehnt und von Dr. Meyer unsere
diesbezügliche Eigenständigkeit bekommen. Selbstverständlich werden
wir in Zukunft ebenso wenig daran denken unsere Arbeitsmethode
einschließlich Prüfungsordnung mit Ihnen abzugleichen, wie uns von
Ihnen vertreten zu lassen ...«

Die Jungianer etablierten sich vor allem in den entstehenden Erziehungsberatungsstellen.[97] Es wurde mit einem »Massenandrang von
verwahrlosten Kindern und Jugendlichen ... mit den dazugehörigen
mehr oder weniger an Diebstählen usw. beteiligten Eltern« gerechnet.
Der Leiter des Schulamtes, Bloch, hielt es für fraglich, ob »hier überhaupt eine Aufgabe für die Psychotherapie vorliege«.[98]

Während die Gruppe um Käthe Bügler den Versuch einer eigenen
Institutsgründung unternahm, schloß sich die Gruppe um Schirren und
Kranefeldt dem *Institut für Psychotherapie* an.[99]

Am 19.03.1947 schrieb Jung an Kranefeldt: »Ich habe ihr (Bügler)
jetzt geschrieben, daß ich es nicht für opportun halte, eine so abge-
schlossene Sache zu machen, namentlich nicht, da sie doch von
Schultz-Hencke eingeladen worden ist, sich an dem Institut zu beteiligen. Man muß die Sektiererhaftigkeit der Freudianer nicht nachah-
men, das wäre viel zu bequem, sondern man muß sich mit den Leuten wie sie eben sind, auseinandersetzen ... ich finde es sehr richtig,
wenn sie sich an diesem Institut beteiligen.« Obwohl Bügler bei Jung
ihre Analyse gemacht hatte und recht enttäuscht über Jungs Bereit-
schaft gewesen sein soll, sich der Gruppe um Schultz-Hencke anzuschließen, erklärte sie Kemper, als Sprecher des alle Berliner Psychotherapeuten verbindenden Dozentenausschusses: »Unser Institut ist

---

[97] Lepsius, Baudert und Wachlin wurden als Beraterinnen für Hilfsschulen vorgeschlagen, Winkler sollte die Testung der Hilfsschulbedürftigen übernehmen.
Hörnicke wurde für die Leitung des Jugendausschusses vorgesehen.

[98] Schultz-Hencke, Protokoll, 07.09.45, B.A.

[99] Müller-Braunschweig, C. (1948, unv.).

unabhängig von der Zahl der Zustimmenden, Ja sogar von den Bewertungen Jungs ...«[100]

Nach Kemper (1947) erschwerte diese Sondergruppe, die den Anspruch auf eine eigene Vertretung beim Landesgesundheitsamt erhob, eine gemeinsame Interessenvertretung bei den Behörden. Dadurch sei die Anerkennung der nichtärztlichen Psychotherapeuten durch das Landesgesundheitsamt als Medizinalberuf um Monate verschoben worden.[101]

Das *Jung-Institut*, das in klarer Abgrenzung von den anderen Richtungen eine eigene Ausbildung anbot, mußte 1949 wieder aufgelöst werden, da es an gut ausgebildeten Lehranalytikern und Dozenten fehlte. »Aus der tiefen Unsicherheit der gesamten Existenz ergaben sich damals genügend Schwierigkeiten, die eine echte Gemeinschaftsfähigkeit weitgehend verhinderten; die Neigung zur Introversion der Jungschen Analytiker mag diese Schwierigkeit noch verstärkt haben.«[102]

* * *

In Berlin hatten sich also Gruppen zu konstellieren begonnen, die erst jetzt von ihren tiefgreifenden Unterschieden in ihren theoretischen Positionen Kenntnis nahmen. Ihre Exponenten zeigten sich jeweils enttäuscht, nicht von der Gegenseite als führend anerkannt zu werden. Sie erscheinen in einem massiven Machtkampf verstrickt. Themen, die die Vergangenheit berührten, wie der von Boehm offen artikulierte und von den anderen offenbar geteilte Antisemitismus, blieben unwidersprochen.

Boehm, Müller-Braunschweig und Schultz-Hencke waren sich in der Einschätzung der formalen historischen Situation einig. Sie sahen eine Parallele zwischen der Gründung des *Göring-Instituts* (1936), wie das *Deutsche Institut* während der NS-Zeit gern, prestigeheischend, in der Nachkriegszeit distanzierend, genannt wurde, und der aktuellen Institutsgründung. Die hieße:
— absoluter Vorrang staatlicher Interessen,
— Ausschluß von Kollegen aus irrationalen Motiven (damals antisemitischen),

---

[100] Vorstand des Jung-Instituts e.V./Kemper, 24.06.47, K.A.
[101] Kemper W. (1947) S. 158.
[102] Bügler, K. (1963) S. 32.

– pragmatischer Zusammenschluß mit anderen therapeutischen Richtungen.

Die führenden »jüdischen« Analytiker, unter deren »Übergewicht« Boehm angibt gelitten zu haben, waren gegangen – so wie nun die Nationalsozialisten »gegangen« waren. Aber geht da die formale Gleichung nicht zu weit?

Während Schultz-Hencke »die gleiche Anwendung der Methode« empfahl, also die Unterstützung staatlicher Interessen, wie immer die auch sein mochten, fürchteten Müller-Braunschweig und Boehm, daß die »Anwendung« dieser »Methode« den Ausschluß der Psychoanalytiker bedeuten könnte. Nach Boehm brach auch Göring sein Versprechen, alle Gruppen gleichberechtigt nebeneinander bestehen zu lassen, und Schultz-Hencke verwies, dieser Linie der »Mißachtung« folgend, die Psychoanalytiker von vorneherein an die Peripherie (ohne dazu autorisiert worden zu sein) und stellte sich damit in eine Reihe mit Göring.

Zu der Bewertung der Neoanalyse war es ausgerechnet J. H. Schultz, Begründer des Autogenen Trainings und enger Mitarbeiter Görings im *Reichsinstitut*, der geäußert haben soll: »Wir werden doch nicht ein psychoanalytisches Institut vernichten, um ein desmolytisches (also »neoanalytisches«, R.L.) in die Welt zu setzen.«[103]

3.2. Heidelberg/Stuttgart: Psychoanalyse unabhängig von der DPG

Während sich die Berliner Psychoanalytiker in zermürbenden Machtkämpfen aneinander aufrieben, entstand im Heidelberger/Stuttgarter Raum ein echtes »Konkurrenzunternehmen«, in dem gegenüber Berlin wesentliche alternative Elemente enthalten waren:
– die Last und die Erfahrung einer wiederholten Institutsgründung fiel weg,
– es bestand eine produktive Freundschaft zwischen Schottlaender und Mitscherlich, mit v. Weizsäcker im Hintergrund,

---

[103] Protokoll der Ausschußsitzung vom 07.08.45, S. 5, B.A., Anhang (4).

- die Psychoanalyse fand einen Platz an der Universität und in der psychosomatischen Krankenversorgung,
- die *Psyche* wurde gegründet und überstand, bis heute, schwere Krisen,
- die Verbindung zum Ausland gestaltete sich sehr viel unbelasteter als für die Berliner, da sowohl Schottlaender als auch Mitscherlich ihre antinationalsozialistische Haltung immer wieder deutlich zum Ausdruck gebracht hatten.

Felix Schottlaender und Alexander Mitscherlich hatten sich 1938 über Gustav Bally kennengelernt. Es ist vielleicht charakteristisch für die Besonderheit ihrer Beziehung, daß der Briefwechsel mit einer kurzen Notiz Mitscherlichs beginnt, in der er am 10.09.1942 Schottlaender »in der Eile der Abreise« die wichtigsten Briefe zurücksendet, »weil man nie weiß, was hier inzwischen passiert«. Die Korrespondenz, die vor dieser Zeit liegt, ist also wahrscheinlich vernichtet. Im Gegensatz zu der mir bekannten Berliner Korrespondenz von Psychoanalytikern sind diese Briefe auch nicht mit »Heil Hitler« unterzeichnet. Freud wird von Mitscherlich selbstverständlich erwähnt — und keineswegs »nur kritisch«, wie es die Zensur verlangte.

Felix Schottlaender wurde am 18.6.1892 in Heidelberg geboren und erwog später immer wieder, in seine Heimatstadt zurückzukehren. Sein Vater (gest. 1917) war Professor der Medizin. Schottlaender hing wohl besonders an seiner Mutter (sie starb 1945), die auch Mitscherlich wegen »ihrer geistigen Frische« und »ihrem Reichtum an Einfällen« beeindruckte.[104] In Schottlaenders Elternhaus wurde neben der deutschen Muttersprache auch Französisch, Englisch und Russisch gesprochen. Diese Sprachenkenntnis kam Schottlaender, vor allem nach dem Krieg, sehr zugute, als er das deutsche Publikum in seinen vielfältigen Rezensionen in der *Psyche* mit der fremdsprachigen Fachliteratur vertraut machte. Nach Abschluß der Schulzeit in Wien (1910) studierte Schottlaender Philosophie, Geschichte und Geographie in Wien und Heidelberg. Er promovierte in Köln bei Hans Driesch mit dem Thema »Traum und Schönheit, Versuch einer Deutung des ästhetischen Erlebnisses«. Von 1920 bis 1930 war er als Institutsbibliothekar in Stuttgart und in der *Sozialberatung für Auswanderer* tätig. 1922 heiratete er die

---

[104] Mitscherlich/Schottlaender, 13.12.45, B.A.

Dr. Felix Schottlaender

Stuttgarterin Hedwig Ege. Ihre drei Töchter wurden 1923, 1926 und 1928 geboren. Von 1928 - 1929 begann er eine erste Analyse bei Heinrich Meng, damals Stuttgart, später Basel, und setzte sie in Wien als Lehranalyse bei Helene Deutsch und Eduard Bibring fort. Schottlaender schätzte August Aichhorn besonders. Als Mitarbeiter Storfers am Psychoanalytischen Verlag edierte er die Gesamtausgabe des Freudschen Werkes. 1932 beendetet er seine psychoanalytische Ausbildung, erwarb die Mitgliedschaft der *Wiener Psychoanalytischen Vereinigung* und ließ sich in Stuttgart in psychoanalytischer Praxis nieder.

Dr. Felix Schottlaender

In dieser Zeit entstanden diverse Vorträge und Veröffentlichungen. Während der NS-Zeit mußte Schottlaender »manche Zurückweisung« erleben, da er, nach der nationalsozialistischen Terminologie, als »3/8-tel Jude« galt. 1935 wurde er in die *Deutsche Psychoanalytische Gesellschaft* (DPG) mit dem Vortrag: »Die Bedeutung der Mutter für die Entwicklung der männlichen Homosexualität« aufgenommen.

Nach 17monatiger Militärzeit als Sanitätsfeldwebel kehrte er aus französischer Gefangenschaft im Juni 1945 zurück, nahm seine psychoanalytische Praxis wieder auf und gründete im April 1946 die *Arbeitsgruppe für Psychotherapie* in Stuttgart wieder.

Die Verbundenheit Mitscherlichs und Schottlaenders in ihrer politischen Position sowie Mitscherlichs dringliche Suche nach Anschluß an die psychoanalytische Diskussion könnten dazu geführt haben, daß ihre Beziehung anfangs einen gegenseitig idealisierenden Tenor hatte. So erwartete Mitscherlich von Schottlaender die »mir einzige in Deutschland maßgebende Kritik«[105] und Schottlaender schwärmte geradezu: »Mitscherlich hat ein hervorragendes Buch geschrieben: ›Durst als Symptom‹ — die beste große Arbeit seit Freud.«[106]

1948 gründete Schottlaender mit Gundert und Bitter das *Stuttgarter Institut für Psychotherapie* (mit Erziehungsberatungsstelle und Poliklinik für Erwachsene sowie einem Ausbildungszentrum). Bei der ersten Sitzung der württembergisch-badischen psychotherapeutischen Gruppe stimmte Schottlaender Mitscherlich, der offenbar eine Ansprache halten sollte, auf die ihn erwartende Gruppierung ein: »Sie werden das ... verflossene Institut in Berlin erwähnen müssen. Es gibt unter den für uns als Faktoren in Betracht kommenden Zuhörern einige, die dem Institut trotz ihrer Mitgliedschaft fast ebenso feindlich gegenüberstehen wie Sie selber: Gundert[107] — der alle organisatorische Betriebsamkeit haßt, Dr. Weizsäcker, Tübingen[108], der ein sehr begabter und ernst zu nehmender, erfahrener, etwas introvertierter und für unsere Arbeit wertvoller Kollege ist. Ebenso ist Dr. Breuninger, der hier in Ärztekreisen als Medizin-Theologe und sehr linksgerichteter, politisch interessierter, unabhängiger Arzt eine Rolle spielt, Gegner der Instituts. Er wollte Mitglied werden, überwarf sich und ist Gegner des Instituts auch aus persönlichen Gründen. Dagegen ist Frau Buder-Schenck, Tübingen, übrigens altes Mitglied der *Deutschen*

---

[105] Mitscherlich/Schottlaender, 13.01.45, B.A.
[106] Schottlaender/Bally, 18.08.45, B.A.
[107] Hermann Gundert war seit 1937 Mitglied der psychoanalytischen Arbeitsgruppe im *Deutschen Institut.*
[108] Adolf Weizsäcker gehörte zu den Gründungsmitgliedern der Jung-Gesellschaft (24.12.31). Von 1940-42 war er Referent für anthroposophische Heilerziehung und dann Heerespsychologe (Lockot, R. 1985, S. 339, Anm. 17).

Psychoanalytischen Gesellschaft, die in Tübingen mit Weizsäcker die Geschäfte besorgt — gescheit, herrschsüchtig, berlinerisch, organisatorisch begabt, in ihrem Umkreis ziemlich einflußreich, eine ernstzunehmende Anhängerin des Instituts, die wir nicht gleich von Anfang an durch wegwerfende Bemerkungen etc. vor den Kopf stoßen sollten. Sie werden das ja kaum vorhaben. München gegenüber herrscht allgemein Zurückhaltung. Die Anbiederung des Herrn Dr. Scherke (früher katastrophaler Nazi, jetzt das Gegenteil, hat 90000 RM aus der Institutskasse nach München mitgenommen und zwingt die Müncher Mitglieder zu seiner Anerkennung !!) und die Hereinnahme von Seif[109], haben sehr verstimmt. Wir werden abwartend und vorsichtig und jeder auf seine lokalen Entwicklungen gärtnerartig bedacht, arbeiten müssen, während die Veröffentlichungen und die Beziehungen zum Ausland kräftig entwickelt werden sollten.«[110]

Alexander Mitscherlich und Viktor von Weizsäcker[111]

Als im Frühjahr 1937 Niekisch[112] wegen seines politischen Widerstands gegen die Nationalsozialisten verhaftet wurde, verließ Mitscherlich sein Schweizer Exil, um in Deutschland für Niekisch einen Anwalt zu besorgen. Mitscherlich wurde an der Grenze verhaftet

---

[109] Leonhard Seif, 1866 - 1950, Nervenarzt, jungianische Ausbildung, dann »Individualpsychologe«; Lehranalytiker u. a. von M. H. Göring und seinem Sohn Ernst Göring (Lockot, R. 1985, S. 328, Anm. 3).

[110] Schottlaender/Mitscherlich, 28.03.46, B.A.

[111] Siehe zu Mitscherlichs Beziehung zu Weizsäcker und zur »Psychoanalyse an der Universität« Mitscherlichs »Abteilung für Psychosomatische Medizin« in Heidelberg die interessante Arbeit von Henkelmann, T. (1992).

[112] Ernst Niekisch (1889-1967) war in der Weimarer Zeit Führer der Nationalbolschewisten gewesen und propagiert während der NS-Zeit ein deutsch-sowjetisches Zusammengehen. Niekisch suchte nach einer Synthese zwischen Nationalismus und revolutionär-sozialistischen Elementen. Sein extremer Nationalismus dokumentierte sich vor allem gegenüber dem Versailler Vertrag, gegen französiche Einflüsse und gegen angebliche Judenherrschaft. Sein Versuch, Widerstandszellen in Großstädten aufzubauen, hatte wenig Erfolg. 1937 wurde er von der Gestapo verhaftet und zu lebenslangem Freiheitsentzug verurteilt (Wistrich, R. 1983, S. 196 f.).

und mußte acht Monate Untersuchungshaft in Nürnberg absitzen. Durch die Fürsprache eines Medizinprofessors, der Mitscherlich als Kandidaten für eine Distrikt-Arztstelle in China ausgab, wurde Mitscherlich mit der Auflage entlassen, sich während des Studiums regelmäßig bei der Gestapo zu melden.[113]

Während seiner Haftzeit las Mitscherlich mit großem Interesse v. Weizsäckers »Fälle und Probleme«, ein Büchlein, das ihm sein Analytiker und Freund Gustav Bally ins Gefängnis geschickt hatte.

Nach seiner Entlassung war Viktor v. Weizsäcker trotz Mitscherlichs politischer Gefährdung bereit, ihm den Abschluß seines Studiums zu ermöglichen und ihn als seinen Assistenten an der Nervenabteilung der Heidelberger Universitätsklinik (Ludolf-Krehl-Klinik) am 01.04.1941 anzustellen.[114] v. Weizsäcker wurde zu »meinem von mir wirklich sehr verehrten Lehrer ...«, schrieb Mitscherlich an Haseloff.[115]

v. Weizsäcker war zwar durch die Psychoanalyse angeregt worden und vertiefte sein Interesse durch eine persönliche Begegnung mit Freud und seine Korrespondenz mit Lou Andreas-Salomé, verstand sich aber nicht als Psychoanalytiker, sondern als Vertreter einer ganzheitlichen, anthropologisch orientierten Medizin.[116] Freud schätzte er höher als Jung, obwohl Jung die für v. Weizsäcker als gläubigem Christen und Freund des katholischen Religionsphilosophen Romano Guardini wichtige Frage des religiösen Kerns der Psychoanalyse »entdeckt« habe. Neben dem »Mangel an tiefer Gedankenarbeit« kritisierte er Jungs wenig integre Haltung Freud gegenüber während der Nazizeit.[117] v. Weizsäckers eigene Haltung erscheint ebenfalls außerordentlich widersprüchlich: Einerseits empfahl er bei der Heidelberger Bücherverbrennung am 10.5.1933, auch Freuds »Die Zukunft einer Illusion« den Flammen zu übergeben, andererseits schaffte er Freuds »Gesammelte Schriften«, damals in 12 Bänden, für die Klinikbibliothek an. v. Weizsäcker sah in der »Arbeitsfähigkeit« des Menschen

---

[113] Mitscherlich, A. (1980) S. 115.
[114] v. Weizsäcker leitete die Nervenabteilung von 1920 - 1941.
[115] Mitscherlich/Haseloff, undat., B.A.
[116] Weizsäcker, V. v. (1977) S. 118 ff.
[117] Weizsäcker, V. v. (1977) S. 110 f.

das wichtigste therapeutische Ziel. Folgerichtig sprach er sich für die »notgeborene Vernichtungspolitik« der Nationalsozialisten aus, zu der »der deutsche Arzt« »seinen verantwortlichen Anteil« beitragen müsse.[118] Ende 1933 ließ v. Weizsäcker Kritik an den Nationalsozialisten durchblicken und mußte damit auf eine Hochschulkarriere im Bereich der Inneren Medizin verzichten. Er blieb in der Neurologischen Abteilung und arbeitete an seiner Gestaltkreislehre, die 1939 veröffentlicht wurde. 1941 wurde v. Weizsäcker auf den angesehenen Lehrstuhl für Neurologie der Universität Breslau berufen. Als Nachfolger des mechanistisch orientierten Neurologen Otfrid Foerster übernahm er damit auch die Leitung der größten deutschen Nervenklinik und eines durch Unterstützung der *Rockefeller-Stiftung* (in den 20er Jahren) errichteten Forschungsinstituts. In diesem Institut wurden unter v. Weizsäckers Leitung neuropathologische Untersuchungen an Gehirn und Rückenmark von ermordeten schwachsinnigen deutschen und polnischen Kindern durchgeführt.[119]

Sechs Jahre später nahm er zu »Euthanasie« und Menschenversuchen Stellung. Die akribische und abgehobene Art, mit der er den »medizinischen Geist« anprangerte, auf den sich die im Nürnberger Prozeß angeklagten Ärzte beriefen, und der die Verbrechen an Geisteskranken durch seine naturwissenschaftlich-biologistische Ausprägung möglich gemacht habe, verschleierte seine Mittäterschaft.[120]

Nach kurzer Kriegsgefangenschaft wurde v. Weizsäcker am 7.1.1946 zum ordentlichen Professor für Allgemeine Klinische Medizin in Heidelberg ernannt. Er konnte nun an einer sinnvollen Verschmelzung der traditionellen inneren Medizin mit der Psychoanalyse, der biographischen Methode und der sozialen Herkunft arbeiten und eine anthropologische Medizin begründen.[121]

Von seinem Assistenten Mitscherlich erwartete er, daß er das zweistündige Einführungskolleg in die Psychoanalyse, das er im WS 45/46 gehalten hatte, im SS 46 und im WS 46/47 fortsetzte. Ihm bot er Unterstützung seines Institutsprojekts auch praktisch, für stationär zu be-

---

[118] Wein, M. (1988) S. 392.
[119] Wein, M. (1988) S. 397 f.
[120] Weizsäcker, V. v. (1947) S. 68-102.
[121] Wein, M. (1988) S. 401.

obachtende Fälle an. v. Weizsäckers Hilfsangebote ungebrochen anzunehmen, fiel Mitscherlich offenbar schwer, da er fürchtete, von ihm vereinnahmt zu werden[122], und Schottlaender warnte: »Lassen Sie sich nur nicht von Ihrem alten Meister in ein gar zu enges Schüler-Verhältnis hineinmanövrieren«.[123]

Schottlaender unterschätzte offensichtlich Mitscherlichs Autonomie, mit der er vor allem sein Institutsprojekt verfolgte. Angesichts der Entwicklung der Fakultät, die unter dem Einfluß des aus München nach Heidelberg berufenen Psychiaters Kurt Schneider[124] begann, sich gegen sein Institutsprojekt zu stellen, war Mitscherlich entschlossen, »alle Machtmittel«, also auch seine Publikationsmöglichkeiten, auszunutzen, selbst wenn er damit in Konkurrenz zu v. Weizsäcker geriete.[125]

Da aber die »gleichgesinnten Geister eine verschwindende Minderzahl« seien, fürchtete er ihre Zersplitterung. »Ich bin der Meinung, daß man alles daran setzen soll, sich mit Weizsäcker zu vereinigen. Man ist diesem Mann sehr viel schuldig, und ich finde es bei dem internationalen Namen, den er hat, ganz richtig, daß er als Herausgeber einer solchen Schriftenreihe zeichnen würde (Durstarbeit von Mitscherlich, Aufsätze von Schottlaender ...), während ich die Herausgabe der Schriftenreihe besorgen würde; sehr gern zusammen mit Dr. Schottlaender, wenn er dazu Lust verspürt. Ernstliche Meinungsverschiedenheiten mit Weizsäcker sind ausgeschlossen. Ein derartiges Triumvirat hätte auch die nötige Distanz zur Schulpsychologie und Psychologieschulen, um wirklich allen gerecht zu werden, ohne an Gesicht zu verlieren.«[126]

---

[122] Mitscherlich/Schottlaender, 12.03.46, B.A.

[123] Schottlaender/Mitscherlich, 14.03.46, B.A.

[124] Kurt Schneider wird der Schule von Jaspers zugeordnet, derzufolge die »Person« nach »verständlichen Gesichtspunkten« erklärt wird, definiert als »Zusammenhang des Verständlichen«. Für Schneider zerfällt die »Person« in drei Anteile: den der Intelligenz, den des leiblich vitalen Gefühls- und Triebbereiches und den psychologisch allein relevanten des Fühlens, Wollens, Wertens und Strebens (Wyss, D. 1977, S. 274 f.).

[125] Mitscherlich/Schottlaender, 27.03.46, B.A.

[126] Mitscherlich/Klett, 09.04.46, B.A.

Schottlaender riet Mitscherlich »aus Gründen der Pietät, auch aus diplomatisch-universitätspolitischen Erwägungen heraus, unter Weizsäckers Fittichen« bei Enke zu publizieren. »Wir sind in mancher Hinsicht verschieden zu der Verlagsangelegenheit eingestellt. Dir müßte daran gelegen sein, ›seriös‹ und hochwissenschaftlich aufgemacht unter Weizsäckers Namen zu erscheinen, da Du sowieso noch nicht genug mit dem Öl der Alma Mater gesalbt bist.« Über v. Weizsäcker, demgegenüber er selber skeptisch war, schrieb er: »Ich finde ihn verehrungswürdig aber doch sehr akademisch, medizinisch philosophisch abgeschlossen und im Grunde seiner Zeit zugehörig, die es nicht mehr gibt. Er ist für Dich nicht nur im analytischen Sinne sondern auch akademisch eine typische Vaterfigur und genießt daher auch die Deinen Vätern gegenüber bekannte Ambivalenz. Das ist nicht im mindestens ein Vorwurf sondern eher eine freundschaftliche Feststellung, über die ich Dich gelegentlich nachzudenken bitte — auch im Hinblick auf die Konkurrenzeinstellung zu anderen Vaterfiguren.«[127]

Mitscherlich einigte sich mit v. Weizsäcker auf einen »friedlichen Wettbewerb«[128], da er v. Weizsäckers Arbeit sehr schätzte.[129]

Mitscherlich las im WS 47/48 zusammen mit v. Weizsäcker ein kasuistisches Seminar über Neurosenformen, das, erweitert um Vorträge auswärtiger Gäste wie Michel, Schottlaender, Bally und Neumann, »sehr erfreut und interessiert aufgenommen« wurde.[130]

v. Weizsäcker hatte seine beiden Söhne im Krieg verloren. Seine Tochter Ulrike nahm sich Anfang September 1948 das Leben. Sie war bei Mitscherlich in Therapie gewesen. Nur seine jüngste Tochter Cora hat überlebt. v. Weizsäcker soll diesen schweren Schicksalsschlägen nicht »als Gebrochener«, sondern als »Weiser« begegnet sein.[131] Henkelmann gibt ein Zitat v. Weizsäckers aus seinem Nachlaß wieder: »Ich habe meine Kinder getötet und meine Kinder haben

---

[127] Schottlaender/Mitscherlich, 23.04.46, M.A.
[128] Schottlaender/Mitscherlich, 24.05.46, B.A.
[129] «Bei der Durchsicht bin ich wiederum erschüttert von der außerordentlichen Tiefe und bedeutenden Persönlichkeit Weizsäckers« (Mitscherlich/Schottlaender, 26.06.47, B.A.).
[130] Schottlaender/Michel, 04.08.47, B.A.
[131] Wein, M. (1988) S. 400.

mich getötet.«[132] Mitscherlich beobachtete einen »Wesenswandel« mit sektiererischen Zügen an ihm, der Mitscherlichs freundschaftliche Beziehung zu ihm trübte.[133] Für die Zusammenarbeit in den späteren Jahren fand er, daß sie nicht mehr »so glückte wie in den ersten Jahren nach der Gefängniszeit«, vielleicht auch »determiniert von den komplexen unbewußten Elementen der Mentorenschaft« seines ehemaligen Lehrers v. Weizsäcker.[134]

Alexander Mitscherlich und Felix Schottlaender

Die Beziehungen Alexander Mitscherlichs zu seinen Mitarbeitern waren oft sehr affektiv — so auch seine Beziehung zu Schottlaender, die mindestens eine reiche Frucht trug: die *Psyche*, ihrer beider »Kind«, wie es liebevoll in der Korrespondenz heißt.[135]

Am 17.05.1945 wurde Mitscherlich von der amerikanischen Besatzungsbehörde zum Leiter des Gesundheitsamtes der regionalen Zivilregierung für Saar, Pfalz und Rheinhessen bestellt. Mit dem Einmarsch der Franzosen legte er sein Amt nieder, da er sich mit ihnen keine gute Zusammenarbeit erhoffte.[136] Dieser Abschied von der Politik und die Hinwendung zum Arztsein war für Mitscherlich durch eine schwere Grippe mit anschließender Gelbsucht als »Lebenskrise« psychosomatisch markiert.[137]

Hatte sich Mitscherlich vorher bereits im Selbststudium gründlich durch Freuds Werk gearbeitet, das ihm so etwas wie eine geistige Bastion des Widerstands gegen die Nationalsozialisten geworden war, fehlte es ihm doch an einer persönlichen Analyse. Aus seinem Schrei-

---

[132] Henkelmann, T. (1992) S. 183.
[133] Mitscherlich, A. (1980) S. 126.
[134] Mitscherlich, A. (1980) S. 107.
[135] Diese, zeitweise überaus produktive Beziehung, die durch ca. 280 Briefe zwischen 1942 und 1957 dokumentiert ist, fand bisher keinen Nachhall — weder in Mitscherlichs Autobiographie (1980) noch in Lohmanns Mitscherlich-Biographie (1987) oder auch den biographischen Anmerkungen zu Schottlaender von Görres (1959) und Hoffmann (1959).
[136] Lohmann, H. M. (1987) S. 56 f.
[137] Mitscherlich/Schottlaender, 05.08.45, B.A.

ben an Müller-Braunschweig (vom 27.10.52)[138] erfährt man von seinem grotesken Bewerbungsgespräch um eine Lehranalyse bei J. H. Schultz: J. H. Schultz deutete Mitscherlichs Auflehnung gegen den Nationalsozialismus als Ausdruck seiner »latenten Homosexualität«. Mitscherlich kommentierte diese »Deutung«: »Nun will ich nicht über die Überdeterminiertheit meines Verhaltens streiten. Daß aber in der damaligen Zeit, in der meine besten Freunde bereits von den Nationalsozialisten getötet waren, das Argument von Herrn J. H. Schultz nicht gerade menschlich war und mich nicht ermutigte, weiter in dieser Richtung nachzuforschen, werden Sie verstehen.«

Eine gewisse Hilfe zur Selbstfindung hatte Gustav Bally geboten, und auch Schottlaender wurde von Mitscherlich immer wieder zu analytischen Interventionen aufgefordert. Schottlaender bedauerte, daß Mitscherlich nicht durch eine »korrekte Analyse« gehen konnte, so wie er es sich, besonders in letzter Zeit, wünsche.[139]

Schottlaender stand als Ratgeber im Hintergrund und ermutigte Mitscherlich[140]: »Sie sind der geborene geistige Anreger ... Behalten Sie die höchstwichtige neubegründete Beziehung zur Universität und versuchen Sie mit aller Energie unseren Zeitschriftengedanken zu verwirklichen.« Die mit der herrschenden »geistigen Inflation« einhergehenden Angebote an die »weißen Raben«, hochdotierte politische Posten zu übernehmen, verschleißen die Kräfte zu sehr und machen unfrei.[141] »Köstlich erheitert« dankte Mitscherlich für die »Belehrung«.[142] Schottlaender brauchte Mitscherlichs praktische Unterstüt-

---

[138] Berger, F. (1989) S. 265 f.

[139] «In Ihrem Brief (mir nicht bekannt, R.L.) haben Sie ihren Traum so stark in den Vordergrund gerückt, daß ich fast annehme, Sie möchten von mir eine Deutung. Sie wissen, wie schwer es fallen würde, eine solche Deutung ohne Assoziationen zu geben ... Es ist ein Jammer, daß Sie nicht durch eine korrekte Analyse gehen konnten. Die Arbeit und der beiliegende Brief haben mir das so sehr deutlich gemacht, und mich verstehen lassen, daß sich in Ihnen selbst gerade in letzter Zeit dieser Wunsch besonders lebendig geregt hat. Aber wie die Dinge liegen, ist im Augenblick wohl keine Möglichkeit gegeben, den so wünschenswerten Plan zu verwirklichen« (Schottlaender/Mitscherlich, 18.05.45?, B.A.).

[140] z.B. bei der Entscheidung Mitscherlichs, den Posten eines Erziehungsministers im neuen Staat Großhessen abzulehnen.

[141] Schottlaender/Mitscherlich, 02.10.45, B.A.

[142] Mitscherlich/Schottlaender, 04.10.45, B.A.

zung, wenn er als Mitarbeiter zur Verfügung stehen sollte. »Ich brauche eine Lizenz für Benzin und einen Passierschein für Süddeutschland einschließlich französische Zone ... Ich bin mit Ihnen überzeugt, daß wir uns sehr gut, und nicht nur durch produktive Kräche ergänzen werden.« Schottlaender erwog sogar, wie Mitscherlich es vorgeschlagen hatte, nach Heidelberg überzusiedeln, um gemeinsam besser die Zeitungsherausgabe in die Wege leiten zu können, fürchtete aber, daß Mitscherlich plötzlich »nach Amerika oder sonstwohin« berufen werden könnte und er in der Luft hänge.[143] Mitscherlich zerstreute Schottlaenders immer wieder auftauchenden Zweifel an seiner Verläßlichkeit: »Aber wir müssen die Zeitschrift gemeinsam machen — Sie als konservativer, ich als oft ungezügelter revolutionärer Editor, oder besser oft zu ungebildeter im weitesten Wortsinn.«[144]

Am 26.02.1946 hielt Mitscherlich seine Antrittsvorlesung.[145] Wenige Tage vorher verlor er seinen Sohn Malte an Diphterie. »Denken Sie auch an den armen kleinen Mann, der gerade einen schweren Gang im Tal des Todes geht. Hoffentlich kehrt er zurück.«[146] Schottlaender fuhr zu Mitscherlich und die Freundschaft zwischen beiden wurde spürbar herzlicher. »Es muß doch ein Zeichen tiefer Verbundenheit sein, daß für uns beliebig nach welcher Zeit der Trennung 1 Tag genügt, um uns wieder ganz nah aneinander heranzubringen. Ihre Gegenwart ist für mich wirklich psychokathartisch — und ich habe ein wenig Sedimentierung wahrhaftig nötig, um im Nebel etwas besser zu sehen.«[147]

Mitscherlich brauchte Schottlaenders Unterstützung[148], da in seinem Verhältnis zur Universität eine »Generalkrise« ausgebrochen war. Um an der Universität an Ansehen zu gewinnen, drängte er auf eine mit Prestigezuwachs verbundene offizielle Stellung der *Südwestdeutschen Sektion für Psychotherapie*.

---

[143] Schottlaender/Mitscherlich, 02.10.45, B.A.
[144] Mitscherlich/Schottlaender, 29.09.45, B.A.
[145] Schottlaender/Mitscherlich, 12.03.46, B.A.
[146] Mitscherlich/Schottlaender, 18.02.46, B.A.
[147] Mitscherlich/Schottlaender, 12.03.46, B.A.
[148] z.B. bei einem im SS 14tägig stattfindenden Kolloquium zur Neurosenlehre.

Zum ersten Mal meldete Mitscherlich Kritik an einer Arbeit Schott-laenders ‹Krankheit, Neurose und Charakterstörung› an, in der er »Journalismen« wie den Begriff »Liebesmangelkrankheit« aufgriff. »Ich weiß, wie schwer Du Kritik annehmen kannst, ohne deprimiert zu werden. Ich bitte Dich deshalb, sie aus einem Dir ganz gütig zugeneigtem Herzen recht zu verstehen.« Gleichzeitig machte er konkrete Vorschläge zur Zusammenarbeit bei den *Psyche*-Publikationen[149], die Schottlaender freudig aufgriff.

Mitscherlichs Institutspläne nahmen konkrete Gestalt an —, aber er brauchte Lehranalytiker und bat Schottlaender wiederum, zu seiner Unterstützung nach Heidelberg überzusiedeln.[150] Schottlaender lehnte ab: Trotz seiner Isolierung sei er als der einzige vollamtliche Psychotherapeut mit einer überfüllten Praxis in Stuttgart unentbehrlich. »Ich zweifle auch, ob ich mich dazu eigne, als Dein Assistent in Heidelberg zu arbeiten ...«[151] Mitscherlich widersprach: Er habe ihm auch nie zumuten wollen, als sein Assistent an seinem Institut mitzuwirken. »Du bist gelegentlich schon sehr empfindlich mein Lieber. Ich kann Dir mit gutem Gewissen versichern, daß mir nichts ferner liegt als dies, mich Dir gegenüber in irgendeine superiore Position zu manövrieren.«[152] Schottlaender wollte »brüderlich« mit Mitscherlich zusammen die *Psyche* herausgeben. »Du wirst finden, daß ich nur gegen die empfindlich bin, die ich liebe.«[153]

Nach Jaspers Stellungnahme gegen die Psychoanalyse und Mitscherlichs Institut[154] und auch, nachdem die Konzeption der *Psyche* zwar bereits feststand, aber die Lizenz vermutlich erst im Januar 1947 vergeben werden sollte[155], stellte Mitscherlich sich persönlich in Frage und suchte wiederum Schottlaenders Unterstützung: »... daß ich auf Deine Beobachtungen besonders höre, die Du an mir anstellst, weißt Du. Ich bin Dir gerade dafür immer dankbar gewesen und bleibe es.

---

[149] Mitscherlich/Schottlaender, 24.04.46, M.A.
[150] Mitscherlich/Schottlaender, 20.05.46, B.A.
[151] Schottlaender/Mitscherlich, 24.05.46, B.A.
[152] Mitscherlich/Schottlaender, 29.05.46, B.A.
[153] Schottlaender/Mitscherlich, 02.06.46, B.A.
[154] Mitscherlich/Schottlaender, 28.07.46, B.A.; siehe Kap. »Psychoanalyse an der Universität«.
[155] Klett/Mitscherlich, 14.10.46, B.A.

Tatsächlich habe ich mich schon oft gefragt, ob die Inkohärenz meines Verhaltens, das sprunghaft Wechselnde nicht geradezu krankhaft ist. Jedenfalls wachsen die Stücke meiner Biographie nur sehr zögernd zu einer Einheit zusammen. Die Deutung, daß mir die Einfühlung in den anderen mangele, ist deshalb nur bedingt richtig — wenn er vor mir steht, bin ich in hohem Maße induzierbar, wenn er aber weg ist, ist er tatsächlich leicht aus dem Sinn. Rest von Infantilität — zugegeben. Ich glaube aber auch, daß ich in so hohem Maße ich-bezogen bin, weil ich mir selbst so rätselhaft bin. Mit der Zeit werde ich schon noch gelassener. Bally hatte den reizenden Einfall, mich ›seine Turbulenz‹ zu taufen. Daß ich Dir tatsächlich zugetan bin und daß auch Du für mich eine unentbehrliche Partnerschaft dieses Lebens darstellst, weißt Du wohl. In einem entscheidenden Bezug habe ich Dich doch wohl auch noch nie enttäuscht? Ich hoffe, es geschieht auch nie! Ich danke Dir Deine Freundschaft sehr und bitte sie mir in allen durch meine Turbulenz geschaffenen Notständen hochzuhalten. Ähnliche Zwischenfälle wie unser Wiederhören-telefongespräch kommen sicher noch oft vor — es ist gut, sie gleich aufzugreifen und damit abzutun.«[156]

Es bereiteten sich gravierende inhaltliche Differenzen zwischen Mitscherlich und Schottlaender vor:

— Schottlaender orientierte sich zunehmend an *neoanalytischen Ansätzen* amerikanischer Prägung. Er fühlte sich mit Horney, bei der, wie bei anderen amerikanischen Analytikern, »eine Überwindung der triebtheoretischen Zwangsidee stattgefunden« habe, »gleichgestimmt«. »Sie galt schon in Berlin als leicht häretisch und hat sich nun völlig aus der Orthodoxie gelöst. Ihre Gegenspielerin war und ist noch heute Helene Deutsch, die eine rabiate Freudianerin geblieben ist. Horney vertritt, was mir natürlich sehr nahe liegt, die Auffassung, daß die Angst (›Grundangst‹) in ungünstigem und lieblosem Milieu vom Kind erworben, die eigentliche Quelle der neurotischen Schwierigkeiten ist, daß die eigentlichen Freudianer mit ihrem starren Festhalten an der Freudschen Libidotheorie die Milieueinwirkungen und die Rolle der Eltern viel zu wenig berücksichtigen und sich den eigenen Blick für die Tatsächlichkeiten durch ihr theoretisches Vorurteil trüben. Es ist teilweise fast wörtlich dasselbe, was in meinem Buch, ›Die Mutter als Schick-

---

[156] Mitscherlich/Schottlaender, 16.10.46, B.A.

sal‹[157], zu lesen stehen wird.«[158] Mitscherlich war bei Horney »nicht wohl« zumute, da sie alle Freudschen Thesen aufgegeben habe.[159,160] Auch kritisierte er Schottlaenders Freud-Rezeption.[161] — Schottlaenders wachsendes Interesse an einer *religiösen Verankerung* war Mitscherlich fremd. So schrieb Schottlaender an Maeder: »Auch ich bin endlich, nach nun 18-jähriger Berufsarbeit zu der Überzeugung gelangt, daß ohne eine religiöse ganz klar und unverrückbare Grundhaltung die Behandlung von Neurosen unmöglich ist, jedenfalls niemals mehr als nur oberflächliche und unsichere Erfolge haben wird.«[162] Später, als die Freundschaft zwischen Mitscherlich und Schottlaender bereits beendet war, übersandte Schottlaender Mitscherlich sein neues Büchlein (›Des Lebens schöne Mitte‹) mit einem gewissen Zweifel: »Es ist im Grund ein religiöses Buch, und ich weiß ja ungefähr, wie Du denkst.«[163] — Im Gegensatz zu Mitscherlich schätzte Schottlaender die *daseinsanalytische Richtung* (Boss[164]). Schottlaender empfahl Boss sogar als

---

[157] Schottlaender, Felix (1946), Die Mutter als Schicksal. Klett, Stuttgart.

[158] Schottlaender/Mitscherlich, 17.08.47, B.A.

[159] Mitscherlich/Schottlaender, 05.06.48, B.A.

[160] Die Tochter von Horney, M. v. Eckardt, wurde von Mitscherlich zusammen mit Frau Giwjorra zum Mitglied der Heidelberger Psychotherapeutengruppe ernannt (Schottlaender/Mitscherlich, 08.04.49, B.A.). Im September 1952 war sie Mitglied der *Psyche*-Redaktion. Sie entschied darüber, welche Bücher in der *Psyche* rezensiert werden sollten (Mitscherlich/Schottlaender, 27.11.53, B.A.).

[161] Mitscherlich setzte sich inhaltlich ungewöhnlich ausführlich mit einer für die *Psyche* vorgesehenen Arbeit über Angst von Schottlaender auseinander. »S. 12/13, finde ich die Formulierung, Freud sei ›bis in den tiefsten Grund Pessimist und Ironiker gewesen‹ nicht sehr vorteilhaft, wie ich ebenfalls S. 13 keine Begründung bei Dir für Deine Behauptung finde, seine Theorie der Sublimierung sei ›sehr dünn und unvollkommen‹. Mag sein, daß sie es ist, diese Theorie; es kann aber nicht unsere Aufgabe sein, dies zensierend festzustellen, sondern die Theorie zu verbessern; denn daß hinter ihr eine geniale Einsicht steht, wirst Du ja auch nicht bezweifeln (Mitscherlich/Schottlaender, 27.12.48, B.A.).

[162] Schottlaender/Maeder, 29.04.48, B.A.

[163] Schottlaender/Mitscherlich, 25.11.53, B.A.

[164] Medard Boss berichtet davon, daß er in seiner Analyse bei Freud (1925) »die ganze Wucht« von Freuds Entlarvungswut am eigenen Leibe« zu spüren bekommen habe. Im Gegensatz zu seinem späteren Analytiker Behn-Eschenburg verhielt sich Freud allerdings sehr viel unkonventioneller. Boss war bis zu seinem

Mitherausgeber der *Psyche*. Auch als Kritiker Jungs, den Boss als »überwundenen Standpunkt« abgetan hatte, fand er Boss ausgezeichnet.[165] Ende 1948 teilte Schottlaender mit, daß er an einer umfangreicheren »Neurosenlehre«, die er aus einer existenzphilosophischen Perspektive konzipierte, arbeitete.[166]

– *Dominanzprobleme* zwischen beiden behinderten die Zusammenarbeit erheblich:

Mitscherlich unterstellte Schottlaender, »eine Vorzensur« zu verhängen und »lehrerhaft« hinter ihm stehen zu wollen. »Du bist nicht the old man und ich nicht the young man.« Er wolle nicht obligatorisch Schottlaender jeden Beitrag vorlegen, wie Schottlaender es erbeten hatte, da Schottlaender Herausgeber, er Redakteur sei.[167]

Ohne Schottlaenders Wissen hatte Mitscherlich sein Buch, »Die Mutter als Schicksal«, Boehm zur Rezension übersandt. Zwischen Boehm und Schottlaender hatte es 1937 erhebliche Spannungen gegeben. »Ich hätte Dir dann erzählen können, daß er mich inbrünstig haßt, hauptsächlich deshalb, weil er sich gegen mich bei meinem Vortrag in Berlin, den ich 1937 in der *Psychoanalytischen Gesellschaft* gehalten habe, unerwartet gemein (antisemitische Anspielungen!) benommen hat. Solche Gemeinheiten verzeihen einem die Leute, die sie begangen haben, bekanntlich niemals. Er ... betrachtet mich als orthodoxer Freudianer, als einen Abtrünnigen und ist Dir ja aus der Korrespondenz selber genügend bekannt geworden. Er ist ein ausgesprochener Analysadist, ehemaliger Korpsstudent, und bringt es fertig, den in diesen Kreisen üblichen sogenannten instinktiven Antisemitismus mit einer

---

eigenen Tod (ca. 1990) stolz darauf, Mitglied der IPA zu sein; denn ohne Freud sei er »kein auch nur halbwegs brauchbarer daseinsanalytischer Therapeut« geworden (Pongratz, L. 1973, S. 81 f.). Zu dem Kreis um Boss wurden Trüb, Sborowitz, Michel und Schottlaender gezählt. Schottlaender und Trüb untersuchten die »Begegnung« von Therapeut und Patient und kritisierten dabei den Freudschen Übertragungsbegriff, in dem sie eine Technik des Ausweichens vor einer echten, persönlichen Zuwendung zum Patienten zu sehen meinten (Wyss, D. 1977, S. 300).

[165] Schottlaender/Mitscherlich, 13.09.47, B.A.
[166] Schottlaender/Mitscherlich, 30.12.48, B.A.
[167] Mitscherlich/Schottlaender, 21.09.47, B.A.; Schottlaender/Mitscherlich, 28.09.47, B.A.

Vaterbindung an Freud zu vereinigen.«[168] Schottlaender führte darauf die nach Mitscherlich »oberlehrerhafte und intolerante« Besprechung (wenn auch »partiell berechtigt bzw. treffend«) zurück. »Ich möchte es ganz Dir überlassen sie zu lesen und zu entscheiden, ob Du sie erträgst oder nicht. Daß die Beziehung zum Vater so wichtig ist wie zur Mutter ist falsch, und läßt sich aus neueren amerikanischen statistischen Arbeiten belegen. — Wenn wir die Rezension bringen, ist dies ein hohes Zeichen unserer Distanz zu unseren eigenen Produkten; wenn Du sie unberechtigt findest werde ich einen Weg der Ablehnung finden und bin bereit dazu.«[169] Schottlaender meinte, »die hölzerne, von unterirdischer Ablehnung getragene Art Boehms ertragen« zu können — aber ob Mitscherlich es ertrage, daß ein Buch so geistlos rezensiert wird. »Wenn Du mir einen Gefallen tun willst, so gib die Rezension Boss zu lesen, der in seiner geistigen Entwicklung einen ähnlichen Weg gegangen ist wie ich selber, den ich schätze, ohne mit ihm irgendwie enger verbunden zu sein, und frage ihn, ob er diese Kritik von Boehm für berechtigt und in der *Psyche* am Platz hält. Sein Urteil soll mir maßgebend sein. Er kennt mein Buch.«[170] Mitscherlich lehnte Boehms Rezension mit der Begründung ab, daß er die Besprechung für nicht geeignet halte. »Selbstverständlich bin ich in diesem Falle dem Mitherausgeber, der noch dazu ein Freund ist, gebunden. Aber doch nicht soweit, daß eine wohlwollende Kritik nicht aufgenommen würde. Es liegt uns wirklich alles ferner als unsere Zeitschrift zu einem Vehikel der Propagation unserer persönlichen Interessen zu machen. Nun empfand ich aber Ihre Kritik als ausgesprochen affektiv betont ablehnend und nur konventionell in einigen zustimmenden Passagen. Dies hat m.E. dazu geführt, daß Sie der speziellen Absicht des Autors und der besonderen Bedeutung des Buches nicht gerecht werden. Es handelt sich darum, ... die ebenso durch die Sozialentwicklung überholte wie traditionell konservative patriarchalische Denkungsart zu erschüttern.« Gemessen an dieser Intention erscheine Boehms Kritik an der theoretischen Fundierung Schottlaenders von geringer Bedeutung.[171]

---

[168] Schottlaender/Mitscherlich, 06.08.48, B.A.
[169] Mitscherlich/Schottlaender, 29.07.48, B.A.
[170] Schottlaender/Mitscherlich, 06.08.48, B.A.
[171] Mitscherlich/Boehm, Durchschrift an Schottlaender, Beibrief 13.08.48, B.A.

Ein halbes Jahr später kritisierte Schottlaender Mitscherlich sehr prinzipiell: »Du hast neben Deinen glänzenden Eigenschaften einige beträchtliche Schwächen, die es schwer machen, eine Freundschaft mit Dir zu halten. Vor allem die Unfähigkeit, und zwar eine *wachsende* Unfähigkeit, in brüderlicher Zusammenarbeit über wichtige Dinge zu entscheiden. Es ist eine Art von eifersüchtiger Herrschaft in Dich gefahren, die Dich zwingt, alles allein entscheiden zu wollen (ob man wirklich dem Typus immer ähnlicher wird, den man am heftigsten bekämpft hat?).«[172] Schottlaender fühlte sich nicht als »Mitherausgeber« der *Psyche*, da Mitscherlich sich das Recht vorbehalten habe, über die Annahme bzw. Ablehnung von Beiträgen allein zu entscheiden. Über die Qualität der Arbeiten seien sie in letzter Zeit gewöhnlich verschiedener Meinung gewesen.[173] Schottlaender sei die Lust vergangen, gute Arbeiten zu beschaffen, weil er deren Nichtannahme fürchtete. Die einzige Arbeit, die er für *Psyche* leiste, sei »mühsame, sehr undankbare und sehr subalterne Arbeit« eines Korrektors, die billiger von einem »leicht zwangsneurotischen Medizinstudenten« geleistet werden könnte. Neben der großen Arbeitsbelastung auf anderen Gebieten wolle er aus diesen Gründen von der Mitherausgeberschaft und Mitarbeiterschaft an der *Psyche* zurücktreten. Trotz der Schwierigkeiten versicherte Schottlaender brüderlich, in der Not für Mitscherlich dazusein —, »nicht als Korrektor oder Zugochse an Deinem Triumphwagen, wohl aber als Freund«.[174] Obwohl Mitscherlich für Schottlaender »nach wie vor der einzige Mensch auf dieser Erde (ist), mit dem ich über alle Fragen unserer sogenannten Wissenschaft, auch über die Krise der Psychotherapie ebenbürtig sprechen« (kann), kühlte sich ihre Beziehung während Mitscherlichs Aufenthalt in Zürich ab.[175] Mitscherlich arbeitete

---

[172] Schottlaender/Mitscherlich, 07.03.49, nicht abgeschickt, B.A.

[173] Die erste Verstimmung hatte sich an Schottlaenders Kritik an der Arbeit von Kütemeyer (September 1947) gezeigt. Unterschiedliche Einschätzungen betrafen folgende Arbeiten: Walt(h)er: Schottlaender unmöglich, Mitscherlich gut. Boss: Schottlaender gut, Mitscherlich schwach. Eliansberg: Schottlaender: eine Schande, Mitscherlich milde Korrekturen.

[174] Schottlaender/Mitscherlich, 07.03.49, B.A., Original und Kopie — wahrscheinlich nicht abgeschickt.

[175] Schottlaender/Mitscherlich, 17.08.48, B.A.

mehrere Monate an der *Medizinischen Poliklinik* in Zürich zur Psychosomatik der TBC. In dieser Zeit hatte er ein schwere depressive Krise.[176]

An seinem 40. Geburtstag machte Mitscherlich eine nachdenkliche Zäsur, in der er Schottlaender gegenüber sehr offen seine Standpunktlosigkeit darlegte:»Das Ereignis des Aufbruchs eines neuen Dezeniums und Lebensalters allerdings wirft seit langem seine Schatten voraus. Du hast das bemerkt und ich bemühe mich nicht die Unsicherheit und relative Standortlosigkeit zu verbergen ... ich fühle, daß ich einer (römischer ›vir‹) werde und daß man als solcher die Welt anders ansehen muß denn als juvenis. Nun kommt es darauf an, den Dir so lieben Enthusiasmus, die Beweglichkeit und Bewegtheit zu behalten und doch eine stetige Linie seiner Selbstverwirklichung dazu zu gewinnen. Das kann ich noch nicht. Und ich fühle es, daß ich diese polare Gespanntheit nicht nur *in* mir gestalten muß, sondern ebenso *außer* mir (am karmischen Weltaugenblick, der mir zuteil wurde). Ich bin nicht so sicher, daß man an den Ort der Geburt, an die Tradition seiner Vorleben gefesselt bleiben muß. Ich meine damit etwas anderes als die Tatsache, daß man nicht über seinen Schatten springen kann. Die Welt ist größer geworden; sie verlangt nach großmütigerer Wahrnehmung ihrer selbst. Es ist nicht mehr so einfach zu bestimmen, wo man zuhause ist. Vielleicht darf jemand wie ich nirgendwo zuhause sein. Sicher muß ich aber danach suchen, den mir gemäßesten Ort zu finden. Ich zweifle, daß das die Geburtsheimat ist (und sicher auch nicht die Schweiz). Mir sind Gefühle wie Heimweh sicher nicht fremd und ebenso wenig wie die Angst vor der Fremde. Sollen wir aber auf der anderen Seite verkennen, daß wahrhaft lebensvernichtende Schatten auf unseren Ursprungsort fallen und immer dichter werden? Wir haben schon einmal in einem ganz langen Jahrzehnt erfahren, daß es, gemessen an dem seelischen, moralischen,

---

[176] «Mir macht diesmal, wo ein längerer Aufenthalt vorgesehen ist, die Umwelt nicht unerhebliche Schmerzen.« (Mitscherlich/Schottlaender, 08.05.48, B.A.) »Ich fühle mich nicht ganz wohl und bin auch ziemlich verstimmt. Wieviel davon auf das hiesige Klima zurückzuführen ist und wieviel auf das allgemeine Unbehagen in der Kultur, das ich verspüre, bleibe dahingestellt« (Mitscherlich/Schottlaender, 26.08.48, B.A.).

ökonomischen Aufwand, den wir zu bestreiten hatten, keineswegs gelohnt hat, hier auszuharren. Vor 10 Jahren hätten wir unser Land als ›Emigranten‹ verlassen müssen, das ist immer ein fataler Auszug (über dessen Motivation und Pathos mancher dann nie hinweggekommen ist). Wir können heute gehen, nicht weil eine faktische oder eine ideologische oder moralische Macht uns dazu zwingt, sondern auf die Weise eines Diogenes, nachdem die ›Alexander‹ unserer Zeit nicht mehr die Höflichkeit besitzen, einem Philosophen aus der Sonne zu gehen. Wir sind in den Schatten gekommen, sollen wir jetzt heroisch in der Kälte sitzenbleiben? Ich weiß nicht, ob es andernorts ›wärmer‹ ist. Bevor ich mich aber nicht wankend von dem Klima der Welt überzeugt habe, möchte ich nicht resignieren. Daß ich in dieser Phase des Suchens noch planlos bin, unruhig und rastlos wirke, zeigt mir nur, daß ich viel biologisches Beharrungsvermögen habe (was doch eine passive Kraftleistung ist) und noch nicht die überlegene Leichtigkeit des wirklichen Weltbürgers besitze. So sehr ich als historischem Phänomen dem Osten gerecht zu werden mich bemühe, er ist mir als Lebensumwelt ... fremd. Es wäre doch eine gewollte Blindheit, nicht zuzugestehen, daß die ›westliche Welt‹ zurückflutet. Europa im traditionellen Sinn ist nicht mehr, es ruiniert sich selbst. Ob sich ein neuer Kern westlichen Lebensstils formen wird, ist weniger ein Problem als dies, ob Europa dann dazugehören wird oder nicht. Für meine und meiner Kinder Lebenszeit kann ich hier nur Unruhe und Verfall erwarten. Ich bin immer wieder unsicher, ob man das einfach in Kauf zu nehmen hat, oder ob man sich nicht ansehen soll, wie der Mensch jenseits des Ozeans gedeiht. Daß man dabei wie ein alter Grieche, der nach den Hafenstädten Oberitaliens oder Galliens kam, das Gefühl hat, in die Verbannung zu gehen, ist nicht zu leugnen. Aber ich habe dann eben nur zwischen größeren und kleineren Übeln zu wählen. Jedenfalls scheint es mir eine unausweichliche Entwicklung zu sein, daß die terminale Verfassung dieses Kontinents über kurz oder kürzer wieder zu neuen Katastrophen drängt. Nirgendwo können die Tätigkeiten eingebaut, zusammengebaut werden, sie müssen zu destruktiven Aggressionen und Ressentiments entarten. Es ist ein Zeitalter der Diktatur und des Polizeimenschentums, das kein Mensch unseres Formates zu durchbrechen vermag. Vielleicht weil ich diese Dinge seit 20 Jahren mit intuitiver Witterung richtig vorausbemerkte, kann ich jetzt nicht zur Ruhe kommen. Denn es wäre für mich fraglos bequemer, die Früchte einer langen Unruhe um ein klinisches Institut hier in Heidelberg zu ernten als in Amerika noch einmal (zum wievielten?) von vorn zu beginnen. Trotzdem werde ich es in kurzem versuchen ganz geräuschlos und unpathetisch für 5 oder 10 Jahre nach Amerika zu gehen. Wenn sich dieses Ziel als nicht so viel sonniger erweist, als mein gegenwärtiger Ausgangspunkt, dann kann ich immer wieder hierher zurückkehren ... Du sprichst von unglücklicher Ehe mit der Universität. Mag sein, sicherlich. Aber Du verkennst dabei die Situation der ärztlichen Psychotherapeuten. Es geht nicht um die Universität, sondern um die Klinik. Auf sie kann und will ich nicht verzichten. Hier liegen meine ärztlichen Aufgaben, nur hier kann ich auf Dauer mich in der Forschung entfalten, wie Du es mir wünschst. Die Schweiz ist dabei ein ebenso steiniger Boden als Deutschland. Wahrscheinlich ist Amerika auch in dieser Hinsicht besser ... Mir liegt eigentlich weniger der Enthusiasmus als das Festhalten an unbedingter Freiheit und an heiterer Gelassenheit. Dafür lohnt es die Abenteuer des Lebens zu ertragen − vielleicht bis ins Alter. Laß Dich in herzlicher Freundschaft umarmen − ich bin Dir dankbar, daß Du mich mit allen meinen Rösselsprüngen aushältst! ... Dein Alexander.«[177]

Nach Schottlaenders Kritik an Mitscherlichs Dominanz, seiner Aufkündigung der Mitherausgeberschaft der *Psyche* und seiner Bemerkung, daß ihre Freundschaft in eine winterliche Pause geraten sei oder gar endgültig vertrockne[178], reagierte Mitscherlich heftig, spöttisch, witzig und arrogant:

»Lieber Freund Felix, wenn ich Deinen Brief vom 10.3. ernst nehmen wollte, müßte ich mir jetzt, nach Mitternacht einen Zylinder aufsetzen, um Dir einen Beileidsbesuch abzustatten − zumindest müßte ich diesen Brief mit den Worten beginnen: Sehr geehrter Herr Schottlaender ... Statt dessen lache ich Dich aus − kurz und innig − nenne Dich einen Pascha, wobei ich mir denselben als Neufundländer vorstelle, schwarz-weiß gefleckt, mit sehr vornehmen Lefzen und nur bereit, sein Bein vor den Läden der Hoflieferanten seiner Majestät zu heben. Wobei Du Dir die Majestät als materialisierte Projektion der

---

[177] Mitscherlich/Schottlaender, 21.09.48, B.A.
[178] Schottlaender/Mitscherlich, 10.03.49, B.A.

Hochmut Paschas denken magst. Es gibt Momente, in denen man die besten Freunde nicht ernst nehmen darf, sonst müßte man wie ein Hund — aber ein simplerer — den Mond anheulen.

Ich habe diesen Brief einfach nicht bekommen, fertig; und wenn ich darauf antworten sollte, so verzeih mir bitte, es handelt sich um ein Hirngespinst, einen Brief, den ich mir im Traum einfallen ließ und den ich Dir in die Feder legte. Mit dem Brustton des Dulders sagtest Du mir am Telefon, daß ich mich wohl noch nie in Deine Rolle versetzt hätte — nicht für einen Augenblick — wie Du bedauernswerter Grande zwischen mir und Bitter[179] ständest. Als ob es so ein ›zwischen‹ gäbe; außer in Deiner (Du weißt es ja, wie ich meine, wir reden von einem Hirngespinst) Unverschämtheit. Hast Du Dir etwa einen Augenblick vorgestellt, in welche Lage Du mich gebracht hast? Daß ich Dich in heiterer Freundschaft geliebt habe, weißt Du. Durch Dein Techtelmechtel mit dem Leichenbestatter (Bitter) komme ich mir vor wie die Frau des Hauses, deren Mann mit der Köchin oder einem Strichjungen ein Verhältnis angefangen hat. Ich habe Dich mehrmals auf das Unhaltbare der Situation gestoßen — jawohl gestoßen, nachdem Du, der Du sonst das Feine liebst, nicht auf zartere Winke ansprachst. Stattdessen erklärst Du Dich jetzt für Bitter und gegen mich — nach einem undiskutablen vaux (faux, R.L.) pas. Gehst zur aggressiven Selbstverteidigung über, mein lieber Felix Teutonicus. Hast gegen die Freundschaft gesündigt, ganz bieder und gemein. Statt Dich Deiner Bonhomie zu erinnern und mich mit Tränen im Auge zu küssen, schmeißt Du mir den ganzen Bettel hin, Ehrenmann von Scheitel bis ins Unbewußte. Das wäre eine Sauerei, wenn das ganze — eben nicht ein Hirngespinst von mir wäre. Aber schon, daß

---

[179] Wilhelm Bitter ging von 1934 - 1938 zur Lehranalyse zu Boehm (1000 Stunden); 1938 wechselte er zu der Jungianerin Käthe Bügler, dann zu Liesbeth Lambert und schließlich zu Jung. 1943 hatte Bitter Deutschland aus politischen Gründen verlassen müssen. Im März 1947 ging er, von Schottlaender nachdrücklich eingeladen, nach Stuttgart (Pongratz, 1973). Mitscherlich machte aus seiner Ablehnung Bitter gegenüber keinen Hehl. (Mitscherlich/Schottlaender, 12.10.47, B.A.) In Hinblick auf »verläßliche klinische Arbeit«, die allein der Psychotherapie aus ihrer Krise heraushelfen könne, sei »ein so hohler Schwätzer und seiner Eitelkeit knechtisch untertaner Mann wie Bitter« völlig ungeeignet (Mitscherlich/Schottlaender, 12.08.48, B.A.).

ich sowas träume, hat mich zu mir sagen lassen beim Frühstück: Alexander, geh raus, iß auf der Treppe, ich kann Dich nicht mit ansehen.

Kleiner Felix, was nun? Ich ernenne Dich zum Regierungsrat zweiter Klasse mit unbenützter Selbsterkenntnis (hängt wie der Minimax im Flur, gefährlich wie jede Notbremse) und verleihe Dir den Turban sichtlich sittlicher Würde. Für Dienstaufwendungen beim Anhören von Plattenkonzerten vergüte ich Dir DM 2000.- mit Appellationsmöglichkeit auf Erneuerung der Auslage.

Die Hosen hast Du ja schon immer voll gehabt, dafür singst Du aber schön; daß Du jetzt anfängst heiser zu werden, das fasse ich quasi als Stimmbruch auf, Pascha, werde hart und so ... Wir werden unser Seelchen auch monatlich zum sprechen bringen — meinetwegen in der Troika, meinetwegen im Zweigespann, meinetwegen mit dem alten Traber im soulky.

Walther (Walter, R.L.) ist mir vom Meng geschickt worden. Wenn Meng ein Brett vor dem Kopf hat, brauche ich ihn nicht noch vor letzteren zu stoßen — das tut in dem Fall besonders weh. Und warum auch? Außerdem bin ich seit langem zum Judentum konvertiert. Warum soll ich, Gott der Gerechte, dem Eliasberg die Propaganda untersagen, wenn ich schließlich von Alexander, Franz einen Beitrag bekomme, zum Beispiel. Wenn Du mir aber über einen Wiener Mist einen Stuttgarter Senf schickst, dann ist das provinziell und untragbar. Daß Du's nicht einsiehst, rührt mich. Wills aber jetzt nicht länger mit Dir treiben — sondern zu Bett gehen und morgen alles vergessen haben. Nach außen, mein Freund Taktik, nach innen aber das Herz und dieses bleibe lauter — sei aber nicht töricht.«[180]

Die Differenzen zwischen beiden wurden wohl mündlich beglichen und offenbar so nachhaltig, daß Schottlaender eine gemeinsame, über Galvin[181] vermittelte Reise nach Amerika vorschlug. Zwei Monate

---

[180] Mitscherlich/Schottlaender, 12.03.49, B.A.

[181] Chef der Psychiatrischen Abteilung und Chef des Zentralhospitals in Wiesbaden (mit erst 31 Jahren). Inspizierte Kliniken in der amerikanischen Zone und wurde im Juni 49 auf einen Lehrstuhl nach Chicago berufen, wo er engen Kontakt zu Alexander pflegte. »Er ist zur Zeit in der blühendsten Übertragung auf Freud« (Schottlaender/Mitscherlich, 21.04.49, B.A.).

später versicherte Schottlaender: »Verlaß Dich darauf, daß der *Psyche* nicht nur mein Interesse, sondern auch mein Herz gehört.«[182] Mitscherlich seinerseits versuchte, Schottlaender enger an sein Institut zu binden.[183]

Mitscherlich verbrachte ein halbes Jahr in den USA. Danach zerbrach ihre Freundschaft endgültig.[184]

Die *Psyche*

Sowohl Schottlaender als auch Mitscherlich ging es darum, die Selbstverwirklichung nachzuholen, die ihnen während der NS-Zeit unmöglich gewesen war »... mir kommt es vor als sei ich ein Taucher auf dem Meeresgrund gewesen, dem man jetzt die Bleisandalen abgenommen hat — nun fährt er in rasender Eile aufwärts, und über ihm wird es langsam heller ... Man kommt kaum zu sich selbst«.[185]

Mitscherlich war seit September 1945 fest entschlossen, eine Zeitschrift herauszugeben, und bemühte sich darum, Manuskripte aus der Schweiz mitzubringen.[186] Es fehlten noch Mitarbeiter. »Wer soll die eigentlich unerschöpfliche Fülle von Themen behandeln, die die soziale und wirtschaftliche Rekonstruktion Deutschlands bietet? Aus der Frage allein kann man vielleicht schon ablesen, daß diese Rekonstruktion fraglich ist.«[187] Zunächst war keine auf anthropologische und psychotherapeutische Fragestellungen begrenzte Zeitschrift geplant, sondern eine politisch, wirtschaftlich soziale Veröffentlichung, die *Vox* heißen und Fragen einer »konstruktiven europäischen Gesamtpolitik« behandeln sollte.[188]

Es war schwer, einen Verleger und eine Lizenz zu bekommen. Außerdem bestimmte die Zensur, daß keine Kritik an der Militärregie-

---

[182] Schottlaender/Mitscherlich, 23.06.49, B.A.
[183] Mitscherlich/Schottlaender, 02.09.49, B.A.
[184] Siehe Kapitel 6.2.
[185] Schottlaender/Bally, 05.11.45, B.A.
[186] Mitscherlich/Schottlaender, 20.09.45, B.A.
[187] Mitscherlich/Schottlaender, 29.09.45, B.A.
[188] Mitscherlich/Schottlaender, 24.04.46, B.A.

rung erlaubt war. Mit der Pressefreiheit rechnete Mitscherlich erst ab 01.04.1946 — die Lizenz sollte erst Januar 1947 vergeben werden. Bereits gedruckte Zeitungen konnten wegen der Transportschwierigkeiten nicht ausgeliefert werden. Ausländische Mitarbeiter an der Zeitschrift wurden genehmigt, aber nur, wenn sie gratis an der Zeitung mitarbeiteten. Deshalb plante Mitscherlich, ein Hilfskomitee in der Schweiz ins Leben zu rufen, um die Mitarbeit angemessen honorieren zu können.[189]

Mitscherlich war von seiner »Instinktsicherheit«, mit der er »die Hand auf dem Herzen« (der Zeit) hatte, überzeugt und hartnäckig entschlossen, »unter allen Umständen« die Zeitschrift herauszubringen; »selbst wenn ich sie alleine schreiben müßte«. Die Beiträge der Zeitschrift sollten aus dem Bewußtsein von Presse- und Redefreiheit verfaßt sein.[190]

»Wenn Sie noch einige Meinungsfreiheit für *Vox* erreichen können, so muß man warten, bis es soweit ist. Sehr schön sind natürlich die vielversprechenden Anknüpfungen mit ausländischen Mitarbeitern, über die ich gerne sobald wie möglich Näheres von Ihnen hören würde.«[191]

Da »die Reaktion« in Deutschland ja »ungeheuer« im Wachsen sei, schwebten Mitscherlich für *Vox* Beiträge vor wie Schottlaenders Arbeit »Erziehung zur Demokratie«.[192,193,194]

Mitscherlich favorisierte die in München erscheinende, von Willi Weismann herausgegebene, eher literarische Zeitschrift, *Die Fähre*[195], in der eine ganze Reihe damals noch unbekannter Lyriker erstmals nach dem Krieg publizierten.

---

[189] Mitscherlich/Schottlaender, 13.12.45, B.A.

[190] Mitscherlich/Schottlaender, 14.01.46, B.A.

[191] Schottlaender/Mitscherlich, 21.01.46, B.A.

[192] Die Arbeit ist meines Wissens nach nicht publiziert.

[193] Mitscherlich/Schottlaender, 30.01.46, B.A.

[194] Mitscherlich hatte inzwischen das *Vox*-Projekt mit Goverts durchgesprochen. Mitscherlich wollte eventuell zusammen mit von Schenk als Herausgeber zeichnen. Als hauptamtlichen Redakteur schlug er Killy, später Germanistikprofessor in Göttingen, vor.

[195] Mitscherlich/Schottlaender, 22.03.46, B.A.

Seine dort erscheinende Arbeit über »Geschichtsschreibung und Psychoanalyse«[196] ist auch heute noch eine beeindruckend aktuelle Lektüre. Mitscherlich drängte sehr, die Zeitschrift schnell herauszubringen, »ehe erst andere in Erscheinung getreten sind. Die Münchner und Berliner werden es sich dann überlegen, ob sie noch Parallelzeitschriften bringen werden. Aber nur mit der Zeitschrift werden wir sie in einer gewissen Abhängigkeit halten können.«[197]

Schottlaender nahm erste Verhandlungen mit dem Verleger Ernst Klett auf — »Ich denke mir, daß Klett, der jung und sehr ehrgeizig ist und massenhaft anlagebedürftiges Kapital besitzt, zugreifen wird«.[198] Klett war dem Verlagsprojekt gegenüber zwiespältig eingestellt. Neben der »typischen leidenschaftlichen Ambivalenz«, die er der Psychoanalyse entgegenbringe, scheue er sich davor, einen »hoffnungsvollen Verlagszweig« mit Mitscherlichs Habilitationsschrift zu eröffnen, die sich im Stil und Jargon nicht für ein gebildetes Laienpublikum eigne. Da Klett »Favorit« bei Reichmann, der über die Vergabe von Lizenzen entschied, sei, über eine vorzügliche Druckerei verfüge und mit Papier und Geld reich gesegnet sei, empfahl Schottlaender, die Arbeit in Kletts Sinn zu überarbeiten.[199]

Mitscherlich erwog die Herausgabe eines Vierteljahresheftes für biographische Medizin bei Klett und eine Schriftenreihe, um ein Forum für seine Ideen und auch seine Polemik zu haben. Über Horney und Radó könnte er an amerikanische Literatur herankommen, um zentralblattähnliche Bibliographien zu bringen. Auch wäre ihm die Unterstützung Schweizer Kollegen sicher.[200]

Mitscherlich rechnete damit, daß »bei dem großen Suchen unserer Zeit ein viel größerer Leserkreis als noch 1933 für derartige Bücher (anthropologische Thematik)« zu finden sein wird. Er machte Klett darauf aufmerksam, daß die »Ergebnisse aller Schulen der Tiefenpsychologie« noch nicht so sicher seien, daß sie zu vereinfachen seien. Es

---

[196] Dieser Text erschien zunächst in den *Schweizer Annalen*, 1945, S. 604-613, dann im 1. Jahrg. der *Fähre*, 1946, S. 29-39 und als Nachdruck in der *Psyche*, Jahrg. 36, H. 12, 1982.

[197] Mitscherlich/Schottlaender, 12.03.46, B.A.

[198] Schottlaender/Mitscherlich, 11.03.46, B.A.

[199] Schottlaender/Mitscherlich, 14.03.46, B.A.

[200] Mitscherlich/Schottlaender, 27.03.46, B.A.

sei auch mit wissenschaftlichen Arbeiten zu rechnen, und gerade für sie müsse verlegerisch eine Bleibe gesucht werden.[201]

Klett antwortete, ihm sei klar, »daß ich nicht den Zweig einer Wissenschaft pflegen kann und ihn gleichzeitig gewissermaßen nicht pflege, indem ich nur die gemeinverständliche Abspaltung dieser Wissenschaft verlege«. Persönlich scheine es ihm wichtiger, »die Arbeit am sogenannten Gesunden aufzunehmen als an dem, bei dem die neurotische Störung evident geworden ist. Die Psychotherapie ist doch ein geisteswissenschaftliches Ereignis höchsten Ranges, und ich meine, man sollte alles tun, ihr die Tür aus dem Sprechzimmer des behandelnden Arztes zu öffnen und sie auf die Gesellschaft als Ganzes einwirken zu lassen ... Wenn es uns gelänge, mit je einer Arbeit von Professor von Weizsäcker, Dr. von Gebsattel, Dr. Schottlaender und Ihnen noch in diesem Jahr herauszukommen und dazu spätestens im Herbst die erste Nummer der Zeitschrift erscheinen zu lassen, dann hätten wir von vornherein ein Fundament geschaffen, das sich nicht so leicht erschüttern ließe und auf dem man das Beste ansiedeln könnte, was im weiten Umkreis des In-und Auslandes zum Thema geschrieben wird.«[202]

Mitscherlich hatte sich mit v. Weizsäcker, der bei Enke bleiben wollte, auf einen »friedlichen Wettbewerb« geeinigt. Mit Schottlaender legte er sich auf folgendes Programm fest:

1. die Zeitschrift *Psyche*
2. eine Publikationsreihe, die ebenfalls unter dem Titel *Psyche* erscheinen sollte mit Themen zur Heilkunde, zur Pädagogik und zur Soziologie.

Als Arbeitsteilung schlug er vor, daß Schottlaender die Pädagogik betreuen möge, er Medizin und Soziologie. Die Aufnahme von Beiträgen solle nicht gegen den Willen eines von beiden erfolgen.[203]

---

[201] Mitscherlich verlangt von Klett die Zusicherung, daß er eine »wissenschaftliche Verlagsabteilung« aufbaut. »Ohne eine solche Absicht dürfte unser ganzes Unternehmen gefährdet sein« (Mitscherlich/Schottlaender, 10.04.46, B.A.). Siehe auch Mitscherlich/Klett, 09.04.46, M.A.
[202] Klett/Mitscherlich, 16.04.46, B.A.
[203] Mitscherlich/Schottlaender, 24.04.46, B.A.

Schottlaender begrüßte freudig Mitscherlichs Projekt der gemeinsamen *Psyche*-Publikationen und war mit ihrer Arbeitsteilung vollständig einverstanden.[204]

Die Namensgebung der geplanten Zeitschrift *Psyche* weckte damals nicht nur mythologische Assoziationen an die Geliebte des Gottes Amor und an »seelische Vorgänge«, sondern auch an den in der NS-Zeit hochgeschätzten Arzt, Philosophen und Psychologen Carl Gustav Carus (1789 - 1869), dessen Hauptwerk *Psyche* hundert Jahre zuvor (1846) erschienen war.[205] Außerdem hatten drei spiritistische Zeitschriften ebenfalls »*Psyche*« geheißen.[206]

Die Herausgeber und der Verleger der *Psyche* konnten sich nur schwer auf einen Untertitel einigen.[207] In dieser Debatte deutet sich

---

[204] Schottlaender/Mitscherlich, 26.04.46, B.A.

[205] Damals wurde Carus als »außerordentlich aktuell« gefeiert und seine Konzeption als die wirklich »moderne« der Freudschen gegenübergestellt, bei dem das Unbewußte »zu einem Bürgerschreck oder mondänen Bilderrätsel« geworden sei. Freud sei »Irr- und Umwege« gegangen, die man sich hätte ersparen können, wenn Carus mit seiner Theorie des Unbewußten empirische Psychologie betrieben hätte (Krisch, H. 1936, S. 283-290).

[206] Zwei erschienen 1858 und 1893 in Leipzig und eine von 1914 bis 1926 in Berlin. Die letztere hieß im Untertitel: *Monatlich erscheinende Zeitschrift für den gesamten Okkultismus und alle Geheimwissenschaften, für wissenschaftliche Erforschung der okkulten Phänomene des Seelenlebens, ferner für »Indische Philosophie«, Theosophie, Spiritualismus, wahre, ethische Kultur, naturgemäße Lebensweise, Sozialreform.*

[207] Da ist in der Debatte: *Zeitschrift für Psychologie des Unbewußten in ihrer Anwendung, 4-tel-Jahresheft für biographische Medizin,* (Mitscherlich/Schottlaender, 27.03.46, B.A.) *Internationale Zeitschrift für Psychologie des Unbewußten (und Anthropologie), Zeitschrift für Mensch- und Seelenkunde und ihre Grenzgebiete* (Klett Rundbrief an Mitscherlich und Schottlaender, 24.06.46, B.A.). Mitscherlich schlägt dann *Zeitschrift für Tiefenpsychologie und ihre Anwendungen* vor (22.06.46, B.A.), obwohl er den Begriff »Anwendung« lieber umgehen würde (Mitscherlich/Schottlaender, 29.05.46, B.A.). *Zeitscht f. Psychotherapie und Anthropologie,* kommt in Kletts Schreiben an Mitscherlich/Schottlaender (23.05.46, B.A.) zur Sprache und Schottlaender schlägt *Zeitschrift für die Wissenschaft vom Menschen* vor (Schottlaender/Mitscherlich, 02.06.46, B.A.), Mitscherlich *Zeitschrift für Tiefenpsychologie und philosophische Anthropologie* (Mitscherlich/-Schottlaender, 01.07.46, B.A.) und schließlich *4-tel-Jahresschrift für psychoanalytische Forschung und Psychotherapie* oder *Zeitschrift für Psychoanalyse und ihre (praktische) Anwendung.* Während Juristen, Pädagogen und andere Intellektuelle sich nicht angesprochen fühlten, wenn »Psychoanalyse« im Untertitel er-

bereits die Suche nach einem eigenen »Gesicht« von *Psyche* an. Es ist aber nicht nur die Zeitschrift, für die ein Untertitel gesucht wurde — es ist vielmehr der Berufsstand, für den die *Psyche* in den nächsten Jahren zum Forum der Identitätssuche werden sollte.

Mitscherlich hatte in der Schweiz Hans Kunz[208], durch Bally vermittelt, als Mitherausgeber von *Psyche* angeworben, allerdings ohne sich mit Schottlaender abgesprochen zu haben. »Auf diese Weise wird besser als durch einen ausdrücklichen Hinweis der internationale Charakter der Zeitschrift betont.« In Kunz sah Mitscherlich einen »Forscher, der gerade den Begriff der *Psyche* ganz konform mit uns auffaßt«. Er wolle das Sammeln ausländischer Beiträge und die Herstellung der Bibliographien übernehmen.[209]

Mitscherlich selber »hätte ... die beste Lust, die Existenzphilosophie aufs Korn zu nehmen«. Auf der Suche nach »potenten« Autoren habe Roellenbleck Müller-Braunschweig empfohlen. Kemper wurde als Autor besonders umworben.[210]

Er unterstützte die *Psyche* vor allem durch seine berufspolitischen Nachrichten und Klärungsversuche.[211]

Mitscherlich bat Schottlaender: »sei tätig für *Psyche* — wie ich es sein will. Wir wollen eine sehr gute Zeitschrift machen und es uns geloben, sie zustande zu bringen.«[212]

---

scheine, würde das Ausland gerade auf »Psychoanalyse« günstig reagieren (Klett, Rundbrief Nr. 3, 09.11.46, B.A.). Schließlich heißt der Untertitel: *Ein Jahrbuch* (Bd. I), *Eine Zeitschrift* (Bd. II) *für Tiefenpsychologie und Menschenkunde in Forschung und Praxis.* — Bei der Namensgebung der Zeitschrift *Imago* war ebenfalls erwogen worden, sie *Psyche* nennen.

[208] Hans Kunz hatte in Basel einen Lehrstuhl für *Psychologie und philosophische Anthropologie* inne. Geprägt von Jaspers, Klages und Heidegger löste er sich schließlich von ihrem Einfluß und wandte sich der Psychoanalyse zu. Abweichend von Freud bezog Kunz anthropologische Positionen, die er, ähnlich wie Schultz-Hencke, als autonome Regungen betrachtete und nicht als zielgehemmte Sexualität.

[209] Mitscherlich/Schottlaender, 01.07.46, B.A.

[210] Mitscherlich kritisierte allerdings zunächst an Kempers »Die Aufgabe der Seelenheilkunde in der Gegenwart« den appellativen, an die Gesundheitsbehörden gerichteten Charakter der Schrift (Mitscherlich/Schottlaender, 09.07.46, B.A.).

[211] Kemper, W. (1973) S. 313.

[212] Mitscherlich/Schottlaender, 28.07.46, B.A.

Da eine internationale Zeitschrift mit deutschen Herausgebern oder Mitherausgebern damals noch nicht möglich war, erwog Bally eine Schweizer Ausgabe der *Psyche* einzurichten, verwarf dann allerdings den Plan zugunsten einer unabhängigen Zeitschrift, die die Verbindung mit den ausländischen Psychotherapeuten hielt. Bei Übersetzungen und Abdrucken aus der Schweizer Zeitschrift war eine Zusammenarbeit geplant.[213]

Klett, zunehmend an der Publikation psychoanalytischer Themen interessiert, bemühte sich bei Anna Freud um die Rechte für eine deutsche Gesamtausgabe von Freuds Schriften. Seinen Verlag konnte er damit empfehlen, daß er »mit keiner Zeile mit den Nationalsozialisten paktiert« hatte. Deshalb mußte der Verlag geschlossen werden und war nun nach dem Krieg einer der ersten, der von der englischen Militärregierung eine Lizenz erhielt. »Daß das Werk Ihres verehrten Herrn Vaters in den Jahren der Naziherrschaft in Deutschland in widerwärtiger Weise unterdrückt worden ist«, schrieb er an Anna Freud, »und daß es selbst in Fachkreisen den Kopf kosten konnte, auch nur seinen Namen zu nennen, das wissen Sie so gut wie wir. Vielleicht ist Ihnen aber nicht so genau bekannt, wie sehr er mit seinem Werk trotzdem unter den besten dieses Volkes gelebt hat! Es sind mehr Menschen, als man im Ausland weiß, die nie einen Zweifel darüber hatten, daß alle die Schrecknisse, die Deutschland über sich und die Welt gebracht hat, nicht möglich gewesen wären, wenn die Erkenntnisse der Psychoanalyse rechtzeitig tief genug in das Bewußtsein des Volkes und derer, die für sein Schicksal verantwortlich waren, gedrungen wären.

All die, die es auf sich genommen haben, an der Heilung der deutschen Neurose mitzuwirken, wissen, daß dies nur möglich ist durch ein tiefes Eindringen unserer Ärzte und Erzieher, Soziologen und Politiker in die Erkenntnisse, die Sigmund Freud der Welt geschenkt hat. Dazu ist aber notwendig, daß die Werke Freuds möglichst bald und in möglichst großem Umfang zugänglich gemacht werden. Die Bibliotheken sind zerstört, die im Privatbesitz befindlichen Bücher sind in den meisten Fällen ebenfalls den Fliegerangriffen zum Opfer gefallen, und so gibt es nur noch ganz wenige, die im Besitz der Bücher Sigmund Freuds sind. Diese seltenen Bücher gehen heute ... von

---

[213] Bally/Schottlaender, 12.09.46, B.A.

Hand zu Hand, sie sind zerlesen und abgebraucht, und sie reichen nicht entfernt aus, um den Hunger zu stillen.

Unser Verlag hat sich zur Aufgabe gestellt, das Gebiet der Psychologie des Unbewußten durch Herausgabe einer Zeitschrift *Psyche* und durch Veröffentlichungen von Büchern zu pflegen. Ein kleiner Kreis von Männern ist bemüht, im Anschluß an diese Zeitschrift durch ihre Buchpublikationen die Erkenntnisse Sigmund Freuds und seiner Schüler zu verarbeiten und das Gebiet der Tiefenpsychologie dem geistig aufschließbaren Teil des deutschen Volkes zugänglich zu machen. Wir nennen die Herren Viktor von Weizsäcker, Alexander Mitscherlich, Felix Schottlaender, V. von Gebsattel, wobei wir annehmen, daß einige dieser Namen Ihnen zunächst nicht viel besagen, da sie einer jüngeren Generation angehören.«[214]

Einerseits optimistisch engagiert für psychoanalytische Publikationen, hielt er es andererseits für ausgeschlossen, daß eine rein psychotherapeutische Zeitschrift mit 3000 oder 5000 Exemplaren durchzuhalten sei — andererseits meinte er, daß zu viel in die Zeitschrift reingepackt werden soll und fürchtete, daß sie ein reines »Zuschußunternehmen« werde.[215] Zwischen Klett und Mitscherlich zeigten sich bald Spannungen. Klett hatte das Empfinden, daß Mitscherlich in ihm vor allem den »Geschäftsmann« sehe, der einen »übers Ohr hauen« wolle, und demgegenüber man mißtrauisch sein müsse. Klett versuchte Mitscherlich durch die Versicherung zu beruhigen, daß er seinen Auftrag darin sehe, nicht gerade bei den Autoren zu sparen. Statt 25 % bekomme Mitscherlich deshalb 40 %.

Zunächst war es schwierig, überhaupt die Druckgenehmigung zu bekommen, da die Amerikaner alle Neuzulassungen von Zeitschriften gesperrt hatten, und eine Sondererlaubnis erwirkt werden mußte. Klett war optimistisch, da der Papierverbrauch eher gering sein werde.[216] Eine Lizenz für *Psyche* wurde noch nicht erteilt, obwohl die zuständigen amerikanischen Stellen das Unternehmen für sinnvoll hielten. Erst für Januar 1947 konnte mit einer Genehmigung gerechnet werden.[217]

---

[214] Klett/Anna Freud, 07.05.46, B.A.
[215] Klett/Mitscherlich, 23.05.46, B.A.
[216] Klett/Mitscherlich, 08.10.46, B.A.
[217] Klett/Mitscherlich, 14.10.46, M.A.

Für die Herausgeber der *Psyche*, Kunz, Mitscherlich, Schottlaender, gehörte die Würdigung der Erkenntnisse Freuds zunächst ganz zu ihrem Selbstverständnis[218], das aber längst nicht von allen Mitgliedern der *Deutschen Psychoanalytischen Gesellschaft* geteilt wurde. Der Psychoanalytiker Ewald Roellenbleck[219] galt zwar als »vorzüglicher Kenner der psychoanalytischen Literatur und ausgezeichneter Lehrer«[220], schickte aber der *Psyche* »Platonische Urworte über die Psychotherapie« auf ihren ersten Weg, in denen man den »analytischen Geist« eigentlich vermißt. Er schrieb: »Nach reichlich zwei Jahrtausenden haben wir Platons Aufriß einer Psychotherapie kaum etwas Beachtliches hinzuzufügen ...«[221]

Schottlaender hatte Roellenbleck zunächst als Mitscherlichs Mitarbeiter vorgeschlagen, da er in Berlin sehr geschätzt werde und mit Bitter befreundet sei.[222] Seine religionswissenschaftliche Arbeit »eine über die Schockwirkung bei Operationen und eine über einen völlig obsoleten Roman von O. A. N. Schmitz« wurden sowohl von Klett als auch von einem nicht genannten Psychotherapeuten und einem Religionswissenschaftler negativ beurteilt: sie habe nicht das Niveau, »das wir fordern müssen«.[223] Roellenbleck[224] kritisierte seinerseits das »eindimensionale(n) Denken(s), wie dieses in den Theorien Freuds, Jungs usw. als selbstverständlich vertreten wird«, und stellte dem Dürckheims »metaphysische(n) Charakter der Welt wie des Menschen« gegenüber, der »empirisch erfahren werden kann. Damit gewinnt Dürckheim den Boden, auf dem Religiosität erwachsen kann, echte, gegründete, verpflichtete Religiosität.«

Nach einer Krise der beiden Freunde Schottlaender und Mitscherlich versuchte Mitscherlich die Kontinuität ihrer Beziehung über *Psy-*

---

[218] Geleitwort zum 1. Heft (Juli 1947), Psyche (1947, S. 2).

[219] Roellenbleck, Ewald, Dr. phil., stammte aus dem *Leipziger Arbeitskreis*, Lehranalyse und Ausbildung bei Benedek und am *Berliner Psychoanalytischen Institut* (siehe auch Hermanns, L., 1991).

[220] Müller-Braunschweig/Camara, 04.11.47, B.A.

[221] Psyche. Lambert Schneider, Heidelberg Bd I, S. 3-5, 1947.

[222] Schottlaender/Mitscherlich, 14.06.46, B.A.

[223] Klett/Mitscherlich, 08.10.46, M.A.; Schottlaender/Buder, 23.08.46, B.A.

[224] Roellenbleck, E. (1952).

che herzustellen: »Die *Psyche* wollen wir nach wie vor weiter betreiben, als ob nichts vorgefallen wäre.«[225]

»Ständige Spannungen und Schwierigkeiten« zwischen Mitscherlich und Klett und »immer wieder neu auftretende Gegensätzlichkeiten«, die letztlich wohl auf ›persönlichen Antipathien‹ beruhen«, veranlaßten Schottlaender zu dem Vorschlag, *Psyche* bei Lambert Schneider herauszugeben.[226] Lambert Schneider publizierte auch Mitscherlichs zusammen mit Alfred Weber herausgegebene Schrift *Freier Sozialismus* und verkehrte[227], ebenso wie Mitscherlich, Dolf Sternberger, Alfred Weber, Karl Jaspers, Werner Kraus u.a. in dem Diskussionszirkel um die Zeitschrift *Die Wandlung*.[228]

Die Beziehung zu Klett wurde »in aller Freundschaft gelöst«.[229] Für Klett war es doch allerdings »ein Schlag«.[230] Lambert Schneider konnte die Auflage der *Psyche* auf 6000 erhöhen und besseres Papier beschaffen. »Es ist schon eine Lust, mit dem Mann zu arbeiten.«[231] Die Freude war gegenseitig, »es ist schön, von allen Seiten Komplimente zu empfangen, die nicht dem Verleger, sondern den Herausgebern gebühren«.[232]

Obwohl die Bibliographie und der Besprechungsteil von *Psyche* noch »embryonal« sei, fand Schottlaender sie einen »wohlgelungenen Säugling ... der hoffentlich bald zu einem schönen geistvollen und liebenswerten Mädchen heranwachsen wird. Ich sehe Dich als den Amor, der sie liebend umfängt ... Wäre das nicht ein geeignetes Signet für unsere verschiedenen Veröffentlichungen? Sozusagen ein geistiger Miniaturkoitus im Sinne von Freud und Jung gemeinsam?«[233] Ein

[225] Mitscherlich/Schottlaender, 16.10.46, B.A.
[226] Schottlaender/Mitscherlich, 07.03.47, B.A.
[227] Nach Lohmann, H. M. (1987) S. 60.
[228] Mitscherlich hielt es nicht für zweckmäßig, die *Wandlung* mit Beiträgen zu unterstützen. »Auch die neuste Nummer macht mir einen mehr hochgestochenen als reichen Eindruck. Sie hat überall eine äußerst schlechte Presse« (Mitscherlich/Schottlaender, 22.03.46, B.A.).
[229] Mitscherlich/Kunz, 17.03.47, B.A.
[230] Klett/Mitscherlich, 19.03.47, B.A.
[231] Mitscherlich/Schottlaender, 17.06.47, B.A.
[232] Schneider/Schottlaender, 21.09.48, B.A.
[233] Schottlaender/Mitscherlich, 31.07.47, B.A.

anderes Bild Schottlaenders illustrierte die Arbeitsteilung bei *Psyche*. Schottlaender sah sie als Troika:»das Mittelpferd, Mitscherlich macht die Arbeit, flankiert von den glockenschwingenden Spielpferden. Kunz ist das ›retardierende Moment‹ und Schottlaender der ›väterliche Berater‹«.[234] *Psyche* wurde zu einem großen Erfolg.[235] Weizsäcker und andere sprachen sogar von einem »Welterfolg«.[236]

Mitscherlich und Schottlaender warben in Amerika um Beiträge für *Psyche*. So schrieb Mitscherlich an Ernst Kris:»Die Zeitschrift mag Ihnen als Zeichen dafür gelten, daß wir uns bemühen, die durch lange Zeit abgerissene Tradition der psychoanalytischen Literatur fortzusetzen. Wenn wir auch nicht ein Organ einer Schule sein wollen, so sind wir uns doch als Herausgeber gemeinsam dessen bewußt, daß wir die entscheidenden Anregungen von Freud empfangen haben und seinem Werk mehr als irgendeinem sonst verpflichtet bleiben.«[237]

Fritz Künkel, Vertreter der Adlerschen Gemeinschaftspsychologie und ursprünglich Mitglied des sog. *Göring-Instituts*, war 1939, bei Kriegsbeginn, von einer Vortragsreise in die USA nicht mehr nach Deutschland zurückgekehrt. Schottlaender bat ihn um Beiträge für *Psyche* mit dem Hinweis, daß man nach der nationalsozialistischen Herrschaft und dem Krieg natürlich nicht einfach zur Tagesordnung übergehen könne.»Ich bin mir durchaus bewußt, wie schwierig es ist, freventlich abgebrochene Brücken von uns aus wieder herzustellen. Trotzdem wage ich die Bitte, weil wirklich unendlich viel auf diesen Kontakt mit der Welt ankommt, denn das Unheil der vergangenen politischen Epoche setzt sich ja schrecklicherweise dadurch fort, daß die Deutschen hinter ihrem cordon sanitaire weiterhin unter sich bleiben, und diese Inzucht hat weiß Gott mehr Nachteile, als man es wahrscheinlich zu beurteilen vermag.«[238]

Vom *Zentralblatt für Psychotherapie*, das einst von Jung und Göring herausgegeben worden war, grenzten sich die Herausgeber von *Psyche* ausdrücklich ab:»Die *Psyche* hat m.E. nicht die Aufgabe, die

---

[234] Schottlaender/Mitscherlich, 17.08.47, B.A.
[235] Mitscherlich/Schottlaender, 04.09.47, B.A.
[236] Schottlaender/Mitscherlich, 01.06.48, B.A.
[237] Mitscherlich/Kris, 09.08.47, B.A.
[238] Schottlaender/Künkel, 02.11.47, B.A.

Nachfolge des vergangenen *Zentralblattes* anzutreten, unter einem spießbürgerlichen Einheitsdach ein blasses und farbloses Interieur zu bieten, sondern sie soll ein Bote der lebendigen Begegnung sein, ein Ort, auf dem man des blutigen Ernstes unserer Unternehmung gewahr wird.«[239] »... wir wollen nicht ein neutrales Forum sein. Es kommt uns vielmehr darauf an, eine wirkliche Diskussion der verschiedenen psychotherapeutischen Arbeitsrichtungen zustande zu bringen.«[240]

Die bedeutenden Entwicklungen in der Psychotherapie und psychologischen Anthropologie sollten synoptisch zur Darstellung kommen. Schultz-Hencke bot Mitscherlich ein Berliner Heft mit 6 oder 7 Beiträgen an. »Ich habe nach Rücksprache mit Kunz, dem er davon geschrieben hatte, zugestimmt aber selbstverständlich letzte redaktionelle Entscheidung vorbehalten. Ich bin auf die Beiträge gespannt ... können wir Heft 4 für die Berliner Clique freimachen?« fragte Mitscherlich.[241] Das Berliner Heft kam nicht zustande, da die *Neoanalytische Gruppe* keine Beiträge lieferte. Mitscherlich kommentierte einen Brief Schultz-Henckes: »Lieder ohne Worte«.[242]

Schottlaender drängte Mitscherlich, Jung im Frühjahr in der Schweiz zu besuchen, obwohl, oder vielleicht gerade weil er als einer der ersten sehr massiv seine Auffassung über die Kollektivschuld der Deutschen vertreten hatte.[243] »Wir müssen diesem Mann eine goldene Brücke bauen, die ihm gestattet, seine eigenen Projektionen von einem reiferen Standpunkt aus zu durchschauen und dadurch wieder zu einer produktiven Mitarbeit zu kommen. Das Gelingen dieses Unternehmens wäre sicher bedeutsam. Wer mit siebzig Jahren noch so unreif und vorschnell redet wie Jung am 10. Mai 1945, ist sicher trotz seines vorgerückten Alters auch in der Lage, noch zuzulernen und sich zu entwickeln. Wir brauchen einfach die Jungianer für unsere Zeit-

---

[239] Mitscherlich/Kranefeldt, 28.11.47, B.A.

[240] Schottlaender/Künkel, 02.11.47, B.A.

[241] Mitscherlich/Schottlaender, 21.09.47, B.A.

[242] Mitscherlich/Schottlaender, 19.11.47, B.A. Anspielung auf den Zyklus von Klavierstücken von Mendelssohn (R. L.).

[243] z.B. in einem Interview in der Zeitschrift *Die Weltwoche*, Zürich, Jahrg. 13, Nr. 600, S. 3: »Nach der Katastrophe«, *Neue Schweizer Rundschau*, Neue Folge XIII/2, Zürich 1945. »Kampf mit dem Schatten«, *The Listener* XXXVI/930, London, 1946.

schrift, und das wird nur gelingen, wenn wir ihr Haupt am Schopfe haben.«[244] Mitscherlich bedauerte, daß die Berliner Jungianer weiterhin schriftstellerisch unproduktiv bleiben.[245,246]

Jung ließ danken — er sei zu sehr mit dem Neuaufbau des Instituts beschäftigt.[247]

Mitscherlich war verärgert über Jungs Reaktion und »bedauert« ihn »wegen seiner menschlichen Dürftigkeit«, bissig bemerkte er, daß die »Asozialität der Psychotherapeuten« ein behandlungswertes Thema wäre.[248]

Trotz der Anordnung der Militärregierung, daß nur noch Druckerzeugnisse im Gewicht von 100 g ins Ausland verschickt werden durften[249], wurde mit ausländischen Zeitschriften wie dem »International Journal of Psycho-analysis«, (Herausgeber Scott) ein Austausch arrangiert.[250] Nach diesem glanzvollen Auftakt ging die Abonnentenzahl, wohl auch als Folge der Währungsreform, nach dem 2., als »glanzlos« bezeichneten Heft auf 2542 zurück. Damit wäre die Zeitschrift auf die Dauer nicht zu halten. Mitscherlich war vor allem darüber in Sorge, daß die Ärzte, die zu 70 % die Abonnenten ausmachen, die Zeitschrift abbestellen könnten. Er führte die Flaute außerdem auf den Mangel an kasuistischen Arbeiten zurück.

Wie bereits in der NS-Zeit sahen auch nun die Herausgeber in der »ganz verläßliche(n) klinische(n) Arbeit, dem Sammeln von Erfahrungsgut[251] eine Möglichkeit, den theoretisch-ideologischen Diadochenkämpfen um das Reich der Seele zu entgehen«. Die kasuistischen Arbeiten, mit deren Hilfe die Psychotherapeuten während der NS-Zeit

---

[244] Schottlaender/Mitscherlich, 28.01.48, B.A.

[245] Mitscherlich/Jung, 30.04.48, B.A.

[246] Damit traf er Jung sicher an einem empfindlichen Punkt, denn bei einer ähnlichen Klage Görings (15.10.36) hatte Jung sehr verstimmt gekontert, daß er in Deutschland ja eigentlich erst seit kurzer Zeit bekannt sei, da der deutsche Buchhandel dafür gesorgt habe, daß neben der Freudschen und Adlerschen Psychologie keine andere aufkomme (Lockot, R., 1985, S. 153).

[247] Jaffé-Jung/Mitscherlich, 05.05.48, B.A.

[248] Mitscherlich/Schottlaender, 08.05.48, B.A.

[249] Mitscherlich/Schottlaender, 05.06.48, B.A.

[250] Mitscherlich/Schottlaender, 21.09.48, B.A.

[251] Mitscherlich/Schottlaender, 12.08.48, B.A.

am Berliner *Institut f. psychologische Forschung* ... unerwünschte theoretische Stellungnahmen zu umgehen versuchten, wurden nicht aus den Schubladen hervorgezogen. Sollten sie vielleicht doch nicht so ideologieneutral gewesen sein? Von den Psychotherapeuten in Deutschland äußerte sich vor allem Mitscherlich zu politischen Themen in Arbeiten wie »Freiheit und Unfreiheit in der Krankheit« (Heidelberg, 1945) und das »Diktat der Menschverachtung« (zusammen mit Mielke) (Heidelberg, 1947). In der Schweiz fanden sie großen Anklang. Katzenstein-Sutro (1947) hob Mitscherlichs »unabhängige und unbestechliche Denkarbeit« »während der dunklen Jahre«, jenseits der Grenze hervor. Für die be/verarbeitende Thematisierung von Nationalsozialismus und Krieg und damit von Schuld, Aggression und Verrat war die Zeit in Deutschland offenbar noch nicht reif. Um so interessanter ist es, die Rezensionen von Arbeiten aus dem Ausland zu verfolgen. In den USA und in der Schweiz erschienen einige Arbeiten, die sich mit dem Nationalsozialismus[252], mit Antisemitismus, der von Schottlaender sehr persönlich kommentiert wurde[253], und der Neuordnung einer Gesell-

---

[252] Spengler (1949) Rez. Bychowski (1948). Dictators and Disciples, from Caesar to Stalin. N. Y. Spengler (Zürich) kritisierte die mangelnde historische Genauigkeit Bychowskis — außerdem sei er auf »die eigentlichen psychischen Ursachen des Erfolgs Hitlers ... mit Ausnahme der Darstellung der Terrormaßnahmen« nicht eingegangen (S. 210).
Meinertz, J. (1949) Rez. Mann, T. (1948). Nietzsches Philosophie im Lichte unserer Erfahrung. Daß der Menschengeist, wie Nietzsche befürchtete, durch den Instinkt aufgehoben werden könne, damit habe es gute Weile: »Die Gefahr, daß das Leben auf diesem Stern sich durch die Vervollkommnung der Atombombe selber aufhebt, ist wesentlich dringender. Aber auch das ist unwahrscheinlich. Das Leben ist eine zähe Katze ...« (S. 213) Nietzsches Schicksal sei das deutsche Schicksal, ins Gigantische verzerrt (Meinertz, J., 1949, S. 216).
[253] Schottlaender, Felix (1949) Rez. Simmel, Ernst, (1946). Anti-Semitism. A Social Disease. Ausgehend von dem Symposion 1944 in San Franzisco, setzte sich Simmel mit den antisemitischen Strömungen in den USA auseinander. Nach einer sehr ausführlichen Inhaltsangabe äußerte Schottlaender eigene Gedanken zum Antisemitismus, nachdem er »das Nazipandämonion« in Deutschland aus nächster Nähe miterlebt hatte. »Es ist vielleicht, was gerade in den Arbeiten von Psychoanalytikern Wunder nehmen kann, nicht genügend herausgearbeitet worden, wie sehr der *Ödipuskomplex* an der Entstehung des Antisemitismus beteiligt ist. Einer meiner begabtesten Schüler, Dr. Hugo Stern, M.D., jetzt in den USA tätig und in den ersten Nazijahren bei mir in Lehranalyse, machte mich erstmals darauf aufmerksam, wie stark ödipale Regungen am Antisemitismus beteiligt seien. Ich

schaft²⁵⁴ befaßten. Die Herausgeber der *Psyche* waren darum bemüht,

---

glaube, eine Psychologie des Antisemitismus hätte von der Entstehung der Aggression überhaupt auszugehen und die in dem vorliegenden Buch kaum berührte Rolle des Neides in den Vordergrund zu stellen. Gerade dort, wo, wie die Verfasser vielfach und richtig betonen, die Massen in einer Art von Pubertätspsychologie versinken, muß der Ödipuskomplex, der Neid auf die Überlegenheit des nicht vom Massenwahn Ergriffenen, eine besondere Rolle spielen ... In den Augen von Antisemiten, wie sich besonders deutlich am Beispiel Hitlers erweisen läßt, ist das Judentum im Besitz einer ungeheuren Potenz rassisch-sexueller, religiöser, intellektueller, wirtschaftlicher Natur, sonst hätte es den Leidensweg der Jahrhunderte niemals überstehen können ... Hinter dem Judenhaß steckt die maßlos übertriebene Erwartung, die Juden könnten dank ihrer nationalen und geistigen Potenz die Welt retten; die Enttäuschung erst entzündet den Haß, der so eng und hintergründig mit dem Neid verbunden ist. Die Juden selbst bezeichnen sich als das auserwählte Volk: vielleicht ist der Antisemit, in seinem Unbewußten, der gläubigste Anhänger dieser Idee« (S. 191 f.).

²⁵⁴ Pflanz (1947) Rez. Reinwald, Paul (1944). Eroberung des Friedens. Psychologische Grundlagen der neuen Gesellschaft. Bei der Bildung einer neuen Gesellschaft müsse man mit der Masse und ihrer Aggression rechnen. »Eine neue internationale Gesellschaft müßte versuchen, die Aggression der Staaten einzudämmen und die aktive Bindung ihrer Mitglieder auf konstruktiven Wegen zu sublimieren ... Als Deutscher steht man bei manchen der Gedanken etwas betroffen dabei, wenn man auch als schönsten Gewinn von diesem Buch eine Hoffnung auf eine Beruhigung der Welt mitnimmt« (S. 599). Ein internationaler Gerichtshof müsse eine internationale Ordnung garantieren. Es sollten aber nie einzelne Persönlichkeiten, sondern nur der Staat als solcher zur Rechenschaft gezogen werden. »Da wir die Mitglieder eines nun bestraften, früher aggressiven Staates sind, können wir ermessen, was für unsagbare Sorgen, Ängste und Nöte, Verzweifelungsgedanken und Härten das internationale Strafrecht für einzelne, oft an einer Massensituation unbeteiligte, mit sich bringt, ohne an dem Grundübel für die internationale Gesellschaft etwas zu ändern.«
Schottlaender, Felix. (1949a) Rez. Zbinden, Hans. (1947). Die Moralkrise des Abendlandes. Schottlaender kritisierte die 3. Utopie des Buches als »unausrottbare Vorstellung von einem Kulturrevolutionismus«, der bedeuten würden, daß die Menschheit sich in irgendeinem Sinne zu Höherem hin entwickele«. Auf politischem Gebiet, meint Schottlaender, gehe es mit der Menschheit bergab. »Von den schauerlichen Massenmorden der Kriegsmaschinerie, den Konzentrationslagern, von den barbarischen Austreibungen zahlloser Menschen aus ihrer Heimat gar nicht zu reden. Das Wissen, das sich die Menschen angeeignet haben ... tritt nach Auflösung jeder höheren Ordnung servil und vorbehaltlos in den Dienst imperialistischer Machtgruppen und damit in den Dienst der Zerstörung ... Vielleicht ist ein Deutscher, der zwölf Jahre unter dem Nationalsozialismus gelitten hat und jetzt dem Pariatum der Deutschen verfallen ist, nicht der geeignete

die *Psyche* zu einem internationalen psychotherapeutisch-psychoanalytischen Forum des Gedankenaustauschs zu machen. In diesen »Nischen«

Leser für ein Buch, das sich, in friedlicherer Umwelt geschrieben, den Glauben an den möglichen Fortschritt der Menschheit bewahrt hat« (S. 207).
Schacht, Joachim (1949) Rez. Hische, Wilhelm (1949). Psychologie und Gegenwartsmensch. Die »Zeit-Diagnostik« in Phasen kollektivpsychologischer Erschütterungen der menschlichen Dignität von 1918, 1933 und 1945, wird, insbesondere für die Jugend, als Anpassungsstörung (Begabungsneurosen!), Leistungsschwund und herabgesetzter Leistungsbereitschaft eines weit über seine Kapazität hinaus beanspruchten, »ängstlich, diskontinuierlichen und automatisierten Menschwesens« bestimmt. Atrophiertes Denken («Verregelung«), Antriebs- und Gefühlslähmung seien Abwehrmechanismen, die mit einer tiefgehenden Eignungsdiagnostik für arbeits- und betriebspsychologische Bewältigung des »Beanlagungs«-Problems erfaßt werden könnten. Theoretische und praktische Intelligenz solle erkannt und von falscher Traditionsbildung und Lebensangst befreit werden, um zur »contemplatio zu finden, welche als Ruhe in Gott christliches Gut ist« (S. 928).
Schacht, Joachim (1949a) Rez. Russell, Bertrand (1937/47). Macht. »Wenn er freilich die Lösung der gegenwärtigen politischen Fragen nur in einer zentralen Weltstaatregierung für möglich hält, dieses Ziel durch die USA im kommenden dritten Weltkrieg verwirklicht erwartet und sich hiervon die Durchsetzung einer Kollektiv-Moral (als Schutz gegen totalitäre Anwandlungen) verspricht, so werden wir einer solchen positivistischen Kapitulation des Geistes vor dem Zukunftsproblem nicht zustimmen« (S. 942).
Abraham, Rez. (1950) Feldkeller, Paul. Das unpersönliche Denken (1949). Der einzelne baue sich »Dauerfugungen«, zum Schutz gegen Krisen. Damit sei die Gefahr gegeben, daß er nicht »aus der Persönlichkeitstiefe« heraus entscheidet, sondern aus seiner »Sekundärpersönlichkeit«. Damit sei die Verantwortung auf eine Zweitseele abgeschoben. Bei Erstarrung der Syntagmen entstehe ein Zwangscharakter, der sich einseitig durchsetze. »So wurden zum Beispiel die erstarrten, überwertigen Denkmechanismen in Deutschland von 1933 - 1945 nicht nur bewußt von der Regierung angestrebt, propagiert und verbreitet, sondern von sehr vielen entpersönlichten einzelnen Deutschen kritik- und widerstandslos angenommen und betrieben. Die Auffassung der Geschehnisse wird durch die Syntagmen vorausbestimmt und damit die Zweitseele zum Bauplan des Weltbildes ihres Trägers. Solche Zusammenhänge erklären das Entstehen dogmatischer Systeme, von Ideologien, von psychotischen Verhaltensweisen und von politischen Terrorsystemen.« Die Tragik unseres Denkens bestehe in unserem Jahrhundert darin, *»daß der systematisch Denkende an den persönlichen Charakter seines Denkens glaubt.* Dabei unterliegt er der doppelten Täuschung: er kennt weder die Instanz, von der er gesteuert wird, noch weiß er überhaupt, daß sein Denken anonym determiniert ist«. Feldkeller meinte: »Die Zukunft des Menschen hängt davon ab, in welchem Maße sein Denken persönlich zu werden vermag« (S. 261/262).

der Rezensionen finden sich sehr viel mehr Kommentare und Bezüge zum Zeitgeschehen als in den Beiträgen.

Psychoanalyse an der Universität

In den aufgelösten Verhältnissen der unmittelbaren Nachkriegszeit schien der Gründung einer psychosomatischen Klinik zunächst kein Widerstand entgegengesetzt zu werden. Paul Vogel[255] stand Mitscherlichs psychosomatischen Gedanken skeptisch gegenüber, ließ sich dann aber durch einen Vortrag Mitscherlichs so beeindrucken, daß er ihm bereits im Januar 1945 die Habilitation anbot.[256]

In Verbindung mit der psychosomatischen Klinik plante Mitscherlich im März 1946 ein *Institut für Psychotherapie* im Rahmen der Heidelberger Universität. Mit der Anbindung der psychoanalytischen Ausbildung an die Hochschule, versuchte er einen Gegenpol zu der zentralistischen Berliner Ausbildungsorganisation zu schaffen. In einem Exposé führte er aus, daß er die Übernahme der Funktion des verflossenen *Berliner Instituts* durch die Hochschule als dringende Notwendigkeit für die Hochschule ansehe. Zunächst sah es so aus, als lasse sich das Institut leicht realisieren, zumal v. Weizsäcker, der zwei Stationen der *Ludolf-Krehl-Klinik* übernommen hatte, stationär zu beobachtende Fälle aufnehmen würde.[257]

Mitscherlich hatte auch »begründete Hoffnung«, daß sein Institutsplan von der Fakultät angenommen werde. Eine ehemalige Schule sei der Klinik zur Verfügung gestellt worden. Von den 350 vorgesehenen Betten wollte Mitscherlich 20 für sein Institutsprojekt erbitten. Die größten Schwierigkeiten sah er in der Etatfrage. Er rechnete damit, zwei Etatstellen für psychotherapeutische Ärzte zu bekommen und würde selbst nur aus der Privatpraxis leben.

---

[255] Paul Vogel war v. Weizsäckers Nachfolger. Unter seiner Leitung wurde die Nerven-Abteilung 1941 etatrechtlich selbständig und 1943 in *Nervenklinik der Ludolf-Krehl-Klinik* umbenannt. Vogel war damit nicht mehr nur Leiter, sondern erster Direktor der Klinik und Mitscherlichs Vorgesetzter (Gänshirt, H., 1986, S. 126).

[256] Mitscherlich/Schottlaender, 13.01.45, B.A.

[257] Mitscherlich/Schottlaender, 12.03.46, B.A.

Massiver Widerstand gegen die Errichtung einer psychotherapeutischen Ambulanz und eines Lehrstuhls für Psychotherapie wurde nun von dem neu nach Heidelberg berufenen Kurt Schneider, Dekan der Medizinischen Fakultät, Mitscherlich entgegengesetzt.[258] Psychotherapie gehöre zu allen medizinischen Disziplinen und deshalb habe er nichts dagegen einzuwenden, wenn psychotherapeutische Behandlungen in der Inneren Klinik durchgeführt würden. Als Lehrform gehöre die Psychotherapie allerdings zur Psychologie und damit zur Psychiatrie. Obwohl der Terminus »Neurose« in seiner Klinik nicht benutzt werden durfte, beauftragte er einen seiner Assistenten damit, im SS 46 ein Kolleg über Psychotherapie zu halten. Der betreffende Assistent hatte mit Kurt Schneiders Vorgänger, Carl Schneider, bis weit in das Jahr 1945 hinein an einem Geheimauftrag der SS gearbeitet.[259]

Viktor v. Weizsäcker unterstützte Mitscherlich weiterhin, »soweit dies unter Universitätsprofessoren und im Hinblick auf seine eigenen Interessen möglich ist«. Mitscherlichs Überlegungen, unter welchem Namen er sein Projekt anbieten wollte, da »Psychotherapie« sofort auf Widerstand stoße und »Biographische Medizin« niemand verstehe, sind charakteristisch für seinen offensiven Umgang mit den faktischen politischen Gegebenheiten. Er überdachte, daß mit dem Namen auch die Position der Psychotherapie der gesamten Medizin gegenüber charakterisiert wurde: »Soll man von vornherein sich auf den Standpunkt stellen, daß Psychotherapie die gesamte Medizin angeht und nicht von der Psychiatrie gepachtet werden kann, oder soll man die Dinge überhaupt nicht theoretisch zur Diskussion stellen, sondern alles der praktischen Entwicklung überlassen? Der Krach kommt

---

[258] Mitscherlich/Schottlaender, 24.04.46, M.A.

[259] Carl Schneider, seit 1932 Parteimitglied, war ohne Habilitation auf den psychiatrischen Lehrstuhl berufen worden. Er fungiert von Anfang an als einer der Gutachter der sog. T-4-Aktion zur Ermordung psychisch Kranker. Schneider wird als typisch für eifernde Nationalsozialisten in ihrer Widersprüchlichkeit beschrieben: Einerseits vertrat er, daß die Ansprüche des nationalsozialistischen Staates so absolut seien, daß »wir uns für ihn sterilisieren und euthanasieren« lassen müßten, andererseits soll er, obwohl Obergutachter bei der systematischen Ermordung Geisteskranker, mit großem persönlichen Einsatz für eine menschliche therapeutische Haltung psychisch Kranken gegenüber eingetreten sein. Nach seiner Verhaftung 1945 beging er Selbstmord (Janzarik, W., 1986, S. 133).

nachher, wenn man schon einigermaßen fest im Sattel sitzt. Temperamentmäßig neige ich zur ersteren Lösung. Ich habe auch den Bauch genug voller Ingrim, um mit Herrn Schneider ein kategorisches Gespräch zu beginnen ... Herr Schneider, der auf eine Anregung Weizsäckers hin keine Neigung gezeigt hat, mich persönlich kennenzulernen, könnte dann eine erste brieflich-literarische Bekanntschaft mit mir schließen.«[260] Schottlaender unterstützte Mitscherlich entschieden gegen den »Gehirnmythologen«. In einer »gesunden Gegnerschaft« könne der eigene Standpunkt lebendig herausgearbeitet werden. »Es muß versucht werden, die klinisch-medizinische Aufgabe des Psychotherapeuten mit seiner äußerst wesentlichen Mission als Analytiker der soziologischen Situation in einen Akkord zu bringen, gerade das scheint mir die Aufgabe, die unsere Schriftenreihe und unsere Vierteljahresschrift verfolgen soll — dieselbe Aufgabe übrigens, die Freuds Psychoanalyse von Anfang an verfolgt hat.«[261]

Zur »Stellung der Psychotherapie an den Hochschulen« und der »Errichtung eines Lehrstuhls für Psychotherapie« führte Mitscherlich in seinem Schreiben an den Dekan der Medizinischen Fakultät, Engelking[262], offensiv aus, daß seit der Begründung der Psychotherapie (darunter verstand er die Psychologie des Unbewußten) durch Freud 50 Jahre intensiver Forschung »außerhalb, ja lange gegen den Widerstand der Hochschule« geleistet worden sei.[263] Er fuhr fort: »Die Untersuchungen der sogenannten ›Psychoanalyse‹ haben von den Hysterien und ›Psychoneurosen‹ ihren Ausgang genommen. Längst ist jedoch — insbesondere durch die Arbeiten v. Weizsäcker's und seiner Schule — die Bedeutung unbewußter psychischer Determinationen für viele Krankheiten, die bisher unzweifelhaft als ›organisch‹ galten, erwiesen worden. Die herkömmlichen Vorstellungen über Leib und Seele wurden derart immer mehr erschüttert, und es bahnte sich eine neue, die alten parallelistischen oder lokalistischen Vorstellungen überwindende Lehre der psycho-somatischen Beziehung an.« Beispielhaft bezog sich Mitscherlich auf das *Berliner Institut* während der NS-

---

[260] Mitscherlich/Schottlaender, 27.03.46, B.A.
[261] Schottlaender/Mitscherlich, 28.03.46, B.A.
[262] Engelking, Ernst, leitete von 1935 - 1958 die Augenklinik des Klinikums der Heidelberger Universität.
[263] Mitscherlich/Engelking, 24.04.46, B.A.

Zeit. »Selbst im vergangenen Jahrzehnt ist es den Gegnern der Psychoanalyse, wie überhaupt der Psychologie des Unbewußten, nicht gelungen, das einmal in Bewegung geratene Interesse zu unterdrücken. Es wurde 1934 in Berlin ein alle Lehrmeinungen umfassendes *Deutsches Institut für psychologische Forschung und Psychotherapie* gegründet, in dem insbesondere die Schulen Freuds, Jungs und Adlers vertreten waren. Auch dieses *Berliner Institut* war nicht der Universität angeschlossen, sondern war bis zum Jahr 1943 auf Zuwendungen von privater oder halböffentlicher Seite angewiesen. 1943 wurde es zum *Reichsinstitut* umgewandelt.

An diesem Institut existierte ein sehr ins einzelne gehender Lehrplan, der von allen Ausbildungskandidaten absolviert werden mußte. Die Ausbildung dauerte 3 - 4 Jahre! Erst nach ihrem Abschluß wurden die Kandidaten als ordentliche Mitglieder in das Institut aufgenommen. Diese Mitgliedschaft ist dem Wert eines Facharztes gleichzusetzen — aber eines Facharztes, der bisher nur außerhalb der Hochschule erworben werden kann. Das *Berliner Institut* hatte eine Zweigstelle in München. Diese arbeitet heute selbständig weiter« (mit über 40 Mitgliedern).

»Nach Wegfall rassischer und ideologischer Bedenken gegen die Psychologie des Unbewußten erhebt sich die Frage, ob es wünschenswert ist, daß der während des Dritten Reiches bestehende Dualismus von ärztlicher Fachausbildung und psychotherapeutischer Fachausbildung bestehen bleiben soll, oder ob es jetzt nicht an der Zeit wäre, die Psychotherapie als eine Disziplin selbständiger Art anzuerkennen und sie als Lehr-, Ausbildungs- und Forschungszweig in die Hochschule aufzunehmen.« Um die psychosomatische Problematik zu erkennen, psychotherapeutische Praxis betreiben zu können und die psychotherapeutische Forschung, »die sich in Zukunft immer mehr in das Gebiet der ›Organkrankheiten‹ vorwagen wird«, voranzutreiben zu können, sei es unbedingt notwendig, eine spezielle psychotherapeutische Lehr-, Ausbildungs-, und Forschungsstätte innerhalb des akademischen Lehr- und Forschungsbetriebs zu errichten.

Die Psychologie des Unbewußten ist »von hoher Bedeutung nicht nur für Heilkunde, sondern auch für Pädagogik und Soziologie ...«. Ein psychotherapeutisches Institut hätte deshalb auch nahe Fühlung mit der philosophischen bzw. sozialwissenschaftlichen Fakultät zu pflegen. So sei es naheliegend, daß das hier vorgeschlagene *Hoch-*

schulinstitut für Psychotherapie »auch die Ausbildung der Laienanalytiker zu übernehmen« hätte. Die psychiatrische Forschung sei während des letzten halben Jahrhunderts an der »Psychologie des Unbewußten entweder vorbeigegangen« oder aber habe sie »offen bekämpft«. Probleme der Psychotherapie seien anthropologischer Natur, also kein Spezialgebiet der Psychiatrie. Deshalb sei Psychotherapie keine Konkurrenz zur psychiatrischen Klinik. Da die Psychologie des Unbewußten für die Behandlung der »sozialen Krankheiten« (Verwahrlosung, Süchtigkeit ...) eine außerordentliche Bedeutung erlangen werde, könne auch »von allgemeinen volkspolitischen Gesichtspunkten her die Notwendigkeit einer angemessenen Ausbildungsstätte für fachkundige Tiefenpsychologen nicht nachdrücklich genug hervorgehoben werden ... Die Psychologie des Unbewußten hat einen Siegeslauf durch die ganze Welt angetreten. Sie ist in Amerika bereits durch Spezialkliniken vertreten; so besitzt die *Havard-Universität* eine Klinik zur Erforschung psycho-somatischer Beziehung, die von einem Schüler Freuds geleitet wird. Es besteht die Gefahr, daß wir[264], denen großzügige Experimentalforschung wegen Beschränkung der Mittel künftig in vielen Fällen nicht möglich sein wird, auch auf diesem mit einem relativ geringen Kostenaufwand verbundenen modernen Forschungszweig die Führung verlieren, die wir bisher innehatten.«

Das *Deutsche Institut für psychologische Forschung und Psychotherapie* habe bereits Mittel der öffentlichen Hand erhalten, aber außerhalb des Universitätsetats. Es sollte drei ordentliche Etatstellen für den Leiter, zwei Assistenten und zwei bezahlte Praktikantenstellen besitzen; außerdem zwei bis drei Schreibkräfte. »Das Institut müßte eine Ambulanz für die Bedürfnisse der Klinik wie der behandelnden Ärzte unterhalten.« Fünf Behandlungsräume, ein Wartezimmer sowie ein Schreibzimmer, das zugleich Bibliothek sei (die zur Spezialbibliothek ausgebaut werden sollte), würden benötigt.[265]

---

[264] Es ist nicht eindeutig, wen Mitscherlich hier mit »wir« meint. Sind es die Psychoanalytiker und deren Vertreter am »*Deutschen Institut* ...«? Oder sind die Psychosomatiker um v. Weizsäcker gemeint? Jedenfalls muß man wohl unwillkürlich an die Argumentation Schultz-Henckes denken, der sich ebenso selbstverständlich an führende Stelle der weltweiten Psychotherapieforschung stellte.

[265] Mitscherlich/Engelking, 24.04.46, B.A. (siehe dazu auch Krovoza, A., 1989, S. 251).

Im Gespräch mit Vogel wurde das taktische Vorgehen besprochen: Wenn man die psychotherapeutischen Absichten einer Einrichtung tarnte, die als Beratungsstelle der Inneren Klinik und Nervenabteilung vorgesehen war, würde das zu einer »chronischen« Auseinandersetzung mit den Psychiatern führen. Außerdem gäbe es da keine Ausbildungsmöglichkeiten. »Ich habe soeben ein Exposé gefertigt, in dem ich die Notwendigkeit der Übernahme der Funktionen des *Berliner Instituts* durch die Hochschulen als dringende Notwendigkeit dargestellt habe. Die Usurpationsansprüche des Psychiaters habe ich offen zurückgewiesen ... Weizsäcker, Oehme[266] (Prodekan) Siebeck[267] (Internist) müssen dann meinen Entwurf gegen die Argumente des Psychiaters verteidigen. Wenn der Vorstoß scheitert, weiß ich noch nicht, was ich tun werde, sicherlich nicht an der Universität bleiben.«[268]

Schottlaender beurteilte Mitscherlichs »Generalkrise« mit der Universität als »weit mehr als nur eine persönliche ... Du (kämpfst) für eine Sache, die im Grunde von der Universität, *wie sie jetzt ist*, nicht übernommen werden kann und wird«. Die Psychotherapie in ihrer gegenwärtigen Gestalt sei »noch nicht hoffähig ... Die Tiefenpsychologie ist keine wissenschaftliche Disziplin und wird erst dann eine solche werden, wenn das Gesicht der Universität sich grundlegend geändert hat ... Aber sie ist im Grunde reaktionär und freiheitsfeindlicher als je zuvor und daher für Dich eigentlich als Plattform des Lebens unbrauchbar«.[269] Zur Finanzierung seines Institutsprojekts erwog Mitscherlich zusammen mit Bitter eine Institutsgründung. Bitter könnte »seinen Anteil als Stiftung in das zu gründende Universitätsinstitut« einbringen. »Die Fakultät wird auf ihrer nächsten Sitzung grundsätzlich darüber entscheiden, ob sie mit der Errichtung eines psychotherapeutischen Instituts einverstanden ist und ob sie seine Einrichtung dem Ministerium gegenüber befürwortet ... Eine ›psycho-

---

[266] Curt Oehme, Vorsitzender der *Deutschen Gesellschaft für Innere Medizin*.

[267] Richard Siebeck, Internist und Direktor der Medizinischen Klinik, befürwortet Mitscherlichs Habilitationsschrift »Durst als Symptom«, »ohne Enthusiasmus« (Henkelmann, T. 1992, S. 184, Fn 13).

[268] Mitscherlich/Schottlaender, 24.04.46, M.A.

[269] Schottlaender/Mitscherlich, 26.04.46, B.A.

therapeutische Akademie‹, die wir dann mit vereinten Mitteln eröffnen könnten, wäre sehr wünschenswert.«[270]

Die »historische« Fakultätssitzung, in der über Mitscherlichs Institut entschieden werden sollte, verlief zufriedenstellend (und doch verriet sich Mitscherlichs Skepsis in einer geradezu klassischen Fehlleistung): Alle Fakultätsmitglieder, die es ihm zugesagt hätten, hätten »Stich gehalten«. »Nur Schneider ist in einer, wie Weizsäcker sagt, typischen Psychiatermanier vereinzelt Sturm gelaufen.« Man wolle aber einen friedlichen Kompromiß, weil auch Schneider neu berufen ist und er dann nicht das Institut bekämpft. Die Fakultät wolle Mitscherlich sehr wohl. Auf v. Weizsäckers Kompromißvorschlag der Gründung eines Instituts zur seelischen Behandlung innerer Krankheiten ging Mitscherlich zunächst nicht ein, da die Ausbildungsfrage und die Laienfrage noch klärungsbedürftig waren.[271] Die vorbereitende Kommission der Fakultät, bestehend aus Schneider, Vogel und v. Weizsäcker, scheiterte dann allerdings an Schneiders Widerstand. Daraufhin richtete v. Weizsäcker ein »großartiges Schreiben« an die Fakultät.[272]

Im Rahmen von v. Weizsäckers Abteilung war Mitscherlich das Institut so gut wie sicher. Er mußte allerdings vorerst auf die Ausbildung von *Behandelnden Psychologen* verzichten. Langfristig, wenn sich an der Universität keine anderen Möglichkeiten bieten, strebte er eine private Ausbildungsstätte für Behandelnde Psychologen, zusammen mit Bitter an, dessen Leitung Mitscherlich innehätte, so daß er beide Institute leiten würde.[273] Schottlaender warnte davor, daß Mitscherlich sich mit einem Ausbildungsinstitut übernehmen könnte, zumal es an Lehranalytikern fehle. Er empfahl, sich ausschließlich auf Lehre und Forschung im Rahmen des Universitätsinstituts zu konzentrieren.[274] »Du ahnst nicht, — was auch für unsere Zeitschrift sehr ins Gewicht fällt! — wie wenig Leute von erster Qualität auf unserem Gebiet existieren, und nur solche kämen in Frage in einem Institut, das als erstes Universitätsinstitut doch unbedingt vorbildlich sein muß.«

---

[270] Mitscherlich/Bally, 06.05.46, M.A.
[271] Mitscherlich/Schottlaender, 15.05.46, B.A.
[272] Mitscherlich/Schottlaender, 29.05.46, B.A.
[273] Mitscherlich/Schottlaender, 20.05.46, B.A.
[274] Schottlaender/Mitscherlich, 24.05.46, B.A.

Für einen »der allerbesten« hielt er Kemper.[275] Weiter käme Roellenbleck in Frage, der als »Freudschüler« auch in Berlin sehr geschätzt werde.[276]

Ursprünglich soll Mitscherlich sich an Jaspers[277] mit der Bitte um eine Stellungnahme gewandt haben[278]. Jaspers lehnte eine Institutsgründung ab, würdigte aber Mitscherlich persönlich, mit dem er sich durch die gemeinsame antifaschistische Vergangenheit verbunden fühlte.[279] Jaspers kritisierte, daß sich die Psychoanalytiker durch den Glaubenscharakter ihres Denkens zu einer Bewegung zusammenschlössen und wie Sekten an Solidarität appellierten[280]:

1. werde Sinnverstehen mit kausalen Erklärungen verwechselt,
2. sei die therapeutische Wirkung der Psychoanalyse fragwürdig.
3. Neurose sei durch den Mechanismus der Übersetzung von Seelischem in Körperliches charakterisiert.

---

[275] «... aber er (Kemper, R.L.) sitzt in so führender Stellung in Berlin, daß keine Rede davon sein wird, ihn zu gewinnen« (Schottlaender/Mitscherlich, 02.06.46, B.A.).

[276] Schottlaender/Mitscherlich, 14.06.46, B.A.

[277] Karl Jaspers, geb. 1883, kam 1908, nach einem einjährigen Jura- und sechsjährigen Medizinstudium als Medizinalpraktikant an die Heidelberger Universitätsklinik. Nach seiner medizinischen Promotion («Heimweh und Verbrechen»), Habilitation in der Philosophischen Fakultät für Psychologie, auf Anregung und mit Unterstützung von Nissl (Leiter der Psychiatrischen Klinik) mit dem Werk »Allgemeine Psychopathologie«. 1916 Extraordinariat für Psychologie, 1920 für Philosophie. 1937 Entlassung und Publikationsverbot, da seine Frau Jüdin war. Während der NS-Zeit ständig der Gefahr der Deportation in ein KZ ausgesetzt. 1945 konnte Jaspers seine Professur wieder übernehmen. 1948 Berufung nach Basel (Bonin, W. 1983, S. 154). Jaspers Methodenlehre und ihre klinische und psychopathologische Anwendung sind in die »Klinische Psychopathologie« Karl Schneiders eingegangen (Janzarik, W., S. 135).

[278] Krovoza, A. (1989) S. 257 f.

[279] Mitscherlich seinerseits schätzt Jaspers weiterhin: »Bei aller Kritik muß ich doch immer wieder sagen, daß er erstaunlich bereit zur Selbstanalyse ist« (Mitscherlich/Kunz, 02.11.47, M.A.).

[280] Zu Jaspers Kritik an der Psychoanalyse siehe Jaspers, K. (1950). Zur Kritik an der Psychoanalyse. Nervenarzt, 21, S. 465-468 und Mitscherlich, A. (1950/51). Kritik oder Politik? (Zu K. Jaspers: »Zur Kritik der Psychoanalyse«.) Psyche, 4, S. 241-254, 1951. Weiter: Pfister, O. (1952). Karl Jaspers als Sigmund Freuds Widersacher. Psyche, 6, S. 241-275.

Mitscherlich meinte:»Jaspers haßt Freud: er stellt ihn immer wieder neben Marx, den er ebenso haßt. Er übersetzt seinen Haß in die Sprache der Wissenschaft. Eines Mannes Haß ist sein gutes Recht; diese Übersetzung aber ist ein Griff ins Leere ...«[281] »Um das Institut sieht es sehr trübe aus. Das Gutachten Jaspers, das Freud den Rang einer wissenschaftlichen und sittlichen Persönlichkeit abspricht (wörtlich!), wird seine Wirkung nicht verfehlen.«[282]

Jaspers hielt es für unzulässig, eine Lehranalyse als Grundlage für die Ausbildung in Psychoanalyse, z.b. an einer Hochschule, zu fordern. Mitscherlich entgegnete:»Da ich selbst Leiter eines solchen Hochschulinstitutes – soweit ich sehe, übrigens des einzigen in Deutschland – bin, an dem die Lehranalyse zu einer unter vielen Bedingungen der Mitarbeit gemacht wird, darf ich mir erlauben, als unmittelbar Angeklagter zu antworten: Ich stimme Jaspers, wie gesagt, bei, daß ein Zwang zur Lehranalyse ein Unding ist. Dabei sehe ich weniger die Freiheit der menschlichen Person bedroht, als vielmehr die Analyse selbst in sich vernichtet. Wer nur durch Zwang, um eine Approbation zu erhalten, sich der Lehranalyse unterwürfe, würde trotz ihrer ein unheilbringender Analytiker.«[283]

Das Institut wurde dann doch im Rahmen des Lehrstuhls für allgemeine Medizin (der für v. Weizsäcker gegründet worden war) angesiedelt.»Diese Eingliederung wird ausdrücklich als ›vorläufig‹ bezeichnet. In dem Institut sollen ›vornehmlich‹ einer psychotherapeutischen Behandlung bedürftige interne Fälle behandelt werden. Die Fakultät beantragt eine Planstelle für mich, ferner für 2 Assistenten und 1 Sekretärin. Dieser Antrag wurde einstimmig angenommen, ohne weitere Diskussion. Der erste Schritt wäre nun also doch getan. Da die Anregung zum Kompromiss vom Psychiater ausging(!), dem selbst das Gutachten von Jaspers unangenehm war – was ja meine Aufnahme in seine Klinik vorsah, ist die Stimmung auch keineswegs ungünstig. Nun hebt also der Kampf mit dem Ministerium in Karlsruhe und der weitere Kampf um den Platz an. Darüber werden wieder Monate vergehen! ... Übrigens scheint die Universität Hamburg allen Ernstes meine Beru-

---

[281] Mitscherlich, A. (1950/51) S. 254.
[282] Mitscherlich/Schottlaender, 28.07.46, B.A.
[283] Mitscherlich, A. (1950/51) S. 253.

fung dorthin zu erwägen, denn auch dort wird ein ähnliches Institut gegründet.«[284]

Zunächst hieß es, daß die Heidelberger Universität Mitscherlichs Institut[285], bis auf den Personaletat, der noch nicht bewilligt sei, genehmigt hatte. Mitscherlich machte es von dem Etat abhängig, ob er zurück nach Heidelberg komme.[286] Bereits zwei Monate später kamen alle Vereinbarungen wieder ins Wanken: »Was die Institutsfrage betrifft, so bin ich ziemlich sicher, daß nichts daraus wird. Teils aus Unfähigkeit der Regierung, teils aus Hinterhältigkeit des Dekans (Bauer, Chirurg), der die notwendigen Gelder auf ein Krebsforschungsinstitut umleitet. Die letztere ist vielleicht meine Paranoia ... Weizsäcker betreibt (gebrochen wie er ist) die Sache auch weiter, wenn ich vorerst nicht zurückkehren sollte. Wahrscheinlich ist die Universität (e)in (in, R.L.) keiner Weise regenerationsfähiges Institut«.[287]

Alan Gregg, der »big man« der *Rockefeller Foundation* und Mitglied der *American Psychoanalytic Association,* stellte Mitscherlich schließlich eine halbe Millionen für drei Jahre zur Schaffung einer Psychosomatischen Klinik in Heidelberg zur Verfügung.[288] Die *Abteilung für Psychosomatische Medizin* konnte damit gegründet werden.

Schottlaender sollte als Lehranalytiker am Mitscherlich-Institut verpflichtet werden. »Da wir eine große Zahl von ausgezeichneten Analysanden haben, die aber aus finanziellen Gründen ihre Lehranalyse nicht durchführen können, würdest Du dich verpflichten, als Gegenleistung jährlich 8 Kandidaten zu übernehmen, neben deiner Privat-Praxis in der Du im übrigen völlig ungehemmt wärst. Ich glaube, es kommt darauf an, in der nächsten Zeit einige gute Teams heranzubilden, die dann im Laufe von 3 Jahren an andere Kliniken ausschwärmen können.«[289] Später schrieb Mitscherlich von sechs Kandidaten, die Schottlaender von den zwölf vorgesehenen übernehmen solle. Die *Rockefeller Foundation* zahlte 10 M, die *Westdeutsche Ärztekammer* bot ein Darlehen über 5 M pro Stunde an (über 3 Jahre, 20.000 DM),

---

284 Mitscherlich/Bally, 04.10.46, M.A.
285 Schottlaender/Mitscherlich, 08.10.48, B.A.
286 Psyche/Schottlaender, 27.10.48, B.A.
287 Mitscherlich/Schottlaender, 22.12.48, B.A.
288 Lohmann, H. M. (1987) S. 69.
289 Mitscherlich/Schottlaender, 02.09.49, B.A.

175

so daß das Stundenhonorar 15 M betrug und die Lehranalysen weitgehend von der *Rockefeller Foundation* finanziert wurden. Monatlich bekäme Schottlaender 750 M für 50 Stunden Ausbildungsarbeit.[290.291] Mitscherlich wählte die zu fördernden Kandidaten aus.[292]

Anfang der 50er Jahre waren W. Bräutigam, G. Biermann, C. de Boor, U. Ehebald, M. von Eckardt, A. Görres, J. von Kries, M. Mitscherlich-Nielsen, W. Ruffler, W. Seemann, Sommer und D. Wyss Mitarbeiter in Mitscherlichs Institut.[293]

* * *

Während der NS-Zeit war es bereits ein verbindendes, ja vielleicht sogar antifaschistisches Element, sich positiv auf die Psychoanalyse zu beziehen. Auf dieser allgemeinen Basis hatten sich Mitscherlich und Schottlaender zunächst getroffen. Als in den ersten Nachkriegsjahren nun eine differenziertere Konturierung des eigenen Standpunktes möglich wurde, erwies sich Schottlaender als derjenige, der auch durch seine psychoanalytische Sozialisation zwischen Wien, Berlin und Stuttgart bedingt, verwurzelt in der deutschen psychoanalytisch-psychotherapeutischen Tradition, ihre von Freud wegführende Entwicklung, die bereits nach Abrahams Tod eingesetzt hatte und sich während der NS-Zeit nicht nur erzwungenermaßen fortsetzte, mitvollzog. Mitscherlich dagegen brach mit dieser »Tradition«, zumal seine Verbindung mit ihr sehr viel fragiler war. Die Vorbilder, nach denen er in der Zeit seiner eigenen Orientierungslosigkeit so dringend suchte, fand er während seines Amerikaaufenthaltes. Mitscherlich wurde so einerseits zum Emigranten im eigenen Land, andererseits zu demjenigen, von dem Paula Heimann, seine spätere Analytikerin, meinte, er habe Deutschland die »Renaissance der Psychoanalyse« gebracht, und Kurt Eissler fand es lehrreich zu zeigen, wie ein »einzelner einer ganzen Nation die Psychoanalyse aufzwingen kann«.[294]

---

[290] Mitscherlich/Schottlaender, 06.12.49, SCH.A.
[291] Mitscherlich selber bekam von der R.F. 500 M.
[292] Mitscherlich/Schottlaender, 21.05.50, B.A.
[293] Brecht et al. (1985) S. 208.
[294] Eissler, K. (1982) S. 189.

4.0. Erste Kontakte von Psychoanalytikern nach dem Krieg

Harald Schultz-Hencke und Carl Müller-Braunschweig hatten auf dem *10. Internationalen Kongreß für Psychotherapie* in London (29.07. - 02.08.1938) das letzte Mal vor dem Krieg die Möglichkeit, Kontakt mit im Ausland lebenden Fachkollegen aufzunehmen. Abgesehen von Wilfried Bion und Herbert Rosenfeld kamen zu diesem Kongreß allerdings keine bekannten Psychoanalytiker.[1] Freud war seit Juni in London und die Pressebilder von seiner erzwungenen Ausreise, die um die Welt gingen[2], und ein weiteres Zeugnis von der deutschen Invasion in Wien und der Judenverfolgung ablegten, waren noch frisch.

Der Krieg brachte dann den letzten tiefen Bruch, der aus »Kollegen« »Feinde« machte. Aber wie konnten Feinde wieder zu »Gleichgesinnten« einer wissenschaftlich-kollegialen Gemeinschaft werden? Die Tendenz, die eigene Aggressivität auch nach dem Krieg zu verleugnen, fand, auch bei den Psychoanalytikern ihren Niederschlag in der abfälligen Wendung »Ressentiment«, wenn es um die Zurückhaltung von Ausländern und Emigranten gegenüber Deutschen ging.[3] Mit »Ressentiment« ist aber die Erschütterung nicht erfaßt, mit der die im Ausland lebenden Kollegen auf die Deutschen schauten, die ihnen so fremd geworden waren. Der englische Psychoanalytiker John Rickman hatte einen lebendigen Bericht darüber gegeben, wie er

---

[1] Müller-Braunschweig und Schultz-Hencke kamen mit einer Gruppe von 23 Kollegen — unter ihnen Göring, Heyer, Künkel, Schmaltz, v. Hattingberg und Staabs — aus Deutschland (Lockot, R., 1985, S. 292 und die Anwesenheitsliste der Kongreßteilnehmer. B.A.).

[2] »Jüdische Bilder«, August 1938. Brecht et al. (1985) S. 65. Weiter: Freud et al. (1976) S. 290 f.

[3] Baumeyer, Boehm, Müller-Braunschweig und Riemann bezeichneten die Zurückhaltung des Auslandes in ihrer Korrespondenz mehrfach als »Ressentiment« — aber auch Klett, der über seine Schwiergkeiten, die Freudsche Gesamtausgabe zu verlegen, über Anna Freud schreibt: »... da man ein erhebliches Ressentiment ja mit Sicherheit bei ihr voraussetzen kann« (Klett/Mitscherlich, 07.05.46, M.A.).

seine psychoanalytischen Kollegen in Deutschland nach dem Krieg wahrnahm. Erst durch diesen befremdeten, erschrockenen »Blick« schienen manche Deutsche zu spüren begonnen haben, was in ihnen selber »fremd«, nicht nachvollziehbar, geworden war. Auch wenn in den ersten Kontaktaufnahmen von Müller-Braunschweig mehr, von Schultz-Hencke und Kemper weniger, ein vorsichtiges Zögern spürbar war, so wurde es doch relativ rasch durch eine gewisse Selbstgerechtigkeit und Alltagsbanalität übergangen. Mitscherlich und Schottlaender waren sich hier ihrer historischen Position bewußter. Vor allem Mitscherlich war als Psychoanalytiker ein »Neuling« und brauchte den »prüfenden Blick« nicht zu fürchten.

Die Notwendigkeit für die Deutschen, die Verantwortung für die durch den Nationalsozialismus und Krieg geschaffene Zerstörung, für das Leid und das Elend zu übernehmen, spricht aus dem Brief von Luise Meyer[4]: »Wir sind überzeugt, daß das heutige Bild vom Kaiserhof zur Reichskanzlei ein ungeschminktes Symbol der Zeit ist, daß uns nichts, gar nichts und niemand, kein Wunder, kein Gott, kein Amy, kein Tommy oder Ruski aus unserem Schlamassel hilft, als nur wir selber und mit unserer Hände Arbeit. Und so gehen wir ohne Sentiments, die können wir uns nach dem Ungeheuerlichen nicht mehr leisten, sie wurden auch sinnlos, daran und räumen unseren Schutt auf, äußerlich und innerlich, dann besehen wir die Trümmerstätten, die leeren, ausgebrannten Hülsen, auch äußerlich und innerlich und dann beginnen wir im Rahmen des Menschenmöglichen neu zu planen und zu bauen, stoßen Fenster auf und lassen in das leere Haus auch Pläne Gedanken, Ideen aus Ost und West und stellen erstaunt fest, daß wir den Anschluß an das Weltbürgertum verpaßt haben und mühen uns es nachzuholen. Und neu erstaunt erleben wir, daß man auch ohne Haß und Aggression, ohne Spitzeltum und ständiger Angst leben kann und auf dieser Basis leben wir dann einen erfüllten Alltag, der nur oft nicht genug Zeit zur Selbstbesinnung läßt.«

---

[4] Vom 10.02.46 an ihre Mutter.

4.1. ... daß wir den Anschluß an das Weltbürgertum verpaßt haben ...

Im Herbst 1945 kam eine Einladung der Amsterdamer Gruppe zu einem Treffen der europäischen psychoanalytischen Gruppen, Pfingsten 1947 in Amsterdam.

Die holländische, die französische und die englische Gruppe sprachen sich einstimmig für die Teilnahme der DPG-Vertreter aus. Bedenken kamen von den Schweizern. Obwohl die drei Delegierten der DPG, Dräger, Müller-Braunschweig und Kalau vom Hofe, erst einen Tag nach Beendigung der Tagung ankamen, konnten sie noch eine große Reihe von Kollegen begrüßen »und dabei ungetrübte menschliche und kollegiale Beziehungen« feststellen. Müller-Braunschweig, der bereits durch eine mehrwöchige, nun überstanden geglaubte Rippenfellentzündung geschwächt war, kehrte, hoch fiebernd, von der Reise zurück, und es begann ein sich über mehrere Monate hinziehender Krankheitsprozeß.

Müller-Braunschweig versuchte zunächst vergeblich, Kontakt zu Jones herzustellen. Dann stellte er »mit Befriedigung« fest, »daß er uns seine alte Freundschaft und kollegiale Haltung bewahrt hatte und volles Verständnis für unsere derzeitige Situation zeigte«.[5,6]

---

[5] Müller-Braunschweig, C. (1948, unv.).

[6] »Jones hat mir 2 Briefe geschrieben, die mich, weil sie sehr herzlich gehalten waren, sehr erfreut und beruhigt haben. Wenn er darin auch meint, daß die DPG von einigen deutschen oder österreichischen Emigranten einige Unfreundlichkeiten zu erwarten haben könnte, so versichert er uns und mich seines unveränderten Wohlwollens und daß er sich für die Wiedereinfügung der DPG in die IPV einsetzen werde« (Müller-Braunschweig/Aichhorn, 06./08.06.46, B.A.).
»Nach langem vergeblichen Warten erhielt ich vor einigen Tagen endlich 2 Briefe von Jones«, schrieb Müller-Braunschweig an Bally, »der eine vom Okt. vorigen Jahres, der 2. vom 10. Mai ... Ich bin sehr froh über die Wiederanknüpfung, trotzdem damit zu rechnen sein wird, daß die Schatten der letzten Jahre sie unvermeidlich verdüstern werden und daß es eine lange Zeit dauern wird, bis in die Beziehungen zwischen den Deutschen Kollegen und denen des Auslandes wieder etwas Unbeschwertes, Ungezwungenes und Herzliches einziehen kann« (Müller-Braunschweig/Bally, 23.05.46, B.A.). Bally antwortete: »Es wird allerdings, da stimmen meine Erfahrungen mit Ihren Gefühlen überein, noch einige Zeit dauern, bis es möglich sein wird, sich über die Grenzen hinaus, wieder von Mensch zu

Müller-Braunschweigs erstes Schreiben an Anna Freud (16.05. 1946) drückte vor allem die Beunruhigung darüber aus, warum seine Briefe an Jones bisher unbeantwortet geblieben waren. Ein Jahr habe er in der Ungewißheit gelebt, ob »Krankheit oder Alter« ihn vom Schreiben abgehalten haben. »Denn bei der gleichmäßigen Freundlichkeit unserer alten Beziehungen kann — so nahe es liegen mag — ich es mir doch nicht vorstellen, daß etwas von der begreiflichen Empörung der ganzen Welt gegen unser Land und Volk auch die Beziehungen zu denen getrübt haben könnten, mit denen man so lange wissenschaftlich und menschlich im Dienste der gleichen Sache zusammen gearbeitet hat und die nicht weniger zu den ohnmächtigen Opfern einer tragischen geschichtlichen Phase gehören wie die Leidenden außerhalb Deutschlands.« So ganz wohl war auch Müller-Braunschweig bei diesem Vergleich offenbar nicht, denn er fuhr fort: »Ich möchte nicht — jedenfalls jetzt noch nicht — Eingehenderes schreiben über die äußeren und inneren Nöte, durch die wir gegangen sind und noch gehen, da ich weder weiß, ob Sie etwas davon hören wollen, noch mich persönlich — immer noch nicht — recht in der Lage weiß, über diese Dinge vor mir und den anderen Rechenschaft abzulegen. Es geht wohl den meisten Deutschen so, daß die Zeit des Hitler-Regimes und des Krieges mit allen ihren Furchtbarkeiten noch wie ein Alpdruck auf ihnen liegt, daß die gesunde freie Beweglichkeit und Unbekümmertheit des Gemüts noch lange nicht wieder erreicht sind.« Nachdem die »Fesseln des Regimes« gefallen sind, wolle er sich nun wieder der Pflege der psychoanalytischen Forschung widmen, sei aber weitgehend isoliert gewesen und habe nur vereinzelt vernommen, was in der psychoanalytischen Welt vor sich gegangen sei.[7]

Anna Freuds Antwort kam prompt (am 31.05.1946) und beruhigend: »Es hat mir immer sehr leid getan, daß Ihr Besuch in Wien und Ihre Beziehung mit mir in 1938 so schlechte Folgen für Sie gehabt

---

Mensch zu begegnen. Ich fürchte sogar, daß, ehe dieses Ziel erreicht ist, schon wieder neue kritische Spannungen auftreten könnten. Auf jeden Fall möchten wir in der Schweiz unsere, uns vom Schicksal gewährte Vorzugsstellung mit allen Kräften dazu benützen, das gefährdete geistige Gut zu bewahren und im Kontakt mit allen unseren Freunden in der Welt zu mehren. In dieser Mittlerrolle sehe ich unsere vornehmste Aufgabe« (Bally/Müller-Braunschweig, 20.06.46, B.A.).

[7] Müller-Braunschweig/Anna Freud, 16.05.46, B.A.

180

hat. Sie wissen, daß das durchaus nicht meine Absicht war.« Sie informierte zunächst sehr sachlich über die verschiedenen europäischen Vereinigungen, die IPV und die psychoanalytischen Zeitschriften. Abschließend meinte sie: »Ich kann Ihnen offiziell nicht sagen, wie sich die einzelnen Zweigvereinigungen, besonders in den Ländern, die viel unter Deutschland gelitten haben, bei einer Zusammenkunft zu den Mitgliedern der deutschen Gruppen stellen werden. Man kann annehmen, daß bis dahin viele Gefühle, die jetzt noch erregt sind, sich beruhigt haben werden. Jones und ich, die die Verhältnisse in Deutschland gekannt haben, wissen, wie sehr jeder dort Lebende Opfer der Verhältnisse war und daß es unsinnig wäre, daraus Schwierigkeiten für die weitere Arbeit entstehen zu lassen.«[8]

Bereits eineinhalb Jahre später, als die DPG-Mitglieder dazu aufgefordert wurden, die ausstehenden Jahresbeiträge zu überweisen und nicht dazu in der Lage waren, da noch keine stabile Währung existierte, klang Müller-Braunschweig Anna Freud gegenüber wieder selbstbewußt. »Man kann auch die Frage aufwerfen, ob es sich rechtfertigen läßt, die Gruppe derjenigen Länder, die durch die politischen oder Kriegsverhältnisse von der internationalen Wissenschaft abgetrennt waren, für die Zeit ihrer Isolierung zu Beitragsleistungen nachträglich heranzuziehen. Sie können aber versichert sei, daß wir alles tun werden, was im Bereich der Möglichkeiten steht.«[9]

Zu den deutschen Kollegen in Amerika gestalteten sich die Beziehungen schwieriger. Am 23.09.1947 hatte Müller-Braunschweig an Simmel geschrieben: »Es fällt mir nicht leicht Ihnen zu schreiben, trotzdem ... natürlicherweise bei uns ein starkes Verlangen danach bestand, mit (von, R.L.) unseren alten Freunden und Kollegen, von denen wir so viele Jahre nichts hören durften, wieder etwas zu vernehmen. Es fällt mir nicht leicht zu schreiben aus dem einfachen Grunde, weil ich ein Angehöriger des Volkes bin, das über die Welt so viel Unglück gebracht hat, und weil ich nicht abzuschätzen vermag, in welchem Grad sich bei den einzelnen unserer psychoanalytischen Kollegen das ehemalige Gefühl alter Kollegialität und Freundschaft durch das Unheil hindurch erhalten hat, das durch den Nazismus über

---

[8] Anna Freud/Müller-Braunschweig, 31.05.46, B.A.
[9] Müller-Braunschweig/Anna Freud, 11.01.48, B.A.

die Welt gekommen ist.« Als Zeugen seiner aufrechten Gesinnung während der Nazizeit führte er Anna Freud und Jones an. Er habe sie gebeten, von seinem »Zusammenstoß mit der Gestapo« bei dem Versuch der »Rettung« der Wiener Bestände und seinem Eintreten für Freud, die Psychoanalyse und die *Wiener Vereinigung* nichts zu erzählen, da die Folge hätte sein können, »daß ich in der antinazistischen Öffentlichkeit als eine Art Märtyrer hätte hingestellt werden können, was für mich und meine Familie eine unabsehbare Vergrößerung der Gefahr bedeutet hätte, in der wir bereits schwebten«. Auch eine stattliche Reihe emigrierter, ehemaliger Patienten hätten sich aus China, Arabien, Palästina und der Türkei gemeldet. »Das hätte mir Mut machen sollen, den Versuch zu machen, auch wieder mit Ihnen ins Gespräch zu kommen. Ich kann es nicht genauer umschreiben, was außer den angegebenen Gründen noch daran beteiligt gewesen sein mag, daß ich zögerte, an Sie zu schreiben ... Ich mußte, wenn ich an Sie dachte, insbesondere mich immer einer Wendung einer Ihrer letzten Briefe erinnern, in welchem Sie von Ihrem Jungen erzählten und ... berichteten, daß ein Tier, ich glaube eine Katze, von ihm als ein stream-line-cat bezeichnet worden war.« Einerseits fühle er die Verpflichtung, ausführlich von dem Erlebten zu berichten, andererseits habe er die Empfindung, daß »wir das seinerzeit Erlebte immer noch nicht recht verarbeitet haben, daß es immer noch wie eine dunkle Wolke über uns zu hängen scheint«. Die bösen Zeiten seit dem Waffenstillstand setzten in vielem, wenn auch in anderer Art, »die Trostlosigkeit, das Dunkel und die Unsicherheit der hinter uns liegenden Jahre« fort. Unterernährung und langwierige Krankheiten sowie die Kälte beeinträchtigten die Arbeitskraft erheblich.[10]

Simmel (geb. 1882) hat auf Müller-Braunschweigs Brief nicht mehr geantwortet. Er starb, ein Jahr jünger als Müller-Braunschweig, am 11.11.1947. Fenichel (geb. 02.12.1897) war bereits am 22.01.1946 gestorben. Auch Sachs, Müller-Braunschweigs ehemaliger Lehranalytiker, und Eitingon lebten nicht mehr. Sachs, Eitingon, Müller-Braunschweig und Boehm waren im gleichen Alter. Schultz-Hencke (1892) und Fenichel (geb. 1897) erheblich jünger. Die »Väter, Mütter, Brü-

---

[10] Müller-Braunschweig/Simmel, 23.09.47.

der und Schwestern«[11] waren vertrieben worden. Viele hatten das nicht lange überlebt.

Nachdem sich innerhalb der ersten Nachkriegsjahre die Ernährungslage in Berlin etwas verbessert hatte, waren die Westsektoren durch die Blockade am 26.6.1948 dem Hungern wieder besonders ausgesetzt. Die Luftbrücke schuf dann eine Versorgungslage, die sowohl mengen- als auch qualitätsmäßig höher lag, als die im Osten. Nach Aufhebung der Blockade am 12.5.1949 konnten alle Waren aus Westdeutschland frei eingeführt werden.[12] Angesichts des Blockadewinters erwog Müller-Braunschweig, Deutschland zu verlassen. Er hatte von Hannah Ries gehört, daß Lehranalytiker für den Aufbau eines neuen Instituts in Süd-Afrika gesucht würden. Er empfahl schließlich Heilbrun[13] bei Anna Freud[14], Rickman[15], Menninger[16] und Wulf Sachs[17] als »wertvol-

---

[11] z.B. Clara Happel, die sich das Leben nahm. Siehe dazu Friedrich, V. (1988), Briefe einer Emigrantin. Die Psychoanalytikerin Clara Happel an ihren Sohn Peter (1936 - 1945). Psyche, 42, S. 193-215.

[12] Krumholz, W. (1969) S. 517 f.

[13] Heilbrun, Dr. med. E. L. G. geb. 22.10.1910. Durch seinen in Kapstadt geborenen Vater hatte er die englische Staatsbürgerschaft. Sein Vater, Jude, starb, als Heilbrun 16 Jahre alt war. Heilbrun wuchs in Berlin auf, studierte in Erlangen und Wien Medizin und kehrt nach Berlin zu seiner Mutter zurück. Von seinem sog. »Halbjudentum« erfuhr er erst durch die nationalsozialistische Rassengesetzgebung. Seine Approbation als Arzt wurde ihm entzogen; Verlust des Arbeitsplatzes (Klinik Waldhaus) — schriftstellerische Tätigkeit über »Die europäische Tragödie«. Heilbrun wurde von seiner Frau während der NS-Zeit (Heirat ca. Ende April 45) durch diverse Atteste gedeckt und schließlich versteckt. Kurz vor Kriegsende konvertierte er aus religiöser Überzeugung zum katholischen Glauben. Seit Januar 46 war er in Lehranalyse bei Müller-Braunschweig, die von seiner Frau finanziert wurde, und behandelte seit Anfang 48 eigene Fälle unter Müller-Braunschweigs Kontrolle. Am 14.6.49 wurde er als »außerordentliches Mitglied« von der DPG aufgenommen. Als er nach Südafrika ging, blieb Frau Heilbrun zurück, um seine Mutter zu pflegen. In Südafrika ließ sich Heilbrun scheiden, heiratete wieder, und ging nach Wien. Seine 2. Frau starb und er kehrte nach Berlin zurück, verließ es dann wieder um sich in Wien endgültig niederzulassen. Er heiratete ein drittes Mal. Heilbrun starb dort 1977 (persönliche Mitteilung von Frau Dr. Heilbrun vom 25.08.87).

[14] Müller-Braunschweig empfahl Heilbrun, der auf dem Weg nach Süd-Afrika Anna Freud seine Aufwartung machen wollte. In seiner dreijährigen Lehranalyse bei Müller-Braunschweig sei er ihm sehr ans Herz gewachsen. Er besitze in besonderem Maße die Qualität, »ein wertvoller Arbeiter für die Sache der Psychoanalyse zu sein« (Müller-Braunschweig/Anna Freud, 02.07.49, B.A.).

le Persönlichkeit«, die, als »Halbjude«, unter den Nationalsozialisten sehr gelitten habe.[18] Heilbrun wurde damit zum »Boten« eines »verhinderten Emigranten«.

Die *International Conference on Mental Health* war das erste große internationale Forum für »geistige Gesundheit« in der Nachkriegszeit (vom 11. - 21.8.1948) in London. Es kamen 2500 Vertreter aus über 50 Nationen. Die Themen des Kongresses waren: »Persönlichkeitsentwicklung unter besonderer Berücksichtigung der Aggression«, »Schuld« und »Geistige Gesundheit und Weltbürgertum«. Deutsche wurden zunächst offiziell nicht eingeladen — lediglich Schottlaender wurde zum Kommen aufgefordert, mit der Bitte, eine Liste repräsentativer Psychotherapeuten und Psychiater zu erstellen, deren Einladung nach London erwogen werden könne. Hoffer lud ihn zu einem Empfang für die Psychoanalytiker ein.[19] Erst zwei Tage vor Beginn des Kongresses fiel die Entscheidung, daß 16 Deutsche, unter ihnen auch Kemper[20], der die Gelegenheit zu einem Besuch bei Anna Freud nutzte, als Gäste teilnehmen konnten.[21]

Kemper berichtete stolz von seinem gelungenen Auftritt bei einer fünfminütigen Diskussionsbemerkung zu der als vorbildlich anerkannten Arbeit in der *Berliner Poliklinik.* »Der demonstrative Beifall nach

---

[15] Müller-Braunschweig/Rickman, 09.09.48, B.A.

[16] Müller-Braunschweig/Menninger, 28.10.48, B.A.

[17] Müller-Braunschweig dankte Wulf Sachs für die Freundlichkeit und Sorgfalt, mit der er sich Heilbruns Anliegen angenommen habe. Gern hätte er Heilbrun in Berlin gehalten. Neben »der Existenz der Psychoanalyse feindseligen Mächte« sei es nicht leicht, die psychoanalytische Bewegung zu beleben (Müller-Braunschweig/Sachs, 25.06.49, B.A.).

[18] »Dr. H. hat unter dem Naziregime sehr gelitten, als Halbjude wurde er ständig verfolgt und mußte sich schließlich ganz verborgen halten. Er hat von der Zeit des Naziregimes her einen außerordentlich starken Drang zu emigrieren, den er damals nicht und auch bisher nicht realisieren konnte« (Müller-Braunschweig/Rickman, 09.09.48, B.A.).

[19] Hoffer/Schottlaender, 24.05.48, B.A.

[20] Durch die Unterstützung und Förderung amerikanischer Dienststellen wurde Kemper der Besuch des Kongresses ermöglicht (Kemper, W. 1973, S. 326 f.).

[21] Aus Berlin kamen Kemper, der Psychiater Kalus und die Sozialfürsorgerin Frau Hörnicke; aus Westdeutschland Mauz (Hamburg), Schulte (Bremen) und Ruffin (Mainz).

seinen Ausführungen galt gewiß auch dem ersten deutschen Redner ...« Durch die gewinnende Art des Auftretens der Deutschen sei die Zurückhaltung verschwunden und einer »ausgesprochenen Herzlichkeit« gewichen. Trotz des Vorsprungs, den die meisten Länder vor den Deutschen hätten, brauche Berlin den Vergleich nicht zu scheuen. Vor der *Britischen Psychoanalytischen Vereinigung* hielt Kemper einen Vortrag über die Errichtung, Organisation und Arbeitsweise des *Zentralinstituts* — ebenfalls vor einem internationalen Publikum. Mit Genugtuung teilte er mit, daß »... selbst im reichen Amerika mit ausgesprochener Anerkennung, ja mit einem gewissen Neid von dem von uns hier tatsächlich Geleisteten Kenntnis genommen« worden sei.[22] Als »Kommentar« zu Kempers Bericht mag Rickmans Referat auf der 2. Konferenz über Medizinische Psychotherapie mit dem Hauptthema »Schuld« gelesen werden. Für die *Psyche* gab es Renate Haas wieder, die in London Verbindungen zu Scott und Rickman aufgenommen hatte.[23] »In der manischen Phase zeige sich eine aktive Verleugnung von Schuld, was übrigens in weniger stark ausgeprägtem Maße ein weit verbreitetes Charakteristikum der heutigen Welt sei, und nur deshalb nicht so besonders auffalle, weil diese Art der manischen Verteidigung gegen intrapsychische Spannungen zur Methode einer ganzen Gemeinschaft geworden sei. Diese Art der manischen Verteidigung schien Rickman ein bedeutsames Zeichen der Unausgeglichenheit der heutigen Zivilisation« zu sein.[24]

Margaret Mead führte aus, daß in die Charakterstruktur der Deutschen bestimmte Verantwortungsinhalte nicht inkorporiert seien. Die Tatsache, daß Beobachter von verschiedenen Angeklagten in den Nürnberger Prozessen aussagten, sie schienen anzufangen, einiges Schuldgefühl zu zeigen, wurde von Mead als eine »Flucht vor moralischer Lehnspflicht« interpretiert, hervorgerufen durch den Druck des Gerichtsverfahrens. Diese Angeklagten begännen allmählich zu merken, daß sie nicht die richtige Autorität akzeptierten.[25]

---

[22] »Bericht über den *Londoner Congress on Mental Health* vom 9. - 21. August 1948« von Kemper, W. (1948, unv).

[23] Renate Haas hatte »einen sehr guten Eindruck von ihren Persönlichkeiten« gewonnen (Psyche/Schottlaender, 27.10.48, B.A.).

[24] Haas, R. (1948) S. 468.

[25] Haas, R. (1948) S. 469.

Die »Verantwortung«, die die Deutschen nach dem Krieg übernahmen, verstand Kemper lediglich als »besondere Verpflichtung, gerade die Veranstaltungen aufzusuchen, in denen zu den Fragen Stellung genommen wurde, die Deutschland betrafen; so z.B. einer Tagung, die unter dem Thema ›Naziautorität und Freiheit‹ stand, oder ›Kollektivschuld‹ oder einer Tagung, in der eine erschütternde Statistik über die Schäden mitgeteilt wurde, die den Kindern in den von Deutschland eroberten Ländern zugefügt worden sind.«[26]

Alice Platen-Hallermund berichtete von dem Tagungsthema »Psychische Hygiene«, in dem die »Angst und Sorge um die Zukuft Europas und der Welt« zum Ausdruck gebracht wurde, »wenn die destruktiven Tendenzen weiterhin die Oberhand behalten«. Die Hoffnung, diese verhängnisvolle Entwicklung durch Maßnahmen zur Förderung der geistigen Gesundheit aufhalten zu können, habe diese vielen Menschen zu diesem Kongreß zusammengeführt. Weil alle bisherigen Bindungen versagt hätten, suche man nach Schutz und Hilfe vor inneren und äußeren Katastrophen bei einer weltumfassenden Organisation, die zuverlässige Sicherheit bieten könne. So sei der Ton der Reden sehr ernst und besorgt gewesen, und der oft ausgesprochene Wunsch nach »One World« sei nicht als eine utopische Spielerei empfunden worden, sondern als realer Anspruch, wenn der endgültige Zusammenbruch der Zivilisation verhindert werden solle.[27]

In einer deutschsprachigen Gruppe wurde die Entstehung, Psychologie und Wirkung des Nationalsozialismus diskutiert. Kemper sprach »über frühkindliche Erziehung in Deutschland und die Rolle der Trotzphase in der Erziehung des Kleinkindes« und Gilbert (USA), Gefängnispsychologe in Nürnberg, über seine Erfahrungen mit NS-Führern. Gilbert hielt nur wenige für Psychopathen, die meisten seien Exponenten einer neuen Menschenart, »dem Polizeimenschen«. »Die sachlichen Besprechungen, bei denen nicht von Schuld oder Vergeltung, nur von Verhinderung ähnlicher Zustände auf der ganzen Welt gesprochen wurde und von der Erforschung der zu ihnen treibenden

---

[26] »Bericht über den *Londoner Congress on Mental Health* vom 9. - 21. August 1948« von (Kemper, W. 1948 unv.).
[27] Platen-Hallermund, A. (1948) S. 474.

Kräfte, war für die deutschen Teilnehmer befreiend. Gerade bei diesen Besprechungen beeindruckte die überlegene Haltung, das Verständnis und die Teilnahme unserer deutschsprachigen, jüdischen Kollegen, die, jetzt in der ganzen Welt an hervorragender Stelle wissenschaftlich tätig, uns ein schönes Beispiel von Objektivität und Menschlichkeit gaben.«[28]

Über Schultz-Henckes Versuche, wieder Verbindung zum Ausland aufzunehmen, ist mir wenig bekannt. In seinen Protokollen ist zu lesen, daß Prof. Spranger, kommissarischer Rektor der Universität, Kemper und Schultz-Hencke damit konfrontierte, daß die emigrierten Psychoanalytiker mit hoher Wahrscheinlichkeit eine entscheidende Rolle bei der Vergabe eines Etats an die »Neugründer« spielen würden. Deshalb sei die verbreitete Meinung richtigzustellen, »daß die Gründer des heutigen Instituts einmal Psychoanalytiker waren, dann Nationalsozialisten wurden und nun, aus unsachlichen Gründen, wieder zur jüdischen Literatur zurückkehren«.[29]

Paul Parin erlebte Schultz-Hencke während eines Vortrags im Burghölzli in den späten 40er Jahren. »Er war so eine siegfriedhafte Erscheinung. Mir kam vor, daß seine Neoanalyse eine üble Verzerrung der eigentlichen Psychoanalyse (›Bürokratisierung der Analyse‹) war. Ich wußte nicht viel über seine Rolle, die er institutionell spielte. Ich fand, er hatte ein zu starres Schema, wie eine Psychoanalyse abzulaufen hat. Der Vortrag war ein völliger Reinfall für ihn. Er legte Wert darauf, zwei Vorträge an einem Abend zu halten, was in der Schweiz schon ganz unüblich ist, und hat dann in einer ziemlich schnoddrigen Art zuerst die Psychiater angegriffen. Er sprach über Depressionen in dem Sinne: ... jetzt sehen Sie sich die doch mal genau an ... der Inhalt war ganz recht ... jede Depression hat einen psychologischen Grund, auch wenn sie endogen heißt ... das wollte er sagen ... Legen Sie doch mal eine gründliche Krankengeschichte an, schreiben Sie doch mal die Sachen auf, damit Sie sich daran erinnern ... und das im Burghölzli, wo eine Krankengeschichte im Durchschnitt 2 kg wog ... Prof. Bleuler gab sehr auf gute Sitten und gab sich alle Mühe, daß der Gast nicht vollständig geschnitten wurde. Die Schweizer waren so beleidigt,

---

[28] Platen-Hallermund, A. (1948) S. 477.
[29] Schultz-Hencke-Prot. 25.06.45, B.A.

187

allein durch seine preußische Art. Mir war er auch unsympathisch — er hatte so eine sehr narzißtische Art zu sprechen.«[30]

In der August/September-Nummer von *Les Temps Modernes* von 1949, die von J.-P. Sartre herausgegeben wurde, und in der auch Werner Kraus, Wolfdietrich Schnurre, Wolfgang Borchert und Eugen Kogon schrieben, findet sich ein Artikel von Schultz-Hencke über Psychoanalyse und Psychotherapie in Deutschland, mit einem kurzen Abriß der Geschichte im Nationalsozialismus und einer Einführung in seine Lehre.

Schultz-Hencke und Kempers offizielle Kontaktaufnahmen zeugen von wenig innerem Abstand zum eigenen historischen Standort. Müller-Braunschweig erscheint hier weniger naiv. Einige Monate vor dem Züricher Kongreß sandte er Heilbrun, gleichsam als Boten, der während der NS-Zeit versteckt leben mußte und nun Kunde von seinem Lehranalytiker Müller-Braunschweig bringen konnte, der sich, so berichtete seine Frau Ada Müller-Braunschweig[31], unterdrückt gefühlt hatte, seinen Kollegen zu. Auf seinem Weg nach Südafrika über England wurde auch Karl Menninger in den USA, der für eine große Anzahl jüdischer Emigranten eine erste Anlaufstelle hatte bieten können, dieser »Bote« ans Herz gelegt.

John Rickmans Urteil über führende DPG-Mitglieder

John Rickman kam am 14. und 15.10.1946 im Auftrag der englischen Regierung, des *German Personal Research Branch of the Control Committee* G.P.R.B., nach Berlin. Die Aufgabe dieses Komitées bestand darin, Sozialwissenschaftler verschiedener Richtungen politisch zu überprüfen. Er kam auch zur *Deutschen Psychoanalytischen Gesellschaft*, um herauszufinden, welchen Einfluß — wenn überhaupt — die zwölfjährige nationalsozialistische Herrschaft auf seine ehemaligen Kollegen gehabt hatte und ob die Zusammenarbeit mit theoretisch anders orientierten Gruppen zu einer Bereicherung des theoretischen Konzepts hatte führen können. Weiter beschäftigte ihn die Frage, ob

---

[30] Gespräch mit Paul Parin, 25.07.90.
[31] Siehe 2. Kapitel.

diese erzwungene Zusammenarbeit auch zu einer größeren Kooperationsfähigkeit der Vertreter unterschiedlicher Methoden geführt hatte. Schließlich kam er, um Anregungen von Wissenschaftlern, die im gleichen Bereich arbeiteten, aufzunehmen. Zu seiner »Untersuchungstechnik« gibt er an, daß er persönliche, kollegiale Gespräche geführt und an einer wissenschaftlichen Sitzung der *Deutschen Psychoanalytischen Gesellschaft* teilgenommen hatte, um die Spannungen zwischen den Mitgliedern, insofern sie bestanden, zu beobachten und festzustellen, wie damit umgegangen wurde. Erfahrungen mit dieser »Untersuchungsmethode« hatte er bei der Offiziersauswahl gewonnen.

Seinen deutschen Gesprächspartnern teilte er mit, daß er als Privatmann komme, nur eine geringe Stellung in der englischen Gesellschaft habe und keine Gelegenheit gehabt habe, seine englischen Kollegen über seinen Deutschlandbesuch zu informieren, daß er aber sicher sei, die guten Wünsche der Kollegen mitzubringen. Bei der Auswahl der Kollegen, Boehm, Müller-Braunschweig, Dräger, Steinbach und Kemper, hatte ihn Hannah Ries[32] beraten.

In seinem Bericht als Vorsitzender der DPG erinnerte Müller-Braunschweig auf der Generalversammlung vom 17. April 1948 an Rickmans Besuch: »Die meisten von Ihnen werden dabei gewesen sein, als er an einer unserer Sitzungen teilnahm und werden sich über seine kluge und liebenswürdige Persönlichkeit gefreut haben.«[33]

Rickman erstellte drei Berichte[34]:

A. Eine offizielle Fassung ging an Sylvia Payne, Präsidentin der *British Society*.

B. Eine etwas vertraulicher gehaltene an Ernest Jones, Präsident der IPA, wird hier in Klammern eingefügt.

---

[32] Ries, Hannah. geb. 1.8.1885, therapeutische Analyse bei K. Bluhm, Juni 29 bis Juli 33, mit Unterbrechung. Juni 34 therapeutische Analyse bei Boehm, dann Lehranalyse. Kontrolle bei Ada Müller-Braunschweig (Boehm/Jones 17.10.38, Brit. A.).

[33] Müller-Braunschweig, C. (1948, unver.).

[34] Bei der folgenden Darstellung handelt es sich um eine eigene, sinngemäße Übersetzung und Anordnung des Materials. Die Orginalfassungen sind bei King, P. (1988 u. 1989) nachzulesen.

Die beiden ersten Berichte werden in den Publikationen von King (1988 u. 1989) wiedergegeben.

C. Bei einer dritten Fassung handelte es sich um einen weiteren, noch etwas vertraulicheren Bericht (die aus diesem Bericht stammenden Bemerkungen habe ich mit (*) gekennzeichnet).

Rickman schrieb über Boehm[35]:

»Boehm ist ungefähr 65 Jahre alt. Ich traf ihn das erste Mal vor ungefähr 24 Jahren in Berlin und habe ihn mehrfach bei internationalen Psychoanalytischen Kongressen gesehen. Ich rief ihn an und schlug ihm einen Besuch in seiner Wohnung vor. Immer wieder ausweichend, meinte er, daß er mich bei der Veranstaltung der Gesellschaft treffen könnte. Schließlich konnte ich ihn zu einem Besuch überreden.

Offensichtlich war er sehr befangen und hatte Schwierigkeiten, mich anzusehen. (*Er ließ mich sehr lang warten ohne sich dafür zu entschuldigen ...) Er aß zu Mittag, wofür er sich stumm entschuldigte, aber ergriff die Gelegenheit, hin und her zu gehen, um mir irgendwelche merkwürdigen Gegenstände zu zeigen, um, wie es mir schien, die Unterhaltung zu unterbrechen. Er lobte die Amerikaner, denunzierte die Russen und zeigte seinen Mangel an Taktgefühl und unterschwelliger Feindseligkeit, indem er mich als Engländer fragte, warum die deutschen Frauen wohl die englischen Soldaten verabscheuten. Er meinte, sie seien kalt, sexuell frigide, hätten nicht das Feuer der Amerikaner und seien allesamt verrückte Kerle. Er sagte, er wisse nicht viel über Engländer, aber interessiere sich für ihren offensichtlichen Mangel an sexuellen Merkmalen.

(Er eröffnete das Gespräch mit einem Kommentar über die Schwierigkeiten der *British Psychoanalytical Society*, die von den beiden Frauen Anna Freud und Melanie Klein verursacht worden seien. Er sagte, daß Anna Freud daran gewöhnt sei, die Königin zu sein und sich nicht mit dem zweiten Platz begnügen würde. Melanie Klein, die Berlin verlassen hatte, um nach London zu gehen, sei als Königin empfangen worden und würde Anna Freud nicht das Feld räumen.« Für Anna Freud seien diese Bücher (dabei zeigte er auf Freuds Gesammelte Schriften) eine Bibel. Freud war ihr Papst und sie würde

---

[35] Kurzbiographien von Boehm und Müller-Braunschweig, siehe Lockot, R. (1985); eine ausführliche zu Kemper, siehe Kemper, W. (1973).

Päpstin werden. Diese Schwierigkeiten, die Sie in England haben, werden nicht eher gelöst sein, bis diese beiden gegangen sind.»Dann fragte er mich, was ich dazu zu sagen hätte. Ich erwiderte, daß aus der Entfernung die Unterschiede in der psychologischen Perspektive gravierender erschienen und daß viele von uns in England meinen, daß es Möglichkeiten gebe, die wissenschaftlichen Differenzen miteinander zu versöhnen. ›Wissenschaftliche Unterschiede — pshaw! Darum geht es nicht, es handelt sich um einen persönlichen Streit zwischen zwei Frauen.‹ Die Heftigkeit und Aggressivität des Gesprächs waren außerordentlich).

Unsere Unterhaltung fand auf deutsch statt, und er erklärte, daß er etwas Englisch verstehe, und als ich zu einem früheren Zeitpunkt unseres Gesprächs einige einfache Aussagen auf englisch machte, gab er vor, mich nicht zu verstehen. Später im Verlauf des Gesprächs sprach er erregt über Dr. Kemper und brachte in fließendem Englisch hervor: ›Dieser Mann ist ein Diplomat. Er hat keine Feinde und keine Freunde.‹ Ich glaube, er hat gemerkt, daß er einen Fehler begangen hat, indem er seine Englischkenntnisse verriet, da er wieder anfing, in einem Schrank herumzuwirtschaften, um nach Dingen zu suchen, die mich interessieren könnten, zum Beispiel eine Dose mit englischem Tabak. Ich habe tatsächlich noch nie ein Gespräch mit einem Kollegen geführt, der soviel Zeit damit verbrachte, seinen Kopf, auf der Suche nach einem Buch, das nicht da war, in einen Schrank zu stecken, auf den Knien herumzurutschen und so weiter. Ich brachte ihm die gleichen Geschenke mit, die ich auch den anderen gegeben hatte, und er nahm sie mit offener Hand, irgendwie ärgerlich wirkend.

(Während des Krieges war er in der Armee im Rang eines ›Captain‹ und hatte zu entscheiden, ob jemand ein Simulant war oder nicht. Wenn er sie als Simulanten identifizierte, wurden sie — er hielt seine Hand an die Gurgel und machte ein Geräusch wie ›esh‹, dann schnippte er mit dem Daumen und zuckte die Achseln. Er hatte keine Offiziersauswahl vorzunehmen, sondern mußte nur ›Ja‹ oder ›Nein‹ antworten, Simulant oder nicht, bei Deserteuren und neurotischen Soldaten. Er sagte auch, daß er große Risiken auf sich genommen habe, indem er die Nazis bekämpft und ›Juden‹ weiterhin behandelt habe, aber das habe er nur tun können, wenn sie nicht ›jüdisch‹ ausgesehen hätten.) Ich hatte den Eindruck, daß er nicht die Wahrheit über sich selbst gesagt hat, als er sagte, daß er Risiken auf sich genommen habe, um die Nazis zu bekämpfen und weiter ›Juden‹ behandelt habe, oder, falls es stimmen sollte, sollte es wohl meine Aufmerksamkeit von etwas anderem ablenken. Er ist völlig unbrauchbar für die G.P.R.B. und ich halte ihn für ›dunkelgrau‹ wenn nicht ›schwarz‹«.

Rickman charakterisierte Müller-Braunschweig:

»Ungefähr 67 Jahre alt. Ich habe Dr. Müller-Braunschweig auf verschiedenen internationalen psychoanalytischen Kongressen während der letzten 25 Jahre getroffen. Wir begrüßten uns herzlich und er stellte mich seiner Familie vor. (Seine Familie besteht aus seiner Frau, seiner Tochter, ungefähr 18jährig, der es, vermutlich, denn darüber wurde nicht geredet, schlimm bei den russischen Soldaten ergangen war, und einem ungefähr 18 oder 19jährigen Sohn. Frau Müller-Braunschweig, eine unterdrückte deutsche Hausfrau, hörte sich eifrig alles an, was ich über England zu berichten hatte, und schien sehr den Kontakt mit Ausländern zu wünschen.) Bei diesem Gespräch fand ich es bemerkenswert, wie wenig er sich für die Entwicklung der Psychoanalyse in England und Amerika interessierte. (Er schien sich auch nicht besonders für die Antworten zu interessieren, die ich auf die Fragen seiner Frau in bezug auf England gab.) Weiter fiel mir auf, in welchem Ausmaß sich das Gespräch auf die Frage richtete, wie man Privilegien und äußere Vorteile, wie mehr Kohlen und extra Essen bekommen könnte, wobei er mir zu verstehen gab, daß ich mich für ihn bei den zuständigen Stellen einsetzen möge, und dabei hervorhob, daß sein Kollege Boehm gut versorgt sei, da er Land habe, wo er Gemüse anbauen könne. Drittens fiel mir seine Einstellung zu den Geschenken auf, die er bekam; er wurde ziemlich gierig und wies auf die schreckliche Mangelernährung, unter der er während des Krieges gelitten hatte, hin. (Ich weiß, daß die Situation schlecht ist, aber ich erfuhr auch von seiner Frau, daß sie Geschenke aus Amerika bekommen haben. Ich kann es nur als Eindruck wiedergeben, aber ich meine, daß sich seine Persönlichkeit in dieser Hinsicht verschlechtert hat.) Viertens fiel mir auf, welchen Nachdruck er auf den Konflikt zwischen Engländern und Russen legte. (*Dabei kam es mir so vor, als schmeichele er den Engländern auf Kosten der Russen). Er sprach viel über seine Kollegen, meistens ein bißchen zu ihren Ungunsten, aber er erwähnte nicht Dr. Boehm. (Seine Frau fragte mich, wie meiner Meinung nach psychoanalytische deutsche Kollegen im Ausland empfangen würden; das bezog sich auf den internationalen psychoanalytischen Kongreß. Ich sagte ihr, daß ich nur für mich als Engländer sprechen könne, aber daß ich sicher sei, daß wir, in unserer liberalen Tradition, Menschen jeder Nation willkommen heißen, die durch Verrat und Schwierigkeiten hindurch den Geist der Demokratie, die Liebe zur Freiheit und Wahrheit in ihren Herzen bewahrt hätten. Sie atmete erleichtert auf und sah, wie ich meine, irgendwie ängstlich zu ihrem Mann). Anders als Dr. Kemper glaube ich, daß seine Persönlichkeit während der Nazizeit zerrüttet wurde. Er ist absolut unpassend für eine Beschäftigung im G.P.R.B. und ich glaube, daß er als ›dunkelgrau‹ einzuschätzen ist.«

Weder Boehm noch Müller-Braunschweig erschienen Rickman für die verantwortungsvolle Rolle der Entwicklung der Psychoanalyse in Deutschland geeignet.

Rickman suchte die der jüngeren Generation angehörende Psychoanalytikerin Käthe Dräger auf. Er schrieb über »Fräulein Dräger«: »Eine Lehrerin, in der Lehrerausbildung tätig. Ungefähr 45 Jahre alt. Obwohl ich die Frau nicht kannte, kamen wir schnell in eine freundliche Diskussion über die Entwicklung der Psychoanalyse in unseren jeweiligen Ländern und über unsere persönlichen Erfahrungen während des Krieges. (*Ich war beeindruckt von ihrer recht unpolitischen Haltung, ganz in den psychologischen und psychoanalytischen Problemen des Lehrens aufgehend. Als sie mich nach der Bombardierung von London fragte und ich ihr sagte, daß es ziemlich schlimm gewesen sei, ebenso wie in anderen Städten, sagte sie mir, daß ich der erste Engländer sei, mit dem sie gesprochen habe, und daß sie nicht wußte, was sie von den Radionachrichten glauben solle. Aus rein humanitären Gründen war sie dann erleichtert zu hören, daß in London keine Panik ausgebrochen sei). Sie beeindruckte mich als eine Frau mit einem ungewöhnlich integren Charakter und feiner psychologischer Wahrnehmungsfähigkeit. Während des Krieges war sie als Lehrerin tätig und hatte eine private psychotherapeutische Praxis. Sie spürte sehr die Isolation von der Entwicklung der Psychoanalyse in anderen Ländern, vor allem von England und Amerika, und interessierte sich sehr für die Entwicklung der anderen Institute.«

Rickman erfaßte einen wesentlichen, aber außerordentlich diszipliniert verschwiegenen Bereich von Käthe Drägers Persönlichkeit nur in seiner Negation, wenn er, im Gegensatz zu den anderen Kandidaten, über deren politisches Interesse er sich nicht äußerte, ihre »unpolitische Haltung« besonders hervorhob.[36] Aber wie sah Käthe Drägers andere Seite, die »politische« und auch ihre soziale aus?

Käthe Dräger wurde 1900 als älteste von drei Kindern, Lehrerstochter, geboren. Sie starb am 2.4.1979. Nach der Lehramtsprüfung 1920 nahm sie von 1921 - 1924 eine Hauslehrerstelle an. Von 1926 - 1933 war sie an einer Neuköllner Reformschule tätig. Die Förderung der individuellen Begabung der Kinder und eine größere soziale Sensibilisierung war in dieser Zeit ihr Hauptanliegen: sie gab körperbehinderten Kindern, zusammen mit gesunden Kindern, Privatunterricht und arbeitete mit ihren ca. zwölfjährigen Schülerinnen sehr gründlich »Das Kapital« von Karl Marx durch.

Käthe Dräger war bereits Ende der 20er Jahre politisch in der KPD-Opposition (KPDO) organisiert, der »theoretisch wichtigsten und politisch bedeutsamsten« Dissidentenströmung gegen die KPD, die seit 1928 mit der Festigung der Stalinfraktion und Bolschewisierung »gereinigt« wurde. Ihr Elternhaus hatte kein besonderes politisches Gepräge gehabt. In einer Wohngemeinschaft lebte Käthe Dräger mit noch vier Gleichgesinnten. Bereits zu Beginn der nationalsozialistischen Herrschaft, so berichtete Tittel, der die Reichsleitung der KPDO in Berlin organisierte, habe sich die KPDO keinen Illusionen »über die Härte, Brutalität und Dauer des nationalsozialistischen Terrorregimes« hingegeben.[37]

Um für die illegale Arbeit vorbereitet zu sein, wurde die Wohngemeinschaft aufgelöst. Zwei Mitbewohner (ein Ehepaar) emigrierten und kämpften im Spanischen Bürgerkrieg. Dort wurden sie von ihren ehemaligen sowjetischen Genossen im Zuge der stalinistischen »Säuberung« verhaftet — wie das Anfang 1937 so manchen in Spanien kämpfenden Kommunisten, die als angebliche Hitleragenten denunziert

---

[36] Nach dem Krieg soll Dräger vor allem die Verschleppung in den Osten gefürchtet habe. Diese Angst war durchaus realistisch, denn mehr als 5400 Menschen wurden von den Sowjets, vorwiegend aus politischen Gründen, aus Westberlin entführt und verschleppt. Das Verschwinden des Journalisten Dieter Friede führte schließlich dazu, daß der *Berliner Magistrat* im November 1947 bei den Alliierten protestierte (Harenberg, B., 1986, S. 443).

[37] Bergmann, T.(1987) S. 255.

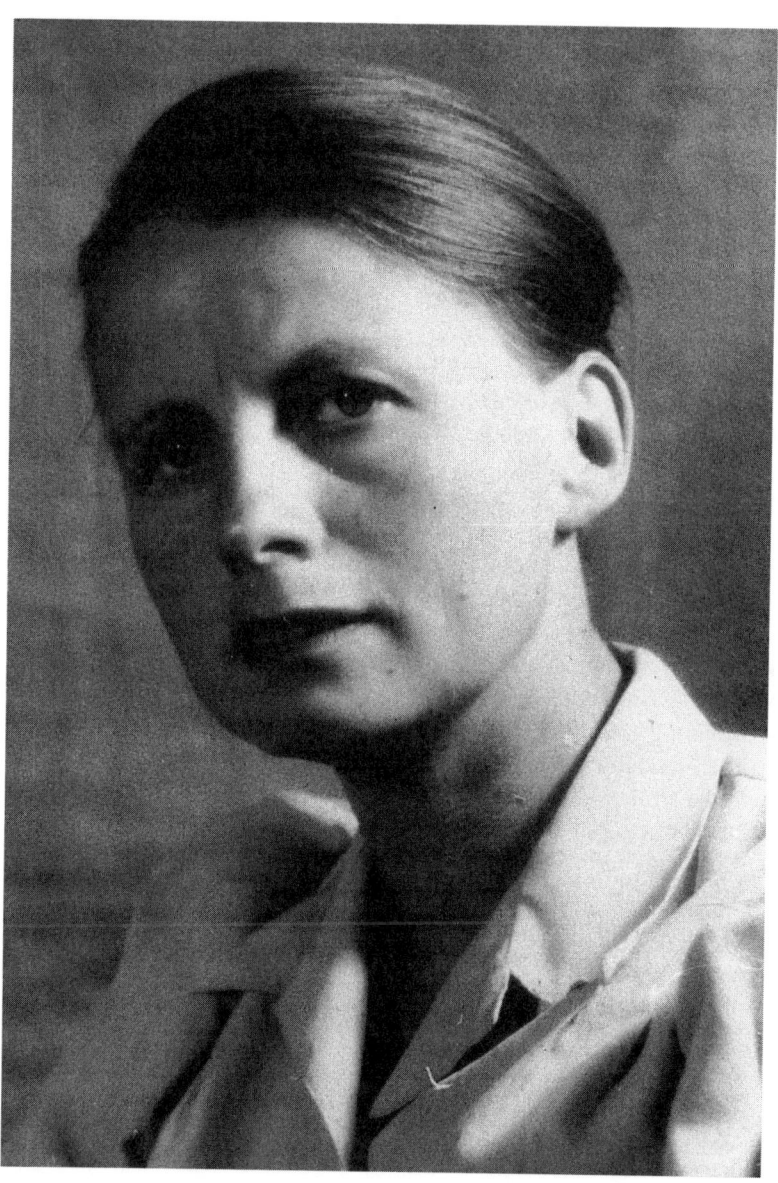

Käthe Dräger

wurden, erging.[38] Das Paar konnte sich dann aber nach Paris retten. Käthe Dräger zog mit der zurückbleibenden Freundin zusammen. Die Emigration kam für sie nicht in Frage, da sie für ihre in Berlin verwurzelte Mutter sorgte. Bis zum Frühjahr 1935 arbeitete das *Berliner Komitee der Reichsleitung der KPDO* noch relativ ungestört: erarbeitete die politische Linie (z.B. die Stellungnahmen zur KPD), publizierte und verbreitete heimlich antifaschistische Schriften und organisierte die Sorge für die Familien der Inhaftierten.[39] Nur einzelne Episoden sind überliefert, durch die Käthe Drägers mutiges Handeln bekannt werden konnte; z.B. versteckte sie ihren Freund Fritz Popper, der, bereits inhaftiert, der Gestapo, die er zu einem der geheimen Treffplätze der Gruppe führen sollte, auf einer dramatischen Flucht in der U-Bahn entkommen konnte.[40] Nach einer Verhaftungswelle im Februar 1937, die vor allem den jüngeren, noch nicht offiziell registrierten Mitgliedern der Gruppe galt, wurden die älteren, die der Gestapo bereits als politisch aktiv bekannt waren, stärker in den aktiven Widerstand einbezogen. Käthe Dräger übernahm zusammen mit Heinz Krause die Leitung des *Berliner Komitees der KPDO*. Sie verfaßte und verteilte antifaschistische Schriften und Flugblätter. Es ist nicht bekannt, ob sie bereits vorher aktiv Widerstand geleistet hat. Vielleicht war es ihr aber auch erst nach Abschluß ihrer psychoanalytischen Ausbildung (1931 - 1936) möglich, da sie sonst ihre Lehranalytikerin Ada Müller-Braunschweig gefährdet hätte, und wohl in einen noch extremeren Loyalitätskonflikt mit der Haltung der DPG gekommen wäre. Die meisten ihrer Genossen kamen ins Zuchthaus, ins KZ oder wurden zum Tode verurteilt.[41]

1942 wurde sie als Lehrerin nach Polen strafversetzt, da sie als politisch unzuverlässig galt. Müller-Braunschweig setzte sich bei Göring dafür ein, daß sie nach Berlin zurückgeholt wurde, da nicht genügend Dozenten am *Deutschen Institut* zur Verfügung stünden.[42] Erst am 1.7.1944 konnte sie ihre psychoanalytische Praxis in Berlin wieder

---

[38] Bergmann, T. (1978) S. 35.
[39] Bergmann, T. (1987) S. 255.
[40] Persönliche Mitteilung von Fritz Popper, 27.04.88.
[41] Bergmann, T. (1987) S. 225-228.
[42] Müller-Braunschweig/Göring 20.12.1942, siehe Lockot, R. (1985) S. 200.

aufnehmen.[43] Nach dem Krieg gehörte sie zu den Mitgründern der *Deutschen Psychoanalytischen Vereinigung* und übte auch in späteren Jahren, wenn auch im Hintergrund stehend, einen entscheidenden Einfluß auf die Gestaltung der DPV aus.

Rickman lernte bei seinem Besuch bei Käthe Dräger auch Margarete Steinbach kennen.[44] »Fräulein Steinbach ist auch Lehrerin«, berichtet Rickman, »ungefähr 45 Jahre und unterrichtet an einer Schule für Lehrer. Fräulein Steinbach kam während meines Gesprächs mit Fräulein Dräger ins Zimmer (beide bewohnen die gleiche Wohnung) und ich hatte den gleichen Eindruck von der Integrität ihres Charakters — obwohl sie vielleicht eine nicht gar so feine psychologische Wahrnehmungsfähigkeit hat. Auch sie war sehr interessiert daran zu erfahren, wie das *Berliner Psychologische Institut* nach seiner Transplantation nach Amerika floriert.

Mein Eindruck ist, daß diese beiden (Dräger und Steinbach), obwohl vielleicht nicht besonders kreativ, sich während des Naziregimes ein klares Bild davon erhalten konnten, was Psychoanalyse sein sollte, daß sie anderen Schulen gegenüber tolerant waren und ihre Haltung ihren Mitmenschen gegenüber großzügig war. Sie empfingen die Geschenke (Kaffee, Seife, Kakao und ähnliches) mit der bescheidenen Freude, etwas von Kollegen zu bekommen, und die vielfarbigen Wol-

---

[43] Hermanns, L. (1986) S. 2 f.

[44] Margarete Steinbach wurde am 12.07.1894 geboren und starb am 9.04.54. Nach Abschluß des Lehrerinnenexamens 1914 arbeitete sie von 1921 - 1926 an der deutschen Schule in Madrid. Sie kehrte nach Deutschland zurück, um unter Köhler und Lewin Psychologie zu studieren. Gleichzeitig mit ihrem Psychologiestudium begann sie ihre psychoanalytische Ausbildung und war bei Bally in Analyse. 1939 wurde sie Mitglied der *Deutschen Psychoanalytischen Gesellschaft* und bildete Psychotherapeuten am *Deutschen Institut für Psychologische Forschung und Psychotherapie* aus. 1950 gründete sie mit den sechs anderen Psychoanalytikern um Müller-Braunschweig die *Deutsche Psychoanalytische Vereinigung*. Im März 1951 wurde sie nach Spanien eingeladen, um dort die psychoanalytische Ausbildung zu übernehmen. In diesen kurzen drei Jahren führte sie nicht nur bei neun Ärzten, zwei Psychologen und einer Schulleiterin Lehranalysen durch, sondern übernahm auch Kontrollanalysen, therapeutische Behandlungen und theoretische psychoanalytische Veranstaltungen (Müller-Braunschweig, 1955). Die *Spanische Psychoanalytische Gesellschaft* wurde, gerade vor ihrem frühen Tod, durch die faschistische Regierung anerkannt (weiterführende Literatur zur Psychoanalyse in Spanien siehe Munoz, M. L. 1989).

len zum Strümpfestopfen mit echter weiblicher Freude. Mit Anerkennung sprachen sie von Dr. Kemper und sagten, daß er sich unter schwierigen Umständen gut verhalten habe. Ich erwähnte weder Müller-Braunschweig noch Boehm, sie ebenfalls nicht. (*Mit der Ausnahme, daß sie sagten, daß Müller-Braunschweig jetzt der Vorsitzende sei und Boehm es vorher gewesen sei).

Diese beiden würde ich ohne zu zögern als Mitglieder einer psychoanalytischen Gesellschaft aufnehmen. Ich meine, daß Fräulein Drägers technische Ausstattung hochwertig ist, die von Fräulein Steinbach von mittlerer Qualität. Keine von beiden wäre allerdings wegen ihrer Scheu für die G.P.R.B. geeignet.«

Über Werner Kemper schrieb Rickman: »Kemper ist ungefähr 45 Jahre alt und Leiter des *Zentralinstituts für psychogene Erkrankungen* in der General Papestraße Block 16 A. (*Mein erstes Gespräch mit ihm war ziemlich gestört, da ich vom Klettern der vielen Stufen, die man mich fälschlicherweise geschickt hatte, noch ziemlich ausgepumpt war.) Dr. Kemper kam mir sehr vorgealtert vor, aber kräftig, ausdauernd und außerordentlich kontrolliert. Wir sprachen über die Schwierigkeiten, die entstehen, wenn Menschen, die zwei unterschiedlichen Schulrichtungen angehören, dazu gezwungen sind, in der Leitung einer Klinik zusammenzuarbeiten. Er sagte mir, daß er kürzlich an die Stelle Schultz-Henckes, des vorigen Institutsdirektors, getreten sei, aber daß die schwierige Situation wahrscheinlich in einem befriedigenden Sinne bearbeitet werden könne, und daß Schultz-Henckes wissenschaftliche Ideen noch in der Entwicklung seien. (*Schultz-Hencke sei ursprünglich Jungianer gewesen und sei von Professor Göring in die deutsche psychotherapeutische Gesellschaft gebracht worden.[45]) Wir hatten nur wenig Zeit, um uns zu unterhalten, aber ich hatte den Eindruck eines ernsthaften, zuverlässigen Arbeiters, der ebenso wie Fräulein Dräger und Fräulein Steinbach sich in einer liberalen Kultur heimisch fühlen würde.

---

[45] Hier handelt es sich offenbar um ein Mißverständnis. Möglicherweise ging es darum, daß Schultz-Hencke, als Vertreter der Psychoanalytiker, von Göring zunächst als »hoffnungsvoller Kandidat« betrachtet, zusammen mit Cimbal, Künkel, J. H. Schultz und Göring, die *Deutsche Allgemeine Ärztliche Gesellschaft für Psychotherapie* gründete. Vorsitzender der Internationalen Gesellschaft war C. G. Jung.

Es wurde mir von ihm, auch von Fräulein Steinbach und später von Müller-Braunschweig, gesagt, daß Kemper die Frau von Professor Göring (Hermann Görings Tante) einige Jahre wegen einer schweren Neurose in einer guten analytischen Beziehung mit gutem Erfolg in Analyse gehabt hätte, obwohl er Kommunist sei, und daß er Frau Göring und durch sie Professor Göring so weitgehend habe beeinflussen können, daß die psychoanalytische Gruppe durch die vielen Wechsel unter dem Naziregime ihre Einheit habe beibehalten können. Ich bemerkte, daß der Umgang mit der negativen Übertragung in solchen Situationen ungewöhnlich heikel ist, aber er sagte: wenn man nicht damit umgeht, dann verschlechtert sich die Verfassung des Patienten und die eigene; das mag seine Fähigkeit und seinen Mut ausdrücken.

Obwohl ich meine, daß er sich für eine Arbeit mit G.P.R.B. eignet, da ich meine, daß er ›weiß‹ ist, würde er auf jeden Fall noch mehr Übung in der Technik benötigen. Auch wäre es ein Jammer, ihn dort wegzuholen, da er der Eckpfeiler der Entwicklung dieses Wissenschaftszweiges in Deutschland gegenwärtig ist.

Rickman bot einen weiteren aufschlußreichen Einblick in eine psychoanalytische Lehrveranstaltung, die von Müller-Braunschweig angeboten wurde: Das intellektuelle Niveau der Veranstaltung, an der 34 Studenten teilnahmen, sei niedrig gewesen. Es ging ausschließlich um ein Lob der Sexualität, die als Aktivität gepriesen wurde. (Es fehlte der Bezug zum Unbewußten und zu Konflikten) ... (Im Vergleich zu anderen Studenten kamen mir die deutschen Studenten stumpfsinnig und unlebendig vor und Müller-Braunschweigs dogmatische und aggressive Haltung schien mir, wenn auch wenig, dazu beizutragen ... diese Art Seminare sollen den Stolz höherer deutscher Bildungseinrichtungen darstellen. Ich muß sagen, daß ich tief enttäuscht war und noch enttäuschter wurde, als ich ein paar Tage später miterlebte, wie eine Gruppe von Studenten, die etwas Wärme und Enthusiasmus einbringen wollte, behandelt wurde.) Müller-Braunschweig fragte mich anschließend, wie ich seine Vorlesung gefunden hätte und ich beschränkte mich darauf zu sagen, daß ich ganz mit der Reaktion der Zuhörer beschäftigt gewesen sei — aber er fragte nicht, wie sie war.«

Rickman berichtete weiter von einer Sitzung der *Deutschen Psychoanalytischen Gesellschaft*, an der Müller-Braunschweig, Boehm, Kemper, Steinbach, Dräger, Schultz-Hencke, der *Medical Officer of Health,* und ein Rickman unbekannter Neurologe, der auf dem Oxford

Kongreß gewesen war, teilnahmen. Müller-Braunschweig verlas eine Arbeit von Hannah Ries, die, wie er meinte, eine ehemalige Schülerin von Müller-Braunschweig sei und im Januar 1939 nach England gekommen war. Mit diesem Vortrag: »Das unerwünschte Kind und sein Todestrieb« hatte sie die Mitgliedschaft der *British Psychoanalytical Society* erlangt.

Es ist anzunehmen, daß ein solches Thema starke unbewußte Reaktionen auslösen mußte: konfrontierte es nicht die analytischen »Eltern« in Deutschland mit ihrer Schuld an der Vertreibung der »Juden«, also mit ihren unerwünschten »Kindern«, aber auch »Geschwistern« und »Eltern«? Nach Rickman habe Müller-Braunschweig den Vortrag in kürzester Zeit niedergemacht – »mit der Faust auf den Tisch hämmernd – Stellen Sie sich vor, auf dieser Basis ist sie Mitglied der *British Society* geworden!« Rickman habe darauf hingewiesen, daß alle Anwesenden Lebensmittelpakete von ihr bekommen hätten, und vermutete ein Ressentiment gegen die Anerkennung, die Ries in der *British Society* genießen würde. Rickman kritisierte, daß eine solch vernichtende Kritik nach einer zu knappen Darstellung, ohne ausreichende Kenntnis des klinischen Materials, erfolgt sei. Müller-Braunschweig und Boehm seien wütend gewesen, Dräger und Steinbach hätten zugestimmt und Kemper den Punkt verstanden, sich aber neutral verhalten. Ries sei nicht auf Grund ihres Vortrags Mitglied geworden, sondern weil sie ein gutes klinisches Gespür habe und ihr Geist und ihre Integrität geschätzt würden. Aus Hannah Ries' Schreiben an Müller-Braunschweig ist allerdings bekannt, daß sie es in England nicht leicht gehabt hat. Am *Berliner Psychoanalytischen Institut* hatte sie vor allem die Spontaneität geschätzt[46], »... die ich in diesem Lande so schmerzlich vermisse! Wenn hier Spontaneität zum Ausdruck kommt, so ist sie zerstörerisch – feindlich – nicht wohlwollend – kritisch und darum unfruchtbar«.[47]

Während der DPG-Sitzung berichtete Rickman auch über die Situation in der englischen Gesellschaft: als Resultat des Krieges seien Psychologen, Psychoanalytiker, Laienanalytiker und Psychiater zusammengerückt und hätten sich aktiv in der Armee engagiert. Psy-

---

[46] Zwischen Hannah Ries und Ada Müller-Braunschweig war die Verbindung erhalten geblieben. Ries bot im Mai 1950 an, einen Vortrag vor der DPG zu halten.

[47] Ries/Müller-Braunschweig, 04.06.50, B.A.

choanalyse sei, wie auch in Amerika, angesehener als jemals zuvor. Großen Respekt habe er vor dem alten *Berliner Psychoanalytischen Institut,* dessen Gedanken bereichernd auf die Entwicklung der Psychoanlyse in Amerika gewirkt hätten. Er versprach sich eine fruchtbare Weiterentwicklung psychoanalytischer Gedanken aus einer Verbindung der englischen Schule mit dieser berlinisch-amerikanischen Richtung.

Rickman gab keinen seiner Berichte an seinen offiziellen Auftraggeber weiter, da er sie als zu vernichtend empfand.[48]

Aber wer war John Rickman? Rickman (1891 - 1.7.1951) stammte aus einer Quäkerfamilie, studierte Medizin in Cambridge und London bis zum Abschluß 1916. In dem Nachruf von Sylvia Payne wird er als stattlicher Mann beschrieben, mit der zurückhaltenden Höflichkeit eines echten Engländers. Er habe keine Mühe gescheut, sowohl Patienten als auch Kollegen freudig und großzügig in schwierigen Situationen zu helfen. Bescheiden habe er dazu geneigt, anderen den Vortritt zu lassen. Als Freiwilliger ging er 1916 nach Rußland, um an dem Aufbau eines Krankenhauses zur Kriegsopferversorgung mitzuwirken. Dort heiratete er eine amerikanische Sozialarbeiterin. Nach seiner Rückkehr begann er eine psychiatrische Ausbildung. Durch Joan Rivière wurde er auf die Psychoanalyse aufmerksam und ging nach Wien, in Analyse zu Freud. Weitere Analysen machte er bei Ferenczi und Melanie Klein. Als einer der ersten, die sich für die Verbreitung der Psychoanalyse in England einsetzten, gründete er, zusammen mit Jones, 1924 das *Londoner Psychoanalytische Institut.* Besonders setzte er sich für gute Beziehungen zwischen den Psychoanalytikern und anderen therapeutischen Gruppen, z.B. im Rahmen der *Medical Section of the British Psychological Society,* ein, und gab, zunächst (1925-34) zusammen mit Mitchell, bis 1948 alleine, das *British Journal of Medical Psychology* heraus und dann das *International Journal of Psychoanalysis.* Als Herausgeber engagierte er sich zusammen mit Jones vor allem für die Publikation der Freudschen Schriften in England.

Dem Kommen der Familie Freud nach England sah Rickman, der sich als Sprecher eines Teils der englischen Gruppe verstand, »... abgesehen von einer sehr großen Hilfsbereitschaft für Notleidende ...«,

---

[48] Rickman/Jones, 30.05.47, Brit. A.

mit großer Skepsis entgegen[49], die Jones, heftig und mit allen Mitteln, zu zerstreuen versuchte.[50]

1939 arbeitete er im medizinischen Notdienst am *Wharncliffe* Krankenhaus, in dem kriegsversehrte Soldaten rehabilitiert wurden. Zusammen mit Bion entwickelte er neue Theorien über führerlose Gruppen. 1944 erkrankte er und kehrte in das Zivilleben zurück, neigte aber auch hier dazu, sich zu überfordern. 1947 wurde er zum Präsidenten der *British Psychoanalytical Society* gewählt. Der große Bedarf an psychoanalytischer Ausbildung erforderte einen Ausbau des Psychoanalytischen Instituts und Rickman engagierte sich ganz besonders für seine administrative Verankerung.[51]

Rickman war als englischer Staatsbürger mit staatlichem Auftrag zu einem besiegten Feind gekommen — also in politischer Mission. Nach seiner intensiven Beschäftigung mit den von ihm dargestellten Personen — vielleicht sogar mit einer gewissen Identifizierung mit ihnen (wie die Lebendigkeit seines Berichts vermuten läßt), ist auch er nicht mehr der »Engländer, der im Staatsauftrag« handelt, sondern er wird zum psychoanalytischen Kollegen, der seine Kollegen deckt. An seine ursprünglichen Auftraggeber hat er den Bericht nicht weitergegeben.

Daß Anna Freud und Jones Rickmans beteiligten Bericht kannten, geht aus Jones' Bemerkung auf dem Züricher Kongreß hervor. Weder er noch Anna Freud werden von ihm überrascht gewesen sein. Vielleicht bewirkte er in der Nachkriegszeit sogar eine gewisse »oppositionelle« Sympathie.

---

[49] Anna Freud/Jones, 20.04.38, Brit. A.

[50] »The main thing I want to write about is of course Rickman. I blame myself for not having warned you about him beforehand, but I thought you knew his personality and I also did not think that even he would have behaved so foolishly and cruelly. I was sorry when he told me he was going to Vienna and both Glover and I told him very forcibly that he was not to assume any authority in his remarks. The first thing I heard was that he had invited the Balints to England! Now you really must not regard him as speaking in anyone's name. He has the poorest judgement, is very unstable and has even worse qualities. Someone who has been for years in analysis with your Father, with Ferenczi and with Melanie Klein (where he still is) must have a very defective endowment not to have achieved some measure of stability long before this« (Jones/Anna Freud, 25.04.38, Brit. A.).

[51] Payne, S. (1952).

4.2. Alexander Mitscherlich und Felix Schottlaenders Verbindungen zur internationalen psychoanalytischen und nichtpsychoanalytischen Öffentlichkeit

Bereits in den 20er und 30er Jahren waren v. Weizsäckers Arbeiten von der *Rockefeller Foundation* in New York unterstützt worden.[52] Alan Gregg, zunächst Direktor der Medizinischen Abteilung der *Rockefeller Foundation* (seit 1951 ihr Vizepräsident), der sich nach dem Krieg bei v. Weizsäcker nach dessen Plänen erkundigte, trat nicht als »Sponcer oder Business-man« auf, sondern mit einem engagierten anthropologischen Forschungsinteresse.[53]

v. Weizsäcker verwies ihn an Mitscherlich. Auch Mitscherlich plädierte auf seine Art für eine »intellektuelle Hygiene« — z.B. wenn er sich für eine »gemeinsame Erziehungsaufgabe der Völker« ausspricht.[54] Der ähnliche Impetus erleichterte offenbar ihre Verständigung.

Schottlaender formulierte Bally gegenüber sein Lebensgefühl in diesem »so schrecklich zugerichteten, aus tausend Wunden blutenden Land ...« Ein Besuch in der Schweiz wird für Deutsche, »die wir ja Welt-Parias geworden sind«, nicht so bald möglich sein. Was »Sie hier (in Deutschland, R.L.) sehen würden, ist bodenlose Verwirrung, seelische und materielle, schreckliche Ruinen, ein Leid und ein Elend von unerhörten Dimensionen, daneben wenig Gutes und Erfreuendes, wie es wenigstens uns scheinen will. Denn die zweifellos vorhandenen, schon heute vorhandenen Ansätze zu einer neuen geistigen Gestalt sind noch sehr unscheinbar und nur sehr scharfen, und *sehr* freundschaftlichen Augen zugänglich!

---

[52] Mitscherlich, A. (1980) S. 126.

[53] Alan Gregg faßte das von Toleranz getragene Interesse an der Bewältigung der erzieherischen Fragen der ganzen Welt auf dem *Londoner Congress on Mental Health*, der Konferenz über Kinderpsychiatrie (11.-21.8.48), folgendermaßen zusammen: »Aus dem wissenschaftlichen Studium der Anatomie des menschlichen Verwandtschaftsgrades, ein Studium, das jetzt endlich begonnen hat, wird eine Psychologie des sozialen Benehmes entstehen und endlich, oder vielleicht auch schneller, als wir denken, wird eine intellektuelle Hygiene zustande kommen, damit wir leben dürfen und dieses um so reicher. Laßt uns diese Aufgabe mit eifriger Demut beginnen« (Boeck, 1948, S. 465).

[54] Krovoza, A. (1989) S. 247.

Soll ich Ihnen sagen, wie ›uns‹, d.h. unseresgleichen hier zumute ist, es fällt mir zunächst die eine der beiden Wagschalen ein, auf ihr ist abzulesen, ›die ungeheure Erleichterung über den Abgang und das Ende der Nazis‹, das so kläglich war, daß von ihrem Märtyrertum nicht geredet werden kann. Hält man dazu, daß der Krieg aus ist, so falllen diese beiden Positiva beträchtlich ins Gewicht. Auf der anderen Seite herrscht die Bedrückung durch die Gegenwart, die fürchterlichen Zustände des Landes, die Hoffnungslosigkeit, die hunderttausend Hemmnisse, die noch zusätzlich jeder Wiederaufbauarbeit entgegengestellt werden — die Abwendung der ganzen Welt von uns, ... Begreift irgendjemand, was es bedeutet, 12 Jahre des Terrors und der Knechtschaft, davon fast 6 Jahre eines entsetzlichen Krieges durchgelitten zu haben, Elend und Wahnsinn wie eine Sintflut um sich steigen zu sehen, um dann, nach der Katastrophe, die Verachtung der Welt gegen ein Volk zu erleben, dem man unverbrüchlich angehört! und dazu so viel des Üblen Kleinlichen, ausgesprochenen Miserablen im eigenen Haus innewerden zu müssen ... Dazu die Begleitmusik des Auslandes — Das alles geschieht ›Euch‹ recht, das habt ›Ihr‹ verdient, das ist noch viel zu wenig für Euch.«[55]

Obwohl sich Mitscherlich und Schottlaender in ihrem antinationalsozialistischen Engagement eindeutiger verhalten hatten, litten sie zunächst, wie auch Müller-Braunschweig, unter der »fast totalen Echolosigkeit aus dem Ausland«.[56] Zur ersten *Eranos-Tagung* wurden die Deutschen von Frau Fröbe nicht eingeladen. Es war die erste internationale Tagung nach dem Krieg. »Die Empfindlichkeit der Menschen aus diesen Ländern (England, Amerika, Holland, Frankreich) ist entsetzlich groß. Es könnte sehr gut möglich sein, daß alle abreisen, wenn Deutsche an der Tagung teilnehmen würden.« Frau Fröbe wolle zunächst Fühlung mit den alten Freunden aufnehmen. Sie selber wünsche eigentlich, daß Deutsche wieder kommen können.[57] Schottlaender stand aus verschiedenen Gründen den ausländischen Analytikern näher als die Berliner DPG-Mitglieder: Er kannte die meisten Mitglieder des ehemaligen Wiener Instituts. Als sog. dreiach-

---

[55] Schottlaender/Bally, 18.08.45, B.A.
[56] Schottlaender/Mitscherlich, 02.10.45, B.A.
[57] Bally/Schottlaender, 28.07.46, B.A.

tel Jude hatte er Lehr- und Publikationsverbot während der NS-Zeit gehabt. An Anna Freud schrieb er: »Darüber hinaus bin ich aber bestürzt über die Gesamtentwicklung, die sich nach einem verheißungsvollen kurzen Anlauf 1945 und 1946 nun seit einem Jahr hier bemerkbar macht. Wenn nicht alle fortschrittlichen Menschen in der Welt uns hier in Deutschland in unserem verzweifelten Kampf gegen das Ressentiment unterstützen, stehen wir bereits wieder auf verlorenem Posten.«[58]

Mitscherlichs und Schottlaenders erstes Zeitschriftenprojekt, *Vox*, wurde von englischen, amerikanischen und Schweizer Freunden gestützt.[59] Mit der Gründung und kontinuierlichen Herausgabe der *Psyche* (seit 1947) war ihnen dann ein Schritt an die nationale und internationale Öffentlichkeit gelungen[60], um den sich Müller-Braunschweig mit seiner *Zeitschrift für Psychoanalyse* vergeblich bemüht hatte.

Die Organisation *German Educational Reconstruction* lud Schottlaender für fünf bis sechs Wochen nach England ein.[61] Er fuhr im Oktober 1949 (siehe Kap 6.2.). Mitscherlich verbrachte den Sommer meistens in Basel (1948), er erwog sogar, dort zu bleiben.

Vor dem Züricher Kongreß bestanden Verbindungen zu Hoffer, Aichhorn, Horney, Kris, Wollfheim, Hartmann, Pfister und natürlich zu Anna Freud. Schottlaender wurde von Major Galvin nach Wiesbaden eingeladen, um vor 23 amerikanischen Psychiatern und Psychologen vier Vorträge zu halten. Er hatte eine so gute Resonanz, daß Galvin, der im Juni 1949 auf einen Lehrstuhl nach Chicago berufen wurde, hoffte, »eine kleine Gruppe ihm wesentlich erscheinender deutscher Analytiker nach Amerika einladen zu können«. Galvin dachte dabei an Schottlaender und v. Weizsäcker. Schottlaender empfahl auch Mitscherlich.[62] Obwohl Schottlaenders Beziehung zur internationalen psychoanalytischen Öffentlichkeit dichter war als die der Berliner (soweit ich das übersehen kann), kam er nicht zum Züricher Kongreß,

---

[58] Schottlaender/Anna Freud, 06.08.47, B.A.
[59] Mitscherlich/Schottlaender, 30.01.46, B.A.
[60] Der Schweizer Hans Kunz konnte über Bally als Mitherausgeber gewonnen werden.
[61] Schottlaender/Mitscherlich, 27.08.49, B.A.
[62] Schottlaender/Mitscherlich, 21.04.49, B.A.

weil er bei seinem letzten Aufenthalt in der Schweiz sich die »Existenzmittel in kümmerlichen Rationen zusammenbetteln mußte, und daß schließlich der mit der damaligen Fahrt gar nicht zusammenhängende Bitter es war, der mir das nötige Geld à fond perdu gegeben hat. Diese Bettelei noch einmal zu erleben wäre mir so unangenehm, daß ich lieber auf den ganzen Plan verzichten möchte«.[63] Sein an Mitscherlich adressiertes »Kulturbild« zur Situation nach der Währungsreform[64] dokumentiert eindrucksvoll seine ökonomischen Schwierigkeiten:

»Die Amerikaner sind vollkommen zufrieden, ja überrascht über den glänzenden Erfolg ihrer Reform. Wie sollten wir nicht sein?? Ganz Deutschland sitzt auf dem blanken Arsch und lugt in die Sonne, die nicht mehr scheinen will. Ich sage Dir, es ist unbeschreiblich! Die einen hauen ihren Kopfbetrag auf den Kopf und rechnen damit, daß ihr Arbeitgeber bzw. die ›Wohlfahrt‹ ihnen ab 1.7. mit Pfründen aufhelfen wird. Die andere Partei, zu der ich gehöre, sitzt klamm auf den anthroposophisch gefärbten Moneten und wagt kaum zu atmen, geschweige zu telefonieren oder eine Postkarte zu schreiben. Auf der Bahn — Zug-sterben. Alles leer! Da eine Preisermäßigung nicht genehmigt wird, so fallen eben die Züge aus. ›Die Deutschen‹ brauchen keine Züge mehr — weg damit! Geschäfte zeigen alles — Bauern laufen mit Eiern und Kirschen den Kunden nach. Manche kaufen — wie lange noch?! Ich rechne, ab 1.7. wird aus zwingenden Gründen der Kaufhunger nachlassen. Das Volk erweist wieder einmal seine alte böse Krankheit — politischen Schwachsinn — unheilbar! Bedenk, daß 90 % oder mehr von Gehältern und Löhnen leben. Alle freuen sich auf die D-Mark Gehälter, ›die ihnen ab 1.7. *rückwirkend* zugesagt sind. Man hat die schöne Aussicht, plötzlich 10mal reicher zu sein!!‹ Nur wo das Geld herkommen soll, hat bisher niemand klar erkannt! Der freie Mann, der also, der nicht von Gehältern und Sicherheiten lebt, hat eins mit dem Holzhammer auf den Kopf bekommen, wie sich's gebührt. Eine Wonne, hier Psychotherapie zu treiben. Wenn ich mich entschließen könnte, hier gratis zu arbeiten, so hätte ich alle Hände voll zu tun.

---

[63] Schottlaender/Mitscherlich, 21.05.47, B.A.

[64] Die Währungsreform (20.06.48) bestimmte, daß alle Geldwerte und Forderungen auf 1/10 (also 10 RM = 1 DM), Bargeld und Bankguthaben sogar auf 6,5 % reduziert wurden.

Aber gegen D-Mark — woher nehmen? Kein auswärtiger Patient kann kommen — Fahrten zu teuer, von Honorar ist sowieso keine Rede! Wenn ich Dir einen guten Rat geben darf, laß Dich nach Zürich berufen, mit einer kleinen Wohnung daselbst, laß Deine Familie unter Verwendung der ›Kopfbeträge‹ zu Dir kommen und schrei wie die Barbaren: Après nous le deluge! Du kannst hier — sofern überhaupt — nur in kärglicher Depression oder mit tollem Galgenhumor leben. Ich habe mich für das letztere entschieden. Bleib wo Du bist!! Was *Psyche* anbetrifft, so empfehle ich das Blatt dem Korfschen Leibblatt anzuähneln ... Solltest Du Dir vorstellen, daß jemand je 1/6 seines Vermögens 4 (oder gar 6) mal jährlich für eine Zeitschrift ausgeben wird, so bist Du im Irrtum. Ich gebe keinen Pfifferling mehr auf die geistigen Umerziehungen. Die Menschen werden große Mühe haben, zu bezahlen, was ihnen *auf Karten zusteht*, und damit wird es sein Bewenden haben. Bedenke bitte, daß *alle* öffentlichen Gelder auf null abgewertet sind. Trotzdem sollen unsere lieben und fleißigen Beamten ihr volles Gehalt beziehen. Man sagt aus ›Steuern‹! Wer soll sie zahlen? Für mich ist der Staat schon tätig: er bereitet einen Lastenausgleich vor und wird mir zum Ausgleich für die Last meiner blühenden Praxis eine Hypothek in Höhe von 1/2 des Hauswerts auf meine Bude legen. Ist das nicht rührend?? ... In der Zeitung stand zu lesen, die Deutschen müssen endlich einsehen lernen, welches finanzielle Chaos Hitler ihnen hinterlassen hat. Möchten sie(?) es einsehen!

Also mein Lieber, bleib wo Du bist. Komm nie wieder. Laß all Deine Lieben schleunigst nachkommen. Verzichte auf den Ehrgeiz, hier eine Zeitschrift herauszugeben. Begnüge Dich mit dem illustrierten 1. Jahrgang und lies Dein Colleg in einem Lande, das noch nicht vom delirium politicum betroffen ist. Es ist besser, es ist viel besser ... Solltest Du ein 2. derartiges Kulturbild wünschen, so bitte ich um Voreinsendung von 50 *Dpfg*, plus 20 *Dpfg.* für Papier, Umschlag und Tinte« (vom 28.06.48).

Die Verbindungen zwischen Schottlaender/Mitscherlich und ausländischen Wissenschaftlern und Kollegen gehörten von Anfang an viel direkter zu ihrem »weltbürgerlichen« Lebensentwurf. Vielleicht spielte es auch eine gewisse Rolle, daß beide Professorensöhne waren, in deren Elternhäuser ausländische Gäste selbstverständlich verkehrten — im Gegensatz zu Müller-Braunschweig und Boehm, der eine der Sohn eines Bautischlers, der andere der eines Kleinindustriellen.

5.0. Der 16. Kongreß der *International Psychoanalytical Association* (IPA) in Zürich

Heinz Hartmann[1], aus Wien emigrierter Psychoanalytiker, schrieb an Felix Schottlaender:»Die Sprachverwirrung zwischen Jenen, die in Deutschland geblieben sind, und Jenen, die diese letzten 10 Jahre in neuen Heimaten verlebt haben, ist im allgemeinen — zu beidseitigem Schaden — beträchtlich. Obwohl dieser Zustand der Dinge von den Ersteren heute aus naheliegenden Gründen mehr als Isolation empfunden wird als von den Letzteren, ist es doch auch für diese eine wohltuende Entspannung, Ausnahmen davon zu begegnen.«[2]

Zwischen 1941 und 1944 erschien kein Bulletin der *International Psychoanalytic Association*, wie sich die *Internationale Psychoanalytische Vereinigung* nach dem Krieg nannte. Die Arbeit der Gesellschaft war ganz auf die Person von Jones, ihren Präsidenten, und Glover, den Sekretär, zentriert. Anna Freud meinte, sie habe das Präsidentenamt bisher für angenehm und ehrwürdig gehalten. Inzwischen sei sie eines Besseren belehrt worden:»Wenn die Leute davon wüßten, müßten wir die Präsidenten wie manche Eingeborenenstämme wählen — sie jagen, fangen und an ihren Stuhl binden, und sie ihrem Elend für die nächsten Jahre ausliefern.«[3] 1938 hatte die Gesellschaft 560 Mitglieder (30 % in den USA). Damit handelte es sich um eine Gruppe, die überschaubar und untereinander bekannt war. 1949 waren es annähernd 800.[4] Die holländische, die dänemark-norwegische, die französische, die deutsche, die indische, die japanische, die finnisch-schwedische, die Schweizer und die Wiener psychoanalytische Gruppe bewarben sich um die Mitgliedschaft.

---

[1] Hartmann war in Analyse bei Radó (1/2 J., 1926) gewesen und 1933 dann vor allem bei Freud. Von 1953 - 1959 war er Präsident der IPA und bis zu seinem Tod 1970 ihr Ehrenpräsident (Mühlleitner, E. (1992) S. 132).

[2] Hartmann/Schottlaender, 13.06.48, B.A.

[3] Limentani, A. (1992).

[4] Int.J.o.Psa., Vol. XXXIII, Part 3, 1952, S. 252.

Der folgende kursorische Überblick über die Bewegungen in den Landesgruppen der IPA zeigt, daß es überall markante Veränderungen gegeben hatte.

Ein Abbröckeln der Verbindung zur IPA wurde bei der dänisch-norwegischen, der französischen, der finnisch-schwedischen und der ungarischen Gruppe festgestellt. Mit dem Tod von Kulowesi starb das letzte Mitglied der finnischen Gruppe. Aus Italien war Servadio nach Indien emigriert, Hirsch nach Venezuela, Kovács in die Schweiz, wo er starb. Weiss ging in die USA und Levi-Bianchini gründete im Untergrund, in Italien, eine neue Gruppe. Aus der ungarischen Gruppe, die aus 26 Mitgliedern bestand, kamen die meisten in Konzentrationslager. Nur einer oder zwei kehrten zurück. Aus Wien waren Kato Vertes, Miklos Sugar und Otto Fleischmann geflohen. 1941 gab es in Ungarn keine führenden »Juden« mehr, die Sitzungen fanden unregelmäßig statt. Hermann publizierte 1943 »Man's Primordial Instincts«. Die dort direkt angesprochenen politischen Themen blieben unberührt, die sexuellen fielen der Zensur zum Opfer.

In Holland gab es eine Gruppe in Amsterdam und eine zweite in Den Haag. Die Vertreibung der »Juden« hatte zur Folge, daß Psychoanalyse zunächst nur im Untergrund existierte (Katan) bzw. viele Analytiker in die USA emigrierten. 1944 wurde die Amsterdamer Gruppe neu gegründet mit Lampl-de Groot, Le Coultre, Groen, Van der Sterren und 16 Kandidaten. Eitingon, der Begründer der palästinensischen Gruppe, starb. Die Gruppe hatte acht Kandidaten und arbeitete im *Mental Hygien Department* mit. Das australische Institut in Melbourne wurde von Clara Lazar-Geroe geleitet. Nach Argentinien kam (1942) der in Spanien geborene und in Berlin ausgebildete Angel Garma, der vor Franco über Paris aus Spanien geflohen war. Es gehörten noch Carcamo, Rascovsky und Ferrari zu der Gruppe. In São Paolo baute Adelheid Koch aus Berlin zusammen mit Marcondes aus New York (1940) eine Gruppe auf. In New York traten fünf von 88 Mitgliedern und 14 von 110 Kandidaten aus der dort bestehenden Gruppe aus. Aus Frankreich war von Leuba zu hören, daß die psychoanalytische Bewegung während der Besetzung nicht an Boden verloren habe. In England bestimmten diverse politische Themen (wie Kriegsmoral, Kollaborateure etc.) die Diskussion. 1942 gab es 18 Kandidaten. Balint, Isakower und Aufreiter waren nach Manchester gegangen. Dort wurden acht Kandidaten ausgebildet. Limentani meint, daß der wissenschaftlich gefärbte Machtkampf zwischen Melanie Klein und Anna Freud oder die wissenschaftliche Kontroverse mit dem Machtkampf im Hintergrund die Gruppe dominierte und drei Untergruppen entstehen ließ. Es ist wohl mehr als eines Weltkrieges notwendig, so äußert sich Limentani, um Psychoanalytiker davon abzuhalten, sich gegenseitig zu bekämpfen.[5] In dieser Hinsicht sei England nicht einzigartig. Die Spannungen führten zum Rücktritt von Glover (1944) als Sekretär der IPA. Anna Freud nahm seine Stelle ein, kommentiert Limentani diese Verquickung.

An diesem ersten internationalen Kongreß (vom 17.8. - 20.8.1949) seit 1938 (Paris) nahmen insgesamt 385 Personen (von ca. 800 Mitgliedern der IPV; mehr als die Hälfte in den USA lebend) teil: 134 ordentliche, 48 außerordentliche Mitglieder und 203 Gäste. 86 Mitglieder konnten identifiziert werden.[6]

5.1. Im Vorfeld des Züricher Kongresses

Anna Freud forderte Müller-Braunschweig dazu auf, die seit 1939 rückständigen Jahresbeiträge zu überweisen und einen Bericht über die »Zweigvereinigung«, das Ambulatorium und die Lehranstalt (bis September 1947) für das *Korrespondenzblatt* des *International Journal* zu verfassen.[7]

Müller-Braunschweig wiederholte seine Abgrenzung zum *Institut für Psychotherapie*.[8] In einem gleichzeitig datierten zweiten Schreiben schilderte er, daß es für die DPG-Mitglieder zur Zeit nicht möglich sei, die ausstehenden Jahresbeiträge zu überweisen, da noch keine stabile Währung existiere. Außerdem seien die DPG-Mitglieder zur Zeit nicht dazu in der Lage, Devisen, sobald sie zu bekommen sind, anzukaufen. Da die DPG durch den Krieg von dem internationalen wissenschaftlichen Diskurs ausgeschlossen war, stellte er die Berechti-

---

[5] »It would seem that it takes more than a World War to stop analysts fighting each other, and we shall see that England was not alone in this« (Limentani, A. 1989).

[6] Siehe Anhang (4).

[7] Anna Freud/Müller-Braunschweig, 23.12.47, B.A.

[8] In der Darstellung förmlicher als in seinem Bericht vom 20.02./05.05.47

gung der nachträglichen Beitragsleistungen in Frage.[9] Auf das äußerst fragwürdige »Angebot«, die Beitragsschulden von den »jüdischen« Psychoanalytikern zurückzufordern, die Deutschland hatten verlassen müssen und angeblich noch Schulden bei dem Stipendienfonds (von 27.632,50 RM) hatten — deren Eintreibung er Jones angetragen — und, abzüglich der Mitgliedsbeiträge, zur Förderung der Psychoanalyse angeboten hatte, kam er nicht noch einmal zurück.[10]

Bedauernd und anteilnehmend antwortete Anna Freud: »Hoffen wir, daß sich auf dem Kongreß irgendein Ausweg besprechen läßt.«[11] Einerseits ging Müller-Braunschweig ganz selbstverständlich davon aus, daß die DPG wieder *Zweigvereinigung der Internationalen Psychoanalytischen Gesellschaft* sei — wie auf den Briefköpfen nach 1945 zu lesen war. Jones hatte ihm seine Unterstützung zugesichert[12], und in seiner Freud-Biographie liest man, daß er es »klüger« gefunden habe, die Mitgliedschaft der DPG »einfach weitergehen zu lassen, ohne davon öffentlich Mitteilung zu machen ...«.[13] Andererseits war es Müller-Braunschweig eigentlich selber, der mit seiner Betonung der starken Position Schultz-Henckes Informationen an Jones und Anna Freud vermittelte, die eine definitive Aufnahme der DPG in die IPA unmöglich machten: »Eine solche psychoanalytische Gesellschaft (die der Lehre Freuds treu geblieben ist, R.L.) kann nicht in einem Institut aufgehen, das durch die wissenschaftlichen Auffassungen Schultz-Henckes beherrscht wird. Schultz-Hencke ist der Auffassung, daß die psychoanalytische Lehre auf der ganzen Welt in einem unaufhaltsamen Absterben begriffen sei, daß hingegen die von ihm vertretene Lehre nicht nur den Vorzug besitze, frei von den Fehlern der Psychoanalyse zu sein, sondern daß sie über alles das, was die nichtpsychoanalytischen Richtungen an bleibenden Erkenntnissen gebracht hätten, ebenfalls in sich aufgenommen habe.«[14]

---

[9] Müller-Braunschweig/Anna Freud, 11.01.48, B.A.

[10] Brecht et al. (1985) S. 69.

[11] Anna Freud/Müller-Braunschweig, 18.05.49, B.A.

[12] Siehe Müller-Braunschweigs Schreiben an Aichhorn vom 06.08.46 (B.A.).

[13] Jones, E. (1962) Bd. III, S. 224.

[14] 20.02.47/05.05.47; Collections of the Manuscript Division, Library of Congress. Für diesen Hinweis danke ich E. Wantoch.

Luise Meyer schrieb am 10.02.1946 an ihre Mutter: »Das Eigenartigste an dem ganzen Erlebten ist, daß es nicht nur schwarz oder weiß, nicht nur Nacht Vernichtung und Untergang ist; so viele böse Kräfte, teuflische Mächte, ungezügelte Aggressionen durchbrechen ... Verbrecher- und Banditentum ... unser Leben und unsere Sicherheit gefährden, so viele positive Kräfte tätiger Liebe, mithelfender und mitfühlender Teilnahme sind am Werk, die Wunden des Chaos zu lindern. Und so auch die Russen ... Man kann da gar nicht zur Seite stehen und wird in den Strudel der Auseinandersetzung mit den Kräften, die den Zusammenbruch brachten, und den Kräften, die ihn überstanden und aus ihm neu geboren wurden, hineingezogen, ob man will oder nicht ... ich bin politisch nicht belastet, brauche mich also nicht ausgestoßen oder angefeindet zu fühlen, daß ich meine antinazistische Gesinnung nicht täglich mit neuem bitteren Groll verbergen muß, empfinde ich als ungeheure Erleichterung, erst jetzt wird allmählich der teuflische Druck des Terrors der verflossenen 12 Jahre klar und man beginnt das Verlogene jener Ideologie zu ahnen. So schnell sind wir mit der Zeit wohl nicht fertig.«

Der weiter bestehende offene Antisemitismus in Deutschland wurde in der Schweiz, hier gerade eine Woche vor Beginn des Internationalen Kongresses, aufmerksam verfolgt:»1000 Juden veranstalteten in München einen Protestmarsch gegen die Veröffentlichung eines Briefes in der Süddeutschen Zeitung. Der Artikelschreiber behauptete, in einem Büro der amerikanischen Militärbehörde hätte man ihm gesagt, die Amerikaner verziehen den Deutschen alles, nur nicht, daß sie nicht alle vergast hatten.«[15]

Die konservative *Neue Zürcher Zeitung* war voll mit Kommentaren über die Wahlen in der am 23.5.1949 neugegründeten westdeutschen Bundesrepublik. Der Bundesrepublik sei ein guter Start gesichert.»Die erklärten Gegner des werdenden Staates, die Kommunisten, sind aufs Haupt geschlagen und auf die Hälfte der Stimmenzahl reduziert worden, die sie vor zwei Jahren bei den Wahlen zu den Parlamenten der einzelnen Länder zu erobern vermocht hatten.«[16]

---

[15] NZZ Nr. 219, 11.08.49, Jg. 170, Blatt 2.
[16] NZZ Nr. 224, 16.08.49, Jg. 170, Blatt 1.

Aus Deutschland kamen elf Vertreter der *Deutschen Psychoanalytischen Gesellschaft* zum *Internationalen Psychoanalytischen Kongreß* nach Zürich. Aus Berlin: Carl Müller-Braunschweig, seine Frau Ada Müller-Braunschweig, Felix Boehm, Harald Schultz-Hencke, Margarete Seiff[17], Käthe Dräger, Anny Staudte[18], Margarete Steinbach und Marie-Louise Werner; außerdem Ina Böhlendorf (Stuttgart) und Fritz Riemann (München)[19]. Es sei ihnen nach »monatelangen Bemühungen gelungen, bei den maßgeblichen Instanzen, den Besatzungs- und städtischen Behörden, die Voraussetzungen zum Besuch des Kongresses zu erlangen«[20].

Als Gäste nahmen Alexander Mitscherlich und Wilhelm Bitter an dem Kongreß teil.

---

[17] Seiff, Margarete (1896 - 1976). Vater ev. Pfarrer und Betreuer der Gemeinde in Shanghai, Mutter Engländerin. Margarete Seiff wuchs im kaiserlichen China, in feudalistischer Atmosphäre (von einer Amme aufgezogen) in weltbürgerlicher Offenheit (Bekanntschaften mit dem Missionar und Sinologen Richard Wilhelm und dem späteren Gründer der chinesischen Republik, Sunn Yat Sen) auf. 1911 Übersiedlung nach Jena. 1917 Beginn des Mathematik- und Physikstudiums in München, dann Studienwechsel hin zu Philosophie und Psychologie. 1919 Mitorganisatorin des *Allgemeinen Deutschen Studententags*, Organisation zur Vereinigung der zersplitterten Studentengruppen. Bei einem Delegiertentreffen in Jena erste Begegnung mit Schultz-Hencke. Heirat, Übersiedlung nach Berlin und Mitbegründung der ersten weltlichen Schule in Berlin-Tempelhof 1932, psychoanalytische Ausbildung und Lehranalyse bei Schultz-Hencke. Seit 1935 Mitglied der DPG. Enge Mitarbeiterin Schultz-Henckes. 1951 Übersiedlung nach Bonn aus beruflichen Gründen ihres Mannes und Mitarbeit beim Aufbau psychoanalytischer Institute in Göttingen, Köln, Hannover und Freiburg (Kloska, G., Rede anläßlich der Trauerfeier zum Tode von Margarete Seiff am 08.06.76, unv.). Schultz-Hencke suchte Frau Seiff gelegentlich bei persönlichen Problemen als analytisch-mütterliche Freundin auf.

[18] Anny Staudte war 1920 bei Müller-Braunschweig in Lehranalyse. Mit »großer Dankbarkeit« dachte sie daran, »mit welcher Geduld, Vorsicht und Weisheit Sie mir geholfen haben, ein neues Leben aufzubauen (Staudte/Müller-Braunschweig, 10.11.50. Siehe dazu Brecht et al. (1985) S. 203). Am 14.12.48 stellt er ihr folgende eidesstattliche Versicherung aus: »Sie hat nie auch nur das geringste Anzeichen einer Sympathie für den Nationalsozialismus gezeigt, vielmehr aus ihrer gründlichen Anthipatie und gerade auch Nationalsozialisten gegenüber, keinen Hehl gemacht ...« (B.A.).

[19] Autobiographie von Riemann, F. (1973).

[20] Müller-Braunschweig, C. (1949/50).

Auch Werner Kemper war in Zürich. Er gehörte seit Dezember 1948 der sich neu konstituierenden *Brasilianischen Psychoanalytischen Gesellschaft* an.

Nach Riemanns Schilderung[21] saßen auf dem Podium Heinz Hartmann, Marie Bonaparte, Melanie Klein, Anna Freud, Ernest Jones und Philipp Sarasin, also die Mitglieder des Vorstands der IPA. Müller-Braunschweig berichtete über die »innere Verbundenheit aller Teilnehmer in der psychoanalytischen Arbeit«, die in Gestaltung und Ablauf der Tagung zum Ausdruck gekommen sei. Tagungsort war das »Kongreßhaus« am Züricher See — »ebenso imposant wie behaglich«. Empfangsabend und wohl organisierte Ausflüge hätten Gelegenheit zum persönlichen Austausch nach »jahrelanger Trennung« gegeben.[22] Der Verleger Ernst Klett organisierte einen Büchertisch, auf dem, neben der *Psyche*, Schottlaender: »Mutter als Schicksal«, Alexander: »Irrationale Kräfte unserer Zeit«, Binger: »Der Arzt und sein Patient«, Vetter: »Natur und Person«, Allport: »Persönlichkeit«, Michel: »Ehe« und Mitscherlich: »Vom Ursprung der Sucht« ausgelegt waren.[23] Müller-Braunschweigs gerade erschienene *Zeitschrift für Psychoanalyse* fehlte.

Zwanzig Gesellschaften stellten den Antrag auf Mitgliedschaft. Einige wurden bereits provisorisch anerkannt und erwarteten das Votum des Kongresses.[24]

Auf diesem Kongreß begann noch ein anderer Konflikt: Melanie Kleins Vortrag wurde mit außerordentlichem Interesse aufgenommen.

---

[21] Wiedergegeben von Anton Schelkopf (1969), einem ehemaligen nationalsozialistischen Journalisten, der später Schüler Riemanns und dann Psychoanalytiker in München wurde (zit. nach Herdeis u. Tömmel, 1991, S. 103).

[22] Müller-Braunschweig, C. (1949/50).

[23] Klett/Mitscherlich, 03.08.49, M.A.

[24] In den USA wurden 7 neue Gesellschaften gegründet: 2 der Baltimore-Washington Gruppe und jeweils eine in Detroit, Los Angeles, Topeka, New York und eine 2. in San Francisco. Die griechische Gesellschaft sollte sich, solange sie nur aus 4 Kandidaten bestand, der französischen anschließen. Von Irland lag ein Antrag vor, dort gab es aber noch keine Lehranalytiker. Weitere Anträge lagen aus Montreal, Prag und Johannesburg vor. Der Status der Zweiggesellschaft wurde Italien, Wien, Argentinien und Chile verliehen. Schwierig gestaltete sich die Situation in Brasilien, wo 2 Gesellschaften (eine in São Paolo — mit Adelheid Koch, seit 1936 aus Berlin — und eine in Rio de Janeiro unter Burke und seit 6 Monaten Kemper) die Vorherrschaft beanspruchten.

327 Zuhörer kamen zu ihrer Veranstaltung und ließen den parallel vortragenden Blitzsten, der vor ihr angefangen hatte, weitgehend allein. Nach ihrem Vortrag kehrten sie zu Blitzsten, der seine Ausführungen noch nicht beendet hatte, zurück.[25] Paula Heimanns Vortrag über die Bedeutung der Gegenübertragung führte zu der sie von Melanie Klein trennenden Kontroverse.[26]

»Die Psychotherapeuten kommen mir manchmal vor wie Platzhirsche«, fand Mitscherlich. »Unaufhörliches Röhren, um ja niemanden im Bereich laut werden zu lassen. Vielleicht merkst Du ebenso wie ich die mannigfachen gewollten und ungewollten Herabsetzungen meiner Person im Brief Schultz-Henckes. Seit ich die Einstellung habe, die Menschen hierzulande wie reizbare Irre zu behandeln, komme ich einigermaßen aus mit ihnen. Es ist tatsächlich auffällig, daß ich niemals aus dem Ausland einen Brief von der Art des Sch.-H. bekommen habe ... Ich bin glücklich, nun eine freie und gelassene Einstellung auch zu meiner eigenen Realität gefunden zu haben. Vielleicht bin ich jetzt bald fähig, meinen Weg zu gehen, ohne andere Menschen damit kränken zu müssen. Daß ein Mann wie Sch.-H. das bei erheblichem Altersvorsprung nicht kann, macht ihn bedauernswert.«[27] Trotzdem fand Mitscherlich: »Er ist gewiß der intelligenteste der hiesigen Autoren, und es wäre ein Jammer, wenn die Mitarbeit durch seine negativistischen Charakterzüge verhindert würde.«[28]

5.2. Die Vorträge der Exponenten der DPG

Müller-Braunschweig leitete sein Referat ein: »Ich hätte es aus begreiflichen Gründen lieber gesehen, wenn wir Deutschen auf diesem Kongreß nicht vortragen, sondern uns auf die Rolle des Zuhörers beschränken würden. In einer Sitzung der *Deutschen Psychoanalyti-*

---

[25] Limentani, A. (1992).

[26] Norman Elrod (1994) versucht diese Kontroverse in einen inneren Zusammenhang zu der Spaltungsgeschichte der DPG zu stellen (Rezension von Heimann, Paula: About Children and Children-No-Longer. Collected Papers 1942-1980, Hg. M. Tonnesmann. London/New York, 1989).

[27] Mitscherlich/Schottlaender, 19.03.47, B.A.

[28] Mitscherlich/Kunz, 27.07.47, B.A.

schen Gesellschaft wurde dieser mein Vorschlag aber von der Mehrheit der Anwesenden abgelehnt. Da nun insbesondere Herr Schultz-Hencke einen Vortrag anmeldete, habe ich mich meinerseits veranlaßt gesehen, zu sprechen.« Aus seinem Schreiben an Schultz-Hencke geht hervor, daß Müller-Braunschweig bei dem »Kongreß nicht den Eindruck (erwecken wollte), daß Ihre Äußerungen die jetzige Auffassung der *Deutschen Psychoanalytischen Gesellschaft* darstellten«.[29]

In Schultz-Henckes späterer Rekonstruktion[30] teilte er seine Version dessen mit, was sich in der Geschäftssitzung vor dem Kongreß abgespielt hatte: Müller-Braunschweig habe das Zustandekommen der Vorträge falsch dargestellt und Schultz-Hencke erscheinen lassen, als habe er »aus irgendwelchen Gründen persönlich entscheidend darauf gedrungen, daß vorgetragen würde. Müller-Braunschweig habe angedeutet, daß er es vorgezogen hätte, daß die Deutschen sich zurückhielten. Dagegen habe er dafür keinen Grund gesehen, da die Deutschen aufgefordert seien, Vorträge anzumelden. Das Gremium habe Schultz-Henckes Auffassung überwiegend zugestimmt, ohne daß Müller-Braunschweig widersprochen habe. Dann habe Müller-Braunschweig nach Anmeldungen gefragt. Während,»wie üblich,« ein großer Teil der Anwesenden nicht sofort in der Lage gewesen sei, ein Thema zu benennen, seien Frau Seiff[31] und Schultz-Hencke sofort Themen eingefallen, und das sei von niemandem bemängelt worden. »Im übrigen glaube ich, daß der Instinkt der in Zürich Anwesenden Ihnen schon den wahren Tatbestand vermittelt hat, so daß der Verlauf der Geschäftssitzung dann so war, wie sich ergab.«[32] Müller-Braunschweig hatte in einem offiziellen, an Alexander Mette gerichteten Schreiben den IPA-Kongreß folgendermaßen angekündigt:»Ich bitte diejenigen Analytiker, die einen Vortrag zu halten wünschen, mir in folgendem zuzustimmen: da wir so lange Zeit von der internationalen wissenschaftlichen Welt durch das Verbot des Naziregimes und den

---

[29] Müller-Braunschweig/Schultz-Hencke, 05.11.49. Brecht et al. (1985) S. 187.

[30] Schultz-Hencke/Müller-Braunschweig, 03.11.49, B.A.

[31] Für den Vortrag von Frau Seiff mit dem Titel:»The Analysis of Ambivalence as a Character Trait as an Opening to Psychoanalytic Therapy« («Die Aufhellung der charakterlichen Ambivalenz als Zugang zur psa. Therapie«) lag kein Abstrakt vor. Er wurde Dienstag, den 16.08., nachmittags gehalten.

[32] Schultz-Hencke/Müller-Braunschweig, 03.11.49. Brecht et al. (1985) S. 186.

216

Krieg abgeschnitten waren, müssen wir wohl Zurückhaltung üben und dürfen uns an den Vorträgen nur beteiligen, soweit wir überzeugt sein dürfen, nicht Dinge vorzubringen, die während der letzten 10 Jahre bereits draußen erarbeitet worden sind. Ich bitte daher zu verstehen, daß ich nur aus diesem Grunde den Vorschlag mache, bevor wir Anmeldungen zu Vorträgen an den Sekretär des Kongresses senden, Titel und Konzept eines Entwurfs mir zuleiten zu wollen, damit das Urteil über die Zweckmäßigkeit des Vortrages nicht nur auf den beiden Augen des Vortragenden ruht, sondern eine weitere Sicherung geschaffen wird.«[33]

Boehm und Baumeyer warfen Müller-Braunschweig vor, daß er weder Schultz-Hencke noch anderen DPG-Mitgliedern von seiner Absicht Mitteilung gemacht habe, auf dem Züricher Kongreß kritisch zu Schultz-Henckes Theorie Stellung zu beziehen.[34]

Schultz-Henckes Vortrag: »Zur Entwicklung und Zukunft der psychoanalytischen Begriffswelt«[35]

Schultz-Hencke trug als dritter Redner am Vormittag des 16.8. vor.

Mit der »Anfrage«, »ob ich wohl ein Echo erhalten werde«, und unsicher über den tatsächlichen Entwicklungsstand der Psychoanalyse »jenseits der Meere«, begann Schultz-Hencke seine Ausführungen. Pragmatisch dem Nachwuchs verpflichtet und argumentationstüchtig gegen die deutsche Psychiatrie gewandt, sei ihm an der »Zweckmäßigkeitsfrage« von »rechten Worten und Begriffen« gelegen. Seiner Neopsychoanalyse gehe es nicht so sehr darum, neue »Tatbestände« zu entdecken, sondern vielmehr versuche er eine Rangordnung empirischer Begriffsarten zu schaffen. Nach der Überwindung von »Metaphern« und »Versubstanzierungen« sei nun Leibniz' Postulat zu fol-

---

[33] Müller-Braunschweig/Mette, 14.08.48. Für die Überlassung dieses Dokuments danke ich Ludger Hermanns.

[34] »Notizen über die Ereignisse und Spaltungen in der *Deutschen Psychoanalytischen Gesellschaft* seit dem Züricher Kongreß« (1949), Boehm und Baumeyer, 14.07.51 (K.A.).

[35] Ausführlicher Text im Anhang (6).

gen, daß jede Wissenschaft in mathematischen Termini darstellbar sein soll.

Der empirisch-konstatierende, methaphorische oder affirmative Charakter einer jungen Wissenschaft (wie der Psychoanalyse) wurde am Beispiel der Begriffe Oralität, Narzißmus und Exhibitionismus erläutert und dafür plädiert, sie zur Klärung der psychoanalytischen Konzepte durch ein systematisierteres Begriffssystem zu ersetzen.

Müller-Braunschweigs Vortrag über »Die Neoanalyse Schultz-Henckes von der Psychoanalyse aus gesehen«

Müller-Braunschweig trug am Vormittag des 16.8., im Anschluß an Schultz-Henckes Vortrag, als vierter Redner vor:

1. Alle Aspekte der Analyse, die auf Widerstand stießen, wurden von der Neoanalyse fallen gelassen.
2. Das erweiterte Sexualitätskonzept beschränke sich auf den voranalytischen populären Sexualitätsbegriff und vernachlässige auf diese Weise die integrale Vorstellung der infantilen Sexualität von pervers, normal und neurotisch.
3. Der genetische Zusammenhang der Libidoorganisation sei zerrissen, so daß oral nur zu einer entsexualisierten Form des Kaptativen werde.
4. Der Freudsche Instinkt- und Libidobegriff werde von Schultz-Hencke als etwas Hypostasiertes bezeichnet.
5. Das von Freud entworfene Spannungsfeld zwischen den Trieben (Ego und Es, Leben und Tod) und einem Seelenleben, das in psychischen Systemen strukturiert sei, werde von der Neoanalyse durch ein konventionelles Schema von drei Feldern ersetzt, von denen Impulse ausgehen (Besitzstreben, Geltungsstreben und sexuelles Streben).
6. Das Unbewußte sei nicht dynamisch, sondern nur alles schwer Erinnerliche.
7. Der Begriff der Hemmung werde nicht als Folge eines Verbotes aufgefaßt, sondern als der Ausgangspunkt einer diese Wirkung erzielenden Hemmung.

8. Der Ödipus- und Kastrationskomplex solle statistisch nachgewiesen werden. Die tiefergehende analytische Erforschung einer nur kleinen Anzahl werde verworfen.

9. Im Gegensatz zu Freuds Vorgehen, bei dem die Begriffe elastisch und offen für weitere Forschungen gehalten werden, wolle Schultz-Hencke zu früh genaue Definitionen setzen und unterschätze die Gefahr der dogmatischen Erstarrung und der Orientierung auf die Form bei Vernachlässigung der inhaltlichen Forschung.[36] Müller-Braunschweig ging in seiner Kritik weit über den von Schultz-Hencke vorgetragenen Ansatz hinaus und knüpfte offenbar an die Auseinandersetzung in den 20er Jahren und die Diskussion um die 29 Thesen an.

Internationale Reaktionen

Zuerst sei man den Deutschen gegenüber wohlwollend, wenn auch zurückhaltend gewesen, erfährt man von Schelkopf, einem Schüler Riemanns. »Diese wohlwollende Atmosphäre änderte sich, als Schultz-Hencke auftrat und einen Vortrag hielt, zu dem er sich offenbar angemeldet hatte und in dem er seine — wenn wir das einmal sehr summarisch sagen wollen — Abweichungen oder Ergänzungen zu den Freudschen Theorien brachte. Als er die Begriffe oral-kaptativ oder anal-retentiv dem Auditorium vorlegte und Teile der Libidotheorie in Frage stellte oder kritisierte, also die Theorien vortrug, die er seit Jahren in Berlin gelehrt hatte, trat zunächst eisiges Schweigen ein. Dann stießen sich die Damen und Herren der IPV gegenseitig an, flüsterten miteinander immer lauter werdend, und es entstand eine unangenehme und auch unwürdige Situation nicht nur für die deutsche Gruppe, sondern vor allem für Schultz-Hencke, der ja ein Recht zu der Erwartung hatte, daß seine Vorschläge objektiv und ohne Affektivität diskutiert werden würden.«[37] Jones notierte sich über Schultz-Henckes Vortrag: »Wortsalat schön konstruierter Sätze ohne irgendeinen Inhalt. Außerdem ist der Vortrag eine Erotisierung von Worten durch einen schizoiden

---

[36] Freud, A. (1949).
[37] Zit. nach Herdeis u. Tömmel (1990) S. 103f.

Charakter.« Trotz dieser vernichtenden Kritik fand Jones, anders als Riemann, daß sein Vortrag beim Publikum großen Erfolg hatte.[38]

Schultz-Hencke selber berichtete am 13.09.1949: »... obgleich der Vortrag des Referenten in Zürich von der ›strengen‹ psychoanalytischen Richtung mit erheblichem Unbehagen aufgenommen worden war, verhielt sich der neugewählte amerikanische Vorsitzende der psychoanalytischen Internationalen (Bartemeier) ausgesprochen entgegenkommend. Immer wieder erkundigte man sich nach den Aufbauarbeiten in Berlin.«[39]

Kemper meinte, daß es innerhalb der IPA weit größere Abweichungen von der Freudschen Lehre gebe als er sie in Schultz-Henckes Ansatz sehe. »Was Schultz-Hencke von diesen anderen unterscheidet ist die Tatsache, daß er diese seine Meinung mit der ihm eigenen Aktivität auch in aller Welt laut verkündet und damit auf sich aufmerksam macht. – Ich verkenne keineswegs die außerordentlich schwere Lage, in die diese seine Aktivität gerade Ihre Gruppe bringt, einschließlich der Rückwirkungen auf die IPV. Allerdings glaube ich, daß es in Zürich richtiger gewesen wäre, diese Gegensätze nicht in dieser Schärfe zur Schau zu stellen und damit die Wiederaufnahme der deutschen Gruppe verhindert zu haben.[40]

Rudolf Brun äußerte sich ausführlich, sein Züricher Votum für Schultz-Hencke ausführend, auf dem *17. Internationalen Kongreß für Psychoanalyse* in Amsterdam am 8.8.1951 zu Lehren, die von der Freudschen Position abweichen und damit kaum noch den Anspruch erheben dürfen, sich noch als *Psychoanalyse* zu bezeichnen. Gegen die *Neoanalyse* von Schultz-Hencke sei nichts Grundsätzliches einzuwenden. »... falls es sich dabei wirklich – wie der Autor behauptet – in der Hauptsache um nur *terminologische* Differenzen handelt. Immerhin lehrt die Erfahrung, daß das Verlassen einer wissenschaftlichen Terminologie in der Folge fast regelmäßig langsam aber sicher auch zur Verfälschung und schließlich Zersetzung der mit ihr verbundenen

---

[38] Limentani, A. (1992).
[39] Unv. Bericht, K.A.
[40] Kemper/Müller-Braunschweig, 07.10.50, K.A.

Sachvorstellungen führt. Sie ist also meist nur der erste Schritt, der den Zerfall des ganzen Lehrgebäudes einleitet.«[41]

Paul Parin, der nur einzelne Vorträge auf dem Kongreß anhörte, bei Schultz-Henckes Vortrag selbst nicht anwesend war, erinnerte sich: »Es ist auch bekannt gewesen, daß Schultz-Hencke was mit der Frau vom Bally gehabt hat (sie war seine Patientin und spätere Ehefrau, R.L.) ... das war eine Art Skandal und darüber hat sich auch der Brun gefreut, weil er auch den Bally nicht mochte.«[42] Auch Carl Müller-Braunschweig hatte seine Analysandin, Ada Schott, geheiratet, die zwar keine ehemalige Kollegenfrau und Patientin, aber doch seine Lehranalysandin gewesen war. Das geschah offenbar so dezent, daß es bis heute kaum bekannt ist und nie ein Skandal daraus wurde.[43]

Schultz-Henckes Ansatz der Vereinheitlichung der Psychoanalyse wurde in Deutschland ansatzweise durchaus auch von der Redaktion der *Psyche* geteilt. Mitscherlich war anfangs »noch ganz von der eklektischen Hoffnung mitbestimmt,« daß »nach all dem Terror und Krieg«, »eine Fusion der Ideen auf dem Felde der Psychotherapie« sich vollziehen würde.[44]

---

[41] Rudolf Brun (Prof, Dr. med., Mitglied der *Schweizer Gesellschaft für Psychoanalyse*, Zürich) fand, daß grundsätzlich unvereinbar mit der Freudschen Psychoanalyse die »tiefenpsychologischen« Richtungen, die von der Existentialphilosophie Heideggers ausgehen, die *Daseinsanalysen* (Binswanger, Boss u.a.) seien. Hierbei handele es sich um einen tiefgreifenden strukturellen Umbau der wissenschaftlichen Grundlagen der Psychoanalyse (1951, S. 561).
Parin meinte:»Der Brun hat wieder einen kolossalen Zorn auf den Boss gehabt und da will ich uns nicht ausnehmen, daß wir größte Abneigung gegen die Heideggersche Existenzphilosophie hatten. Brun war derart wütend über das, was der Boss hier angerichtet hat, daß er demgegenüber den Schultz-Hencke noch ganz gut fand. Der war überhaupt sehr emotional, wo er dafür oder dagegen war« (Gespräch mit Paul Parin, 25.07.90).
[42] »Das waren so verschiedene Naturen. Wir haben mit Bally nicht direkt Krieg geführt wie mit dem Boss, aber er hat das Bild des protestantischen Pfarrers abgegeben. Streng, sehr zurückhaltend, irgendwie eine puritanische Erscheinung. – Brun war so etwas wie ein Draufgänger, ein lebensvoller und explodierender Charakter, und dem ist das auf die Nerven gegangen, die demonstrativ puritanische Art von dem Bally, und Bally hat sich sehr stark mit der Existenzphilosophie beschäftigt« (Gespräch mit Paul Parin, 25.07.90).
[43] Mitteilung von M. Köhler, langjährige Sekretärin von Müller-Braunschweig, März 1994.
[44] Mitscherlich, A. (1980) S. 163.

Dr. Carl Müller-Braunschweig wird 75 Jahre alt (1956)

Schultz-Henckes Vortrag in Zürich war also nicht besonders revolutionär oder originell. Sein Bedürfnis nach begrifflicher Klärung scheint ihm vor allem deshalb notwendig zu sein, weil er den Kontext, in dem ein Begriff benutzt wird, sein situatives, atmosphärisches oder auch empfindungsmäßiges Umfeld nicht als sinngebend einbezieht. Obwohl er sich verbal durchaus auf die Kongreßteilnehmer einstellen konnte, war es wohl gerade dieses Moment seiner Lehre und Selbstdarstellung, das ihn isolierte.

Dr. Carl Müller-Braunschweig mit Prinzessin Marie Bonaparte
London 1953, 18. IPA-Kongreß

»Es kam aber noch schlimmer«, schrieb Schelkopf. »Als nächster Referent wurde Müller-Braunschweig aufgerufen, der, soweit Riemann unterrichtet war, Schultz-Hencke nicht darüber informiert hatte, daß er zu dem Schultz-Henckeschen Referat eine Art Koreferat halten wollte. Er zeichnete von Schultz-Hencke das Bild eines Abtrünnigen, der die Freudsche Lehre verwässere, und bekam daraufhin tosenden Beifall. Müller-Braunschweig kam nach seinem Referat mit strahlendem Lächeln auf Riemann zu und sagte etwa sinngemäß: »Hab ich das nicht großartig gemacht?« Riemann antwortete ihm, daß er nicht sehr glücklich darüber sei, daß sich die Deutschen bei der ersten Gelegenheit, bei der sie sich international wieder präsentierten, gegenseitig in den Rücken fielen. Außerdem fände er den Vorgang unwissenschaftlich und unfair, und er sei sehr unglücklich darüber ... Riemann kehrte tief enttäuscht nach München zurück ...«[45]

Die Plenumsdiskussion[46] in Zürich konzentrierte sich auf die Position Schultz-Henckes, die ja den mit den deutschen Verhältnissen vertrauten Psychoanalytikern in ihren von Freud unterschiedenen Annahmen bereits aus der Diskussion in den 20er Jahren bekannt war. Barbara Lantos[47] plädierte dafür, die Frage des *Hitlerismus* von der Diskussion um die Anschauungen Schultz-Henckes zu trennen und der deutschen Gruppe dabei behilflich zu sein, sich gegen ihn durchzusetzen. Ähnlich argumentierte auch Edith Weigert, ehemalige Lehranalysandin von Müller-Braunschweig, daß Schultz-Henckes Auffassung zu verkraften sei und die Deutsche Gesellschaft unterstützt werden solle. Lampl-de Groot[48] führte die politische Dimension indirekt wieder ein, indem sie darauf hinwies, daß die holländische Gruppe »ähnliche Erfahrungen« gemacht habe und, so muß man wohl ergänzen, im Gegensatz zu der deutschen Gruppe sich freiwillig, 1941, aufgelöst

---

[45] Zit. nach Herdeis u. Tömmel (1990) S. 103 f.

[46] Zu den folgenden Ausführungen siehe Int. J. of Psychoana., Vol. XXX, Part 3, 1949.

[47] Barbara Lantos (1894 - 1962) kam aus Budapest und hatte dort über ihren Mann Verbindung zur kommunistischen Studentenbewegung. Nach Zusammenbruch der Räterepublik Emigration nach Wien, dann Leipzig und Analyse bei T. Benedek. In Berlin gehörte sie dem »Kinderseminar«, zusammen mit Reich, Fenichel, Schultz-Hencke, Kemper, u.a. an (Peters, U., 1992, S. 357).

[48] Lampl-de Groot, Jeanne (1895 - 1987) stammte aus Holland. 1922 - 1925 Analyse bei Freud. 1925 Abschluß der psychoanalytischen Ausbildung in Berlin, 1933 Emigration nach Wien, 1938 nach Holland (Mühlleitner, E., 1992, S. 202). Bei unserem Gespräch am 18.12.79 erzählte sie mir, daß sie eng mit der Familie Freud befreundet gewesen sei, ihr Mann und Ernst Freud seien in eine Klasse gegangen. Ihr Haus in Berlin Dahlem sei von Ernst Freud gebaut worden. Sie wisse nicht, was daraus geworden sei, da sie nie wieder in Berlin gewesen sei. Unmittelbar nach der Machtübernahme der Nationalsozialisten gingen sie nach Wien, da ihr Mann Ausländer und »Jude« war. Bei unserem Gespräch dachte sie noch sehr bitter an den »Rettungsversuch« der Wiener psychoanalytischen Einrichtungen durch Müller-Braunschweig. Sie und Sterba hätten bleiben sollen, um die Poliklinik zu übernehmen.

hatte, um im Untergrund weiterzuarbeiten. Sie meinte, daß deshalb die provisorische Mitgliedschaft weiter aufrechterhalten werden solle.[49]

Marie Bonaparte stellte die DPG vor die Alternative: entweder die Deutsche Gesellschaft werde eine rein analytische und Schultz-Hencke stelle sich auf seine eigenen Beine, was er sicherlich könne, oder die DPG werde nicht wieder in die IPA aufgenommen. Sie entsprach damit der Empfehlung Freuds, der vor dem »inneren Gegner«, Schultz-Hencke, gewarnt hatte, der sich des Instituts »bemächtigen und seinen Absichten dienstbar machen« könne.[50] Auch Stern und Silbermann plädierten für eine Trennung beider Gruppen.

Paula Heimann[51] meinte, daß es sich um ein rein finanzielles Problem handele und daß ein Fonds geschaffen werden solle, um ein von Schultz-Hencke unabhängiges analytisches Institut in Berlin zu schaffen.[52] Oberndorf unterstützte diesen Vorschlag; auch Bluhm fragte

---

[49] Diese Auffassung schrieb Boehm (1978, S. 301) fälschlicherweise Anna Freud zu.

[50] 21.03.1933 an Eitingon, K.A.

[51] Paula Heimann war in Danzig geboren und hatte russisch-jüdische Eltern. 1918 Studienbeginn in Königsberg, dann Berlin, Frankfurt, Breslau und Heidelberg. Psychoanalytische Ausbildung in Berlin (1929 - ca. 1932) mit Lehranalyse bei Reik, Kontrollen bei Horney und Sachs. Über die Situation bei ihrer Emigration nach England berichtete sie folgendes: »... und dann rief mich der Eitingon eines Tages und sagte, er habe einen Brief von Jones, der der Präsident war, und Jones hatte geschrieben, daß junge Analytiker mit bescheidenen Ansprüchen eine Existenz in London finden könnten. Und ich dachte ›ja‹ lieber hungere ich sofort und einmal war die geschilderte Haussuchung und ich war so verdaddert, daß mir nicht einfiel zusagen, der Reichstagsbrand war am 30. Jan., am 3.2. ist mein Geburtstag und wir haben wahrscheinlich eine kleine Party gehabt. Die Hausdurchsuchung hatte ich, nachdem ich um das Visum eingekommen war und dann kriegte ich es ... Meine Tochter war, wir wohnten am Fehrbelliner Platz und meine Tochter war in einer Schule in Dahlem zwei Stationen vom Fehrbelliner Platz. Eine katholische Familie hatte sich erboten, meine Tochter zu sich zu nehmen und es war eine Vereinbarung, daß, wenn mir etwas geschieht, daß sie dann das Kind zum Vater nach Lausanne bringen sollten. Ich ging damals herum mit Morphium in meiner Handtasche. Als ich nun im Zug saß, und über die Grenze kam, wußte ich, ich kann nie wieder zurück, und ein arischer Freund brachte mir Myrte(?) nach London (Interview mit M. Krebs, unv., Jan. 81).

[52] Um ihre Ausbildung finanzieren zu können, hatte Paula Heimann den Stipendienfonds des Berliner Instituts beliehen. Boehm fand sie »— beyond words — er machte mir eines Tages folgenden Vorschlag: Er würde mir in seinem Haus, er hatte ein Riesenhaus, ein Zimmer zur Verfügung stellen, mit Sekretärin und Tele-

nach finanziellen Details und Lorand nannte genaue Zahlen.[53] Schultz-Hencke äußerte sich nicht.

Wie bereits 15 Jahre zuvor[54] war die deutsche Vereinigung auch nun wieder das »Sorgenkind«.[55] Beim *Business Meeting* meinte Jones (eigene Übersetzung): »Wie andere wissenschaftliche Gesellschaften, so mußte sich auch die *Deutsche Psychoanalytische Gesellschaft* durch das nationalsozialistische Regime gleichschalten lassen. Nur mit Schwierigkeiten befreite sich die Deutsche Gesellschaft aus diesen Verbindungen und Verwicklungen mit anderen psychotherapeutischen Schulen. Deshalb konnte die Deutsche Gesellschaft nur provisorisch wieder aufgenommen werden. Es ist nicht leicht zu sagen, wie viele der 37 Mitglieder noch als Psychoanalytiker akzeptiert werden können.«[56]

Zwei Mitglieder der DPG hätten in England Anna Freud und Jones aufgesucht.[57] Zweimal waren Mitglieder der englischen Gruppe in Deutschland, unter ihnen Dr. Rickman (am 14. u. 15.10.1946).

---

fon, alles, und er würde mir Patienten geben und wir würden dann ›fee-splitting‹ und ich dachte das ist doch unvorstellbar — ein älterer erfahrener Analytiker schickt einem jungen Analytiker Patienten aber ›fee-splitting‹ und ich war ... nun Herr Dr. Boehm, nein danke — ich hab'ne sehr schöne Wohnung und er sagt: Schad, ich hätt's früher sagen sollen bevor ich so weit war« (Krebs, M. Interv., unv., Jan. 81).

[53] Der Wunsch Müller-Braunschweigs, einen *Freundeskreis der Psychoanalyse* zu gründen, scheint hier unterschwellig eingebracht zu werden. »Diesen Apell an die Freunde der Psychoanalyse ... im Ausland zu richten, zögere ich begreiflicherweise, da die durch die Hitlerzeit gesetzten politischen und psychologischen Spannungen zwischen Deutschland und dem Ausland sich noch nicht genügend gelöst, die Trübungen und Empfindlichkeiten in den Beziehungen noch nicht genügend verschwunden sind ...« (Müller-Braunschweig/Jones und Anna Freud 20.02.47; Collections of the Manuscript Division, Library of Congress. Für diesen Hinweis danke ich E. Wantoch.)

[54] Nach Jones' Bericht des Zentralvorstandes vom 29.08.34, IZP, S. 134.

[55] Es wäre eine interessante Aufgabe zu untersuchen, ob der Züricher Kongreß auch für andere Gesellschaften eine solche entscheidende Zäsur bedeutete.

[56] »Dr. Müller-Braunschweig and Dr. Boehm are making magnificent efforts to improve the situation and to resume proper training.«

[57] Aus einem Schreiben Müller-Braunschweigs an Anna Freud vom 02.07.49 geht hervor, daß Heilbrun auf seinem Weg nach Südafrika vorher Anna Freud seine Aufwartung zu machen gedachte. Außerdem hatte Kemper Anna Freud aufgesucht.

Weitere Informationen lieferten die beiden Vorträge von Schultz-Hencke und Müller-Braunschweig. Es scheine, daß der ständige Druck hin zu einer Amalgamierung, also einer Verschmelzung der verschiedenen psychotherapeutischen Richtungen (Jung, Freud, Adler, Neoanalyse) unter einer Führung in den zehn bis zwölf Jahren nicht ohne Wirkung auf die Mitglieder bleiben konnte. Es wäre unmenschlich, etwas anderes zu vermuten ... Müller-Braunschweig konnte beispielhaft eine wahrhaftige psychoanalytische Position darstellen. Andere könnten nicht weiter als Psychoanalytiker betrachtet werden. Dazwischen sei eine unbestimmte Zahl mehr oder weniger verwirrt.[58]

Es wurde abgestimmt: Für die sofortige Wiederaufnahme der DPG in die IPA stimmten 15 Personen, 59 stimmten für ein Fortbestehen des provisorischen Status und 11 gegen die Aufnahme (= 75). Über die Einstellung der restlichen 59 IPA-Mitglieder ist mir nichts bekannt.

Müller-Braunschweig zeigte sich enttäuscht, daß die Deutsche Gesellschaft nicht wieder aufgenommen wurde und führte diese Entscheidung indirekt darauf zurück, daß noch kein eigenes Institut existierte. Kemper unterstützte ihn und hob hervor, unter welchen Schwierigkeiten die deutschen Analytiker gearbeitet hätten, da sie als Marxisten stigmatisiert worden seien. Wider besseren Wissens betonte Kemper, daß es keinen Nationalsozialisten unter den Psychoanalytikern gegeben habe.[59]

---

[58] »The probability is that some analysts have remained true, real, genuine analysts and are clear about its relation to other work. Dr. Müller-Braunschweig gave an excellent example of this yesterday. At the other extreme there would appear to be some whom we should not consider to be psycho-analysts.«

[59] Scheunert, Gerhard war am 1.5.33 in die NSDAP eingetreten und von 1933 - 1934 Blockleiter gewesen; dann im NSKK bei der Sanitätsschaft 1938 - 1939, ab 15.5.39 im Sanitätskorps des Heeres und in der Zeit von 1936 - 1939 im *NS-Ärztebund*. Am 14.6.49 war er aus Erfurt nach Berlin geflohen (Rep. 20, Acc 1328, D111, H 4927, R 6601 L.A.). (Siehe Diskussion in den DPV-Informationen Nr. 14 vom Nov. 1993.)
Scheunert stammte aus Leipzig. Vater selbständiger Kaufmann, Besitzer einer graphischen Anstalt, starb 1945, die Mutter ebenfalls. Abitur 1925 in Leipzig, Studium in Wien, Berlin und Leipzig. Staatsexamen in Leipzig, 1930 Promotion, 12.8.1930 Approbation in Leipzig. 30.7.1931 Facharztausbildung. Feb. 1935 aus der Klinik ausgeschieden, 15.2.1936 Niederlassung in Erfurt. Psychoanalytische Ausbildung teils am *Berliner Institut*, einzelne Vorlesungen am *Wiener Institut*,

Martin Grotjahn, den ich zum Züricher Kongreß noch befragen konnte, meinte, daß die Sympathie, vor allem Anna Freuds, eigentlich Boehm gehörte. Trotzdem habe Müller-Braunschweig die Teilnehmer überzeugen können.[60] Schottlaender war interessiert daran, Mitscherlichs persönlichen Eindruck von dem Verlauf des Züricher Kongresses zu erfahren — ein Bericht wurde von Ina Böhlendorf[61] erwartet. Auch Bitter hatte die Vorstandssitzung der DPG in Zürich — allerdings kommentarlos — erwähnt.[62] Weder in der Korrespondenz zwischen Mitscherlich und Schottlaender noch in der *Psyche* wurde über den Kongreß berichtet.

überwiegend in der Arbeitsgruppe Leipzig, der DPG. Lehranalyse zunächst bei Therese Benedek, nach dem Krieg bei Carl Müller-Braunschweig. Einberufung 1939. 1940 - 1942 Truppenarzt einer Vorausabteilung. 1943 - 1945 Leiter einer Neurologischen Fachabteilung. Politisch motivierte Flucht nach West-Berlin 1949, psychoanalytische Praxis in Berlin-Zehlendorf. Seit 1.1.1952 Leiter (Teilzeit) der *Child Guidance-Klinik des Pestalozzi-Fröbelhauses* Berlin. 1950 Mitbegründer der DPV. Seit 1956 Leiter des Instituts, Mitherausgeber des *Jahrbuches der Psychoanalyse* (1960). Übersiedlung nach Hamburg, seit 1985 im Ruhestand lebend (Interview vom 08.08.79 und 26.07.80).

[60] »I was present at the *International Congress of Psychoanalysis* when Anna Freud was in the chair and to her right was Müller-Braunschweig; on her left Felix Boehm trying to represent the German delegation and both trying to talk at the same time. Directly in front was sitting Edith Weigert-Vowinkel and I. The role was taken and Braunschweig was in, Felix Boehm was out and everybody, including Anna Freud, expressed great regret. The mood was evidently against her thinking« (Grotjahn/Lockot 07.03.86).

[61] Ina Böhlendorf, geb. 30.3.1903 im Rheinland. Schulbesuch in Berlin (1909-20), Lehrerinnenausbildung und Tätigkeit in Berlin. Medizinstudium, Staatsexamen (1939) und Approbation (1940). Psychoanalytische Ausbildung am *Deutschen Institut* ... Arbeitsgruppe A ca. 1939 mit Müller-Braunschweig als Lehranalytiker. Wahrscheinlich auch Jungsche Analyse. Nach dem Krieg DPG-Mitglied. Berufliche Wünsche: Entwicklung von Arbeitstherapie unter Einbeziehung von gärtnerischer und kleintierzüchterischer Tätigkeit (Schultz-Hencke-Protokoll, 04.06.45, B.A.). 1947 Übersiedlung nach Stuttgart (Bitter) und Leiterin der Poliklinik des *Instituts für Psychotherapie und Tiefenpsychologie* (1948-50). 1951 Übersiedlung nach Hannover als Lehranalytikerin, Weiterbildung von Ärzten, Psychologen und Psychagogen. 1957 Niederlassung als praktische Ärztin. 1965 Mitbegründerin des *Lehrinstituts für Psychotherapie und Psychoanalyse* in Hannover. Ina Böhlendorf starb am 5.5.1987 in Hannover. (Für diese Informationen danke ich Klaus Oberborbeck, unv.)

[62] Schottlaender/Mitscherlich, 27.08.49, B.A.

Müller-Braunschweig schrieb nur kurz in seiner Zeitschrift darüber, ohne allerdings seine Kontroverse mit Schultz-Hencke und die Reaktion darauf zu erwähnen. Er dankte vor allem Jones für sein »ständiges Bemühen und die große Sorgfalt«, mit der er die DPG mit Rat und Hilfe unterstützt habe. »Er hat nie versagt, hat uns in hervorragendem Maße eine kollegiale Haltung gezeigt und sein unausgesetztes Interesse an dem Fortbestand und der Tätigkeit unserer Gesellschaft bewiesen.«[63]

Jones übergab die Präsidentschaft nach rund 22jähriger Amtszeit an Leo Bartemeier (Detroit). An die Stelle von Anna Freud trat Grete Bibring (Mass.) als »Secretary«.

* * *

In diesem Kapitel sind die Fußnoten sehr lang. Es ist damit, auch von der äußeren Gestalt her, ein Kapitel mit »doppeltem Boden«.[64] Da gibt es eine dokumentierte Ebene und eine mitschwingende, die sich in Biographiefragmenten andeutet. Zu einem eingebundenen, zusammenhängenden Text werden sie kaum noch werden können. Diese tiefere, emotionale Ebene vermittelte mir Paula Heimann sehr nachdrücklich, als ich sie im Dezember 1979 um ein Gespräch über ihre Situation in Deutschland während der NS-Zeit und ihre Emigration bat. Sie schrieb mir sehr scharf, daß sie nicht bereit sei, über diese Dinge zu sprechen. Der Journalistin Marlinde Krebs, die Paula Heimann ein Jahr später aufsuchte, um mit ihr über einen Freud-Film zu sprechen, erzählte sie: »Ich hatte später die Einladung, als Mitscherlich — das muß in den 50ern gewesen sein — da hat doch der Mitscherlich die Renaissance der Analyse in Deutschland gemacht[65]

---

[63] Müller-Braunschweig, C. (1949/50, S. 187).

[64] Das komplementäre Pendant dazu ist das Kapitel über die *Psyche* und darin die Rezeption der Vergangenheit in den Rezensionen.

[65] Nach einer Auflage der DPV ging Mitscherlich 1958 für ein Studienjahr nach England, um bei Paula Heimann eine Lehranalyse zu machen. Paula Heimann kam regelmäßig nach Frankfurt, um das dortige Institut zu unterstützen. Aus ihrer Heidelberger Zeit (1924 - 1927, zunächst in der Kinderklinik, dann in der Psychiatrie) war sie mit der Vorläuferin der Institution vertraut, mit der sich Mitscherlich so nachdrücklich hatte auseinandersetzen müssen.

— und er forderte auf, die Flüchtlinge nach Frankfurt zu kommen, um mit denen alles zu besprechen und ein Lehrprogramm aufzustellen, und ich weiß noch, wie ich zum Willi Hoffer sagte, der aus Wien kam: Also Willi, es hat ja keinen Sinn, daß ich hinfahre — entweder zerplatze ich vor Wut oder ich löse mich in Tränen auf — ich werde ja nichts Gescheites produzieren, und er sagte: Nein Paula, es handelt sich um die Analyse, wir müssen helfen, wir vergessen nicht, aber für diesen Zweck muß man hin. ›Would you hold my hand? Yes I will hold your hand.‹«[66]

[66] Interview mit M. Krebs vom Jan. 81.

6.0. Auswirkungen der internationalen Begegnung auf die Psychoanalyseentwicklung in Deutschland

Riemann meinte, daß die deutsche psychoanalytische Gruppe geschlossen aus der IPA austreten sollte. »Nach all den Kämpfen und Schwierigkeiten, die wir während des dritten Reiches wegen unseres Einsatzes für die Psa durchzumachen hatten, fand ich die Haltung des Vorstandes der IPA uns gegenüber verständnislos und unkollegial und vermeinte ein tendenziöses Ressentiment zu verspüren, von dem frei zu sein man wohl gerade von der IPA hätte erwarten können.« Riemann fand, ebenso wie Boehm, daß die Wahrscheinlichkeit, die deutsche Gruppe wieder in die IPA aufzunehmen, bei der in ihr »noch vorherrschenden Orthodoxie« nicht groß sei. Durch freiwilliges Austreten könne man einem peinlichen Ausgeschiedenwerden zuvorkommen.[1]

Es sei nicht die Mitarbeit am gegenwärtigen Institut, was übel genommen wurde, fand Boehm, »sondern die am *Göring-Institut*«. Deshalb werde sich die IPV auch nicht damit begnügen, wenn Schultz-Hencke austrete: »Auf dem nächsten Kongreß hieße es dann, Boehm ist auch kein reiner Analytiker wegen seiner Position am Institut, ebenfalls Riemann, der eine Jungsche Analyse durchgemacht hat. Boehm will keinem Verein angehören, der unter einem solchen Druck steht. Er stelle den Antrag auszutreten, bevor man herausgedrängt wird. Denn das Ressentiment gegen alles Deutsche wird noch 1/2 Jahrhundert dauern.«[2]

Müller-Braunschweig teilte Boehms und Riemanns Meinung nicht. Durch diese »sinnlose Geste« würden »mutwillig« seine Versuche, die alten Beziehungen wieder anzuknüpfen, zerstört werden. »Die Gegnerschaft in Zürich ging nicht vom Vorstand aus — von dem uns jedes einzelne Mitglied wiederholt seine Sympathie nicht nur für meine Person, sondern für alle Psychoanalytiker unserer Gesellschaft versicherte —, sondern von einzelnen vom Ressentiment gegen alles Deut-

---

[1] Riemann/Müller-Braunschweig, 27.11.49, B.A.
[2] DPG-Geschäftssitzung vom 28.02.50 (Brecht et al. (1985) S. 190).

sche noch nicht losgekommenen Analytikern aus dem *Plenum*, auf die der Vorstand wohl nicht genügend vorbereitet war.« Er mußte aber abstimmen lassen. »Gerade als Psychologen müssen wir als realen psychischen Faktor in Rechnung stellen, daß es eben bei vielen Ausländern, insbes. vielen jüdischen Kollegen, erheblich längere Zeit braucht, sich wieder einzustellen, als das nach dem 1. Weltkrieg der Fall war.«[3]

6.1. Auswirkungen auf die Entwicklung in Berlin

Von der persönlichen Konfrontation zwischen Müller-Braunschweig und Schultz-Hencke zur Fragmentierung der Gruppe

Müller-Braunschweig forderte Schultz-Hencke bereits in Zürich zum Austritt aus der DPG auf (»ohne von den Mitgliedern der Gesellschaft dazu beauftragt gewesen zu sein«[4]). Hier konnte er der Unterstützung Jones sicher sein, der es den Deutschen ja weniger übel genommen hatte, daß sie mit den Nationalsozialisten kooperiert hatten, als ihre Zusammenarbeit mit den anderen therapeutischen Richtungen am *Deutschen Institut*.

Am 15.10.1949 schied Müller-Braunschweig aus dem Verwaltungsrat und dem Unterrichtsausschuß des *Instituts für Psychotherapie* aus. Andere Angehörige seines Kreises waren noch bis zum Oktober 1950 sowohl im Verwaltungsrat als auch im Unterrichtsausschuß.[5] Verbindungen zwischen beiden Gruppen bestanden weiterhin über die *Poliklinik der Versicherungsanstalt Berlin* (VAB, später AOK-Institut), an der z.B. Ada Müller-Braunschweig und andere DPV-Mitglieder Honorarverträge hatten.

Erst rund zwei Monate nach dem Züricher Kongreß bemühte sich Müller-Braunschweig um eine Abklärung der Spannungen mit Schultz-Hencke.

«Ich würde es sehr begrüßen, wenn wir uns einmal persönlich zu zweien unterhalten könnten und versuchen würden, die schwebenden

---

[3] Müller-Braunschweig/Riemann, 04.12.49, B.A.
[4] Boehm, F. (1951, unv.) K.A.
[5] Boehm, F. (1951, unv.) K.A.

232

sachlichen und persönlichen Diskrepanzen in eine sinnvolle Form zu bringen ... Wenn ich Sie durch meinen Vortrag in Zürich kränken mußte, so hat — vom rein menschlichen Standpunkt und aus unserem langjährigen persönlichen Verhältnis heraus — mir das selbst für Sie leid getan. Es war aber unvermeidlich, wenn anders ich meinen — nur eben den Ihren nicht konformen — sachlichen Überzeugungen nicht untreu werden, sondern ihnen entsprechen wollte.«[6] Schultz-Hencke beschwerte sich, daß er unvollständig zitiert worden sei.[7] Müller-Braunschweig setzte ihm auseinander, daß er aus Zeitmangel nicht auf das Problem der Hemmung, das Schultz-Hencke mit seiner Konzeption des Unbewußten verknüpft hatte, ausführlicher eingehen konnte. Weitere Korrekturen, die Schultz-Hencke dem IPV-Vorstand mitgeteilt wissen wollte, hielt Müller-Braunschweig für Mißverständnisse seitens Schultz-Henckes. Niemand würde es Schultz-Hencke übelnehmen, daß er andere Theorien als Freud und die auf den Grundlinien seiner Forschung weiterarbeitenden Psychoanalytiker entwickelt habe. Aber es sei nicht zu ersehen, warum er nicht zu seinen oppositionellen Auffassungen stehe und den Eindruck erwecken wolle, Psychoanalytiker zu sein. Müller-Braunschweig hielt es für das fruchtbarste, die Unterschiede in den Auffassungen herauszuarbeiten. »Ich glaube, daß die Hauptdifferenz unserer Standpunkte weniger auf wissenschaftlichem Gebiet liegt, als darauf, daß Sie — ähnlich wie Kemper — von dem Ziel einer Unifizierung unserer Wissenschaft beherrscht sind, die — so bin ich überzeugt, die Gefahr mit sich bringt, daß eine klare und fruchtbare Austragung wissenschaftlicher Gegensätze verhindert und damit die lebendige Weiterentwicklung der Forschung hemmen wird.«[8] Schultz-Hencke warf Müller-Braunschweig Unkameradschaftlichkeit vor, indem er ihn dazu aufgefordert habe, zu seiner oppositionellen Haltung zu stehen und nicht, wie bisher, das »gentlemen agreement« zu respektieren. Er täusche sich über die Motive für seine Äußerungen und sein Handeln, wie er das schon immer getan habe. Er, Schultz-Hencke, habe zu seiner Auffassung schon vor über 20 Jahren gestanden und meine, daß das »gute Alte« kräftig angefaßt werden müsse.

---

[6] Müller-Braunschweig/Schultz-Hencke, 21.10.49. (Brecht et al. (1985) S. 186.)

[7] Schultz-Hencke/Müller-Braunschweig, 03.11.49, B.A.

[8] Müller-Braunschweig/Schultz-Hencke, 05.11.49. (Brecht et al. (1985) S. 187.)

»Wenn Sie immer einmal wieder behaupten, ich hätte die Psychoanalyse zu 90 % aufgegeben, will ich Ihnen nunmehr mit drastischen Worten mitteilen, daß diese Meinung von jüngeren Psychoanalytikern einfach lächerlich gefunden wird.« Von den »empirischen Feststellungen der Psychoanalyse, auf die auch Freud allein entscheidenden Wert legte«, finde er etwa 75 % korrekt. Er kritisiere lediglich den metaphorischen Überbau und den spekulativen Versuch einer »naiv libidoenergetischen Theorie«.

»Sie wußten, daß es ausdrücklich verboten war, Freud auch nur kritisch zu erwähnen. Sie wußten, daß ich im 3. Reich unter keinen Umständen anders veröffentlichen konnte, als ich es tat. Sie müssen gehört haben damals, daß Hattingberg verlangte, ich solle mein Buch der Zensur vorlegen und daß es unter Umgehung der Zensur gedruckt wurde. Darüberhinaus aber wußten Sie ganz genau, daß Ihre Hörer in Zürich alle diese Daten nicht kannten. Kameradschaftlicherweise hätten Sie die unter allen Umständen nennen müssen! Das bemängele ich! ... Aber ich weiß, daß Sie sich so ausdrücklich Gewußtes immer wieder zu verbergen wissen, und dann, wie Sie meinen, gutgläubig derartige Unterlassungen begehen.« Schultz-Hencke unterzeichnete seinen Brief handschriftlich »mit höchst unfreundlich enttäuschtem Gruß Ihr ...«.[9] Müller-Braunschweig reagierte sehr empört: »Wie konnten Sie sich nur so gehen lassen, wie Sie das in Ihrem letzten Brief getan haben? Er ist geladen mit Anwürfen und Unterstellungen und Beleidigungen.«[10] Schultz-Hencke forderte Müller-Braunschweig zu einer öffentlichen Diskussion der Vorträge auf. Müller-Braunschweig zögerte, weil »ein solches Unternehmen zu stark durch affektive Motive mitbedingt war«. Auch Baumeyer[11] drängte auf genauere

---

[9] Schultz-Hencke/Müller-Braunschweig, 10.11.49. (Brecht et al. (1985) S. 187.)
[10] Müller-Braunschweig/Schultz-Hencke, 13.11.49. (Brecht et al. (1985) S. 187.)
[11] Baumeyer, Franz geb. 22.07.1900 (Dresden) gest. 25.04.1978 (Berlin). Vater Rechtsanwalt und Justizrat; humanistische Orientierung. 1918 Militärdienst bei den Gardereitern. Medizinstudium in Würzburg, Rostock, Innsbruck und München von 1918 - 1923. Promotion über die »Dupuytrensche Kontraktur«; ärztliche Approbation am 31.1.1925. In Gießen, Heidelberg und Leipzig Fachausbildung für Neurologie und Psychiatrie. 1929 Privatassistent bei Prof. Kronfeld in Berlin. 1930/31 Ausbildung am Berliner Psychoanalytischen Institut, Lehranalyse bei Felix Boehm. Niederlassung 1931 in Dresden mit vorwiegend nervenärztlicher Praxis und als Gutachter beim Versorgungsamt. Regelmäßige (ca.

Informationen über die Züricher Ereignisse und hielt ihm entgegen: »Als Psychotherapeuten glauben wir ferner zu wissen, daß Affekte allein durch Hinausschieben nicht verändert werden.«[12] Bei öffentlichen Veranstaltungen hatte Müller-Braunschweig mehrfach die Erfahrung machen müssen, daß der gewandter auftretende Schultz-Hencke das Publikum für sich gewinnen konnte. Seine Lehrveranstaltungen waren überfüllt, während Müller-Braunschweig nebenan nur ca. zehn Hörer hatte. Am 3.1.1950 wiederholten Schultz-Hencke und Müller-Braunschweig ihre Züricher Referate auf der DPG-Sitzung.

Anfang 1950 verschärften sich die Auseinandersetzungen zwischen allen Gruppen. Boehm, Hochheimer, Kranefeldt, March, Müller-Braunschweig, Schirren und Wiegmann entzogen Schultz-Hencke ihr Vertrauen und veranlaßten ihn, den Vorsitz des *Instituts für Psychotherapie* niederzulegen.

Am 19.01.1950 richtete Müller-Braunschweig ein Rundschreiben an die Mitglieder der *Deutschen Psychoanalytischen Gesellschaft*[13]: Die

---

zweimal monatl.) Teilnahme an wissenschaftlichen Sitzungen am *Berliner Psychoanalytischen Institut*, dann am *Deutschen Institut für psychologische Forschung und Psychotherapie*. 1937 »ordentliches« Mitglied der DPG. Bei Kriegsbeginn wurde Baumeyer als Neurologe und Psychiater zum Militärdienst eingezogen; leitete die neurologische Abteilung des Kriegslazaretts Gottleuba bei Dresden. Da Baumeyer sich nicht an der Ermordung Geisteskranker beteiligt hatte und in keiner nationalsozialistischen Organisation war (weder *NS-Ärztebund* noch NSDAP-Mitglied), wurde er als Sachverständiger bei den »Euthanasie-« und Sterilisationsprozessen (vermutl. aus dem KZ Sachsenhausen) herangezogen.

Baumeyers Praxis war ausgebombt. 1946 Leitung der *Psychiatrischen Landesanstalt Arnsdorf* bei Dresden; *Landespsychiater von Sachsen*. Müller-Braunschweig charakterisierte ihn als »sehr regsam und menschlich äußerst sympathisch. Publizistisch und als Vortragender ist er weniger hervorgetreten, aber hat auf diesem Gebiet zweifellos auch Begabung« (Müller-Braunschweig/Arruda Camara, 04.11.47, B.A). Erst 1949, nach Kempers Übersiedlung nach Brasilien, kam Baumeyer nach Berlin und wurde Abteilungsleiter des von Schultz-Hencke geleiteten *Zentralinstituts für psychogene Erkrankungen*. 1951 hielt er auf dem *Internationalen Psychoanalytischen Kongreß* in Amsterdam einen Vortrag über die Krankengeschichte des durch Freuds Arbeit berühmt gewordenen Falls »Schreber«, dessen Krankenakte er entdeckt hatte (Gespräch mit Frau Baumeyer vom 20.04.88).

[12] Baumeyer/Müller-Braunschweig, 06.12.49, B.A.
[13] Brecht et al. (1985) S. 189.

Zugehörigkeit Schultz-Henckes zur psychoanalytischen Arbeitsgruppe solle geklärt werden, da seine und seiner Freunde Beteiligung »als wenig ergiebig und im Sinne der eigentlichen Ziele und Aufgaben einer psychoanalytischen Arbeitsgruppe für unfruchtbar« angesehen werde. Im übrigen sei das natürlich und eigentlich selbstverständlich, da seine Neoanalytische Gruppe »ausgesprochene Exklusivität« vertrete, also Mitglieder anderer Richtungen nicht zulasse. Vom Vorstand der IPV sei Müller-Braunschweig mitgeteilt worden, daß die »Zweifel und Unsicherheiten« darüber, ob die DPG noch im »Einklang mit der psa Forschung und Praxis« stehe, »weitgehend beseitigt werden würden, wenn unsere Distanzierung von den nicht-analytischen Gruppen unzweideutig in Erscheinung treten und insbesondere Schultz-Hencke nicht mehr zu unseren Mitgliedern zählte«. Die Distanzierung beider Gruppen voneinander, die Müller-Braunschweig anstrebte, solle als sachlich bedingte Notwendigkeit betrachtet werden und einer Pflege der kollegialen und persönlichen Beziehungen nicht im Wege stehen, sondern sie vielmehr fördern. In seinen Vorlesungen versuche Schultz-Hencke den Eindruck zu erwecken, daß die Freudsche Psychoanalyse überholt sei und bezeichne die »Freudianer« in diskreditierender Absicht als »orthodox«. »Sie bilden in Ihrem Sinne seit Jahren und in großem Umfang einen Nachwuchs aus. Es ist uns nicht bekannt, daß Sie auch nur einen einzigen dafür interessiert haben, sich um die Mitgliedschaft der DPG zu bewerben ... Ich möchte Sie daher als Vorsitzender um eine Darlegung der Gründe bitten, die Sie davon abgehalten haben, die Konsequenz des Austritts aus der Gesellschaft zu ziehen.«[14] Schultz-Hencke hielt es für »höchst zweifelhaft«, ob Müller-Braunschweig dazu berechtigt war, sich als Vorsitzender statt als Sprecher einer Gruppe an ihn zu wenden. Er lehne es ab, eine eigene Organisation zu gründen, da er bestreite, daß »unsere und meine Forschungsart sich unzweideutig von der psychoanalytischen Schule« abhebe.

Schultz-Hencke hatte offenbar seine sich verändernde Einstellung gegen die Psychoanalyse selber kaum wahrgenommen, denn im Kemper-Protokoll vom 07.11.1945 heißt es noch: »Schultz-Hencke teilt Kemper mit, daß er mit seinen engsten Mitarbeitern eine *Neopsycho-*

---

[14] Müller-Braunschweig/Schultz-Hencke, 23.01.50, B.A.

analytische Vereinigung gegründet habe. Ihr gehören an, außer Schultz-Hencke: Seiff, Fuchs-Kamp, Haseloff, Schwidder, Dührssen und Cellarius« (B.A.) Nach bestimmten äußeren biologischen und sozialen Kriterien, durch die die älteren Analytiker ausgeschlossen waren, wählte Schultz-Hencke die Mitarbeiter seines Kreises aus: »Auf die Gefahr hin, die Betreffenden nun gerüchtweise zu betrüben, füge ich hinzu, daß ich seit je der Meinung war, in einer kommenden Arbeitsgemeinschaft analytischer Psychotherapeuten müßten die Männer um 30 herum dominieren, die Frauen, und besonders die nichtärztlichen Frauen, müßten in abgehobener Weise an Zahl zurücktreten. Damit war von vornehrein gesagt, daß der gesamte Aufbau, dem ich allein würde zustimmen können, abhängig ist von der Zahl der konstituierenden jüngeren Männer ... die sich aus der historischen Entwicklung ergebenden andersartigen Anordnungen haben ihre konsekutiven Schäden ja immer deutlich gezeigt.«[15]

Wenn Boehm beklagte, daß die bisherigen Diskussionen »steril« verlaufen seien, erscheint das als logische Folge von Schultz-Henckes Kriterien für seine Mitarbeiter.[16] Von Müller-Braunschweig und seinen Anhängern wurde der Vorschlag gemacht, daß sich zwei Gruppen konstituieren sollten. Die *neo-analytische Gruppe* sah dazu keine Veranlassung: Die Gruppe um Alexander sei eigene Wege gegangen, auch (wie Jones in einer Bemerkung gemurmelt habe) sei Radó, Lehranalytiker Schultz-Henckes, trotz seiner Abweichung IPV-Mitglied.[17]

March versuchte, das Ausbildungsprogramm des *Instituts für Psychotherapie* zu verändern. In Schultz-Henckes Amalgamierung der verschiedenen tiefenpsychologischen Schulmeinungen sah er eine Parallele zu Görings Einheitspsychologie. Der Psychotherapie-Student brauche zunächst eine schulenmäßige Bindung und könne erst später je nach Bedarf, Erfahrung und Reife die Erkenntnisse anderer Rich-

---

[15] Schultz-Hencke/Müller-Braunschweig, 10.02.50, B.A.

[16] »Beide (Schultz-Hencke und Müller-Braunschweig) sind als Menschen typenmäßig ganz verschieden, sie reden aneinander vorbei. Keiner besitzt die Kunst, sich dem anderen verständlich zu machen« (Protokoll der Geschäftssitzung vom 28.02.50. Brecht et al. (1985) S. 190).

[17] Protokoll der Geschäftssitzung vom 28.02.50 (Brecht et al. (1985) S. 190).

tungen verarbeiten. Wenn er bereits bei Beginn der Ausbildung sich den verschiedenen Lehrmeinungen gegenüber sieht, werde sein Wissen oberflächlich, er werde verwirrt und könne es nicht angemessen, mit dem Kriterium der praktischen Erfahrung im Hintergrund, aufnehmen.[18] Freiwillig wollte Schultz-Hencke nicht aus der DPG und IPV austreten; er hielt die Differenzen für nicht erheblicher als die anderer IPV-Mitglieder in den USA und der Schweiz. Müller-Braunschweig meinte, für einen Ausschluß Schultz-Henckes keine Mehrheit zu bekommen, obwohl nur drei bis vier jetzige Mitglieder als 100 %ige Anhänger gelten. Die übrigen würden einen Ausschluß als Diffamierung auffassen. »Ich gestehe, selbst wenn es so wäre, daß sich eine Mehrheit für den Ausschluß Schultz-Henckes finden würde, ich mich nur sehr ungern zu einem solchen Schritte entschließen könnte. So sehr ich die großen Unterschiede zwischen unseren Anschauungen empfinde, so sehr die Lehrtätigkeit Schultz-Henckes alle bisherigen Bemühungen, das Interesse der jüngeren Generation auf das Studium und die Fortentwicklung der Freudschen Psychoanalyse zu richten, erschwert hat, so wenig kann ich mich der Tatsache verschließen, daß Schultz-Hencke seit etwa 1/4 Jahrhundert der DPG angehört.« Vorerst sei die Gesamthaltung der DPG durch Schultz-Hencke nicht gefährdet. Das zeige das Verhältnis 1:9. Sollte sein Einfluß wachsen, »so würde immer noch ein solcher Mißstand radikal überwunden werden können, indem die der psa Treugebliebenen sich von der jetzt bestehenden Gesellschaft lösten und eine neue Gesellschaft gründeten. Ich würde es nicht für glücklich halten, wenn unter den jetzigen Mitgliedern der DPG die Auffassung Boden gewönne, daß die IPA die Tendenz hätte, auf die DPG einen Druck auszuüben, als ob sie die endgültige Wiederaufnahme der DPG von der Erfüllung bestimmter Bedingungen abhängig machte«. Eine Forderung der IPA in diesem Sinne würde die Empfindlichkeit der Mitglieder an ihrem Selbstbestimmungsrecht unnötig verletzen. Wenn die IPA Wert darauf lege, daß in Deutschland Freuds Werk wiederbelebt würde, solle sie sie nach Möglichkeit unterstützen, auch wenn sich einige schwarze

---

[18] »Entwurf zur Umgestaltung des Vorlesungs- und Ausbildungsprogramms des Instituts für Psychotherapie e.V. Berlin«, 28.03.50 (Brecht et al. (1985) S. 188).

Schafe darunter befänden. Gemessen an der wichtigeren Aufgabe, nämlich der Wiederbelebung der Psychoanalyse in Deutschland, halte er den Ausschluß Schultz-Henckes für sekundär.[19]

Müller-Braunschweig schrieb an Frau Buder (eine Jungianerin): »Von der *Neo-Psychoanalyse* Schultz-Henckes trennt mich vieles. Ich empfinde sie fremder als die Jungsche Psychologie, um deren Verständnis ich mich seit etwa 10 Jahren bemühe. Ich glaube, daß vieles, entgegen der Meinung der Tiefenpsychologen — von den Jungschen Positionen sich zwanglos und organisch mit den Positionen der Psa. vereinigen läßt. Allerdings: so etwas läßt sich nicht ›machen‹, das kann nur werden und nur durch Menschen von Format.«[20]

In dem »Bericht über die Sitzungen der *Berliner/Deutschen Psychoanalytischen Gesellschaft* vom 16.07.1949 bis 31.07.1950 dienten sieben von 26 Sitzungen der Auseinanderstzung zwischen Müller-Braunschweig und Schultz-Hencke und dem Züricher Kongreß, acht Sitzungen waren vorwiegend kasuistisch orientiert, drei theoretisch und weitere acht Sitzungen dienten der Rezeption ausländischer psychoanalytischer Literatur (Kardiner, Grotjahn, Benedek, Hillpern u. Spaulding, French u. Alexander; Ries trug ihren Fall persönlich vor).[21]

Schultz-Henckes Professur an der Humboldt-Universität

Die Universität war dem Magistrat von Berlin weitgehend entglitten und der russischen Zentralverwaltung unterstellt worden (Wandel). Theodor Brugsch war mit über 70 Jahren von den Sowjets als Direktor der *I. Medizinischen Klinik der Charité* und Dekan der *Medizinischen Fakultät der Humboldt-Universität* eingesetzt worden. Lange Zeit war er Vizepräsident und Vertreter Wandels in der *Zentralverwaltung für Volksbildung*.[22]

---

[19] Müller-Braunschweig/Bartemeier, 27.03.50, B.A.
[20] Müller-Braunschweig/Buder, 10.05.50, B.A.
[21] Siehe, Anhang (2).
[22] Thorwald, J. (1960) S. 19.

Wolfgang Hochheimer[23], neben Schirren Vertreter der Jungianer, berichtete: »Die Zeit war abenteuerlich interessant — als wir hier saßen und halb unter russischer Verwaltung lebten, mit den Resten des alten Institutes. An der Humboldt-Universität kam damals der Wunsch auf, eine Stelle für Psychotherapie einzurichten und die nahmen zögernd Kontakt mit unserem Institut auf und dann entstand die Frage: wer von den Psychotherapeuten — es war noch offen ob eine Professur oder ein Lehrauftrag — das eigentlich kriegen konnte; darum bewarben sich sowohl Kemper als auch Schultz-Hencke. Beide waren Vorstandsmitglieder des Instituts. Schultz-Hencke hatte seinen kleineren Stoßtrupp, der dafür war, daß er diese Stelle kriegt, und Kemper seinerseits hatte auch eine Gruppe von Interessenten, die sagten, er sollte diese Stelle kriegen. Das war aber alles intern von uns aus und schließlich erreichte Schultz-Hencke eine Einladung.«[24]

Bereits im Mai 1944 war Schultz-Hencke von Göring für eine Professur vorgeschlagen worden. Damals kam es nicht dazu.

Am 25.5.1945 teilte Schultz-Hencke Haseloff[25] mit, daß er ihn zu

---

23 Wolfgang Hochheimer (04.03.1906 - 15.03.1991) hatte Medizin (5 Semester) und Psychologie in Berlin, Frankfurt und Halle studiert und in Psychologie bei Gelb und Goldstein promoviert (Dr. phil.); weitere Promotion in Naturwissenschaften (Dr. rer. nat.) Als Student therapeutische Analyse bei Kempner (»nicht viel dabei rausgekommen. Beispiel: Erzählte ihr von einem Traum: auf dem Dachboden hat sich furchtbar viel Geld befunden. Sie sagte — Sie wissen ja was das bedeutet, Geld bedeutet Kot! und damit war das Thema erledigt, rein formalistisch, durch starres Vokabular. Ich pfiff vor mich hin — sie sagte: ach Jungens pfeifen eben. Sie hatte eine rationalisierende Deutungstechnik.«) und Lehranalyse bei Achelis (Jungianer, Nationalsozialist). Hochheimer war in den letzten Kriegsjahren zum *Behandelnden Psychologen* ernannt worden und gehörte nach dem Krieg als Vertreter der jungschen Richtung dem ersten *Unterrichtsausschuß des Instituts für Psychotherapie* an. Nach einem kurzen Wortwechsel, bei dem Boehm ihn der Kritik an Freud »bezichtigt« hatte und Hochheimer, der Freud sehr geschätzt habe, sich das nicht gefallen lassen wollte, verließ er den Unterrichtsausschuß und galt als aus dem Institut »ausgetreten« (Gespräch vom 18.02.88).

24 Interview mit W. Hochheimer, 18.02.88.

25 Otto Haseloff, der in späteren Jahren eine Professur an der *Pädagogischen Hochschule* in Berlin hatte und ein *Institut für angewandte Psychoanalyse* gründete, mit dem er Industrieberatung machte, teilte mir (am 12.11.85) mit, daß er der »erklärte Liebling« Schultz-Henckes gewesen sei. Im letzten Kriegsjahr wohnte er bei ihm und konnte beobachten, wie Hermann Göring heimlich zu

seinem Vorlesungsassistenten machen wolle, falls er einen Lehrstuhl bekomme.[26] Im Gespräch mit dem Referenten beim Magistrat der *Abteilung Volksbildung*, Dr. phil. K. Fischer, schlug Kemper die Einrichtung von zwei Lehrstühlen für Psychotherapie vor. Schultz-Hencke gab zu bedenken, daß selbst »unter revolutionären Umständen« eine Doppelforderung nicht sachlich zu begründen sei. Er meinte, »man solle sich mit einem zusätzlichen Professorentitel für den Leiter der Poliklinik begnügen«.[27]

Parallel zu diesen Berliner Verhandlungen erhielt Schultz-Hencke im Sommer 1946 eine Berufung als Ordinarius für Psychologie an die philosophische Fakultät der Universität Greifswald[28], der er nicht folgte. Schultz-Hencke berichtete dann von seiner Vorladung bei Brugsch, daß er ihm, nach einem »Examensgespräch« und nachdem er sein Buch gelesen hatte, zur Habilitation riet.[29]

Hochheimer fuhr fort: »Das bedeutete aber noch lange nicht eine Professur oder einen Lehrstuhl. Sie haben ihn aufgefordert zu kommen und daraufhin nannte sich Schultz-Hencke sofort Professor und mußte auch von seinem Personal Professor genannt werden und bei einem Buch[30] erschien vorn Professor.«

Kurt Höck war bei Theodor Brugsch an der Humboldt-Universität tätig. Er erinnerte sich daran, daß Brugsch, der nicht viel für Psychotherapie übrig gehabt habe, sehr befremdet darüber gewesen sei, daß sowohl Schultz-Hencke als auch Kemper und J. H. Schultz ihn nacheinander aufsuchten. »Die wollten alle drei diesen Job haben und nun hat einer den anderen madig gemacht und Brugsch die faschistische Einstellung des anderen vorgetragen, so daß Brugsch auf derartig schlimme Leute verzichtet hat ... Die Hauptschuld, wenn ich's richtig

---

Konsultationen wegen seiner Morphium-und Pervertinabhängigkeit bei Schultz-Hencke vorfuhr. Weiter sollen hohe Beamte der *Arbeitsfront* und auch der *Reichsärzteführer* Conti in psychotherapeutischer Behandlung gewesen sein (bei wem sie waren, ist nicht bekannt). Haseloff wandte sich innerlich von Schultz-Hencke ab, als er während eines schlimmen Bombenangriffs von ihm verlangte, aus dem Keller ins Haus zurückzukehren, um den Kühlschrank abzuschließen.

[26] Haseloff-Protokoll, 25.05.45, K.A.
[27] Schultz-Hencke-Protkoll v. 05.06.45, B.A.
[28] Müller-Braunschweig/Mette, 01.08.46, B.A.
[29] Protokoll der Ausschußsitzung vom 07.08.45, B.A.
[30] Lehrbuch der Traumanalyse, 1949.

verstanden habe ... der Hauptfeind von Schultz-Hencke war Kemper, der bei Brugsch versucht hat, den Schultz-Hencke auszutricksen.«[31]

Am 20.09.1949 wurde Schultz-Hencke zum Professor mit Lehrauftrag für Psychotherapie ernannt.[32]

»Und dann passierte folgendes«, berichtete Hochheimer weiter, »ein anderes Mitglied von uns, March, das zeigte das bei dem westlichen Senat an, daß Schultz-Hencke das dort angenommen hatte, der gleichzeitig noch sein Institut hier in Berlin hatte, und er dadurch noch ein Zusatzeinkommen hätte, und dann wurde ihm vom Westen erklärt, das kommt überhaupt nicht in Frage, daß er das annimmt, dann verlöre er seine Stelle hier, an seinem Institut. Daraufhin hat Schultz-Hencke den Plan wohl oder übel aufgeben müssen, obwohl der noch gar nicht von drüben urkundlich durchgeführt war.«[33]

Die *Deutsche Psychoanalytische Gesellschaft* beschloß am 26.09.1949 — also eine Woche nach Schultz-Henckes Ernennung: »Wir haben alle ein Interesse an der Erhaltung des Instituts für Psychotherapie als einer Rahmenorganisation, die die verschiedenen Richtungen zusammenschließend vertritt und sie paritätisch nebeneinander lehren läßt. Wir begrüßen auch alle die Verbreitung und Vertretung der Psychotherapie, wo immer sie verbreitet und vertreten werden kann.

Im gegenwärtigen Zeitpunkt finden wir uns in Berlin in einer schwierigen öffentlichen Situation, die uns zu besonderen Rücksichten zwingt, und in der wir, zu unserem Bedauern, es nicht für zweckmäßig halten können, daß die Ausübung jener Professur und die Wahrnehmung des Vorsitzes im Institut für Psychotherapie in ein und derselben Persönlichkeit vereinigt sind.«[34]

---

[31] Interview mit Kurt Höck, 18.04.90.

[32] Mitchell Ash verdanke ich den Hinweis auf die »Bestätigung der Ernennung Schultz-Henckes (20.09.1949) als Professor mit Lehrauftrag für Psychotherapie an der *Medizinischen Fakultät der Humboldt-Universität*« (Bestand R-2 (Ministerium für Volksbildung der DDR), Band 911, Blatt 52).

[33] Interview mit W. Hochheimer, 18.02.88.

[34] Telefondiktat von Müller-Braunschweig vom 27.09.49, B.A.

Die Gründung der *Deutschen Psychoanalytischen Vereinigung*

Bereits im Juli 1946 schrieb Aichhorn von *Deutscher Psychoanalytischer Vereinigung* und von »Spaltung«, Wendungen und Begriffe, die erst vier Jahre später das Vokabular und die Positionen der DPG/DPV charakterisieren würden: »Daß Sie die *Deutsche Psychoanalytische Vereinigung* wieder auf die Beine bringen werden, davon bin ich überzeugt ... Die Zer (durchgestrichen) Spaltung bedaure ich sehr.«[35] Müller-Braunschweig antwortete: »Sie sagen, daß Sie die Spaltung sehr bedauern. Wie ich schon in meinem letzten Briefe ausführte, besteht zwischen der DPG und dem Kemperschen Institut durchaus ein Verhältnis vorläufiger Zusammenarbeit.«[36]

Jones verfolgte interessiert die Entwicklung der sich von der DPG ablösenden Müller-Braunschweig-Gruppe und verglich sie mit seiner »Säuberung« von den Jungianern.[37]

Am 01.05.1950 versammelten sich mehr als eine halbe Million Berliner aus Ost und West auf dem Platz der Republik zu der größten politischen Demonstration West-Berlins nach dem Krieg. Unter dem Motto »Gegen Einheit in Ketten, für Frieden und Freiheit« forderten Gewerkschaften, demokratische Parteien und über 50 unabhängige Organisationen der Stadt freie Wahlen.[38,39] »Aufbruch« und Befreiung lagen gleichsam in der Luft.

Rund einen Monat später, am 10.06.1950 gründeten Dräger (Erziehungsberaterin des *Jugendamtes Charlottenburg*), Kath (Chefärztin der *Neurologischen Abteilung am Krankenhaus Tempelhof*), March (Leitender Arzt der *Nervenabteilung am Krankenhaus Westend*, Leiter der

---

[35] Müller-Braunschweig/Aichhorn, 07.07.46, B.A.

[36] Müller-Braunschweig/Aichhorn, 27.07.46, B.A.

[37] »I had a very similar situation myself in 1919 when the Secretary of our Society and two or three members went over to Jung and refused to resign. I dissolved the Society and reconstituted it under another name leaving out the troublesome members to have the concurrence of those that agreed with me« (Jones/Müller-Braunschweig, 27.04.50. Brecht et al. (1985) S. 201).

[38] Die *Sowjetische Kontrollkommission* hatte das Abhalten von Wahlen an Bedingungen geknüpft wie Abzug der Besatzungsmächte und Einsetzung einer Wahlkommission, die von der Westberliner Stadtverordnetenversammlung abgelehnt wurde.

[39] Harenberg, B. (1986) S. 456.

Feier in der Wohnung von Marie-Louise Werner, 1956
Sigmund Freuds 100. Geburtstag − Carl Müller-Braunschweigs 75. Geburtstag −
Gerhard Scheunerts 50. Geburtstag

vorne: Dr. Carl Müller-Braunschweig
hinten: Dr. Gerhard Scheunert, Johanna Schmoeckel

von links: Dr. Carl Müller-Braunschweig, Käthe Dräger, Dr. Gerhard Scheunert

Neurologischen Abteilung des Gesundheitsamtes Charlottenburg und Dozent am *Institut für Psychotherapie*), Müller-Braunschweig (Vorsitzender der *Deutschen Psychoanalytischen Gesellschaft*, Lehrbeauftragter der *Freien Universität* und Dozent am *Institut für Psychotherapie*), Scheunert (Facharzt für Neurologie und Psychiatrie) und Steinbach (Dozentin der Lehrerausbildung des *Bezirksamtes Charlottenburg*, Dozentin am *Institut für Psychotherapie*) die *Deutsche Psychoanalytische Vereinigung*[40], ein Plan, der zunächst geheim, bereits am

von links: Ada Müller-Braunschweig, Sigrid Maetze, Frau Dr. Herz,
Dr. Gerhard Scheunert, Dr. Carl Müller-Braunschweig

13.05.1950, gefaßt worden war. In dieser kleinen Gruppe wurde Wert darauf gelegt, daß das Verhältnis der ärztlichen zu den nichtärztlichen Psychoanalytikern 3:3 war. So erklärt sich wahrscheinlich der genaue Zeitpunkt der Gründung dadurch, daß Scheunert, einer der ärztlichen

---

[40] Sie wurde am 15.6.50 zugelassen (Landesarchiv Berlin, Rep. 20 Acc 1328).

Gründer (potentielle nichtärztliche hätte es sicher noch gegeben, z.B. Ada Müller-Braunschweig und Marie-Louise Werner) erst einen Tag vor der Planung der DPV-Gründung, am 12.05.50 seine Rehabilitationsbescheinigung vorweisen konnte, die ihn »durch Beschluß der Entnazifizierungs-Kommission vom 23.09.49 Akt. Z. M. 923« von seiner nationalsozialistischen Vergangenheit freisprach.

Am 23.08.1950 fragte Müller-Braunschweig bei der *International Psychoanalytic Association* an, ob seine Gruppe, die DPV, in die IPA ebenfalls als provisorisches Mitglied aufgenommen werden könnte. Der Vorsitzende der IPA, Leo Bartemeier, antwortete am 22.09.1950, daß er ihm versichern könnte, daß der Vorstand der IPA die Gruppe vorläufig anerkennen würde, und er hoffte, daß die endgültige Entscheidung darüber auf dem Amsterdamer Kongreß ebenso ausfallen würde.[41]

Schultz-Hencke beanstandete in der Sitzung vom 03.12.1950, daß sich die DPV bereits als *Zweigvereinigung der Internationalen Psychoanalytischen Vereinigung* angemeldet hatte. Das sei ein Vorgriff auf die Zusicherung der Aufnahme der DPV in die IPA. Carl Müller-Braunschweig war nach außen hin der führende Vertreter der DPV. Dagegen hielt Horst-Eberhard Richter Käthe Dräger für »die bedeutendste Figur am Institut ... bis weit in die 60er Jahre hinein, nach meiner Einschätzung überhaupt die bedeutendste, obwohl sie kaum was geschrieben hat. Aber sie war eigentlich die Analytikerin, die von ihrem analytischen Wissen, von ihrer Vernunft her und auch mit ihrer Unterstützung der jeweiligen Führenden — also der Leute, die Ämter hatten oder auch im Unterrichtsausschuß, eine außerordentlich wohltuende klare, sehr kluge Position hatte«. Sie habe sich nie in die Konkurrenzkonflikte der anderen verwickeln lassen »... sie litt unter dieser *Göring-Instituts*-Vergangenheit, sprach darüber aber auch offen. Ihr war's sehr wichtig, daß wir das genau wußten und daß da nichts verborgen wurde«. Frau Dräger »hätte mitgeholfen, das alles aufzudecken und hätte sich hingestellt und gesagt: ihr habt recht, uns das zum Vorwurf zu machen ... aber es wäre irgendwie doch eine Möglichkeit gewesen, das gemeinsam zu verarbeiten«.[42]

---

[41] Brecht et al. (1985) S. 201.
[42] Gespräch mit H.-E. Richter vom 19.07.88.

Die Situation in Berlin erschien trotzdem noch unübersichtlich: »Die Mitglieder der *Deutschen Psychoanalytischen Gesellschaft* bestehen zum Teil aus Psychoanalytikern; ein anderer Teil: Frau Fuchs-Kamp, Herr Schultz-Hencke, Frau Schwager-Cellarius und Frau Seiff vertritt völlig die *Neo-Psychoanalyse,* und bei einer dritten Reihe ist es schwer festzustellen, zu welcher Gruppe man sie zu rechnen hat.«[43]

Auf einer Zusammenkunft, zu der neben Schultz-Hencke, Baumeyer, Boehm, Dräger, Kath, March und Scheunert eingeladen worden seien, die aus zeitlichen Gründen nicht mehr vor der 1. Braunschweiger DGPT-Tagung habe stattfinden können, habe Müller-Braunschweig seinen Plan zur Gründung eines selbständigen, unabhängigen psychoanalytischen Lehrinstituts (*Berliner Psychoanalytisches Institut*) mitteilen wollen, das sich »den spezielleren psychoanalytischen Aufgaben« von Forschung und Ausbildung widme. Der Plan sei aus dem Wunsch heraus entstanden, schrieb er an Schultz-Hencke, »nach einer Wiedereinführung der deutschen psychoanalytischen Bewegung in die traditionellen Formen der in der IPV zusammengeschlossenen psa. Landesgruppen und ihrer Institute. Diese Wiedereinführung macht es andererseits nötig, daß die deutsche Landesgruppe, die dieses Institut gründet, ausschließlich Mitglieder umfaßt, deren wissenschaftliche Überzeugung ... in dem Werke Freuds gründet. Sie wissen, daß nicht ich es allein bin, der das behauptet, der diese Differenzen zwischen Ihren Auffassungen und den Positionen Freuds für sehr bedeutsam hält«. Sowohl für die Präzisierung und Weiterentwicklung der neoanalytischen als auch für die der psychoanalytischen Gruppe sei eine deutlichere Unterscheidung ihrer Mitglieder förderlich. »Dieses Ziel scheint mir am einfachsten dadurch erreichbar, daß an die Stelle der bisherigen *Deutschen Psychoanalytischen Gesellschaft* eine neue Organisation tritt, zu der alle stoßen mögen, deren Überzeugungen klar erkennbar auf dem Werk Freuds ruhen, und daß diejenigen Mitglieder der jetzigen DPG, die überwiegend der Neo-Psychoanalyse zuneigen, zu Ihrer Gruppe stoßen würden. Die neue psychoanalytische Gruppe hätte dann zugleich den Vorteil, daß sie nicht mehr dem Mißtrauen von seiten der IPV begegnen würde, das

---

[43] Müller-Braunschweig/Bibring (General Secretary der IPA), 31.07.50, B.A.

in Zürich zu der nur ›vorläufigen‹ Wiederaufnahme führte ... Die Gestaltung des Verhältnisses der neo-psa Gruppe zur IPV müßte dann Ihren Wünschen und Ihrer Initiative anheimgestellt werden. Ich habe durch Ihre Reaktion auf meinen seinerzeitigen Vorschlag, aus der DPG zugunsten einer deutlicheren Unterscheidung der beiden Gruppen auszutreten, den Eindruck gewonnen, daß Sie auf die Zugehörigkeit der IPV, trotz Ihrer Deviation, Wert legen. Ich halte es nicht für ausgeschlossen, daß trotz der großen Differenzen Ihre Bemühungen dahin führen könnten, wenn nicht jetzt, dann später, daß die IPV auch eine aus *Neo-Psychoanalytikern* bestehende Organisation in sich aufnehmen würde. Aber Sie werden es verstehen, daß ich es nicht als meine Aufgabe betrachten kann, für Sie bei der IPV zu plädieren. Dazu halte ich bei dem jetzigen Stand der Lage die Unterschiede in den Auffassungen für zu groß.«

Schultz-Hencke einen Vorwurf daraus machen zu wollen, daß er eigene Wege gehe, sei unsinnig, da die »Entwicklung der Dinge« der Persönlichkeit und ihrem Schicksal zuzuschreiben sei, weniger einer bewußten Willensentscheidung. »Aber Sie werden aus dem Gesagten verstehen, daß nicht ich es sein kann, der für Sie bei der IPV eintritt, sondern daß Sie sich selbst darum bemühen müssen. Ich bin der letzte, der verkennt, mit welcher Energie Sie und Kemper die beiden Institute ins Leben gerufen haben, welche Bedeutung Ihnen zukommt und welches Verdienst Sie sich damit ... erworben haben.« Er wolle mit der Gründung eines *Berliner Psychoanalytischen Instituts* auch nicht mit Schultz-Hencke in einen »polemischen Wettstreit« eintreten. Nach wie vor sei es erwünscht, daß die Psychoanalytiker »in allen psychotherapeutischen Ausbildungs-, Berufs- und Standesfragen mit den beiden Instituten gemeinsam vorgehen und daß sie weiterhin, soweit es ihre Zeit und Kraft zulassen, sich an der Vorlesungtätigkeit und an den monatlichen wissenschaftlichen Sitzungen des I.f.Ps.-Th. beteiligen«.[44]

Drei Tage später richtete Müller-Braunschweig ein Rundschreiben an alle DPG-Mitglieder, in dem er kurz die Geschichte der DPG seit

---

[44] Müller-Braunschweig/Schultz-Hencke, 07.09.50; Abschriften an Baumeyer (Vorsitzender des I.f.Ps.-Th.), Boehm (Leiter des Unterrichtsausschusses des I.f.Ps.-Th.) und die Mitglieder des Unterrichtsausschusses; K.A.

1936 rekapitulierte und die Kräfteverhältnisse am *Institut für Psychotherapie* betonte. Das Rundschreiben deckt sich im wesentlichen mit seinem Schreiben vom 07.09.1950 an Schultz-Hencke. Hier erwähnt Müller-Braunschweig allerdings noch zusätzlich den finanziellen Rückhalt durch die *Versicherungsanstalt Berlin* mit Poliklinik und dem Ausbau eines Ausbildungsapparates.

H.-E. Richter berichtete, daß Schultz-Hencke die Ausbildungskandidaten zusammengerufen und die Abspaltung als Illoyalität und Verrat gebrandmarkt habe.[45]

Baumeyer[46] machte Müller-Braunschweig äußerst heftige Vorwürfe:

1. Müller-Braunschweig habe die Gründung eines neuen psychoanalytischen Instituts damit begründet, daß keine Gewähr geboten sei, daß ein Ausbildungskandidat, der sich mit der psychoanalytischen Forschung und Praxis vertraut machen will, zu einem befriedigenden Ergebnis kommt. Entgegenzuhalten sei dem, daß die Psa im kommenden Wintersemester mit 200 Vorlesungsstunden vertreten sei. Wenn die Psa in manchen Semestern dennoch zu kurz gekommen sei, liege das nicht daran, daß Schultz-Hencke so herrschsüchtig sei, sondern daran, »daß die Vertreter der Psychoanalyse nicht das notwendige Maß von Opferwillen zur Abhaltung einer größeren Anzahl an Vorlesungen aufbrachten«. Boehm, als Leiter des Unterrichtsausschusses, habe sich wiederholt um die Mitarbeit psychoanalytischer Kollegen bemüht.

2. Die Vereinbarung, mit der das *Institut für Psychotherapie* gegründet worden sei, sei von Müller-Braunschweig gebrochen worden:
   a) Die wissenschaftliche Tätigkeit und Entwicklung aller drei Richtungen solle selbständig erhalten bleiben.
   b) Die Ausbildung sollte gleichmäßig in allen drei Richtungen erfolgen; dem Kandidaten werde die Entscheidung für eine freigestellt.

3. Müller-Braunschweig habe sich gegen die Monopolstellung der Neoanalyse gewandt. Dabei habe die Psa-Richtung den entscheiden-

---

[45] Gespräch mit H.-E. Richter vom 19.07.88.
[46] Baumeyer kam erst 1949 nach Berlin, hatte also die Kontroverse zwischen Müller-Braunschweig und Schultz-Hencke nicht miterlebt.

den Vorteil von diesem Zusammenschluß gehabt, da die Ausbildungskandidaten Psychotherapie, nicht Psa lernen wollten und über das Institut mit der Psa bekannt geworden seien. Von 17 Psychagogen hätten zwölf eine psychoanalytische Lehranalyse durchgemacht. Müller-Braunschweigs Vorwurf von einem »Diktat eines Instituts« wurde von Baumeyer entschieden zurückgewiesen. »Das Institut hat niemals ›diktiert‹; es beruht vielmehr auf einem freiwilligen, demokratischen Zusammenschluß aller psychotherapeutischer Richtungen.«

4. Von in- und ausländischer Seite sei viel Bestätigung für diesen Ausbildungsgang gekommen.

5. Die Betonung der gegensätzlichen Auffassungen nach außen hin sei unzweckmäßig und der Sache schädlich. Baumeyer bezweifelte, ob die kleine Gruppe von sechs Analytikern dazu in der Lage sein wird, einen »geordneten Ausbildungsbetrieb« zu gewährleisten.

6. Das Beispiel des Jung-Instituts, das sein separatistisches Unternehmen nicht hatte aufrechterhalten können, sollte ein abschreckendes Beispiel sein.

7. Die Verwirrung eines Ausbildungskandidaten durch die verschiedenen Richtungen hebe Müller-Braunschweig als nachteilig hervor. Die Wissenschaft auf der ganzen Welt habe sich im Widerstreit zueinander entwickelt. Die Kandidatenauswahl werde sehr streng gehandhabt.

8. Müller-Braunschweig vermutete, daß die DPG nicht wieder in die IPV aufgenommen werde, weil Schultz-Hencke zu einflußreich sei — das sei nicht bewiesen. Baumeyer hält »das Ressentiment gegen die Deutschen« für das maßgebliche Gegenargument. Müller-Braunschweig habe Schultz-Hencke keine »grobe Häresie« vorwerfen können.

9. Baumeyer vermutete, daß Müller-Braunschweig sich mit seiner Neugründung bei der IPV, die von den Amerikanern majorisiert werde, unbeliebt mache und zitierte Alexander: »Unter den Psychoanalytikern macht sich eine steigende Abneigung gegen die Kollegen geltend, die in sektiererischer Abgeschlossenheit ihre eigenen Wege gehen.«[47]

---

[47] Baumeyer/An die Mitglieder der DPG, 03.10.50, B.A.

In der Geschäftssitzung der DPG vom 06.10.1950, an der Baumeyer, Boehm, Dräger, Fuchs-Kamp, Goebel, March, Ada und Carl Müller-Braunschweig, Scheunert, Schneider[48], Schultz-Hencke, Seiff, Steinbach, Werner und Wiegmann teilnahmen, wurden die Reaktionen der auswärtigen Mitglieder der DPG, die sich vorwiegend skeptisch, schwankend oder gegen die Gründung aussprachen, besprochen.[49]

Von den Anwesenden wandten sich Boehm, Fuchs-Kamp, Seiff, Schultz-Hencke und Wiegmann gegen Müller-Braunschweigs Gründung — vor allem, weil sie ohne eine entsprechende vorherige Auseinandersetzung mit dem DPG-Vorstand Boehm und Schneider sowie mit den übrigen Mitgliedern vorgenommen wurde. Müller-Braunschweig rechtfertigte sein Vorgehen mit dem Hinweis auf die Fruchtlosigkeit aller anderen Bemühungen und meinte, daß er dieses Vorgehen als die humanste Form mit Rücksicht auf Boehm und Baumeyer empfinde, »... den Vorwurf, daß er zuvor aus der Gesellschaft hätte austreten müssen, wehrte Müller-Braunschweig mit der Bemerkung ab, daß er die Gesellschaft nicht ruinieren, sondern restituieren wollte« (S. 2). Nachdem mit 8:6 Stimmen Müller-Braunschweig das Mißtrauen ausgesprochen worden war, übernahm Boehm die Leitung der Sitzung. Eine Zusammenarbeit zwischen beiden Instituten wurde von Seiff, Baumeyer und Wiegmann abgelehnt. Als entscheidender Unterschied zwischen der Haltung beider Gruppen zueinander schälte sich heraus, daß das, was Schultz-Hencke besonders hervorhob, nämlich die Möglichkeit des dauernden Fluktuierens zwischen den Richtungen, gerade von der neugegründeten Gruppe abgelehnt wurde.[50]

Am 03.12.1950 wurde dann die entscheidende Generalversammlung der DPG einberufen, bei der Müller-Braunschweig und seine Gruppe die DPG verließen. Schultz-Hencke stellte Müller-Braunschweigs Schritt als unbegründet dar und verwies vor allem darauf, daß ihm von ausländischen Analytikern wie Lampl, Bibring[51] und Kris Interesse an seinem Werk entgegengebracht worden sei. Auch Baumeyer artikulierte ausführlich seine Kritik an Müller-Braunschweig: Durch ein

---

[48] Schneider-Kassel hatte seine Lehranalyse bei Abraham gemacht und war der Lehranalytiker von Kurt Höck.

[49] Brecht et al. (1985) S. 201-203.

[50] Rundschreiben, Müller-Braunschweig, 11.09.50, K.A.

[51] Bibring war der Lehranalytiker von Felix Schottlaender.

größeres Engagement bei Vorlesungen hätte er die Parität im Institut besser repräsentieren können. Es ist vor allem der Stil von Müller-Braunschweigs Verhalten, der Baumeyer, aber auch Schottlaender und Achelis-Lehbert, sehr verletzte: er könne nicht als Vorsitzender einer Gesellschaft heimlich eine »Konkurrenz« gründen.[52]

Boehm sah die Auseinandersetzungen zwischen Schultz-Hencke und Müller-Braunschweig ausschließlich durch Müller-Braunschweigs Wunsch motiviert, »seinen Todfeind Schultz-Hencke zu erledigen«; so habe er in Zürich einen »nicht mehr sachlichen Streit inszeniert«, so daß der Züricher Kongreß zu einer Blamage für die Deutschen geworden sei und die Nicht-Aufnahme der DPG in die IPV bewirkt habe. Er warf ihm vor, die Psychoanalyse in seinen Seminaren nicht überzeugend vertreten zu haben (unvorbereitet, verliere den Faden, wiederhole sich häufig).

»1945 hätte Müller-Braunschweig eine blühende Gesellschaft übernommen. Als Facit seiner fünfjährigen Tätigkeit hinterlasse er eine ruinierte Gesellschaft, einen Torso ... Boehm kann Tränen der Rührung nicht vermeiden, wie er selber sagt.«[53] Nachdem die Gründer der DPV, Dräger, Kath, March, Müller-Braunschweig, Ada und Carl, Scheunert, Steinbach und Werner die Sitzung verlassen hatten, tagten Achelis, Baumeyer, Böhlendorf, Boehm, Fuchs-Kamp, Goebel, Meyer (a.o.) Schneider, Schottlaender; Schultz-Hencke, Schwager, Staudte[54] und Wiegmann weiter. Boehm wurde nun als Vorsitzender gewählt, Baumeyer und Schneider als Vorstandsmitglieder. Über die Vorgänge, die zum Auszug der DPV führten, verfaßte der Vorstand ein

---

[52] Obwohl die Lizenz für die neue Gesellschaft bereits Anfang Juni 50 beantragt worden war, wurde Schultz-Hencke erst am 07.09.50 und der Vorstand und die übrigen Mitglieder am 11.9.50 ausführlich schriftlich benachrichtigt (Boehm, 1951, unv.).

[53] Brecht et al. (1985) S. 197.

[54] In Anny Staudtes Schreiben vom 10.11.50 an Müller-Braunschweig heißt es: »Es tut mir leid, daß ich von keiner Seite über die Vorbereitungen dazu (zur DPV-Gründung, R.L.) in Kenntnis gesetzt worden bin. Ich muß ehrlich meiner Betrübtheit darüber Ausdruck verleihen, daß Sie eine Trennung von dem I.f.Th. für nötig halten. Mein Wunsch wäre gewesen, daß nicht trennende, sondern verbindende Maßnahmen ergriffen worden wären ...« (Brecht et al. (1985) S. 203).

Memorandum für die IPV. Die definitive Aufnahme in die IPV solle weiterhin angestrebt werden.[55]

Kurt Höck berichtete: »... wir Anfänger mußten mit abstimmen und wußten überhaupt nicht worüber, zu welcher Richtung wir uns bekennen sollten — zu Schultz-Hencke oder zu Müller-Braunschweig und dann zogen die Orthodoxen unter Müller-Braunschweig aus ... Ein Teil der Orthodoxen blieb, Schneider, Boehm ...«.[56]

In dem Schreiben vom 13.10.1950, das 16 Ausbildungskandidaten unterzeichneten, wurde Franz Baumeyer gebeten, auf Müller-Braunschweig dahingehend einzuwirken, daß er von einer Institutsgründung Abstand nehmen möge.[57]

Horst-Eberhard Richter schrieb in seinen Erinnerungen, daß die Berliner DPV-Gruppe sich um nichts anderes als »die Wiedergewinnung einer Bestätigung durch die emigrierten psychoanalytischen Autoritäten, die in der Mehrzahl um Anna Freud herum in London wirkten (sorgte). Nichts war wichtiger, als von diesen verehrten Repräsentanten der IPV angenommen, angesprochen oder gar besucht zu werden ... Es war Untertänigkeit, mit der einiges davon wieder gut gemacht werden sollte, was ... als Versagen der in Nazi-Deutschland verbliebenen Analytiker kritisiert worden ist. Wir Kandidaten erlebten analytische Eltern, die mit uns und an uns unbedingt beweisen mußten, daß unser Institut die am Londoner Institut üblichen Normen eher übererfüllte ... Das gesamte Institut war systematisch in diese untergründige Sühneleistung eingeschlossen«.[58]

Der kleinen DPV-Gruppe wurde, selbst sechs Jahre nach ihrer Gründung, kaum eine Existenzchance eingeräumt. So meinte Kühnel, Anhänger Schultz-Henckes, daß der »Fortbestand der orthodoxen Psychoanalyse von der hohen Lebenserwartung arteriosklerotischer Greise« abhänge. Mitscherlich erkannte in dieser Haltung »nicht nur eine völlige Unkenntnis der psychoanalytischen Weltliteratur seit 20 Jahren, die eine außerordentliche methodische und inhaltliche Weiter-

---

[55] Protokoll, 03.12.50, K.A.
[56] Interview mit K. Höck vom 18.04.90.
[57] Bach, Krebs, Falk, Kujath, Erhardt, Henjes, v. Viebahn, Bryk, Holstein, Maetze, Hagspihl, Dillenburger, (Name unleserlich), Schellack, Lehnhardt und Scheda unterzeichneten dieses Schreiben (nach Baumeyer, F., 1971, S. 226).
[58] Richter, H.-E. (1985) S. 293.

entwicklung widerspiegelt, sondern darüber hinaus auch gerade jene Intoleranz, welche die negative Seite schulischer Enge darstellt und nicht der Ausdruck einer synoptischen Horizonterweiterung bedeuten dürfte. Für diese Enge und dieses Machtbedürfnis habe nun gerade ich kein Verständnis, und weil es nicht nur zu den Eigentümlichkeiten Dr. Kühnels gehört, sondern weil man es allenthalben in den Schulen wiederfindet, zeigt es mir an, daß auch innerhalb der Tiefenpsychologie soziale Verhaltensweisen wiederkehren, die auch in allen anderen Lebensbereichen das menschliche Dasein so erschweren.«[59]

Löschung der provisorischen Mitgliedschaft der DPG

Auf dem Züricher Kongreß war beschlossen worden, daß die provisorische Mitgliedschaft der DPG aufrechterhalten werden solle, und daß der neu gewählte Vorsitzende, Leo Bartmeier, mit dem Zentralvorstand die Verhältnisse in Deutschland weiter zu untersuchen hätte.[60] Gegen die in der Geschäftssitzung des Amsterdamer Kongresses am 09.08.1951 ausgesprochene Löschung der provisorischen Mitgliedschaft der *Deutschen Psychoanalytischen Gesellschaft e.V.* erhob Boehm im Namen der Gesellschaft Einspruch. Mit dem Ausschluß der Gesellschaft werde auch er persönlich ausgeschlossen, der seit 1913 treues Mitglied der IPV sei. Boehm kritisierte heftig den Modus der Abstimmung (ohne Gegenprobe), nach dem die DPG endgültig ausgeschlossen, die DPV jedoch Mitglied der IPV geworden war. Vergeblich habe er bisher auf eine schriftliche Bestätigung der Amsterdamer Beschlüsse gewartet – daher erfolge der Einspruch erst jetzt. »Aus den vorstehenden Gründen kann unsere *Deutsche Psychoanalytische Gesellschaft* weder die Aufnahme der *Deutschen Psychoanalytischen Vereinigung* noch den Beschluß, die Mitgliedschaft der *Deutschen Psychoanalytischen Gesellschaft* erlöschen zu lassen, als rechtsgültig anerkennen, und beantragt ›*die Wiedereinsetzung in den vorigen Stand*‹.

---

[59] Mitscherlich/Jores, 03.02.56, M.A.
[60] Int. J. of Psychoan. (1949) Bulletin, Vol. XXX, Part 3, S. 10.

Die *Deutsche Psychoanalytische Gesellschaft* beruft sich dabei nicht nur auf den Rechtsanspruch einer hiesigen Nachprüfung der Verhältnisse, den sie aus dem Beschluß vom 17.8.1949 herleitet, sondern appelliert auch an die bisher üblichen demokratischen Gepflogenheiten.«[61]

Erst am 08.01.1953 kam Hartmanns Antwort: »Seit meinem letzten Brief an Sie ist Ihre Stellungnahme zu den Amsterdamer Beschlüssen der *Deutschen Psychoanalytischen Gesellschaft* unter den Mitgliedern der IPV eingehend diskutiert worden. Zweck meines heutigen Schreibens ist, Sie davon in Kenntnis zu setzen, daß nach der einstimmigen Meinung der Vorstandsmitglieder keine Basis für eine Anfechtung der Amsterdamer Beschlüsse besteht; und daß im gegenwärtigen Zeitpunkt auch kein Anlaß besteht, die Angelegenheit wieder aufzunehmen.

Es liegt mir daran, Ihnen zu sagen, daß die Entscheidung des Amsterdamer Kongresses in Ihrer Angelegenheit von vielen von uns mit schwerem Herzen getroffen worden ist. Trotzdem kann man, rückblickend, wohl sagen, daß eine gegenteilige Entscheidung kaum möglich gewesen wäre. Nach allen uns vorliegenden Informationen – und darunter waren ja auch jene, die uns von Ihnen selbst zugekommen sind – hat die *Deutsche Psychoanalytische Gesellschaft* sich über die Einwände hinweggesetzt, die am Züricher Kongreß erhoben worden waren; und dies war ohne Zweifel der Grund, warum der Amsterdamer Kongreß gegen eine Aufnahme der *Deutschen Psychoanalytischen Gesellschaft* gestimmt hat. Sollten in der Zwischenzeit Änderungen in den als wesentlich betonten Punkten stattgefunden haben, so bitte ich Sie, mich davon freundlichst benachrichtigen zu wollen. Dies würde eine Wiederaufnahme der ganzen Angelegenheit ermöglichen – eine Möglichkeit, auf die Anna Freud in der Geschäftssitzung in Amsterdam hingewiesen hat. Ich könnte dann auch versuchen, wenn Ihnen das richtig erscheint, jemand zu veranlassen, die Situation an Ort und Stelle mit Ihnen zu besprechen; ein ähnlicher Vorschlag ist, wie Sie sich ja erinnern, in Zürich gemacht worden (aber freilich nicht zum Beschluß erhoben worden), als die Situation der *Deutschen Psychoanalytischen Gesellschaft* noch unklar schien.« (K.A.)

---

[61] Gez. Boehm-Baumeyer/Hartmann, 01.07.52, K.A.

Nachdem die DPG in Amsterdam nicht wieder in die IPA aufgenommen worden war und auch Schottlaender auf diese Weise die Mitgliedschaft der IPA verloren hatte, nahm er das Angebot von Winterstein (Wien) an, der *Wiener Vereinigung* beizutreten. Auf diese Weise konnte er weiterhin in der IPA bleiben.[62]

Kritik an Schultz-Hencke und sein frühes Ende

Schultz-Henckes »Lehrbuch der analytischen Psychotherapie« (1951) wurde von Edward (Edoardo) Weiss (Chicago) (1952) massiv kritisiert. Die Einsicht in »das feine Kräftespiel, das Freud im Vorgange der Verdrängung und in anderen Abwehrmaßnahmen des Ich, im Prozeß der Trauer, des Schuldgefühls, des traumatischen Erlebnisses, der Angst, der Panik, der Verliebtheit, des Humor usw. beschreibt«, finde »in der Hemmungstheorie des Autors keinen Platz«. Auch könne er seine Auffassung von einer Gleichzeitigkeitskorrelation von Leib und Seele nicht verständlich machen. An die Stelle einer Libidotheorie (sei sie von Freud oder Jung) setze der Autor sechs Antriebsarten, die einer Hemmung unterliegen können, weil sie aus frühkindlichen Erlebniseinheiten abgespaltene Vorgänge und damit »Sprengstücke« beinhalten könnten, die eine volle Entfaltung der Antriebserlebnisse behindern. »Die Einsicht in das dynamisch-ökonomische Kräftespiel, das in der Libidoentwicklung stattfindet, der Begriff des Narzißmus – das Wort wird etwa zweimal erwähnt und der Introversion gleichgesetzt –, die Unterscheidung zwischen den Triebkräften, die vom Ich gemeistert (gebunden) und integriert werden müssen, und jenen Besetzungsenergien, die dem Ich zu diesen Aufgaben und zu seinen Abwehrmaßnahmen zur Verfügung stehen, der Begriff der Sublimierung und noch vieles andere, fallen aus. Für den Leser, der mit der Triebtheorie Freuds und seiner Schüler vertraut ist, scheinen diese Ausführungen auf den Kopf gestellt und machen einen verwirrenden Eindruck.« Der Begriff der Hemmung nehme den Platz aller seelischen Abwehrmaßnahmen ein.

---

[62] Schottlaender/Boehm, 26.10.52, B.A.

Die Einstellung des Autors auf den Übertragungsvorgang sei nicht nur in theoretischer, sondern zum Teil auch in therapeutischer Hinsicht verschieden von der Freudschen und Jungschen. »Wichtige Vorkommnisse in der analytischen Behandlung werden in ihrer Dynamik mißverstanden, und dadurch muß auch das praktische Verhalten des nach der Theorie des Autors orientierten Arztes unzugänglich bleiben.« Schultz-Hencke übersehe Übertragungswiderstände und die während einer Behandlung entstehenden Affekte und Reaktionen werden als »Durchbrüche des ›Latenten‹ in der direkten Beziehung des Patienten zu den gegebenen Menschen der Umwelt und nicht zum Analytiker aufgefaßt«. Weiss kommt zu dem Schluß, daß die Theorie Schultz-Henckes allen bekannten Schulen der Tiefenpsychologie widerspreche und die Neubenennungen die Grundpfeiler der Psychoanalyse verneinten. Dementsprechend erscheine auch das therapeutische Vorgehen in vieler Beziehung als unzulänglich.

Schultz-Hencke reagierte sehr betroffen auf Weiss' Kritik − und zwar vor allem deshalb, weil er eine weitgehende Übereinstimmung in den Werken von Weiss und Alexander mit seinem Ansatz annahm.

»1928 bereits wandte ich mich in genau dem gleichen Sinn, wie die beiden amerikanischen Autoren (Weiss und Alexander, R.L.), gegen von Bergmann und seinen ›Abbau der Organneurosen‹. Schon 1927 hatte ich mich positiv in genau der gleichen Richtung geäußert. Auch ich bin ja ein Urenkel Freuds.«[63] Zur »Übertragung« und »Verdrängung« schrieb Schultz-Hencke, daß die Übertragung ein Spezialfall der Hemmung sei und die Übertragung zwangsläufig daraus hervorgehe. Auch in diesem Punkt stimme er ganz der Auffassung von Weiss zu.[64]

In der internationalen Öffentlichkeit wurde Schultz-Henckes Lehre kaum zur Kenntnis genommen. In einer Rezension von Zinkin über »Das Problem der Schizophrenie« von Schultz-Hencke (1952) heißt es, daß für deutsche Verhältnisse, in denen die Auffassung der organischen Determiniertheit der Psychose vorherrsche, eine psychologische Sicht der Erkrankung wohl neu sei. In Amerika sei ein solches Vorgehen (es geht um die 17jährige Behandlung einer bei Behand-

---

[63] Schultz-Hencke, H. (1953) S. 219.
[64] Schultz-Hencke, H. (1953).

lungsbeginn 17jährigen Schizophrenen) durch die Arbeiten von Sulli-van, Reichmann, Sechehaye, Federn, Knight und anderen längst be-kannt. Der Autor habe aber offensichtlich, bedingt durch die Isola-tion, in der sich Deutschland in den letzten 20 Jahren befunden habe, lediglich die Arbeit von Rosen gekannt.[65]

Dr. Harald Schulz-Hencke

---

[65] «It is doubtful that the book offers any exceptional interest to American readers» (Zinkin, J., 1954).

In den Jahren unmittelbar nach diesen Vorgängen ist die Perspektive der Psychoanalyse in Deutschland bedrückend, wenn man Hochheimers Schreiben an Mitscherlich (04.06.53) zur Planung des DGPT-Kongresses »Psychotherapeutische Methoden und ihre Anwendung« nicht nur als spontane Momentaufnahme versteht:

»Müller-Braunschweig wird also nun das Beerdigungsreferat für die Psychoanalyse in Deutschland halten. Die Individualpsychologie ist schon tot; es lohnte sich direkt, sie neu zu beleben. Und die Jungpsychologie floriert ja auch nicht gerade, wenn man von der Zahl ihrer Anhänger absieht.– Baumeyer ist von Hause aus Freudianer; sollte da nicht lieber ein echter Schultz-Hencke-Schüler (Dührssen, Schwidder) am ersten Tag reden??!«

Dr. Harald Schultz-Hencke

Am 23.5.1953 starb Schultz-Hencke. Hochheimer beschrieb die Situation nach seinem Tod: »Nun zu ihrer Frage nach den Folgen des Todes Schultz-Henckes ... Über den Tod laufen verschiedene Versionen um. Die offizielle lautet Lungeninfarkt nach der perphlikitischen

Abszeßoperation. Er soll drei Embolien danach gehabt haben, allerdings lag er vorher wochenlang mit einer ›spastischen Bronchitis‹, so daß ein Verdacht auf Ca und Metastasen nicht von der Hand zu weisen ist. Nun, das zu klären ist müßig. Recht beeindruckend war es, zu sehen, wie Schultz-Hencke etwa seit dem Herbst zunehmend verfiel. Sein Leben war *ein* Geltungsstreben; daher hatte ihn die verschiedentlich geäußerte Kritik so sehr erschüttert. Und nun wurde noch Speer Professor! Das soll ihm, nach Baumeyer, den Rest gegeben haben. Frau Kemper schrieb mir, daß er dort (er war doch unlängst noch einmal in Rio, am Amazonas und in Venezuela, trotz seines reduzierten Zustandes) seine Freunde durch ein ›präpsychotisches Bild‹ befremdet habe und schwer kontaktgestört wirkte. So ging er nun dahin unter nicht stillbaren Schmerzen, in der Hoffnung, den Prozeß zu überstehen. Am *Berliner Institut* war und ist man erschrocken und ratlos. Baumeyer wie Schirren riefen mich sofort nach der Nachricht an; sie scheinen Neigung zu zeigen, mich für das Institut zurückzugewinnen. Ich habe ein freundschaftliches Gespräch darüber zugesagt, wenn man es wünsche. Aber nach Lage der Dinge halte ich einen Wiedereintritt *nicht* für das rechte. Noch ist alles ungeklärt: wer die VAB-Klinik leitet, wer das Institut, wie es regiert werden soll usw. Ich glaube, daß sich der Verlust sehr einschneidend auswirken wird über Berlin hinaus für die ganze deutsche Psychotherapie. Aber wer wäre denn nun für eine Nachfolge oder neue Sammlungsbewegung profiliert genug? Niemand! So scheint etwas Gräßliches zu geschehen: ein Weitermurksen mit jungen Leuten, der dritten Garnitur. Und so murkst es bei uns an allen Ecken und Enden! Ich habe gerade an Bitter geschrieben, es wäre besser, wir hätten ein einziges Forschungsinstitut mit den an einer Hand abzuzählenden wirklichen Psychotherapeuten, als überall Zweig- und Zwerginstitute von ehrgeizigen, subalternen Frauen und männlichen Nieten. Ich sehe diese Entwicklung mit sehr großen Bedenken und finde es keineswegs diskutabel, solche Tendenzen noch von unserer Gesellschaft aus zu stützen (wie Bitter??). Man soll endlich damit aufhören, sich selbst Bedeutendheit vorzuspiegeln! Dieser Ehrgeizkrampf allenthalben widert mich entsetzlich an. Ich finde jedenfalls, daß wir in unserem Vorstand nicht Funktionäre all dieser Institutsneugründungen und Autorisierungen unprofilierter, nicht valenter Leute sein sollten — dann wäre besser ein Ende mit Schrecken als all dieses halbfaule Gewäsch. Ich bin sehr betroffen von dieser Situation. Die Reden bei Schultz-Henckes Beerdigung haben erst wieder eine Bestätigung dieser Kümmerlichkeit, Eitelkeit und menschlichen Unechtheit erbracht — das ist nicht nur mein Eindruck.

Weiter kann ich Ihnen leider nichts Konkretes aus Berlin berichten. Jedenfalls ist es mit dem Institut hier so ziemlich zu Ende, wenn sich nichts Grundsätzliches ändert, und das kann es nicht, mangels menschlicher Qualitäten.

Nach allem tut es mir doppelt leid, von Ihnen zu hören, daß Frankfurt so wenig und langsam Gestalt annimmt. Ich hatte immer gehofft und tue das noch, daß dort, mit Horkheimers Hilfe und nach seiner Zusage *das* Institut entsteht, was wir einzig (in ganz Deutschland) brauchen. Sie sollten mit Ihren besten Leuten das besetzen und nie mehr locker lassen. Besser wahrscheinlich zunächst und endlich einmal eine neue Feldforschung statt eines üblichen Lehrinstitutes mit zahllosen schlecht ausgelesenen Ausbildungskandidaten (wie für uns typisch).«[66]

Die verfeindeten psychoanalytischen Gruppen, DPG und DPV

Die theoretischen Differenzen von DPG und DPV und der sich daran entzündende Gruppenprozeß, der seinen eigenen historischen, ökonomischen und persönlichen Gesetzen folgte, führte zu unversöhnlichen Feindschaften. Zum Beispiel waren die Familien von Baumeyer und Scheunert vor der DPV-Gründung gut befreundet gewesen. Danach wurde jede gesellschaftliche oder persönliche Berührung vermieden.[67]

Exemplarisch für die übertriebene, scharfe Abgrenzung voneinander und der sich daran manifestierende Mangel an Identität mag Kempers Bericht stehen. Als er 1967[68] aus Brasilien kommend nach Deutschland zurückkehrte, hatte er die Absicht, sich mit einem Vortrag bei der

---

[66] Hochheimer/Mitscherlich, 04.06.53, M.A.

[67] Gespräch mit Frau Baumeyer vom 20. 04. 88.

[68] Für die Überlassung dieses Dokuments, auf das ich mich im folgenden Text beziehe, danke ich Michael Schröter. Es handelt sich um ein ausführliches Schreiben von Kemper (14.10.67) mit einem historischen Rückblick. Kemper behielt es sich vor, dieses Schreiben an auswärtige Mitglieder der IPA zu senden. (L.C.)

DPV wieder einzuführen. Er wollte über »Übertragung«[69] sprechen und damit an einen Vortrag anknüpfen, den er ein knappes Vierteljahrhundert vorher in der DPG gehalten hatte.

Der damalige Vorsitzende des *Berliner Psychoanalytischen Instituts* der DPV, Dr. W. F. Becker (14.01.67), forderte Kemper dazu auf, vorher »noch zu klären, ob Sie auch zum *Institut für Psychotherapie* und/oder zur D.P.G. in einer näheren Verbindung stehen; seitens unserer Mitglieder bestehen nämlich im allgemeinen Bedenken, Gastdozenten bei uns sprechen zu lassen, die auch Vorträge im *Institut für Psychotherapie* halten« (S. 2).

Kemper war befremdet und fühlte sich verletzt. »In peinlicher Weise« werde er an die Zeit erinnert, »in der man durch ›Unbedenklichkeitsbescheinigungen‹ und sonstige ›Nachweise‹ dokumentieren mußte, daß man nach Ansicht der damaligen Machthaber ›einwandfrei‹ sei. Es scheint mir ein bedauerliches, ja beunruhigendes Zeichen zu sein, wenn heute eine wissenschaftliche Gesellschaft zu solchen Maßnahmen greift« (S. 2).

Kemper hatte das *Zentralinstitut für psychogene Erkrankungen bei der Versicherungsanstalt Berlin* zusammen mit Schultz-Hencke gegründet. Die Gründung des *Instituts für Psychotherapie* gehe auf seine alleinige Initiative zurück. Das Institut verstand Kemper als ähnlich strukturiert wie die *Deutsche Gesellschaft für Psychotherapie und Tiefenpsychologie* (DGPT), an deren Gründungsvorbereitungen er maßgeblich beteiligt war und als deren Ehrenpräsident er gewürdigt wurde. Nun empfand er die Situation als »grotesk«: »Erst nach Sicherung der Existenzgrundlage von uns allen (einschließlich von uns Psychoanalytikern) dank der damals von mir gegründeten Institute können es sich die Psychoanalytiker heute in vergleichsweise ungefährlichen Zeiten überhaupt leisten, sich von anderen Richtungen in wissenschaftlicher Exklusivität abzusondern und die Differenzen der Auffassungen im eigenen Hause sogar bis zur Zerspaltung auszutragen, ohne daß sie damit die Grundlagen unseres Berufsstandes in Deutschland erneut gefährden« (S. 7).

---

[69] Er hatte vor, seinen auf dem *II. Panamerikanischen Kongreß für Psychoanalyse* gehaltenen Vortrag mit dem Thema »Übertragung und Gegenübertragung als funktionelle Einheit« zu wiederholen.

In seinem historischen Rückblick findet er sehr warme Worte für Schultz-Hencke, den er in der Notzeit als verläßlichen Helfer und »lebendigen Geist« kennen und schätzen gelernt habe. Als Kemper den Kollegen Wilhelm Reich und Lotte Liebeck rechtzeitig zur Flucht verhalf und den Kontakt zu den beiden verhafteten Mitgliedern der Gesellschaft, Edith Jacobsohn und John Rittmeister (der bei ihm in Lehranalyse war), aufrechterhielt, konnte er sich immer auf Schultz-Henckes Hilfe verlassen (S. 10). Müller-Braunschweig und Boehm als Funktionsträger hätten von diesen Hintergründen nichts gewußt, damit sie sich »mit Überzeugung von solchen Aktionen distanzieren konnten« (S. 10). »Denn wir wußten, daß bei Verhören Methoden angewandt wurden, durch die selbst unbedingt Verläßliche zum Sprechen zu bringen waren.« So seien die Bleibenden, trotz theoretischer Differenzen, in eine Art »Schicksalsgemeinschaft« zusammengewachsen (S. 9). »Selbst unter einer Diktatur habe ich mir nicht vorschreiben lassen, was ich denken muß und zu wem ich die Beziehungen abzubrechen habe. Soll ich mir nun heute solche Vorschriften machen lassen, in Friedenszeiten, in einer Demokratie, im ›freien‹ Berlin? Und dazu noch von *der* Gesellschaft, für die ich in der Zeit der Gefährdung eingestanden bin und für deren Mitglieder ich mehr als einmal Kopf und Kragen riskiert habe.« Er habe kein Interesse daran, didaktische oder administrative Funktionen zu übernehmen und wolle sich, als Mitglied der IPA, auf die Rolle des Zuhörers und Diskussionsredners beschränken und sich nicht in die Auseinandersetzung zwischen beiden Seiten einschalten. »Ich verhehle aber nicht, daß es mir eine große Genugtuung bereiten würde, wenn mein Kontakt zu beiden Seiten zur Entspannung und Wiederannäherung beitragen sollte. (Ebenso?) wie ich mich nicht damit abzufinden vermag, daß meine Heimat in zwei ideologisch miteinander im Hader liegende Vaterländer aufgespalten ist, sträube ich mich, es hinzunehmen, daß meine psychoanalytische Heimat, die *einstige* Deutsche Psychoanalytische Gesellschaft, für immer in zwei sich bekämpfende Lager zerfallen sein soll«(S. 11/S. 12).

Kemper beendete seine Ausführungen mit dem Zurückziehen seines Vortragsangebots »bis zu einer mich befriedigenden Klärung«.

6.2. Auswirkungen auf die Entwicklung im Heidelberger Zentrum

Auf dem Züricher Kongreß war Bally wieder ein Knotenpunkt für ausländische und deutsche Psychoanalytiker, auch unterschiedlicher Prägung. Bally lud Mitscherlich zusammen mit Boss, Binswanger, Heidegger und Kemper ein; also, von Kemper abgesehen, die zentralen Vertreter der daseinsanalytischen Richtung.[70] In Zürich lernte Mitscherlich auch Balint kennen, zu dem er gern in Analyse gegangen wäre.[71] Das sind die mir bekannten, dokumentierten Kontakte. Daneben wird es eine ganze Reihe spontaner gegeben haben.[72]

Auf dem Züricher Kongreß gab es also die bereits bekannten Deutschen und den (die) unbekannten Deutschen. Mitscherlich hob sich von den Unbekannten in besonderer Weise dadurch ab, daß er ja enge Verbindungen mit den amerikanischen Besatzungsbehörden und der *Rockefeller Stiftung* hatte. Im internationalen Zusammenhang war es von besonderer Bedeutung, daß er sich bereits als Leiter der *Deutschen Ärztekommission* beim *1. Amerikanischen Militärgerichtshof* in Nürnberg (Urteil am 20.08.1947)[73] in einer moralisch hervorgehobenen Stellung exponiert hatte. Zusammen mit Mielke veröffentlichte er einen Auszug aus der die Ärzte anklagenden Schrift unter dem Titel »Das Diktat der Menschenverachtung«, um vor allem dem ärztlichen Leser Informationen zum Prozeßgeschehen zu vermitteln. »Die Entblößung all des Grauens vor den Augen der Weltöffentlichkeit, die darin gerade keinen ›großen Kriminalfall‹, sondern die belastendsten Zeugnisse gegen einen Stand, ein ganzes Volk erblicken mußte, war zu schwer ...« schrieb er 1960 über die Absicht dieser Chronik.[74]

---

[70] Kemper, W. (1973) S. 313.

[71] Da Margarete Mitscherlich-Nielsen bei Balint in Analyse war, schloß sich das aus (Mitscherlich-Nielsen, M. 1992).

[72] Über die flüchtige Kontaktaufnahme zu Müller-Braunschweig, ebenfalls auf dem Züricher Kongreß, wird in Kap. 6.3. berichtet werden.

[73] Auf Beschluß des *51. Deutschen Ärztetages* und im Auftag der *Arbeitsgemeinschaft der Westdeutschen Ärztekammern* war er zum Leiter der Kommission ernannt worden. Sein Mitarbeiter war Fred Mielke, damals noch Medizinstudent. Von den prominenten Ärzten hatte sich keiner zu dieser heiklen Aufgabe bereitgefunden (Mitscherlich/Mielke (1978) S. 14).

[74] Mitscherlich/Mielke (1979) S. 14.

Mitscherlichs und Schottlaenders Umgang mit der internationalen Fachöffentlichkeit erscheint mir weniger bemüht und werbend als der der »Berliner«.

Schottlaenders (August 1950) und Mitscherlichs (März 1951) Amerikareisen wirkten sich für die Heidelberg-Stuttgarter Zusammenarbeit nachhaltig trennend aus. »... unser Institut (ist) noch nicht ›consolidiert‹, wie Bally sagt.« So schrieb Schottlaender an Mitscherlich. »Er meinte, eine strenge ›Richtung‹, auf der einen Seite eine Einengung, sei andererseits ein Schutz gegen Auseinanderfallen und Richtungslosigkeit, während unsere Arbeit zwar die schöne Freiheitlichkeit habe, auf der anderen Seite aber gerade deshalb in Gefahr sei, zu unprononciert zu sein.«[75]

In den USA genoß die Psychoanalyse nach dem Krieg, vor allem bei der Psychiatrie, eine so breite Anerkennung, daß die vom Krieg heimkehrenden jungen Psychiater auf Staatskosten (G. I. *Bill of Rights*) eine psychoanalytische Ausbildung erhalten konnten. Mitscherlich und Schottlaender begegneten in den USA also einer wohl etablierten, staatlich geförderten Psychoanalyse, die die eigene Standortbestimmung provozierte.

Schottlaender berichtete von seinem fünf- bis sechswöchigen Aufenthalt in England im Oktober/November 1949. Bewußt habe er sich von allen Kollegen ferngehalten, da er es genossen habe, befreit von beruflichen und persönlichen Verpflichtungen, einfach nur als »elderly gentleman« aufzutreten. Nur die *Tavistock-Klinik* und das »wunderbare, hochmoderne« *Netherne-Hospital* für Geisteskranke in Coulsden habe er aufgesucht. Nach zahllosen Unterhaltungen mit »mehr oder minder fachkundigen Leuten« sei er davon überzeugt, »daß in England für das eigentliche Ziel unserer Arbeit nichts neues zu holen sein wird«. Das Welfare-System könne er nicht so recht ernst nehmen. England sei »ein riesiger Stall von demütigen abhängigen braven Leuten, die von einer kleinen Anzahl immer noch sehr lebendiger Geburts-, Geld- und Geistesaristokraten regiert« werde. »Nimmt man England als ein Aristokratenland, mit einem riesengroßen Haufen von Dienerschaft, so gewinnt es erst sein rechtes Profil und wird dem Fremden verständlich ... ein Land, was untergehen wird, weil es ein

---

[75] Schottlaender/Mitscherlich, 28.10.50, B.A.

Luxusland ist ... Im Vergleich zu England sind wir junge Barbaren, etwa in dem Sinne der Germanen an den Grenzen des Römischen Reiches im 4. Jahrhundert. Viel eher wird aus Stalins Land ein neues Menschenbild kommen als aus England ...«

»Es war wunderschön«, schrieb Schottlaender, »aber ich bin gern wieder hierher zurückgekehrt, denn Deutschland in seiner Aufgebrochenheit, seiner Armut, seiner wilden Blindheit und Richtungslosigkeit ist unvergleichlich lebendiger als der grüne stille Park jenseits des Kanals.« Der Brief endet mit einer gewissen stillen Ahnung: »Aichhorn ist tot — ein Meister weniger in der Welt. Und Trüb! Bald kommen auch wir dran, wenigstens ich.«[76] Schottlaender war damals 57 Jahre alt.

Das Ende der Freundschaft zwischen Alexander Mitscherlich und Felix Schottlaender

Schottlaender spielte erneut mit dem Gedanken, nach Heidelberg überzusiedeln und fragt: »Bist Du überzeugt, daß wir uns auf die Dauer und in der Nähe gut vertragen würden? Würden wir beide ganz frei von Eifersucht bleiben, die ich für die Hauptgefahr in allen Beziehungen zwischen Männern betrachte ... Und was würdest Du zu allzu positiven Übertragungen der werdenden Assistenten sagen, die ihren Tutor und Trainer gelegentlich zu sehr überschätzen würden? Auch Du mein Freund bist nicht ohne Eifersucht und Geltungsbedürfnis.«[77] Aus finanziellen und wohnungstechnischen Gründen blieb Schottlaender in Stuttgart, bot aber an, ab 1.5.1950 an zwei Tagen in der Woche nach Heidelberg zu kommen und 50 Stunden monatlich für Lehranalysen zur Verfügung zu stellen.[78] Mitscherlich war darüber, daß Schottlaender sich wieder nicht zu einer Übersiedlung entscheiden konnte, »wirklich tief betrübt«, wie er mehrfach betonte, und versuchte ihn noch weitergehender zu verpflichten.[79,80]

[76] Schottlaender/Mitscherlich, 26.11.49, B.A.
[77] Schottlaender/Mitscherlich, 10.12.49, B.A.
[78] Schottlaender/Mitscherlich, 19.02.50, B.A.
[79] Mitscherlich/Schottlaender, 21.02.50, B.A.

In dieser Zeit fand Mitscherlich es »nicht leicht, im Brennpunkt der Anfeindungen seiner (ärztlichen) Kollegen zu stehen«.[81] »Die Notgemeinschaft Deutscher Wissenschaftler hat es abgelehnt, einem unter meiner Leitung stehenden Institut — nicht der psychosomatischen Forschung als solcher — eine finanzielle Unterstützung zu gewähren!« schrieb Mitscherlich an Schottlaender. »Geschrieben an Weizsäcker auf einen Antrag, den *ich* dort gestellt hatte. Endlich, endlich eine Möglichkeit, der Herren sich für Diktat der Menschenverachtung, Wissenschaft ohne Menschlichkeit zu rächen. Alle meine lieben Freunde Rein, Martini, Heubner, Sauerbruch, sitzen natürlich im Vorstand. Das nennt sich wahrscheinlich akademische Politik. Und dieser Entschluß in diesem Augenblick nach der Geste der R. F. (Rockefeller Foundation, R.L.)! Kaum zu glauben. Dementia politica.«[82]

Nachdem Mitscherlich und Mielke zunächst Anschuldigungen von groteskem Ausmaß ausgesetzt waren, blieb die Wirkung nach der Verteilung von 10 000 Exemplaren von »Diktat der Menschenverachtung« an die Ärzteschaft völlig aus. Lediglich der Weltärztebund sah in der Dokumentation einen Beweis dafür, daß die deutsche Ärzteschaft von den Ereignissen der verbrecherischen Diktatur abgerückt sei und nahm sie wieder als Mitglied auf.[83]

Nach Schottlaenders Amerikareise im August 1950 kam er regelmäßig nach Heidelberg als Lehr- und Kontrollanalytiker. Durch diesen regelmäßigen Kontakt verdünnte sich die Korrespondenz.

Mitscherlich berichtete Schottlaender von einem Gespräch mit Gregg, »... das die ganze fairness des Mannes zeigt. Er würde es sehr bedauern, wenn Du und ich nach Amerika emigrierten. Er wolle uns aber auf keinen Fall in Gefahr bringen, wenn immer wir uns hier in Gefahr fühlten. Die Tatsache, daß wir Unterstützung von der foundation bekämen, solle uns in keiner Weise in unserer Entscheidung behindern. Andererseits habe ich den Eindruck, daß Gregg alles für uns tun wird, wenn wir hier bleiben. Er übersieht ganz und gar die Schwierkeiten unseres Unternehmens. Wenn also die Lage keine

[80] Schottlaender/Mitscherlich, 19.02.50, B.A.
[81] Mitscherlich/Mielke, (1979) S. 14.
[82] Mitscherlich/Schottlaender, 21.02.50, B.A.
[83] Mitscherlich/Mielke (1979) S. 14.

katastrophalen Veränderungen erfährt, möchte ich mich für Bleiben entscheiden.«[84]

Während Mitscherlichs Abwesenheit in Frankreich vertrat ihn Schottlaender, und Mitscherlich freute sich darüber, daß »aus dem Institut unser Institut« wird und ihm »die Grundstimmung im Team« gefällt.[85] Schottlaender fand, daß das Institut *keineswegs* zu unprononciert sei, wie Bally meinte: »Ich glaube vielmehr, daß wir in einer sehr ausgesprochenen ›Richtung‹ arbeiten, nur daß diese Richtung eben *neu* ist. Das ist gerade das Faszinierende. Wäre es nicht die Teilnahme am Neuen, so wäre diese leidenschaftliche Anteilnahme aller Beteiligten unerklärlich. Das Neue ist, daß wir die beiden Aspekte — den ›klassisch-wissenschaftlichen‹ mit dem ›existentialistischen‹ zu vereinigen suchen ... Will man von Richtung überhaupt sprechen, so ist es eben diese eine Vereinigung künstlerisch-intuitiver Schau mit der Suche nach allgemeiner Gesetzlichkeit. Es entspricht ja dies der Tatsache, daß der Mensch in concentrischer Anordnung von innen nach außen in der Richtung von Freiheit zu Gesetzlichkeit geordnet ist. Wir müssen also bis zu einem gewissen Grad wohl ›Pluralisten‹ sein, wenn darunter dieses Wissen um das Gefälle von innerer Freiheit und äußerer Gesetzlichkeit verstanden wird ...« Schottlaender ermutigte Mitscherlich, geduldig im Sinne eines guten »mütterlich-väterlichen Elterngespannes« zu sein. Mitscherlichs Team fand er »gerade in seiner ausgeprägten Verschiedenheit« »gut«: »Wenn der vortreffliche Bräutigam und der sehr feinherzige und begabte Müller-Wiedemann ganz ausgebildet sind, so erwarte ich noch mehr Reichtum in der Facettierung ...«[86]

Erst nach dem Züricher Kongreß, ungefähr von März 1951 bis Juli 1951, besuchte Mitscherlich Amerika. Die von Schottlaender ursprünglich in Wien geknüpften und von ihm erneuerten Verbindungen ebneten Mitscherlich nun den Weg u.a. zu Sterba, Eissler, Spitz, Hartmann, Erikson, Goldner, Knight, Rappaport, Fromm-Reichmann, Weigert, Edith Jacobsohn u.a.[87] Nach der Phase des Suchens und der Depres-

---

[84] Mitscherlich/Schottlaender, 07.09.50, B.A.
[85] Mitscherlich/Schottlaender, 17.09.50, B.A.
[86] Schottlaender/Mitscherlich, 28.10.50, B.A.
[87] Schottlaender/Mitscherlich, 28.04.51, B.A.

sion fand Mitscherlich nun eine Orientierung an der Institutskonzeption von Franz Alexander, zu dem er einen ausgezeichneten Kontakt herstellen konnte.[88] Als besonders bedeutend hob er die Begegnungen mit G. Bibring, Murray, French, Alexander, Benjamin, Ruesch und Sylvester hervor. »Alles andere ist bunt und gehaltvoll, oft eigenwillig oder sehr orthodox, aber nicht großer Rang.«[89]

Walter Seemann vertrat Mitscherlich auf der Verwaltungsebene, Sommer intern, den Stationsbetrieb betreffend, und Schottlaender leitete die Fallbesprechungen und das Literaturseminar.[90]

Mitscherlichs Institut ohne Mitscherlich »wäre verloren« meinte Schottlaender, obwohl der Betrieb gut weiterläuft.[91] Fromm-Reichmanns »Principles of Intensive Psychotherapy« wurden besprochen und Schottlaender riet Mitscherlich dringend, sie zu besuchen, da sie ihn sehr stark beeindruckt habe.[92]

In den USA konnte Mitscherlich nun »sein« Institut an dem internationalen Maßstab messen. Gregg hatte »in besonders netter Weise« Mitscherlich bei verschiedenen für ihn wichtigen Leuten eingeführt. Er lernte den Präsidenten der *American Psychoanalytic Association,* Ralph Kaufmann, kennen, den Vizepräsidenten der *American Psychosomatic Society* Margolin (*Mount Sinai Hospital*) und Binger (Präsident der Gesellschaft). Die Gründung einer internationalen psychosomatischen Gesellschaft wurde verhandelt und Mitscherlich dazu angeregt, eine deutsch-schweizer-österreichische Gruppe zu organisieren. »Ich gestehe Dir aber, daß mich die außerordentlich anregende Gesellschaft, in die man hier gerät — es gibt sicher mehr als ein Dutzend wirklich erstklassiger Analytiker in dieser Stadt (Scarsdale), mit denen man jedes Problem besprechen kann, auch die uns lieb und teuren — sehr dazu verführt, die im Grunde doch für uns selbst unfruchtbare

---

[88] Georgia Mitscherlich/Schottlaender, 20.05.51, B.A.

[89] Mitscherlich/Schottlaender, 09.06.51, B.A.

[90] Mitscherlich, 12.02.51, B.A.

[91] Zu der internen Arbeitstagung der Abteilung von Mitscherlich sprachen Zulliger, Uexküll, Bally, Plügge, Ruffler, Ehebald, Berna, Dürckheim, v. Weizsäcker, Keppler, Kütemeyer, Wyss und Scheffen (16. - 21.04.51).

[92] »Der nüchterne Optimismus der amerikanischen Analyse ist genau das, was unsere Philosophien hier als Ergänzung brauchen« (Schottlaender/Mitscherlich, 08.04.51, B.A.).

Pionierarbeit in Deutschland an den Nagel zu hängen. Wenn ich mich an meine Mitarbeiter in Heidelberg erinnere, kommen mir die meisten (nicht alle) recht unsubstantiell und wirr, und vor allem medizinisch und allgemein ungebildet vor und zugleich festgelegt auf ihre persönliche Bedeutung als geistige Köpfe. Wir können die Zügel gar nicht straff genug führen. Es kommt mir so vor, daß hier viele Leute einfach besser und solider arbeiten als bei uns. Gewiß, sie haben weniger Seelenleben, aber auch weniger unfruchtbares Seelenleben.«[93]

Später meinte Mitscherlich, daß sein Institut beneidet werde, da es nicht dem »Zwang zur Erfolgshascherei« ausgesetzt sei und keinen »Nützlichkeitsnachweis für die Gesellschaft« erbringen mußte. Er selber »würde hier wahrscheinlich eine erfolgreiche Figur machen, mir aber wie ein ›gewesener Mensch‹ vorkommen müssen ... Mein Slogan ist: wer überleben will — im vitalen und geschichtlichen Sinn des Wortes — muß nach Amerika gehen, wer das Farbenspiel des Untergangs und der Verwesung und die Zeitlosigkeit liebt; der darf in Europa bleiben und es lieben.« Emigration komme für ihn nur bei erneuter Diktatur in Frage.[94]

Mitscherlich kehrte aus Amerika als Freudianer zurück, während Schottlaender seine Sympathie für die »fortschrittlichen Analytiker Amerikas« ausdrückte: »Ich habe gerade eben eine Besprechung des Fromm-Reichmann Buchs für *Psyche* geschrieben und darin darauf hingewiesen, daß die Psychoanalyse aus der mehr monologischen Haltung der klassischen Zeit Freud's zu einer dialogischen übergegangen ist, gerade unter dem Einfluß der Verpflanzung in die Vereinigten Staaten. Der Komplex ist bei Freud — und noch viel mehr bei Jung — autonom, während er bei den fortschrittlicheren Analytikern Amerikas und auch bei uns in Heidelberg! viel stärker als Reaktion auf die Umwelt aufgefaßt wird. Ich hätte mein Büchlein ›Mutter als Schicksal‹ nicht geschrieben, wenn ich nicht von jeher überzeugt wäre, daß Neurose zu ganz wesentlichen Teilen Reaktion auf Lieblosigkeit im Kindermilieu ist und daß die Figuren, die um unsere Wiege herumstehen, unvergleichlich bedeutsamer für unsere neurotischen Antworten auf das Leben sind, als man aus den Krankengeschichten

[93] Mitscherlich/Schottlaender, 21.04.51, B.A.
[94] Mitscherlich/Schottlaender, 09.06.51, B.A.

Prof. Dr. Alexander Mitscherlich 1968
zum 60. Geburtstag

Freuds entnehmen könnte ... In diesem Sinne betrachte ich die geheime Ehe zwischen Behaviorismus und Psychoanalyse in Amerika als einen großen Fortschritt, dessen Resultate wir uns in unserer Heidelberger Arbeit bewußt sein sollten.«[95]

Die Differenzen in den theoretischen Positionen und die persönlichen Dissonanzen gingen Hand in Hand. Wie bei vergleichbaren Situationen schrieb Mitscherlich einerseits offen, andererseits süffisant, entwertend: »Ich danke Dir ausgesprochen für Deine freundschaftliche Offenheit und Sorge! Da ich *kein* Politiker bin und wenn tyrannisch, dann bemüht es zu überwinden, so war Dein Brief nicht zur Nutzlosigkeit verdammt. Wenn ich meine Schafe nicht *sehr* liebte, wäre ich jetzt Ordinarius an der Vauchbildt University. Deine dramatische Zuspitzung in der Darstellung hat mich wie immer köstlich erheitert, auch Dank für diesen Genuß.«[96] Schottlaender kündigte seine Mitarbeit auf: »Nach Rücksprache mit meiner Frau bin ich zu dem Entschluß gekommen, nicht mehr nach Heidelberg zurückzukehren. Für die Fortsetzung der Lehranalysen Deiner Schüler, soweit sie bisher in meiner Hand lag, wird sich sicher ein Weg finden. Es werden mir von der Krankenhausverwaltung für den Monat November 600.- hierher überwiesen werden. Von diesen DM 600.- werde ich sofort nach Erhalt DM 300.- an Dich persönlich zurückgehen lassen. Glücklicherweise ergibt sich für mich aus der persönlichen Trennung keinerlei finanzielle Verlegenheit.«[97]

Schottlaenders langjährige enge Mitarbeiterin und Vertraute, Lene Keppler, drückte aus, wozu Schottlaender nicht mehr in der Lage war. Mitscherlich hatte ihm eine so tiefe Wunde geschlagen, daß »es ihm zu schwer und schmerzlich ist«, Mitscherlich zu sehen. Keppler hielt Mitscherlich seine beiden Seiten vor: die eine, wo er anteilnehmend und herzlich sich auf den anderen einstellen könne, und die andere, von der er selber sagt: »... ich kann eiskalt sein, wenn ich will«. Sie fragte: »War es wirklich nötig für Ihr und des Instituts Wohlergehen, daß Sie eiskalt zu Schottlaender — einem Freund — waren.« Keppler konnte nur Vermutungen über die Gründe dieses scharfen Bruchs

---

[95] Schottlaender/Mitscherlich, 17.06.51, B.A.
[96] Mitscherlich/Schottlaender, 11.09.51, B.A.
[97] Schottlaender/Mitscherlich, 11.11.51, B.A.

anstellen: war Mitscherlich zu herrschsüchtig und eifersüchtig auf Schottlaender? Wurde er zum »strengen Freudianer«, neben dem es für Schottlaender als »Schottlaenderianer« keinen Platz gab? Hatte es den Betrieb gestört, daß er Nicht-Arzt war? Oder war es einfach sein Anderssein?[98]

Mitscherlich ging an dem tiefen Trennungsriß zwischen ihnen vorbei zur Tagesordnung über und bat Schottlaender, zur Märzarbeitstagung nach Heidelberg zu kommen.[99]

Schottlaender blieb in »großer Vereinsamung« zurück. »Ich bin nicht mehr in Heidelberg«, schrieb er an Susi Trüb-Wolf. »Es ergab sich seit Mitscherlichs Rückkehr aus USA (Aug. 51) eine wachsende, von Eifersucht einer Mitarbeiterin geschürte Spannung, die sich im November entlud. Ich wurde in einem plötzlichen Überfall gebeten, aus dem Institut auszuscheiden — da unsere Anschaungen über Psychotherapie zu weit differieren und die meinigen im Interesse der Schüler nicht mehr tragbar seien. Er ist aus USA sozusagen regressiv, als exakter ›wissenschaftlicher‹ Freudianer zurückgekommen: (‹Ich verkaufe keinem Begegnungen, ich verkaufe Methoden›). Das ist gerade der springende Punkt ... Mein Leben hat dadurch eine größere Einheit und innere Ruhe wiedergefunden, und so schmerzlich der Bruch war, besonders die Trennung von mehreren hochbegabten Schülern, so sehe ich doch jetzt das Gute und die Führung. Sie werden all das mitfühlend verstehen.«[100]

»Die Schwierigkeit einer Wiederbegegnung«, schrieb Schottlaender an Mitscherlich »liegt darin, daß Du offenbar vergessen hast, oder nicht mehr wahrhaben willst, was Du mir — abgesehen von der wissenschaftlichen Divergenz — als Gründe für die Notwendigkeit des Bruchs vorgehalten hast. Die Form dieses ganzen Überfalls war derart, daß von einer Wiederkehr freundschaftlicher Gefühle bei mir vorläufig keine Rede ist, wohl auch nie mehr die Rede sein wird, weil es unwahrscheinlich ist, daß Du je begreifen wirst, was Du *Dir* und mir und unserer 14-jährigen Freundschaft mit diesem unschönen Überfall angetan hast. Man kann einem ›Freund‹ nicht mit einem Hammer auf den

---

[98] Keppler/Mitscherlich, 04.12.51, B.A.
[99] Mitscherlich/Schottlaender, 17.01.52. B.A.
[100] Schottlaender/Trüb-Wolff (Susi), 31.01.52, B.A.

Kopf schlagen und gleichzeitig erklären, man habe es zur Erhaltung der Freundschaft getan. Zu Deiner Ehre nehme ich an, daß Dein leicht einnehmbares Herz durch unkontrollierbare Einflüsse gegen mich eingenommen und systematisch vergiftet worden ist. Ich bedaure natürlich, aber es ist nicht zu ändern. Vielleicht regt sich im Laufe der Zeit doch einmal die Einsicht, daß Du schlecht und herzlos und unfreundschaftlich und — das darf ich hinzufügen — höchst undankbar an mir gehandelt hast. Ich begreife sehr gut, daß Du mir allen Mitarbeitern gegenüber Schweigen auferlegen mußtest — was beweist, wie peinlich Dir die Aufdeckung Deines eigenen Verhaltens sein mußte. Wie die Dinge liegen, sehe ich keine wirkliche Verständigungsmöglichkeit, auch keinen Anlaß, meinerseits einen Schritt der Annäherung zu unternehmen, solange Dein Herz noch so blind ist. Vielleicht bringt die nähere Zukunft eine Wandlung. Laß es uns hoffen.«[101]

»Von Angesicht zu Angsicht« hätte Mitscherlich Schottlaenders Brief lieber beantwortet — »aber Du willst das nicht. Ich will aber eigentlich schon nach diesen wenigen Zeilen nicht mehr schreiben, weil ich kaum damit rechnen kann, Dich zu jener Offenheit Dir selbst gegenüber zu bewegen, die eine — *die* Voraussetzung für dieses Gespräch sein müßte. Seit Jahren beobachte ich, wie Du dich in einer Atmosphäre von Selbstverwöhnung einschläferst und mein scherzhafter Zuruf ›Pascha‹ war nicht ein bloßer Scherz! Die tiefere Sorge hast Du nicht herausgehört. Solange Deine zwiespältigen Gefühle mir gegenüber für unsere Arbeit das erträgliche Maß hatten, habe ich all das übersehen. Irgendwo ist eine Grenze. Irgendwo deshalb, weil Imponderabilien, ebenso wie Fakten, eine Rolle spielen. Als die Grenze erreicht war, habe ich mir erlaubt, Dir ein Stück, ein Stückchen der Wahrheit, bescheidener des Echos, mitzuteilen, das Du in mir und anderen erweckt hast. Deine Selbstverwöhnung hat es Dir nicht erlaubt, diese Deine Wirkung anzunehmen. *Mir* war es ernst mit der Trennung der Arbeitswelt, um die Freundschaft zu erhalten. Du hast das nicht gekonnt. Ich habe Dir nämlich gar nicht mit dem Hammer auf den Kopf geschlagen, sondern nur an Deiner Tür angeklopft mit einem Finger. Bedauerlich, daß Du so sensibilisiert bist, in Deinem Gehäuse, dies als Schlag auf den Kopf, als unschönen Überfall zu

---

[101] Schottlaender/Mitscherlich, 12.02.52, B.A.

registrieren. Vergiß doch bitte nicht, daß alle affektiven Handlungen nach unserem Gespräch von Dir begangen wurden, daß Du jede begütigende Freundschaftshand, die Dir hingehalten wurde, zurückgewiesen hast. – Prüfe Dich, ob in Deiner gegenwärtigen Umwelt ein einziger Mensch ist, der Dir einen Widerpart leisten darf und leisten kann. Lieber Freund, Du nährst Deine Seele von Anbetung und das vergiftet die edelste Seele. Du wirst kein Verständnis für meine Worte haben und den Spieß einfach umkehren. Ich ließe das zu und Du dürftest mich mit ihm aus Leibeskräften attackieren. Ich bin sicher, dabei Wunden davonzutragen – aber es fragt sich, ob Du davon schon gesünder würdest, abgehärteter. Du wirfst mir vor, mein Herz sei blind. Frage Dich, ob das Deine sieht – oder ob nicht Deine Herzensblindheit Dich heute schon unbeobachtet Dinge tun läßt, die Dir einen Freund ins Licht des Feindes rücken. Genug – Kontroversen sind unschön; wir wollen es mit dieser Schlußdissonanz bewenden lassen, wenn wir uns nichts besseres zu sagen haben. Nur noch ein Hinweis auf einen mir unklaren Passus Deines Briefes: ich hätte Dir Schweigen meinen Mitarbeitern gegenüber auferlegt. Davon weiß ich nichts. Und wenn Du findest, daß unsere scheinbar endgültige Dissonanz vor die Ohren anderer gehört, so entbinde ich Dich schrankenlos von jeder Schweigepflicht. Nichts soll Dich hindern, Dich so auf solche Weise zu rehabilitieren, wie Dir das für die Wahrung Deiner Interessen nötig erscheint. Ich bin für jedes Gespräch mit Dir in Erinnerung großer Freundesleistungen bereit. Nach allen Vorgängen und meinen Anstrengungen in den letzten Wochen – Du hattest mich schriftlich übrigens um Besuch bei Dir gebeten! – wirst Du verstehen, daß ich vorerst schweige und auf Dich warte. Dein Alexander«.[102] Zwei Jahre später erfuhr Mitscherlich beiläufig von Bitter, daß Schottlaender ernstlich krank sei. »Ich hätte Dir gern gleich meine besten Genesungswünsche in alter Verbundenheit (wenn auch in momentaner dissonanter Getrenntheit) geschickt. Aus meiner Reaktion bei der Bemerkung Bitters empfand ich, daß eine Freundschaft tiefer und sicherer gegründet ist als in der Ebene der Meinungen, die man von Tag zu Tag ablebt.«[103]

Schottlaender starb am 13.3.1958 an Leukämie, »nach langem schweren Leiden, unerwartet rasch« (Todesanzeige).

---

[102] Mitscherlich/Schottlaender, 14.02.52, B.A.
[103] Mitscherlich/Schottlaender, 06.11.54, B.A.

6.3. Müller-Braunschweigs Kontaktaufnahme
zu Mitscherlich

Mitscherlich hatte einige Vorbehalte gegen Müller-Braunschweigs Arbeit »Prolegomena ...«[104]. »Daß wir uns zur Annahme der Arbeit von Müller-Braunschweig verstanden haben, fällt auch mir recht schwer aufs Herz. Ich entschuldige mich mit Redaktionstaktik. Künftig werden wir uns auch diesen ›Berufenen‹ gegenüber — im Gegensatz zu den ›Autodidakten‹ — zur Anwendung strengerer Maßstäbe verstehen müssen.«[105]

Müller-Braunschweig holte bei Schottlaender Auskunft über Mitscherlich ein. Auf Grund seines Suchtbuches und Schottlaenders Mitteilungen hatte Müller-Braunschweig vor, ihn zum DPG-Mitglied zu machen.[106] Müller-Braunschweigs anerkennendes Urteil über das Suchtbuch hatte Mitscherlich sehr gefreut; weiter fühlte er sich »sehr geehrt«, daß »Sie bereit sind, mich in die *Deutsche Psychoanalytische Gesellschaft* aufzunehmen. Ich werde selbstverständlich nicht nur aus obligater Verpflichtung, sondern weil ich schon lange den Wunsch habe, wieder persönlich Beziehungen nach Berlin anzuknüpfen, gern Ihrer Einladung, einen Vortrag zu halten, nachkommen«. Da er vorher in Basel sei, sei das erst in der zweiten Jahreshälfte möglich.[107]

Über den genauen Zeitpunkt ihres persönlichen Kennenlernens besteht eine gewisse Unsicherheit: Anscheinend war Müller-Braunschweig bei Mitscherlichs beiden Vorträgen in Berlin am 26.07 und 08.10.1947 nicht anwesend.[108] Während Bitter sowohl Mitscherlich als auch Müller-Braunschweig als Teilnehmer der Vorbereitungskonferenz der DPGT vom 25. bis 27.3.1949 nannte, erwähnte Müller-Braunschweig, daß er Mitscherlich erst im August 1949 in Zürich kennenlernte.

---

[104] Müller-Braunschweig, C. (1947). »Prolegomena zum Grundriß einer praktischen und theoretischen Tiefenpsychologie«. Psyche, Bd I, S. 189-205.

[105] Mitscherlich/Schottlaender, undatiert, ca. 23.08.48, M.A.

[106] Schottlaender/Mitscherlich, 25.04.47 B.A.

[107] Mitscherlich/Müller-Braunschweig, 15.01.48, B.A.

[108] Siehe Kapitel 2.2, Mitscherlichs Aufforderung an Boehm, ihn angemessen zu kritisieren.

Neun Tage nach der Gründung der DPV (10.06.1950) wandte sich Müller-Braunschweig an Mitscherlich: »Ich würde Wert darauf legen, Sie bei dieser Gelegenheit einmal persönlich sprechen zu können. In Zürich wurden wir ja durch Bally einander vorgestellt; ich hatte aber kaum begonnen, ein paar Worte zu Ihnen zu sagen, so waren Sie leider schon wieder verschwunden. Ich habe das sehr bedauert. Ich bin mir nicht ganz klar darüber, warum unsere seinerzeitige Korrespondenz nicht fortgesetzt worden ist. Soweit mir erinnerlich ist, hatte ich Sie doch wohl gebeten, einmal im Rahmen unserer Gesellschaft zu sprechen, damit Sie mit uns und wir mit Ihnen in einen direkten Kontakt gelangen könnten. Nun höre ich, daß Sie im *Zentralinstitut für psychogene Erkrankungen bei der Versicherungsanstalt Berlin,* also in der Atmosphäre der *Neoanalytischen Gruppe* Schultz-Henckes, zu Gast sein werden und daß Sie es vermieden haben, sich mit der psychoanalytischen Gruppe in Verbindung zu setzen. Ich weiß nicht, inwieweit Sie über die Verschiedenheit der Auffassungen und Zielsetzungen der beiden Gruppen unterrichtet sind. Jedenfalls würde ich mich freuen, wenn ich Sie darüber einmal mündlich informieren könnte. Nachdem Herr Schultz-Hencke sich seit 5 Jahren bemüht hat, die Freudschen Theorien als zum größten Teil überholt zu bezeichnen — zwischen den Zeilen, aber auch expressis verbis mit bescheidenem Hinweis darauf, durch was und durch wen diese Theorien überholt worden sind —, versucht er neuerdings — nachdem ihm seine frühere Prognose eines baldigen Auseinanderfallens der *Internationalen Psychoanalytischen Vereinigung* zweifelhaft geworden ist — an diese wieder Anschluß zu gewinnen und sich als Psychoanalytiker zu gebärden.

Wenn ich den Wunsch geäußert habe, mit Ihnen persönlich sprechen zu können, so sollen Sie nicht fürchten, daß ich Sie zu irgendeiner Parteinahme in unseren hiesigen Auseinandersetzungen überreden möchte. Es geht mir hier nur um zweierlei: einmal um das audeator et altera pars — ich fürchte, Sie werden bisher mehr von Seiten der Neoanalytiker als von Seiten der Psychoanalytiker über die hiesigen Verhältnisse unterrichtet worden sein — und 2. darum, mit einem Autor, dessen Arbeiten mich in besonderem Maße haben aufhorchen lassen, in persönlichen Kontakt zu kommen.«[109]

---

[109] Müller-Braunschweig/Mitscherlich, 19.06.50, M.A.

»Daß wir uns seinerzeit in Zürich nicht länger sprechen konnten, habe auch ich bedauert«, meinte Mitscherlich, »im großen Betrieb des Kongresses wollte ich mich nicht allzu sehr Ihnen aufdrängen. Ich hatte das Gefühl, daß Sie eine Reihe von Ihnen wichtigen Persönlichkeiten nach langer Zeit zu sehen Gelegenheit hatten und wollte Sie nicht in unseren internen Angelegenheiten dabei behelligen. Irgendein Grund, Ihnen etwa persönlich aus dem Wege zu gehen, hat in meinem Bewußtsein nicht bestanden.«[110]

Richter[111] schilderte Müller-Braunschweig als »trockenen Westfalen ... zwar ein Dickschädel, aber völlig nüchtern, trocken, sachlich, wohlwollend, auch warmherzig und auch sehr autokratisch. Wenn er um Schultz-Hencke warb, war es nicht das Werben eines Untergeordneten, der sohnhaft wirkt, sondern eher umgekehrt: dieser verlorene Sohn der muß wieder zum Vater zurückkommen.«

Müller-Braunschweig hatte Schultz-Hencke gleichsam »verloren«. Nun warb er um Mitscherlich und erhoffte, von ihm zu einer Vortragsreise eingeladen zu werden, um die Kosten sparen zu können, und forderte ihn auf, der DPV beizutreten.[112,113]

»Er (Müller-Braunschweig) war schon ein starker Mann«, berichtete Richter weiter, »der ja dann mehr und mehr durch Altersveränderungen oder Alzheimer, das weiß ich nicht, immer dementer wurde, und schwere Erinnerungsstörungen hatte. Bezeichnend aber für die Stärke seiner Rolle und für die Ehrfurcht, die ihm dann auch in unserer Gruppe nachher gezollt wurde, war, daß er sicher noch 2 Jahre in einem Zustand, in dem er kaum noch vollsinnig war, immer noch als der Chef respektiert wurde. Keiner hat gewagt zu sagen: jetzt hören Sie mal auf mit ihrem Amt, Sie können das nicht mehr. Es kamen da noch Leute aus Hamburg, der Grodzicki und Ehebald zur Supervision zu ihm und die haben zwar auch gemerkt, daß er nie mehr wußte, was in der letzten Stunde besprochen worden war, aber trotzdem waren die

---

[110] Mitscherlich/Müller-Braunschweig, 21.06.50, M.A.
[111] Gespräch mit H.-E. Richter vom 19.07.88.
[112] Müller-Braunschweig/Mitscherlich, 13.07.50, M.A.
[113] Berger, F. (1989) beginnt seine »Entstehungsgeschichte des Sigmund-Freud-Instituts« mit einem Schreiben vom 19.09.52 von Müller-Braunschweig an Mitscherlich, in dem er ihn wiederum dazu auffordert, Mitglied der DPV zu werden (S. 263).

immer noch begeistert, wie er dann so aus den ihn jetzt mitgeteilten aktuellen Szenen etwas herauslesen konnte, woraus sie was lernen konnten. Es war also ein Bedürfnis, ihn noch als alten Übervater zu respektieren, und es wollte ihn keiner kränken, und er war dann eben auch, was auch zu ihm paßte, völlig unfähig, selbstkritisch zu sein (im Gegensatz zu Mitscherlich später) und seinen Zustand zu begreifen. Ich hab da ziemlich viel im Institut gemacht und hab da die Bibliothek geordnet, die Protokolle aus den Jahren vor der Nazizeit durchgearbeitet — ja, da konnte ich vormittags dort arbeiten und fuhr mittags nach Hause und wenn ich dann abends zum Seminar wiederkam, sagte er mir: ›Herr Richter, ich hab sie ja schon lange nicht mehr gesehen‹, obwohl ich vormittags mit ihm dort geredet hatte, und wenn ich ihm dann sagte: ›Herr Müller-Braunschweig, ich war heute vormittag da‹, dann hätte Mitscherlich, den ich später in ähnlicher Verfassung erlebt habe, sich geschämt — — er hat ja auch in seinem Buch seine Veränderungen, seine Schwächen mit Trauer beschrieben. Das hat Müller-Braunschweig nicht sehen wollen oder nicht sehen können, jedenfalls hat er noch in einem Zustand, wo er geistig sehr stark abgebaut war, noch seine Herrschaft bewahrt und die anderen haben das respektiert.«

Mitscherlich blieb im Streit der Berliner Gruppen neutral[114] und schloß sich später der DPV an. Käthe Dräger sah in ihm eine wichtige Unterstützung für die DPV und würdigte seinen autonomen Weg: »Auch heute weiß ich nicht, was geworden wäre, wenn Sie sich nicht entschlossen hätten, zu uns zu stoßen und 1960 das *Sigmund Freud Institut* aufzubauen, denn zweifellos hätten Sie auch ohne uns den Anschluß an die IPV gefunden.«[115]

Der holländische Psychoanalytiker Van der Hoop bereitete den IPA Kongreß in Amsterdam von 1951 vor. Bei Mitscherlich erkundigte er sich nach einer vertrauenswürdigen psychoanalytischen Gruppe in Deutschland: »Die Stimmung bei uns, den Deutschen gegenüber, ist natürlich noch nicht sehr freundlich, nach allem, was sie uns angetan haben ... denn Takt ist nicht gerade die am meisten gepflegte Eigen-

---

[114] Mitscherlich/Balint, 10.03.52, M.A.
[115] Dräger/Mitscherlich, 02.01.76, M.A.

schaft der Deutschen, und sie können sich leicht die Sache wieder verderben.«[116]

Mitscherlich empfahl die DPV: »Selbstverständlich kommt auch noch die sehr kleine psychoanalytische Vereinigung in Berlin zur Mitarbeit in Frage (Leitung Müller-Braunschweig) ... Nur solche Beziehungen können wohl dazu beitragen, das wieder einzuebnen, was durch die furchtbare Vergangenheit an Mauern zwischen den Völkern aufgerichtet worden ist und gewiß durch unsere Schuld vornehmlich.«[117]

Psychotherapeutische Berufsorganisationen — »Bazillus Psychoanalyticus« und seine »Mischinfektionen«

Kemper berichtete den außerhalb lebenden Mitgliedern der DPG von seinen und Schultz-Henckes Bemühungen, ohne finanzielle Unterstützung die poliklinische Arbeit wiederzubeleben. Es habe sich erschwerend auf die Verhandlungen mit amtlichen Stellen ausgewirkt, daß die »notwendige Geschlossenheit der gesamten Psychotherapeuten Berlins fehlte«. Das Bedürfnis nach Eigenentwicklung im Rahmen eines engeren Arbeitskreises empfand er als Reaktion auf »den gewaltsamen Zusammenschluß der verschiedenen psychotherapeutischen Gruppen und Einzelgänger im früheren Institut in der Keithstraße«. Nun habe sich aber die Psychotherapie in Berlin »erfolgreich durchsetzen können. Nicht weniger als 3 der Berliner Verwaltungsbezirke werden von einem Leitenden Amtsarzt betreut, der unserem Institut angehört. Das Hauptjugendamt Berlins hat in sämtlichen Berliner Bezirken Erziehungsberatungsstellen eingerichtet, die von Psychotherapeuten unseres Kreises betreut werden. In den einzelnen Volkshochschulen Berlins sind Mitglieder von uns als Dozenten in zum Teil sehr gut besuchten Vorlesungen tätig. Auch im Rundfunk sind wir durch Vorträge vertreten gewesen«.[118]

---

[116] Van der Hoop/Mitscherlich, 03.05.50, M.A.
[117] Mitscherlich/Van der Hoop, 10.05.50, M.A.
[118] Kemper/Mette, Ende März 1946. Für die Überlassung dieses Dokuments danke ich Ludger Hermanns.

»Hier ist im Augenblick die Psychotherapie ein Bazillus, der alles
verseucht«, schrieb Luise Meyer an ihre Mutter. »Die Aussichten für
die Zukunft sind glänzend, weil alle Welt davon spricht und wir
kaum Nachwuchs haben, denn das dauert nun mal seine Zeit, bis so
was gewachsen ist. Letzte Woche war eine Tagung vom Hauptjugendamt mit vorwiegend psycho-therapeutischen Themenstellungen
und heute war ich auf dem 3. Tag der Psychiatertagung, der der
Psychotherapie vorbehalten war, mit einer größeren Reihe von Kurz-
referaten. Es war recht interessant und vor allem atmosphärisch recht
ansprechend und gut.«[119]

Die ärztlichen Berufsverbände machten sich Gedanken über einen
Abbau der Ärzteschwemme der Nachkriegsjahre. So forderte Oele-
mann auf dem 52. Deutschen Ärztetag in Hannover Ausbildungsmöglichkeiten für »die durch Krieg und Schicksal innerlich gereiften und
die vertriebenen älteren Ärzte ... Als Psychotherapeuten sollten sie für
unser Volk geschult und ausgebildet werden, um ihm in seinen seelischen Nöten Helfer und Heiler zu sein«.[120] Der *Beratungsaus-
schuß der Arbeitsgemeinschaft der Westdeutschen Ärztekammern* ent-
schloß sich im September 1947 unter der Leitung von Koch (Darm-
stadt), über die Neuordnung der Psychotherapie zu verhandeln. Die
»Berufsordnung der Psychotherapeuten«, die als *Heidelberger Denkschrift*[121] vor allem vom *Institut für Psychotherapie* in Berlin mit
Billigung des *Instituts für psychologische Forschung und Psychotherapie*, München, ausgearbeitet wurde, gab der Psychotherapie nach
außen hin Konturen: Wortführend war Mitscherlich, der die Psychotherapie als Kontrapunkt der gesamten Organmedizin konzipierte und
damit verhindern wollte, daß sie zur Teildisziplin der Medizin absinkt
und in ständigen Zwist mit der Psychiatrie gerate.[122] Die Verwirklichung der geplanten Berufsordnung scheiterte an ihrer Finanzierung.

Fraktionsbildungen innerhalb der Arbeitsgemeinschaft der Ärztekammer der westlichen Zonen waren unvermeidlich. Kontroversen er-

---

[119] Luise Meyer an ihre Mutter, 29.05.48.
[120] Döring, K. (1949).
[121] Siehe Anhang (7).
[122] Mitscherlich/Kemper, 01.09.47, B.A.

gaben sich zwischen einer seelisch-geistigen, subjektiven Psychotherapie (Berlin-München-Fraktion, der sich auch v. Weizsäcker anschloß) und einer biologistischen Psychotherapie, wie sie von Kretschmer vertreten wurde.[123]

Am 11.09.1948 erweckte Kretschmer zusammen mit Kühnel die alte *Allgemeine Ärztliche Gesellschaft für Psychotherapie* (gegr. 1928), die sich 1935 zugunsten der unter C. G. Jungs Leitung stehenden *Internationalen Gesellschaft für Psychotherapie* aufgelöst hatte, wieder zum Leben. Auf Einladung Bitters gründeten die Vertreter der verschiedenen psychoanalytischen Richtungen, Müller-Braunschweig (Freud), Schultz-Hencke (Neo), Schmaltz (Jung), Seif (Adler), Michel (Künkel-Schüler), Mitscherlich (als v. Weizsäckers Vertreter) am 07.08.1949 die *Deutsche Gesellschaft für Psychotherapie und Tiefenpsychologie* (DGPT). Der Präsident war v. Weizsäcker, Geschäftsführender Vorsitzender Bitter. Mitglied konnte werden, wer nach den Richtlinien des *Reichsinstituts* ausgebildet worden war. Neben Forschung und einheitlichen Ausbildungsbedingungen sollte die Organisation der Vertretung von Standes- und Berufsinteressen dienen. Konkret hieß das:

— Anerkennung der Psychotherapie im ärztlichen Bereich
— Psychotherapie als Kassenleistung
— Legalisierung der Psychotherapie durch Nichtärzte
— Verankerung der Psychotherapie an den Universitäten
— Psychotherapie bei Kindern und Jugendlichen

Mitscherlich charakterisierte beide Gesellschaften auf Anfrage Van der Hoops:
»Es gibt 2 Gesellschaften für Psychotherapie:
1. *Gesellschaft für Tiefenpsychologie und Psychotherapie* (Vorsitzender Prof. Weizsäcker)
Die Tatsache, daß Prof. Weizsäcker, Schultz-Hencke und ich im Vorstand dieser Gesellschaft sitzen, wird Ihnen vielleicht dafür Gewähr bieten, daß Sie es nicht mit Chauvinisten zu tun haben. Es liegt uns sehr viel daran, zu einem wirklichen Austausch mit den

---

[123] Mitscherlich, A. (1947b).

Kollegen der Welt zu kommen. Ich glaube, daß unsere Zeitschrift *Psyche* in dieser Hinsicht ja ein sehr deutliches Bild gibt, wie wir uns diesen Austausch an Gedanken vorstellen ...

2. *Allgemeine Ärztliche Gesellschaft für Psychotherapie* (Prof. Kretschmer) »Kretschmer vertritt die Position der Psychiatrie, die, wie Sie wissen, in Deutschland relativ feindlich der Psychoanalyse gegenübersteht, jedenfalls in ihren älteren Vertretern. Nicht in den jüngeren Psychiatern, die zum Teil ein echtes Interesse bekunden und sehr aufgeschlossen sind. Herr Kretschmer vertritt durchaus eine antianalytische Psychotherapie, er spricht von der Psychoanalyse als von einer durch seine Methode überwundene ›Langstreckenbehandlung‹. Seine Methode beschränkt sich durchaus auf Konstitutionsumstellung oder Therapie, die somatisch primär angreift ...«[124,125]

Im Osten Deutschlands wurde mit dem Befehl (Nr. 124) des Oberkommandierenden der SMA vom 21.5.1947, der die Organisation wissenschaftlicher medizinischer Gesellschaften entsprechend ihrer Fachrichtung in den Universitätsstädten Jena, Leipzig, Rostock, Halle und Greifswald anordnete, im Rahmen der wiedergegründeten *Gesellschaften für Neurologie und Psychiatrie* in Berlin, Leipzig, Jena und Greifswald die organisatorische Basis für die Ausbildung von Psycho-

---

[124] Mitscherlich/Van der Hoop, 10.5.50, M.A.

[125] Von der *Allgemeinen Ärztlichen Gesellschaft für Psychotherapie* wurden folgende Einrichtungen als Ausbildungsstätten von *Behandelnden Psychologen* und Psychotherapeuten anerkannt:
1. Universitäts-Nervenklinik Tübingen
2. Institut für allgemeine Therapie Heidelberg
3. Psychiatrische und psychosomatische Klinik des allgemeinen Krankenhauses Langenhorn
4. Universitäts-Nervenklinik Mainz
5. Staatliche Nervenklinik Bremen
6. Landes-Heilstätte Rasemühle bei Göttingen (später Tiefenbrunn) Privatklinik Dr. Speer, Lindau/Bodensee
8. Institut für Psychotherapie und Zentralinstitut für psychogene Erkrankungen Berlin
9. Institut für psychologische Forschung und Psychotherapie München
10. Psychotherapeutisches Institut Stuttgart (Protokoll der Sitzung vom 23.9.49, B.A.)

therapeuten geschaffen.[126] Zu den zwölf Psychiatern, die über die Ausbildung der »Irrenpfleger und Psychotherapeuten« und deren Niederlassungs-Ordnung zu beraten hatten, gehörten immerhin die drei Psychoanalytiker Kemper (Berlin West), Mette (Weimar) und Baumeyer (Arnsdorf).

34 Jahre später, auf der Mitgliederversammlung der DGPT, ging Carl Nedelmann, Direktor des *Michael Balint-Instituts* in Hamburg, auf die Stukturierungsphase der psychoanalytisch-psychotherapeutischen Bewegung in Deutschland ein:

- die DGPT-Gründung (Vorgespräch, März 1949, Satzungsbeschluß 07.08.1949)
- die Kontroverse Müller-Braunschweig/Schultz-Hencke auf dem Züricher Kongreß, 10 Tage später, August 1949
- die DPV-Gründung am 10.06.1950
- die Bekanntgabe der DPV-Gründung durch das Rundschreiben von Müller-Braunschweig vom 11.09.1950
- die erste DGPT-Tagung in Braunschweig am 15.09.1950, also vier Tage später.

Die relative Gleichzeitigkeit von gemeinsamer Gründung (DGPT) sowie die Spaltung der DPG und die Neugründung der DPV, die im wesentlichen von den gleichen Kollegen getragen wurde, legt den »Schluß von der Gleichzeitigkeit auf die wechselseitigen Bedingungen« nahe, »... die auffällige Eile, in der alles geschah, würde zu weiteren Betrachtungen Anlaß geben können«.[127] Nach Kempers Ausführungen ergibt sich, daß eine Spaltung (DPG/DPV) – vielleicht auch Differenzierung – erst möglich wurde, nachdem die Sicherung der Existenz, auch über die DGPT-Gründung, gelungen war. Denn die Gesundheitsbehörden erwogen, die Ausübung der Psychotherapie ausschließlich dem Facharzt für Nervenkrankheiten vorzubehalten.[128]

Nedelmann scheint mir in seinen Andeutungen, noch über diesen praktischen Gesichtspunkt hinaus, zu Phantasien über unbewußte

---

[126] Höck, K. (1979) S. 11.
[127] Nedelmann, C. (1984).
[128] Kemper, W. (1967) S. 5.

Gruppenprozesse anzuregen, zumal er die »Eile« besonders betont. Demnach könnte die gesamte Gruppe als ein zusammenhängender Organismus verstanden werden, der sich von, aus seinem Inneren kommenden, unliebsamen Regungen — z.B. aufsteigenden Schuldgefühlen — beängstigt fühlt und sich, durch Projektion der unliebsamen Elemente auf den jeweiligen anderen Teil, ihrer durch Trennung entledigt.[129] In der gemeinsamen Neugründung ist aber auch, über den schweren, sich individuell manifestierenden Konflikt hinaus, ein versöhnendes, integratives Element enthalten.

Ada und Carl Müller-Braunschweig

[129] Siehe Kapitel 8.

von links: Dr. Wolfgang Auchter, Hedwig Goedeke, Ada Müller-Braunschweig, Margarete Köhler

von links: Dr. Hermann Argelander, Dr. Carl Müller-Braunschweig

von links: Käthe Dräger, Dr. Irmgart Morgan, Carl Müller-Braunschweig

von links: Dr. Hermann Argelander, Frau Kühne, Dr. Klaus Hoppe, Dr. Lilian Barth, Margarete Köhler, Dr. Hans March, Marie-Louise Werner, Prof. Horst-Eberhard Richter (von hinten)

7.0. Die wichtigsten von Psychoanalytikern, Psychotherapeuten und Psychiatern behandelten Themen im Nachkriegsdeutschland (Ost und West)

An den Folgen des Krieges litten sowohl Sieger als auch Besiegte. Die Behandlung von Soldaten hatte in England bereits Anfang der 40er Jahre den entscheidenen Impuls zur Entwicklung der Gruppentherapie gegeben (Bion, Rickman, Foulkes), die Maxwell Jones als Basiserfahrung für die psychiatrische Klinik als »Therapeutische Gemeinschaft« nutzen konnte. In Frankreich regten die Erfahrungen mit psychisch Kranken, die sich, unter Leitung von Tosquelles, durch Landarbeit vor dem Verhungern hatten retten können (1942), zu tiefgreifenden Veränderungen der Anstaltspsychiatrie im Sinne einer *Psychotherapie Institutionelle* an. In den USA waren die Hälfte der Klinikbetten durch psychisch Kranke besetzt. Man versuchte mit den verschiedensten Methoden aus rein ökonomischen Gründen dieser »Seuche« zu begegnen.[1]

Edith Weigert berichtete, daß die amerikanischen Psychiater aus ihrer Zusammenarbeit mit Psychoanalytikern im Krieg ein größeres Verständnis für die Psychoanalyse entwickeln konnten. »Im gemeinsamen Kampf gegen psychologisch bedingte Notstände in der Armee lernten die Psychiater den Nutzen psychoanalytischer Kenntnisse und Erfahrungen anerkennen. Die gemeinsamen Aufgaben konzentrierten sich:
1. auf die Einschätzung der seelischen Leistungs- und Tragfähigkeit der Soldaten und Offiziere,
2. auf die Behandlung und Rehabilitierung solcher, deren seelische Anpassungsfähigkeit unter dem Druck von Gefahren, Überlastung oder Entbehrung mehr oder weniger zusammengebrochen war, und
3. auf die Aufrechterhaltung der Gruppensolidarität.«
Das Studium der Psychoanalyse werde von vielen amerikanischen Psychiatern als »unentbehrliche Grundlage« der modernen dynami-

---

[1] Mitscherlich, A. (1949) S. 692.

schen Psychiatrie angesehen. Obwohl das Zahlenverhältnis zwischen Psychiatern und Psychoanalytikern unausgewogen ist (7000 : 500), sei der Einfluß der Psychoanalyse groß und psychiatrische Lehrstühle werden zunehmend mit Psychoanalytikern oder solchen Psychiatern besetzt, die die Psychoanalyse anerkennen. Einerseits sei die Psychiatrie zunehmend von psychoanalytischem Wissen durchdrungen, andererseits seien die Psychoanalytiker vor einem Steckenbleiben in einseitiger Isolierung bewahrt worden. Vor allem bei der Psychosebehandlung verspreche man sich Hilfe von der psychoanalytischen Methode. »In verzweifelten Fällen erscheinen die verschiedenen Formen der Schocktherapie mit größeren Bedenken selbst die Psychochirurgie, vielen Psychiatern noch als unentbehrliches Hilfsmittel. Aber selbst wenn diese verzweifelten Maßnahmen mehr oder weniger vorübergehenden Erfolg zeigen, sind sich die Psychiater bewußt, daß sie die psychotische Symptomatologie nicht kausal angreifen und das wissenschaftliche Interesse an solchen Formen der Therapie scheint im Abnehmen begriffen zu sein.«[2]

Während die verschiedenen therapeutischen Verfahren im Ausland sich in unmittelbarem Dialog mit den Patienten zu entwickeln scheinen, wirken die Diskussionen in Deutschland naiv und werden weitgehend ohne psychodynamisches Verständnis geführt. Die unreflektierte Aggressivität der Methoden der Psychochirurgie und Elektroschockbehandlung eröffnet zum einen die Frage nach der Identität der Behandelnden, zum anderen die Frage nach dem unbewußten Stellenwert der Debatte an diesem historischen Schnittpunkt zwischen Vergangenheit und Zukunft, an dem diesem Thema nicht eine ausschließlich sachbedingte Qualität zukommt.[3]

7.1. Lobotomie, Elektroschocktherapie und Psychosomatik

Nach den ersten Lobotomieoperationen 1936 durch Moniz, der vor allem Schizophrene, aber auch Manisch-Depressive und Involutions-

---

[2] Weigert, E. (1952) S. 633.
[3] Siehe dazu Lockot, R. (1994).

melancholiker operiert hatte[4], wurden weitere Eingriffe im angloamerikanischen Raum mit abgewandelten operativen Techniken durch Freeman und Watts vorgenommen. Die anfängliche Begeisterung für diese neue Methode wich einer zunehmend kritischen Sicht, z.B. durch die Arbeit von Mario Yahn (Brasilien), der eine differenzierte vergleichende Studie für die Jahre 1936 bis 1945 vorlegte.

In Deutschland unternahmen von Braunmühl und Linser 1946 die ersten Operationen.

Köbcke (Tübingen) vertrat völlig unkritisch die positive Wirkung der Affektbeeinflussung durch Lobotomie bei der Unterbrechung der thalamo-frontalen Bahnen. Bei Schizophrenie müsse die Operation etwas weiter hinten ausgeführt werden, und es müßten auch mehr Fasern, 80 - 90 %, durchschnitten werden als beispielsweise bei neurotischen Zwangsvorstellungen. Die Leukotomie nehme dem psychotischen Prozeß den Wind aus den Segeln. Der Operierte verlöre zwar die Fähigkeit, das Wesentliche zu erkennen, ein Künstler könne kein Musikstück mehr komponieren, kein Buch mehr schreiben oder keine Gemälde mehr malen, dagegen könne er einen Büroposten untergeordneter Art ganz gut ausfüllen. Er fühle sich durch die untergeordnete Stellung ganz wohl, denn er sei von seinem Ehrgeiz befreit.[5] »Die Patienten spielen wie Kinder, sind ungeniert, taktlos, verlieren jeden Ehrgeiz und den Sinn für die ethischen oder intellektuellen Abschätzungen der Situation.« Hutton ergänzte: »Die Kranken werden distanzlos und arglos, sind selbstzufrieden, ohne Takt und zuweilen grob, in der Gemeinschaft kennen sie keine Zurückhaltung, für gegenteilige Meinungen haben sie kein Verständnis, ihre Affekte sind seicht, sie suchen keine neuen Freunde, verlieren verwandtschaftliche Gefühle und sind unzuverlässig und unwahrhaftig. Die Intelligenz schien ungestört. Die Arbeit konnte, wenn auch ohne Verantwortungssinn und Zukunftsrichtung, weiter geleistet werden.« Frankl und Mayer-Gross beschrieben leukotomierte Patienten als »heiter, glücklich und zufrieden und sehr von sich eingenommen. Sie zeigen in ruheloser Aktivität wechselnde oberflächliche Interesssen. Sie sind ohne tiefere Gefühle,

---

[4] Durchschneiden der weißen Substanz der präfrontalen Gegend, »da hier die Verbindungsbahnen der Cortexfasern hindurchziehen müssen« (Schwarz, H. 1949, S. 102).

[5] Huebschmann (1948) S. 311.

ohne Mitleid, ohne Reue; ohne Anerkennung einer anderen Meinung halten sie ihre Leistung für großartig. Die eigentlichen schizophrenen Kardinalsymptome haben ihre Bedeutung verloren, Schuldgefühle und Angst sind verschwunden.«[6] Dieses »Psychogramm« unterscheidet sich nur unwesentlich von dem, was Plügge (1951) bei den Suizidkranken beobachtet hat.[7]

Der Operateur war aber nie ganz sicher, ob er überhaupt die frontothalamischen Fasern getroffen hatte.[8] Hanns Schwarz, Psychiater aus Greifswald (1949), äußert die Vermutung, daß es nicht unbedingt der hirnchirurgische Eingriff sein muß, der die positive Wirkung bringt, sondern die lange Abwesenheit des Kranken von seiner Familie.

Nach Zehnders Überblick über die Anwendung der *frontalen Lobotomie* ist dieser Eingriff schon in mehr als 10 000 Fällen durchgeführt worden. Hauptindikation: Schizophrenie. In den besten Statistiken betrug die Besserung bei Entlassung 30 - 40 %, »wobei nach unserer Schätzung aber ein sozialer und gesellschaftlich unauffälliger Heilungszustand in kaum 5 % erreicht wird«. Der Operierte werde dadurch behindert, daß er reale Situationen schlecht einsehe und abschätzen könne. Das bedinge eine Erleichterung bei der Überwachung und Pflege. Die Operation war standardisiert. Die Persönlichkeitsschäden waren irreparabel. Wie die Syndrome beeinflußt wurden, wisse man nicht. Trotzdem werde das Anwendungsgebiet immer weiter ausgedehnt (auf Involutionspsychosen, Depressionen und Schmerzzustände). Viele dieser Patienten erlitten Rückfälle. Mitscherlich meinte, daß die Anwendung der Lobotomie gerade bei Schmerzneurosen für den Psychoanalytiker besonders deprimierend sei, weil er wisse, daß die tiefenpsychologische Behandlung gerade hier erfolgversprechend angewandt werden könne. Bei der Behandlung von Zwangsneurosen hoffe der Chirurg, »die ›Therapie der Worte‹ durch ›das technisch abgekürzte Verfahren des Hirnschnittes‹ ersetzen zu können«.[9]

---

[6] Schwarz, H. (1949) S. 97-110.

[7] Siehe 2. Kapitel.

[8] So berichtet A. Meyer davon, daß eine als durch Leukotomie geheilt geltende Patientin nach 1 1/2 Jahren starb und sich bei der Hirnsektion herausstellte, daß die gewünschten Bahnen gar nicht durchschnitten waren und die Beschädigung des Gehirns an irgendeiner Stelle bereits »heilsam« sein könnte (Schwarz, 1949, S. 97-110).

[9] Mitscherlich, A. (1949) S. 691.

Schultz-Hencke sprach sich für »die therapeutische Möglichkeit der Leukotomie (aus), insofern als sie die wahrscheinlich im Stirnhirn lokalisierten Engramme der Furcht und des Schuldgefühls infolge Durchtrennung auflöst; es kommt so zu einer Primitivierung, Infantilisierung der Persönlichkeit. Psychotherapie und Psychochirurgie seien keine Gegensätze«. Der Psychotherapeut empfehle sie nicht als erstes. »Aber er stimmt ihrer Verwendung in den extrem chronifizierten und daher für die Psychotherapie refraktären Fällen zu, jedenfalls im Sinne eines legitimen Versuchs.« Hanns Schwarz war erfreut darüber, daß »der Psychotherapeut Schultz-Hencke sich zu diesem Thema geäußert hat ... weil wir daraus vielleicht auch die Folgerung ziehen können, inwieweit die moderne Psychotherapie geneigt ist, sich mit klinischen Problemen zu beschäftigen, so, daß wir bald von einer Einheit der Psychiatrie reden können«.[10] Matussek und Speer kritisierten Schultz-Hencke: »Die vorgetragene Ansicht (Schultz-Henckes) über die Wirkung der Leukotomie und besonders die Vorstellung, daß im Stirnhirn »die Engramme von Furcht und Angst verankert« seien, erinnere an überwundene Denkweisen.[11]

Obwohl Lobotomie nach dem Krieg in Deutschland aus dem angloamerikanischen erst wieder reimportiert wurde, ist das mechanistische Denken, das dieses Verfahren hervorgebracht hat, in der Nachkriegszeit nicht von der rassistischen Praxis der vergangenen Jahre zu trennen, in der Sterilisierung und Mord als »Therapie« der Rasse praktiziert wurden. So erscheint es als makabrer Triumph, wenn Viktor Frankl, der selber vier Jahre in Auschwitz gepeinigt wurde, die Auffassung vertrat, daß die »geistige Person« durch somatische Erkrankungen nicht berührt wird. Auch eine Leukotomie, die nur das Instrument des Geistes, das Gehirn, betrifft, könne ihr nicht schaden. Bei einer Zwangskranken, die nach vergeblichen anderen Behandlungsversuchen leukotomiert wurde, habe die Operation keine nachteiligen Folgen gehabt. Vielmehr sei sie »eher Mensch geworden«. Durch die Leukotomie werde das ›Es Ich-ferne‹, die Erlebnisnähe des Erlebten

---

[10] Bericht der wissenschaftlichen Tagung der Psychiater und Neurologen in der sowjetischen Besatzungszone Deutschlands. (27.5. - 29.5.48 ZSDDR, Q-1, No. 38). (Siehe auch Schultz-Hencke, H. (1948) S. 604.)
[11] Becker, H. (1949) S. 254.

verringert. Deshalb sei die Leukotomie da indiziert, wo es sich um »es-haftes Leiden« handele, etwa an den Schmerzen eines Karzinoms, — mit anderen Worten: die Leukotomie sei eine »partielle Euthanasie«. Dieter Wyss kritiserte Viktor Frankl: »Aus dem Rückfall in idealistische Positionen, aus dem Reden und Schreiben über die ›geistige Person‹, geht diese zunehmend verloren, verschwindet in der Abstraktion, während der reale Mensch geschockt, narkoanalysiert oder leukotomiert wird.«[12]

Ähnliche Hoffnungen wie in die Leukotomie wurden in die *Starkstrombehandlung* gesetzt. 1938 wurde der Starkstromschlag von Cerletti und Bini als krampferzeugende Heilmethode empfohlen und von Kalinowski nach Amerika gebracht. In Deutschland wurde diese Behandlung erst wieder durch Bingel, Meggendorffer und v. Braunmühl 1942 populär. Daß die E-Schockbehandlung natürlich nicht nur im Bereich der Psychiatrie, sondern vor allem an der Front eingesetzt wurde, um »simulierende« Soldaten zu züchtigen, darüber legen die Tagebücher der *Beratenden Psychiater* ihre erschreckenden Zeugnisse ab.[13]

Dem von Stoltenhoff (Dresden) geäußerten Optimismus, mit dem er die Elektroschocktherapie bei Süchtigen als »unfehlbares und schnelles Mittel, die Sucht therapeutisch zu bekämpfen«, pries, wurde von den Psychiatern Roggenbau, Schwarz und Grage entschieden mit dem Hinweis widersprochen, daß die Elektroschocktherapie »streng auf Psychosen zu beschränken« sei und nicht auf »Neurosen oder Krankheiten, die in der Konstitution oder in charakterlichen Anlagen« begründet seien, ausgedehnt werden könne.[14]

In seinem Übersichtsreferat fand Hanns Schwarz (1949), daß beide Methoden, die Konvulsiv- und die Leukotomie-Behandlungen, als sinngemäß zusammengehörend zu betrachten seien, da durch sie, teils mit Starkstrom, teils mit dem chirurgischen Messer, direkte »Angriffe auf das Gehirn, ohne eingehende experimentelle Vorstudien und ohne ausreichende ätiologische Begründung« durchgeführt werden. Ebenso uneinheitlich oder auch universal wie die Indikation für eine »Elek-

---

[12] Wyss, D. (1951) S. 34.
[13] Militärarchiv, Freiburg.
[14] Derbolowsky, U., Lindenberg, W. (1949) S. 55.

trokonvulsionstherapie« seien bisher auch die diversen Versuche, ihre Wirkung zu erklären. Der Prozentsatz der spontanen Remissionen bei Schizophrenen sei nicht geringer als die der »Heilung« durch Elektroschock.

So führe die Indikationsbreite (oder auch Indikationslosigkeit) dazu, daß die Konvulsionstherapie, und in außerdeutschen Kliniken auch die Leukotomie, zur Einheitstherapie zu werden drohte. »So ist Ewald nur zuzustimmen, wenn er und seine Mitarbeiter bereits 1942 zu der Meinung neigen, daß die recht schematisch geübte Methodik der Krampfbehandlung ... ohne Rücksicht auf die psychophysische Individualität unserem therapeutischen Gefühl widerspricht.«

Was bei der Konvulsionsbehandlung gemäßigter in Erscheinung trat, ist bei der Leukotomie offensichtlich vergröbert: »Hier wird das Persönlichkeitsniveau des Menschen operativ gesenkt, er wird aus der produktiven Höhe in die stumpfe Reaktionsarmut gestoßen, er wird ›entmenscht‹.«

Euthanasie, Schockbehandlung, Lobotomie — statt spezifischer Therapie — beurteilte Mitscherlich als »Faustschläge in Richtung der Krankheit«. Es sei ein Glück, daß der Krieg, »der uns schon die Schande der Euthanasie gebracht hat, wenigstens die der ›Psychochirurgie‹ erspart hat«.[15]

Eine echte Alternative zu diesen fragwürdigen Interventionen, der Psychochirurgie und E-Schockbehandlung, die allerdings vorgaben, sehr schnell und relativ billig eine Veränderung des Zustandes des Kranken herbeizuführen, da Medikamente fehlten[16], bot die *Psychosomatik*.

Bereits gegen Ende des Krieges wurden, auch von herkömmlichen Medizinern, noch hinter vorgehaltener Hand psychosomatische Wirkungszusammenhänge für möglich gehalten. Mitscherlich freute sich sichtlich darüber, daß sein im Januar 1945 gehaltener psychosomatischer Vortrag so positiv aufgenommen wurde, daß sich die Ordinarien und Assistenten aller Kliniken das Manuskript ausborgten und sein

---

[15] Mitscherlich, A. (1949) S. 692.

[16] Opium und Morphium wurde zur Beruhigung der Depressiven vergeben, Insulin und Traubenzucker für Insulin-Kuren und Hypoglykämiebehandlung für andere psychiatrische Erkrankungen (Kalus, F. (1949) S. 69, Neumann, J. (1949).

Chef (Paul Vogel), der seine Arbeit zunächst hintertrieben hatte, ihm nun die Habilitation anbot.[17]

Curt Oehme, Prodekan der Heidelberger Universität, berichtete von »neurotisch determinierten Magenulcera«, die auf eine »Überempfindlichkeit für exogene Reize« reagierten[18], und der Augenkliniker Engelking »gestand« sogar, daß er »das Glaukom, den grünen Star, für eine Organneurose halte«.[19]

Nach dem Krieg ist die Psychosomatik das Gebiet in der Psychotherapie, zu dem im Westen Deutschlands, in der *Psyche*, die meisten Beiträge erschienen. Von den 223 Orginalarbeiten, die in den Jahren 1947 bis 1952 veröffentlicht wurden, bezogen sich die meisten, bei 17 Kategorien (35), auf Psychosomatik.[20]

Erstmals wurde die Psychosomatische Medizin in Deutschland auf der *55. Tagung der Deutschen Gesellschaft für Innere Medizin* (Wiesbaden, 25.4.1949) zum selbständigen Kongreßthema. Die dort gehaltenen Referate erschienen ungekürzt in der *Psyche*.[21]

---

[17] Mitscherlich/Schottlaender, 13.01.45, B.A.

[18] Oehmes Interesse an Psychosomatik artikulierte sich deutlich in seiner Eröffnungsansprache der *55. Tagung der Gesellschaft für Innere Medizin* zum Thema: »Psychosomatische Medizin« am 25.04.49 (Oehme, C. 1949).

[19] Mitscherlich/Schottlaender, 13.01.45, B.A.

[20] Psychologie/Philosophie/Sozialpsychologie 4
Psychiatrie 4
Kriminalpsychologie/Recht 4
Ethnologie/Antike/Mittelalter 5
Analytische Psychologie (Jung) 7
Ethik/Seelsorge/Christentum 7
seelischer Ausdruck/Begriffswandel 9
Psychoanalyse 9
Astrologie/Erlösungslehre/Meditation 12
Psychotherapeutische Ausbildung/Berufspolitik 15
Fallbericht/literarische Deutungen bzw. Deutungen v. Kunstwerken 17
Psychotherapeutische Theorien 20
Kinder und Jugendlichenanalyse 21
psychoanalytische/psychotherapeutische Behandlung/Technik 21
Themen der Psyche (Liebe, Haß, Depression, Perversion, Angst) 23
Diagnostik/seel. Struktur 25
Psychosomatik 35
nicht zugeordnet 5

[21] Psyche, 1949, S. 322.

Sammeldarstellungen wie die von Alexander und French, Weiß und English, Flanders Dunbar wurden bereits von Mitscherlich rezipiert.[22] Am 28.3.191950 referierte Scheunert die Arbeit seiner ehemaligen Lehranalytikerin Therese Benedek: »Die psychosomatischen Zusammenhänge der primären Mutter-Kind-Einheit«, und am 26.9.50 berichtete Kühne (als Gast der DPG) über die psychosomatische Grundlagenarbeit von Alexander und French.

Über diverse Buchrezensionen, z.B. über Sucht[23], Hunger[24], psychosomatische Wechselwirkung und vegetative Dysregulationen bei Heimkehrern[25], Parkinsonismus, psychosomatische Aspekte der Angina Pectoris[26], von Hauterkrankungen und besonders über psychosomatische Hintergründe von TBC-Erkrankung, bemühten sich die Herausgeber der *Psyche* darum, den Lesern psychosomatische Gedankengänge nahezubringen.

Viktor von Weizsäcker vertrat ausdrücklich die Auffassung, daß »die psychosomatische Medizin ... eine *tiefenpsychologische* sein (müsse) oder sie wird nicht sein«. »Ein Verhängnis ... hat bewirkt, daß die Psychoanalyse Sigmund Freuds zuerst mißhandelt, dann nicht selbst erprobt und dann verfälscht worden ist, und dies leider besonders von der reichsdeutschen Psychiatrie, obwohl die Psychoanalyse vor allem die tiefenpsychologische und wissenschaftliche Potenz ist, kraft welcher eine Psychosomatik aufgebaut werden muß. Wenn ich das ein Verhängnis nannte, so ist dies der mildeste und weiseste Ausdruck, den ich in meinem Alter und meiner Selbstbeherrschung abgewinnen kann.«

v. Weizsäcker hob vor allem den biographisch bedingten Aspekt der Erkrankung hervor, die er als illusionären Versuch der Konfliktlösung in der Regression verstand. Während einer Lebenskrise — »statt eines in der Liebe, in der Fortpflanzung, in der Arbeit, im Geiste ungelebten (es müßte ›gelebten Lebens‹ heißen. Anm. R.L.) Lebens« trete ein körperliches Symptom auf. Obwohl die psychosomatische Pathogenese, z.B. beim Ulkus oder bei der Thyreotoxikose, manchmal

---

[22] Mitscherlich, A. (1949a) S. 356.
[23] Plügge, H. (1947/48).
[24] Haas, R. (1949 und 1950).
[25] Seemann, W. (1950a).
[26] Seemann, W. (1951).

gelingt, manchmal nicht, habe sich der Umkreis der Aufklärung ständig vergrößert, »die Grenze der Psychosomatik von den Konversionshysterien zu den Organneurosen, von da zu den Infektions-, Stoffwechsel-, Kreislauf- und Hormonkrankheiten und so fort immer weiter vorgeschoben.«[27]

Ob v. Weizsäcker trotz aller Wertschätzung, die ihm entgegengebracht wurde, ein wirklich lebendiger Vertreter dieses noch jungen Fachs war, der den immensen »Trägheitswiderstand und (den) Widerstand im Sinne der psychoanalytischen Terminologie gegen eine psychosomatische Betrachtungsweise«[28] überwinden helfen konnte, ist unter dem Eindruck von Moellenhoffs Rezension (1952)[29] eigentlich zu bezweifeln: Moellenhoff kritisierte die »rastlose Wanderung« von einer Fragestellung zur anderen und meinte, daß für den Verfasser Wissen etwas Totes geworden sei, »daß nur Suchen und Fragen lebendig sind«.

In Berlin wurde als erstes psychosomatisches Buch die Habilitationsarbeit von Mitscherlich, »Vom Ursprung der Sucht«, in der *Deutschen Psychoanalytischen Gesellschaft* diskutiert (8.10.1947). Von Boehm und Schultz-Hencke heftig kritisiert, von Müller-Braunschweig so hoch geschätzt, daß er ihm die Mitgliedschaft bei der DPG anbot, wurde Mitscherlich wohl eher als potentieller Konkurrent oder Bundesgenosse, denn als Wissenschaftler wahrgenommen. Als Außenstehender fand Paul Parin zwar einen kritischen, aber sachlichen Ton. Er meinte, daß Mitscherlichs anthropologisch-daseinsanalytische Terminologie und Diskussion keinen Vorteil bringe. Biologische Begriffe wie »Trieb« würden metaphysisch aufgeladen. Darunter leide die Klarheit der Darstellung der beobachteten psychischen, aber auch naturwissenschaftlichen Verhältnisse. Bereichernd sei Mitscherlichs neue Be-

---

[27] Weizsäcker, V. v. (1949) S. 338.

[28] Schottlaender/Eliasberg, 28.07.47, B.A.

[29] Moellenhoff führte sich als psychoanalytisch geschulter Psychiater ein, der seit 17 Jahren in den USA lebte. Seine ersten 40 Lebensjahre hatte er in seinem Geburtsland, Deutschland, verbracht. Geprägt durch eine für den deutschen Kulturkreis charakteristische Erziehung, Ausbildung und Berufstätigkeit reagiere er nach den 17 Jahre, die er im amerikanischen Kulturkreis gelebt hätte, zwar nicht voraussetzungslos, aber immerhin vergleichsbereit und vergleichsfähig (Moellenhoff, F. 1952, S. 43).

trachtungsweise, die »biographische Medizin«, in der einem das dialektische Zusammenwirken von psychischen, physiologischen und umweltbedingten Vorgängen zu einem dynamischen Symptom nahegebracht werde.[30]

Mit seinem psychosomatischen Verständnis definierte Mitscherlich Heilung »nicht nur im Wegräumen von Hindernissen auf dem Wege zur erneuten Arbeits- und Genußfähigkeit, sondern darüber hinaus im Versuch, der Persönlichkeit zu einer volleren Integration, zu einer gelungeneren Wesensverwirklichung zu verhelfen.« Er forderte: 1. der Anschluß an die Forschung in der Welt müsse gewonnen werden, um die jungen Ärzte angemessen unterrichten zu können, 2. müsse den großen Versicherungsträgern klar gemacht werden, daß die scheinbar so unhandliche, zeitraubende und kostspielige tiefenpsychologische Therapie, von erfahrenen Ärzten ausgeführt, wahrscheinlich die ökonomischste Behandlungsart darstelle.

Um den Nachweis zu erbringen, daß trotz des Zeitaufwandes eine psychoanalytische Behandlung rentabler ist und eine verstümmelnde Operation vermieden werden könne, stellte Mitscherlich beispielhaft eine sympathische Gangliotomie bei malignem Hochdruck juveniler Patienten der geduldigen, methodisch exakt geführten psychoanalytischen Behandlung juveniler Hochdruckpatienten gegenüber.[31]

* * *

Die Diskussion um Lobotomie und Krampfbehandlung nahm erstaunlich viel Raum ein, sowohl in der Ost-*Zeitschrift f. Psychiatrie, Neurologie und Medizinische Psychologie*, als auch in der *Psyche* (siehe folgendes Kapitel). Neben der Aktualität, die ihr als ökonomisch sparsames und radikales, reimportiertes Verfahren zukam, schienen ihre Resultate einem Menschbild zu entspringen, das, wenn auch auf mechanische Aspekte der Lebensgestaltung reduziert, vielleicht sogar dem eigenen Wunschbild des Arztes, als Stellvertreter für eine ganze Nation, die keinen Modus der Vergangenheitsbewältigung gefunden hatte, entsprach: Die Patienten wurden »heiter, glücklich und zufrie-

---

[30] Parin, P. (1949) S. 426 f.
[31] Mitscherlich, A. (1949b) S. 342-398.

den und sehr von sich eingenommen«. Die Kranken zeigten in ruheloser Aktivität wechselnde oberflächliche Interesssen. Sie waren ohne tiefere Gefühle, ohne Mitleid und ohne Reue. Ohne Anerkennung einer anderen Meinung hielten sie ihre Leistung für großartig. Schuldgefühle und Angst waren verschwunden. Die Beschreibung des Lobotomierten, der das Wesentliche nicht mehr wahrnehmen könne, ungeniert und taktlos sei, und den Sinn für die ethische oder intellektuelle Abschätzung der Situation verloren habe, keine Zurückhaltung kenne und für gegenteilige Meinungen kein Verständnis habe, affektflach und kontaktgestört aber bei ungestörter Intelligenz, ohne Verantwortungssinn und Zukunfsrichtung werde, könnte als Entwurf für eine Abwehrformation vieler Deutscher gelesen werden, die sich von der Vergangenheit wie durch einen partiellen psychischen »Totstellreflex« befreien zu können hofften. Durch einen radikalen elektrischen oder chirurgischen Eingriff, verbunden mit der Phantasie von einem Neuanfang, von der »Stunde Null«, einem sie von der Vergangenheit trennenden Schnitt, könnten Gefühle von Schmerz, Depression, schizoider Verwirrung, Scham, Schuld und Angst zumindest verändert werden. Eine psychosomatische Behandlung dagegen weckte bei Patienten und Ärzten, denen das Verfahren meistens noch fremd war, die Phantasie, daß Gefühle von Angst, Schmerz und Depression, die unausweichlich auf Veränderung drängen — dabei ist es dem Kranken in tiefen Phasen der Verzweiflung gleichgültig, was sich in welche Richtung verändert — sich quälend und unabsehbar dahinziehen könnten.

Arzt, Psychotherapeut oder Psychoanalytiker — zur Identitätsdebatte

Auf der 66. Wanderversammlung der *Südwestdeutschen Psychiater und Neurologen* vom 2./3. Juni 1950 hielt Medard Boss[32] einen Vortrag über die Behandlung eines Transvestiten, dessen Drängen nach einer operativen Geschlechtsumwandlung mit Kastration (Entfernung von Penis und Hoden und Nachformung weiblicher Labien) er nach 50 stündiger Probeanalyse nachgegeben und ihn von einem Chirurgen

---

[32] Dr. med., Mitglied der *Schweizer Gesellschaft für Psychoanalyse,* Zürich, und der IPA.

habe operieren lassen. Die Drohung des Patienten, sich selber zu verstümmeln oder sich das Leben zu nehmen, schien keinen anderen Weg zu erlauben, und nach der Operation sei der Patient, auch nach einer eigenen Mitteilung zwei Jahre später, zu einer echten inneren Ruhe gekommen. Nach Boss habe es sich bei dem Leiden des Patienten nicht um ein psychoneurotisches Symptom gehandelt, sondern, »gemäß dem dualen Daseinsmodus der Liebe, um einen zwiegeschlechtlichen Menschen, bei dem männliche und weibliche Wesensseiten fast gleichstark entfaltet waren, so daß er eigentlich (obgleich er verheiratet war und zwei Kinder hatte) keines äußeren Partners bedurfte«. Boss verknüpfte die Falldarstellung mit einer Demonstration seines daseinsanalytischen Ansatzes.[33]

Mitscherlich erschien Boss' Vorgehen bedenklich, der das »Dasein« so habe lassen wollen, daß es sich ihm gegenüber aussprach, und hier ließen sich die Grenzen einer rein daseinsanalytischen Interpretation eines Falles drastisch erkennen. Im übrigen habe er seine Kompetenz als Arzt überschritten. »Eine tiefere Interpretation hätte aber doch den Referenten zu der Einsicht bringen müssen, daß sein therapeutisches Ziel darin besteht, den Menschen auf die vielleicht unausweichliche Tragik seines Daseins hinzuführen, dergegenüber es nicht die Aufgabe des Arztes sein kann, opportunistische oder pragmatische Gesichtspunkte in den Vordergrund zu rücken, etwa den, der Familie den Ernährer zu erhalten.«[34]

Boss rechtfertigte sein Vorgehen in einer Erwiderung: der Patient sei ein konstitutionell Perverser ohne psychoneurotische Fehlentwicklung. »Der schwere persönliche Vorwurf des Leichtsinns, der in Mit-

---

[33] Rintelen interpretierte die Existenzphilosophie Heideggers als »Grundstimmung unserer Zeit«: »Das Nichts konstituiert das Sein des Daseins, es west im Sein selbst und enthüllt sich uns in der Angst. So ist das Leben um des Todes willen da, um des ›großen heimlichen Todes‹ (Rilke) willen.« Diese düstere Sicht entspringe zutiefst dem Lebensbezug unserer Zeit, die das Traurige, Enttäuschende, die Schwermut bevorzuge, die dem Nihilismus nahestehe. So werde bei Sartre und bei Camus insofern konsequent verfahren, als der Tod als »absurde Tatsache« erscheine und Sysiphus, der ewig scheiternde, sei in seinem sinnlosen Trotz gegen die Ordnung der Welt als glücklich zu schätzen. »Angst und noch mehr die Schuld stellen eine läuternde Belastung dar. Wir müssen durch sie hindurch, um unser Selbst finden zu können« (Häfner, 1952).
[34] Mitscherlich, A. (1950) S. 231.

scherlichs Rüge liegt, ich hätte wohl nie einen ›inneren Zweifel an der Richtigkeit meines Tuns‹ aufkommen lassen, fällt zugleich auf den Kritiker zurück, wenn man bedenkt, daß ich über 50 Stunden lang nach einer adäquaten Lösung gesucht habe und außerdem beide Eheleute auch noch von einem 2. Psychiater, dessen fachliches Wissen und dessen feinsinnige Menschlichkeit in höchstem Ansehen stehen, untersuchen und von ihm meine Überlegungen überprüfen ließ. Auch er sah in meinem Vorschlag die einzige therapeutische Möglichkeit bei diesem Kranken.«[35] Durch den von ihm beschrittenen therapeutischen Weg meinte Boss, für den Patienten den Weg zu seinem »eigentlichen Selbst-sein-können« freigelegt zu haben. Der Patient habe ihn vor die Entscheidung gestellt, ihn weiterhin seiner »geistig-seelischen Zermürbung« anheimfallen zu lassen, und ihn zudem, zum Schutze vor Selbstverstümmelung oder Selbstmord, internieren zu müssen oder aber ihn leiblich zu entmännlichen. Die geistige Zermürbung wäre eine passive, die Internierung eine schwerwiegende aktive Verstümmelung seiner Menschlichkeit gewesen. Beides also eine total geistige Kastration.

Auf Boss' Erwiderung hin legte die Redaktion der *Psyche* in einer Umfrage 28 (auch von Boss benannten) Forschern folgende beiden Fragen vor:

»1. Halten Sie einen Eingriff wie den von Boss vorgenommenen, allgemein ärztlich betrachtet, für zulässig oder nicht?
2. Halten Sie den von Boss vorgenommenen Eingriff vom Standpunkt des Psychotherapeuten aus für zulässig oder nicht?«[36]

24 Antworten gingen ein. Gustav Bally antwortete unter anderem, daß er den Eingriff von Boss für zulässig halte, da Leben und Gesundheit des Patienten bedroht waren. »Bedenken wir, daß bei gewissen schweren Zwangsneurosen, angesichts des Fehlens zureichender psychotherapeutischer Möglichkeiten, die Lobotomie nicht unbedingt zu verwerfen ist ... Wir müssen also in gewissen Fällen verstümmeln, aber wir haben uns dessen nicht zu rühmen, sondern wir haben uns zu schämen, daß unser mangelndes Wissen uns noch immer derartige Mittel zu verwenden zwingt.«

---

[35] Boss, M. (1950) S. 397.
[36] Psyche, 1950, S. 448.

Boss sei aber eigentlich vorzuwerfen, daß er diesen Fall für eine grundsätzliche anthropologische Auslegung verwende, aus dem abgeleitet werden könne, daß, wenn nicht genügend analytisches Material produziert werde, es zu einem schicksalsbestimmenden ärztlichen Urteil über den Patienten komme. Korrigierend führte Bally weiter aus, daß in Fällen von tiefen narzißtischen Neurosen frühkindliches Material erst sehr spät erscheine, und zwar dann, wenn ein Stück Übertragungsanalyse geleistet worden sei. Bally kam zu dem Schluß, »daß Boss vermutlich als Arzt gar nicht anders handeln konnte, als er es tat. Die theoretische Begründung für sein Vorgehen aber müssen wir ablehnen. Und zwar nicht allein darum, weil sie unzulänglich und falsch ist, sondern vor allem, weil sie gefährlich ist«.[37]

Hans Binder (Rheinau) hatte bei einem ähnlich gelagerten Fall die Kastration vorgeschlagen. Es gebe Fälle von konstitutionellem Transvestitismus, bei denen eine psychotherapeutische Beeinflussung nicht möglich sei. »Ich vermag nicht einzusehen, warum es der allgemeinärztlichen oder speziell der psychotherapeutischen Haltung widersprechen soll, in einem solchen Fall die Kastration zu empfehlen. Durch die Kastration verhilft man dem Patienten zwar gewiß nur zu einer Kümmerform menschlichen Daseins, aber immerhin weder zu einer menschenunwürdigen noch zu einer subjektiv unglücklichen.«[38]

Ludwig Binswanger[39] vertrat die Auffassung, daß es Boss gelungen sei, die Anwesenden von der Notwendigkeit und ärztlichen Sinngemäßheit der Operation zu überzeugen. »Weiß ich doch nach 40jähriger psychiatrisch-psychoanalytischer Praxis sehr gut, daß bei konstitutionell Perversen eine Psychoanalyse in der Regel unwirksam ist und wir uns deshalb nach anderen Mitteln, solchen oft so schwer geplagten Menschen zu helfen, umsehen müssen. Ob ich mich selber zur Durchführung einer solchen Operation entschlossen hätte – denn ›sympathisch‹ ist sie auch mir nicht –, kann ich ohne eine viel genauere Kenntnis des Falles nicht entscheiden.«[40]

---

[37] Psyche, 1950, S. 449-454.
[38] Psyche, 1950, S. 454 f.
[39] Dr. med., Mitglied der *Schweizer Gesellschaft für Psychoanalyse*, Kreuzlingen.
[40] Psyche, 1950, S. 455-457.

Obwohl es sich, führte Manfred Bleuler (Dr. med., Zürich) aus, um eine fragliche Methode handele, meine er, daß das Leiden des Kranken und die Unwirksamkeit unbedenklicherer Methoden Argumente dafür sein könnten, sich Boss' Empfehlung anzuschließen. »Der Fall aus meiner Erfahrung, der demjenigen von Boss am nächsten kommt, betrifft aber einen Transvestiten, der in die Klinik eingewiesen wurde, nachdem er sich den Penis abgehackt hatte. Er drohte eindrucksvoll, sich weiter zu verstümmeln, wenn man ihn nicht kastriere. Alle Umstände, auch die psychotherapeutische Unzugänglichkeit, in Betracht gezogen, blieb nur übrig, ihn seinem Schicksal zu überlassen, ihn vor lebensgefährlicher Selbstverstümmelung durch Wachsaal-Pflege zu bewahren oder die stürmisch verlangte Kastration durchzuführen. Letzteres erschien mir richtig. Der Kranke verstümmelte sich seither nicht weiter, von den Qualen seiner Perversion ist er aber nicht gebessert ... Ich selbst bin vom Kranken von Boss um Rat angegangen worden. Ich habe keine Operation an ihm durchführen lassen und habe ihm nicht helfen können. Mir wären die Bedenken gegen die Operation zu schwerwiegend erschienen. Boss hat — soweit bis heute beurteilt werden kann — dem Kranken geholfen.«[41]

Rudolf Brun[42] antwortete auf die Frage mit einem entschiedenen »Nein«, da er es weder mit der ärztlichen Ethik vereinbar noch aus prognostischen Überlegungen heraus für zulässig halte, einen Eingriff wie den von Boss auf Wunsch des Patienten vorzunehmen. Der Wunsch des Patienten entspringe einer Zwangsidee und keiner angeborenen Psychopathie, da der Mann ja geheiratet und zwei Kinder gezeugt habe. Es sei zu fragen, »aus welcher dringenden Notwendigkeit heraus nun diese Zwiegeschlechtlichkeit durchaus einer *scheinbaren* ›Eingeschlechtlichkeit‹, *in Wirklichkeit aber in ein lebenslängliches Eunuchentum verwandelt* werden müßte?« Der Kranke sei dadurch nicht zu einer wirklichen Eingeschlechtlichkeit gekommen. Die Operation habe ihm lediglich »*eine lebenslängliche Verstümmelung*« gebracht, »*die nicht mehr rückgängig zu machen ist*«. Ob ein solcher Eingriff einer vorübergehenden oder selbst dauernden Internierung mit ihrer »totalen *geistigen* Kastration« vorzuziehen sei, müsse immerhin

---

[41] Psyche, 1950, S. 457-459.
[42] Prof. Dr. med., Mitglied der *Schweizer Gesellschaft für Psychoanalyse*, Zürich.

sowohl vom biologischen als vom rein menschlichen Standpunkt mehr als bezweifelt werden. Brun warf Boss als Unterlassung vor, auf die Herausarbeitung des psychoanalytisch-genetischen Aspekts verzichtet und damit nicht alle tiefenpsychologischen Möglichkeiten der Untersuchung und Behandlung erschöpft zu haben. Nur einseitig habe er sich auf die daseinsanalytische Faktizität eingestellt. Brun verglich diesen Fall mit dem von Patienten, die an einer unheilbaren Krankheit litten und den Arzt bestürmten, sie durch eine Spritze von ihrem Leiden zu befreien. Solange nicht alle therapeutischen Mittel erschöpft seien, müsse ein Arzt prinzipiell solche Euthanasie verweigern.[43]

Annemarie Dührssen[44] meinte, daß Boss technische Fehler bei der 50stündigen Probebehandlung gemacht habe, so daß sich die psychischen Hintergründe nicht genügend aufgeklärt hätten. Es sei fragwürdig, ob es berechtigt sei, sich durch die Patienten verführen zu lassen, bei der Formulierung daseinsanalytischer Betrachtungsweisen stehen zu bleiben. Ob ein solcher operativer Eingriff zu unternehmen sei, liege nicht im ärztlichen Verantwortungsbereich, sondern einzig und allein unterliege es der Entscheidung des Patienten.[45]

Walther Gollner[46] hielt die Emaskulation bei dem so diagnostizierten sexualaggressiv veranlagten Psychopathen für zulässig. Rechtliche Folgen wie die Scheidungsklage der Ehefrau müsse der Arzt verantworten. Allerdings sei der Patient ja nun nicht zum Zwitter geworden, sondern zum kompletten Kastraten, und nur bei weiterer Beobachtung könne sich erweisen, ob die gewählte Lösung auch die bestmögliche sei. In dem Moment, wo festgestanden habe, daß der Patient psychotherapeutisch nicht zu behandeln sei, handele es sich nicht mehr um eine psychotherapeutische Fragestellung. »Boss nimmt seinen Fall zum Anlaß, aus seiner daseinsanalytischen Sicht heraus die absolute Ehrfurcht vor der eingeborenen Eigenart jedes Menschen (›die absolute Selbstverwirklichung‹, ›das eigentliche Selbsteinkönnen‹) zu postulieren und alles Lenkenwollen eines Kranken als unverantwortlichen Eingriff in sein Selbst zu verwerfen. (Seltsam, daß dies ausgerechnet an Hand eines Falles geschieht, der in eine verstümmelnde Operation

---

[43] Psyche, 1950, S. 459-461.
[44] Dr. med., der *Neoanalytischen Gruppe* in Berlin angehörend.
[45] Psyche, 1950, S. 461 f.
[46] Dr. Dr. med., Mitglied des *Instituts für Psychotherapie*, Stuttgart.

ausging!).« In der analytischen Passivität sei es selbstverständlich, daß der Analytiker seinen Analysanden »werden und reifen lasse«; dazu bedürfe es keines daseinsanalytischen Aufrufs.[47]

Arthur Jores aus Hamburg fühlte sich, mangels Erfahrung, nicht dazu in der Lage, Stellung zu beziehen. Wenn alle therapeutischen Möglichkeiten erschöpft seien, halte er allerdings ein solches Vorgehen für gestattet.[48]

Auch C. G. Jung nahm zu Boss' Vorgehen Stellung: Da psychotherapeutisch nichts mehr zu machen war, erledige sich die zweite Frage. »Eine derartige Operation hat mit Psychotherapie gar nichts zu tun, denn jedermann, selbst der Patient selbst hätte sich den Rat geben können, einen Chirurgen zu ersuchen, ihn zu kastrieren.« Zu der ersten Frage meinte Jung, daß es kein Gesetz gegen kosmetische Operationen gebe, »und wenn es mir gelingt, einen Chirurgen zu überreden, mir einen Finger zu amputieren, so ist das sein und meine Privatsache, das heißt, es ist ein Problem der individuellen Ethik. Wenn jemand im Besitz seiner Zurechnungsfähigkeit wünscht, kastriert zu werden, und sich nachher glücklicher fühlt als vorher, so kann man billigerweise gegen seine Handlungsweise nicht viel einwenden«.

Der Arzt sollte sich dabei nur bewußt sein, »daß er die *kollektive ärztliche Standesethik* in bedenklicher Weise durch sein immerhin ungewöhnliches und unkonventionelles Vorgehen reizt ... *Dr. Boss* hätte besser daran getan, über diese peinliche Angelegenheit dezent zu schweigen, statt mit ›daseinsanalytischem‹ Überschwang urbi et orbi kund zu tun, wie sehr es ihm an einer Rechtfertigung vor seiner eigenen Zunft liegt. Es ist ihm offenbar nur dunkel zum Bewußtsein gekommen, wie sehr seine Handlungsweise das ärztliche Standesgefühl beleidigt«.[49]

H. Kranz (Wiesloch/Baden) meinte: »Dem lächerlichen Mummenschanz, der mit der verstümmelnden Hermumschnippelei an den Genitalien veranstaltet wurde, um aus diesem verunglückten Mann — so etwas wie — eine Frau zu machen, kann man ja wohl praktisch keine, beziehungsweise nur durch die Technik gebotenen Grenzen setzen.«

---

[47] Psyche, 1950, S. 462 f.
[48] Psyche, 1950, S. 463 f.
[49] Psyche, 1950, S. 464 f.

Kranz fragte rhetorisch, ob es sich hier um »Leidenshilfe« oder nicht vielmehr um »ärztliche Hörigkeit« handele. Eine »Psychotherapie, die zu narkotisierenden Drogen greift, um das Unbewußte zu erhellen, hat ja schon eigentlich ihr Prinzip verraten. Warum soll sie sich schließlich auch mit chirurgischen Methoden tarnen?« Die Psychotherapie habe hier aber nicht gehandelt, sondern versagt »vielleicht, weil sie versagen mußte«.[50]

Auch Werner Kemper[51] hielt Boss' Vorgehen sowohl vom ärztlichen als auch vom psychotherapeutischen Standpunkt aus für nicht angebracht. Er warf ihm vor, sich zu früh die Diagnose »konstitutionelle Perversion« zu eigen gemacht zu haben, ohne die psychoanalytisch möglicherweise erschließbaren genetischen Zusammenhänge in die Behandlung einzubeziehen. Auf der Suche nach einer praktischen Lösung zur Abwendung einer möglichen Suizidgefahr könne man dieses »kleinere Übel« bejahen. »Hier eine leider nicht abwendbare Notlösung auf Grund einer akuten Gefahrensituation, dort — bei Boss — eine existentialphilosophisch begründete ausdrückliche Bejahung der von ihm vorgenommenen Lösung als einer letzten Sinnerfüllung für diesen Menschen ... hier eine leider durch das Opfer der Verstümmelung erzielte Notlösung, dort die öffentliche Verkündigung dieser Retusche des Leibes als positiver Beitrag zur harmonischen Sinnerfüllung eines bis dahin Kranken.«[52]

Heinrich Meng[53] meinte, daß das Wissen um die Entstehung der Perversion noch so mangelhaft sei, daß ein chirurgischer, durch einen Psychotherapeuten durchgeführter Eingriff ärztlich nicht zulässig sei. Auch sei der psychotherapeutische Behandlungsversuch zu früh abgebrochen worden.[54]

Der Nervenarzt Fritz Mohr[55] hielt den von Boss vorgenommenen Eingriff nicht für zulässig, weil dem Patienten nicht auf Dauer, so sei

---

[50] Psyche, 1950, S. 465-467.

[51] Dr. med., *Brasilianische Psychoanalytische Gesellschaft*, Rio de Janeiro.

[52] Psyche, 1950, S. 467-468.

[53] Prof. Dr. med., Prof. für Psychohygiene, Mitglied der *Schweizer Gesellschaft für Psychoanalyse*, Basel.

[54] Psyche, 1950, S. 469 f.

[55] Dr. med, Hypnose und Autogenes Training, Lehrbeauftragter für Psychotherapie an der Med. Akademie Düsseldorf.

zu erwarten, geholfen werde. Der Patient müsse psychotherapeutisch dazu angeleitet werden, sich der Realität anzupassen. »Versucht er das durch einen verstümmelnden Eingriff abzuwehren, so hat er sein Problem nicht irgendwie gelöst, sondern hat sich vor dieser Lösung in eine noch kompliziertere Situation geflüchtet, die sich ganz sicher über kurz oder lang als etwas Katastrophales erweisen wird. Auch sei die psychotherapeutische Vorbehandlung zu kurz gewesen.«[56]

Max Müller (Münsingen-Bern) bedauerte, daß Boss den Eingriff als Quintessenz seiner daseinsanalytischen Bemühungen dargestellt habe und nicht als Notlösung angesichts der drohenden Suizidgefahr. »In gewissen Beziehungen mag sich hier das ethische Problem ähnlich stellen wie bei der Leukotomie, die ja auch keine echte Therapie darstellt und ebenfalls die psychophysische Integrität der Person tangiert.«[57]

Harald Schultz-Hencke vertrat die Auffassung, daß es sich bei der Störung des Patienten um eine neurotische Perversion handele. »Nach dem was Boss bisher über Perversionen veröffentlicht hat, scheint es mir sicher, daß er antithetisch zu seiner ursprünglich orthodox-psychoanalytischen Schulung hier das Sublime, sagen wir einmal, übermäßig liebt und daher entsprechende Äußerungen seines Patienten, statt sie psychologisch analysierend zu durchleuchten, als letztes Material hinnimmt.« Selbst wenn Boss mit seiner »konstitutionellen und endogenen« These recht haben sollte, liege es in der persönlichen Entscheidung des Patienten, ob und wie er von seinem subjektiven Leiden befreit werden will. »Natürlich liegt auch ein operatives Vorgehen dann durchaus im Bereich des Nicht-Wertwidrigen.«[58]

Walther Seitz[59] hielt Boss' Vorgehen, vor allem nach einer so kurzen Behandlung von nur 50 Stunden, für »völlig ungerechtfertigt«.[60]

J. E. Staehelin (Basel) fand, daß Boss' Eingriff gerechtfertigt sei, da er von seiner persönlichen Integrität überzeugt sei. Eigene Erfah-

---

[56] Psyche, 1950, S. 470 f.
[57] Psyche, 1950, S. 471 f.
[58] Psyche, 1950, S. 472.
[59] Prof. Dr. med., seit Okt. 1950 *Deutsche Gesellschaft für Psychotherapie und Tiefenpsychologie*, München.
[60] Psyche, 1950, S. 472.

rungen mit ähnlichen Fällen hätten zu dem gleichen guten Resultat geführt.[61]

H. Steck (Lausanne) meinte, daß eine Stellungnahme nicht möglich sei, da er den Fall nicht genügend kenne. Eine positive Stellungnahme zur Frage der Kastration von sexuell Perversen, ähnlich wie zu derjenigen der Sterilisation, habe er in seinem Artikel über »Die Durchführung des Waadtländischen Sterilisationsgesetzes« (in ›Verhütung erbkranken Nachwuchses‹, Basel 1938) abgegeben.[62]

Viktor von Weizsäcker[63] konnte keine Parteinahme für oder gegen Boss' Eingriff abgeben und meinte, daß man nur von einem Mißerfolg sowohl der ärztlichen als auch der psychotherapeutischen Therapie sprechen müsse. v. Weizsäcker meinte weiter, daß man nicht die Fälle, »welche chirurgisch behandelt werden sollten, von den anderen a priori unterscheiden müsse, die psychisch behandelt werden sollten«.[64]

F. Georgi (? Basel) stellte die Frage der Kastration in den Zusammenhang mit der Diskussion um die Lobotomie, die, »bei weiser Auswahl der Fälle« (z.B. jahrelang psychotherapeutisch vergeblich behandelte Zwangsneurotiker) gelegentlich zum Erfolg geführt habe. Zwar sei es ihm nicht möglich, ohne genaue Kenntnis der Einzelheiten zu dem Fall Stellung zu beziehen, dennoch meinte er, daß eine Kastration indiziert sein könne, um eine lebensbedrohliche Situation abzuwenden.[65]

In einer sehr ausführlichen inhaltlichen Darlegung äußerte sich Hans Göppert (? Heiligenhafen). Zum Ausgangspunkt seiner theoretischen Erörterungen wählte er Boss' Buch »Sinn und Gehalt der sexuellen Perversion«, da ihm der Wortlaut seines Vortrages nicht vorliege. Göppert kam zu dem Schluß, daß die Aufgabe des Arztes darin bestehe, die vielfache Ambivalenz, in der sich jeder Mensch befindet, »aufzureißen, den Kranken vor den inneren Zwiespalt zu stellen und damit an die synthetische Kraft des schöpferischen Eros zu appellieren«.

---

[61] Psyche, 1950, S. 473.
[62] Psyche, 1950, S. 473.
[63] Prof. Dr. med., seit Okt. 1950 *Deutsche Gesellschaft für Psychotherapie und Tiefenpsychologie*, Heidelberg.
[64] Psyche, 1950, S. 473 f.
[65] Psyche, 1950, S. 626 f.

Durch die Kastration aber werde dieser Sachverhalt verdeckt. Es sei nicht möglich, dem Wunsch des Kranken zu entsprechen.[66]

Hermann Gundert[67] meinte: »Wenn Boss aber wirklich der Auffassung war, daß die Tragik seines Patienten *nur* mit diesem Eingriff zu beheben war, so kann seinem Vorgehen weder aus ärztlichen noch aus psychotherapeutischen Gründen widersprochen werden.«[68]

Friedrich Mauz[69] schrieb, daß Boss' daseinsanalytische Betrachtungsweise eine wesentliche Bereicherung der psychotherapeutischen Möglichkeiten bei Neurosen und Psychosen darstelle. »Den Satz von Boss, ›jedenfalls gibt es Menschen, deren Dasein naturhaft-konstitutionell so begrenzt ist, daß sie nur in einer Weise des Krankseins zu existieren vermögen‹, kann ich aus eigener Erfahrung bestätigen. Ich habe allerdings in über 25jähriger psychotherapeutischer Tätigkeit nie erlebt, daß sich ein solches ›irgendwie Krankseinmüssen‹ nicht hätte psychotherapeutisch einordnen lassen ... Von der psychoanalytischen Betrachtungsweise her wird man meines Erachtens nie den Entschluß zu einem Eingriff wie dem von Boss vorgenommenen fassen können, erst recht nicht von der allgemein ärztlichen Betrachtung aus.« Aus Respekt vor Ludwig Binswangers Werk und überzeugt von der »Sauberkeit und inneren Behutsamkeit« Boss' könne er es nicht wagen, über die »notwendigen Entscheidungen, vor die eine daseinsanalytische Betrachtungsweise einen stellen kann, zu urteilen oder sie gar zu verurteilen«.[70]

Jürg Zutt (Frankfurt) sah in der von Boss befürworteten Operation eine »Schönheitsoperation«, die nichts mehr mit einem legitimen ärztlichen Vorgehen zu tun habe. »Im Jahre 1934 hatte ich einen in gleicher Weise operierten Mann zu begutachten. Die Indikation war damals gleichfalls aus psychotherapeutischen Gründen vom *Magnus-Hirschfeld-Institut* in Berlin gestellt worden. Mein Gutachten sollte klären, ob es sich bei dem Begutachteten um einen Mann oder eine Frau handelte. Zutt meinte, daß er sich »wohl niemals zu der Indikationsstellung für diesen Eingriff entschließen würde«, obwohl der

---

[66] Psyche, 1950, S. 632.
[67] Dr. med., *Institut Für Psychotherapie*, Stuttgart.
[68] Psyche, 1950, S. 632 f.
[69] Siehe 2. Kap., Prof. Dr. med., Münster.
[70] Psyche, 1950, S. 633.

Einzelfall den Arzt auch zu »ungewöhnlichen ›therapeutischen‹ Entscheidungen« drängen könnte. »Daß psychotherapeutisch tätige Ärzte im allgemeinen einen besonders weiten und theoretisch-unvoreingenommenen Blick für ihre Fälle hätten, das allerdings glaube ich nach meiner Erfahrung nicht. Es ist ja wohl auch kein Zufall, daß in den beiden Fällen, die zu meiner Kenntnis kamen, ›psychotherapeutische Tendenzen‹ den Ausschlag geben.«[71]

* * *

Ungefähr die Hälfte der Psychotherapeuten und Ärzte sprach sich für eine Kastration und ebenso viele dagegen aus. Die Fürsprecher meinten, dem Patienten nur durch schnelles und endgültiges Handeln aus seiner Not heraushelfen zu müssen und zu können. Manche beriefen sich auf eine oberflächliche, theoretisch nicht ausgewiesene Empirie oder hoben ihre Loyalität Boss gegenüber in den Vordergrund. Die sich gegen eine Kastration Aussprechenden meinten, soweit sie eine Beurteilung des Falles wagten, daß sich der Patient trauernd mit dem Faktischen seiner biologischen Gestalt aussöhnen bzw. seine schwere Ambivalenz ertragen müsse. Über die Probleme im Umgang mit Transsexuellen schreibt der zeitgenössische Psychoanalytiker Burzig[72] sehr plastisch, daß von diesen Patienten ein massiver Druck ausgeht und das eigene Wertgefühl in der Gegenübertragung eigentlich nur erhalten bleibt, wenn man sich als Handelnder erweist. Symbolisch könnte dieser Vorgang wie eine Neugeburt, ein Neubeginn verstanden werden: »Wenn Du damit einverstanden bist, daß ich zur Frau werde und es auch betreibst, sehe ich darin deine Zuneigung«. Die ursprüngliche Ablehnung des Geschlechts, und damit der Person, könnte in der Phantasie revidiert werden. Die Vorstellung scheint Realität werden zu können, daß ein feindseliges Objekt − also die Mutter, die das Kind abgelehnt hatte und das an seiner Geschlechtlichkeit demonstrierte − in ein liebendes verwandelt werden könne.

---

[71] Psyche, 1950, S. 633-635.
[72] 1982, S. 852.

Verwundert muß man sich fragen, warum diese Diskussion um die Behandlung einer außerordentlich kleinen Gruppe von Patienten gerade in den Jahren unmittelbar nach dem Krieg geführt wurde — also zu einer Zeit, die zur Thematisierung »größerer« Fragen drängte. Warum äußerten sich z.B. auch jene Psychotherapeuten, die keine eigenen Erfahrungen mit dieser Patientengruppe hatten? Die Motivation zu dieser Grundsatzdebatte legt die Vermutung nahe, daß es sich um eine verschlüsselte, unbewußte Auseinandersetzung handelte. Aber was könnte hier unbewußt thematisiert werden?

Entscheidend scheint mir zu sein, daß viele Psychotherapeuten einer aggressiven, irreversiblen Behandlungsmethode, die das Gefühl vermittelt, sofort Eindeutigkeit und Klarheit zu schaffen und dem Patienten gefällig zu sein, innerlich gedrängt, den Vorzug gaben. Der Verwirrung, in die der Patient seinen Therapeuten, der sich manifest zugleich in einem homoerotischen und heteroerotischen Beziehungsgefüge orientieren mußte, hineinmanövrierte, versuchten einige der Therapeuten über die Identifikation mit Boss zu entgehen. Damit gaben sie auch ihre eigene Verantwortung für eine geistig-therapeutische Position ab. Psychotherapeuten, die über lange Jahre auf einen freien, wissenschaftlichen Austausch verzichten mußten, sind sicher besonders verunsichert in ihrer Identität. Verwirrt erscheinen mir die Psychotherapeuten/Psychoanalytiker in bezug auf die Vergangenheit und die Zukunft, auf Schuld/Unschuld, auf Moral/Amoral. Sie könnten ihre Unsicherheit in die gespaltene geschlechtliche Identität des Patienten hineinprojiziert haben und, dem als Drängen des Patienten empfundenen eigenen inneren Druck nachgebend, die Hoffnung damit verbunden haben, einer eigenen moralischen Desorientierung ein Ende zu bereiten. »Chirurgisch« sollte dann entschieden werden, was gut und böse, schuldig und unschuldig, moralisch und amoralisch sei.

Das unbewußte Thema, mit dem sich die Psychotherapeuten/Psychoanalytiker in ihrer Anstrengung, einen identitätsstiftenden Prozeß hervorzubringen, befaßten, ist also nicht nur »Schuld« und ihre Verarbeitung, sondern vielmehr eine tiefe Orientierungslosigkeit. Wurde in der NS-Zeit die Entwicklungslinie vorgegeben, so fiel nun auch dieses »Korsett« weg. Da die möglicherweise fragile psychoanalytische/psychotherapeutische Identität von den maßgeblichen Instanzen, die in einem totalitären Regime zur Regression zwingen, nicht anerkannt wurde, könnten nun auch bei den Psychotherapeuten/Psychoanalytikern selber Zweifel darüber entstanden sein, in welche Richtung sie ihre Identität entwickeln wollten oder durften.

Wenn Desorientierung und Verwirrung — oder klinisch ausgedrückt — ›Fragmentierung‹ das Thema der Zeit war und nicht die Auseinandersetzung mit ›Schuld‹, müßte sich diese Debatte auch in anderen Bereichen des sich wieder selbstbestimmenden Berufsstandes manifestieren — so z.B. in der Konstitution der Gruppe selbst. In dem Versuch, den gruppendynamischen Prozeß in einem klinischen Bild festzuhalten, könnte die DPG mit einem Transvestiten verglichen werden, der in seiner Identität bis zur Unerträglichkeit verunsichert ist und seinen Gesprächspartner in eine Gegenübertragungshaltung hineinmanövriert, von der ein Handlungszwang ausgeht. In der Falldarstellung von Boss wurde der Psychotherapeut unbewußt zum kastrierenden Partner. Tritt auch für die DPG ein »kastrierender Partner« in Erscheinung? Auf dem Züricher Kongreß mag Schultz-Hencke der Exponent dieser spezifischen Transvestiten-Konfiguration gewesen sein. Die IPV nahm in gewisser Weise die Rolle des Untersuchers ein: sie forderte eine Abklärung nach innen, zu der gehörte, daß klare Positionen zu Schultz-Henckes Ansichten entwickelt werden müßten. Von der nur vorläufigen Zulassung war die deutsche Gruppe überrascht und zeigte sich gekränkt. Bei oberflächlicher Betrachtung der Geschichte erscheint die IPV als die Instanz, von der die Forderung nach dem Ausschluß Schultz-Henckes ausgeht; also gewissermaßen als Über-Vater, der die Kastrationsdrohung wahrmacht. Gesehen vor dem internen Hintergrund des Konfliktes zwischen Müller-Braunschweig und Schultz-Hencke entsteht der Eindruck, daß beide, sowohl Schultz-Hencke, als auch Müller-Braunschweig, Unterstützung von der IPV in ihrem internen Kampf erwarteten. Sie reinszenierten ihren immanenten gruppendynamischen Prozeß. Müller-Braunschweig hoffte durch seinen Bezug auf die »orthodoxen« Positionen, die Unterstützung des Plenums zu gewinnen, Schultz-Hencke erwartete eine Fraktionierung der IPV, bei der sich die »fortschrittlichen Kräfte« auf seine Seite stellten.

Mit der Empfehlung zur internen Abklärung entzog sich die IPV dieser Erwartung und fungierte eher als Spiegel, der die fragmentierten Beziehungen der deutschen Psychonanalytiker durch ihr Votum

313

konturierte. Als die kleinere Gruppe um Müller-Braunschweig, die *Deutsche Psychoanalytische Vereinigung* (DVP), aus der DPG auszog, drückte Boehm sehr plastisch aus, daß Müller-Braunschweig einen »Torso« aus der Gesellschaft gemacht habe. Bildlich stellt man sich eine zerstörte Statue vor, ohne Gliedmaßen, der vor allem der Phallus fehlt. Der Phallus, als besonders hoch besetztes Element, den Grunberger[73] »als Repräsentant der narzißtischen Integrität« bezeichnet, ist Sinnbild dessen, was Boehm betrauerte. Hier ›Torso‹, da ›kastrierter Transvestit‹ sind Bilder für eine Abwehrformation gegen die größere Gefahr der Fragmentierung der Identität und der Gruppe.

---

[73] Grunberger, B. (1977) hat über den Phallus als Repräsentant der narzißtischen Integrität geschrieben, daß er das Ideogramm des Unbewußten für die Synthese von Narzißmus und Trieb-Ich darstellt, die, als Koitus erlebt, zu dem fötalen Gefühl von narzißtischer Einzigartigkeit, Autonomie und Vollkommenheit verhilft (S. 208).

8.0. Die Trümmer betrachten und daraus die Architektur des Aufbaus entwerfen ...

Während der nationalsozialistischen Herrschaft wurden den DPG-Mitgliedern Entscheidungen abverlangt — teils unter innerem, teils unter äußerem Druck —, die sie, nicht im Einklang mit sich selbst stehend, fällen konnten. Fenichel formulierte den inneren Zwiespalt für manche seiner Kollegen bei der erzwungenen Vorstandsumbildung als Trennung von Verstand und Gefühl. Widersprüche taten sich auf zwischen dem gewählten DPG-Vertreter (Eitingon) und dem »verordneten« (Boehm), zwischen »Juden« und »Nicht-Juden«, zwischen Selbst- und Fremdbestimmung usw.

Die politische, institutionelle und psychische Gleichschaltung und der damit verbundene, für die Betroffenen oft vernichtende Ausschluß aus der Gesellschaft schufen totalitäre Eindeutigkeit. Das »psychische« Äquivalent dazu wäre »Entsublimierung«. Demensprechend war Freud nicht nur von infantilen unbewußten Todeswünschen der »Söhne« bedroht, sondern von einer realen mörderischen Umwelt. Freud wurde als »väterlicher« Bezugspunkt im wörtlichsten Sinne »verdrängt«, Göring nahm für die »reichsdeutschen« Psychoanalytiker seine Stelle ein.

Hanns Sachs analysierte die diabolische, verführende Wirkung des »Führers«, der an die Stelle des individuellen Über-Ichs tritt. Seine Macht beruhe in erster Linie darauf, daß er sich gegen die Urangst im Menschen wendet. Indem er als der Angstfreie auftritt, fühlen sich seine Gefolgsleute — auf dem Weg der Identifikation — ebenfalls als Angstfreie. Mit der Angst verlieren sie auch die Hemmungen und lassen, bewußt zum Zwecke der Machteroberung, ihrem ganzen aufgestauten Haß- und Zerstörungstrieb freie Bahn.[1]

Selbst Jones konnte sich erst nach einigen Jahren — vielleicht erst bei Kriegsbeginn — auf einen Standpunkt besinnen, der den gelegentlichen Eindruck einer heimlichen Faszination durch den Nationalsozialismus widerlegt. 1941 schrieb er über die Psychologie des Quis-

---

[1] Schwarzmann (1949) S. 645/646.

lingismus, also des Kollaborateurs.[2] Das Phänomen basiere auf der Unfähigkeit, den Feind zu verstehen, in Verbindung mit der Verleugnung seiner Aggressivität, die immer dann als gerechtfertigt erscheine, wenn sie als gerechtfertigt ausgegeben werde. Menschen in dieser Verfassung würden behaupten, daß es keinen Unterschied macht, ob man unter nationalsozialistischer Herrschaft lebt oder nicht. Noch auf dem Luzerner Kongreß (1934) hatte Jones ja die »Unerschütterlichkeit« der psychoanalytischen Bewegung von »äußeren Traumen« vertreten, aus der gelernt werden könne, »daß Politik und Wissenschaft sich nicht besser vermischen als Wasser und Öl«.[3] Jones hatte damals noch die Psychoanalytiker als unabhängig von den nationalsozialistischen Herrschaftsbedingungen wahrgenommen. Vielleicht war es ein Ergebnis seiner Auseinandersetzung mit der Psychologie des Kollaborateurs, die ihn in Zürich (1949) sagen ließ, daß es »unmenschlich« wäre anzunehmen, daß die deutschen Psychoanalytiker unbeeinflußt von den politischen Verhältnissen geblieben seien.

Mit der Einigung auf Göring schien der innere Konflikt zwischen Vatermord und Vatersuche einen Kompromiß gefunden zu haben. Diese Kompromißbildung ging wie bei der Neurosenentstehung nicht ohne erhebliche Persönlichkeitseinbußen ab: Gefühl und Verstand, Persönliches und Sachliches und schließlich Individuelles und Kollektives zerfielen in isolierte Persönlichkeitsdomänen. Zurück blieben innerlich dissoziierte Individuen und ein fragmentierter Gruppenprozeß. Während die führenden bleibenden Psychoanalytiker Müller-Braunschweig und Boehm überlebten, hatte die Vertreibung für die Fliehenden oft tödliche Folgen. Simmel, Sachs und Eitingon, gleichalt mit Müller-Braunschweig und Boehm − Fenichel sogar 16 Jahre jünger, starben während oder unmittelbar nach dem Krieg.

Aus der Sicht der (Couch)»Brüder« Boehm und Müller-Braunschweig »versagten« die Väter: Abraham und Sachs hatten sie verlassen, Freud »entzog« sich, Jones stand nur partiell zur Verfügung − wer blieb, war »Papi Göring«, wie Mathias Heinrich Göring ganz selbstverständlich von den meisten meiner Gesprächspartner und damaligen Zeitzeugen genannt wurde. Ihm wurde die Vaterschaft angetragen.

---

[2] Jones, E. (1941): The psychology of quislingism. Int. J. Psychoanal., 22:1-12.
[3] Jones, E. (1934): Korrespondenzblatt der IPV, S. 114.

Es wäre unangemessen, von den Zurückbleibenden zu erwarten, daß sie sich als »Mörder« von »Vätern« und »Geschwistern« hätten wahrnehmen können oder gar sollen, und »Mörder« im faktischen Sinne waren sie ja auch nicht. Aber konnten sie sich wirklich ganz unschuldig an dem Tod ihrer Kollegen fühlen?[4]

Joost Abraham Maurits Meerloo, holländischer Kriegsberichterstatter und Psychotherapeut, schreibt über die immensen Schuldgefühle der Deutschen bereits während des Krieges. Er hatte bei der Okkupation Hollands beobachtet, wie erstaunlich viele deutsche Soldaten sich das Leben nahmen. Mitten unter seinen demokratischen Feinden sei sich mancher Soldat plötzlich seiner Schuld bewußt geworden. Meerloo meint, daß die suizidale Phantasie die Vorstellung sei, das Böse zu zerstören und das Gute zu rächen. Eine Nation voller Schuldgefühle, voll von ungelösten Aggressionen, entgehe dem Zusammenbruch nur, indem sie in einen Krieg ausbricht. »Wenn aber der Krieg seinen rasenden Marsch nicht fortsetzen und damit ein Ventil offen halten kann, dann werden die Menschen einem unlösbaren Problem überantwortet sein. Sie finden sich in derselben Lage wie ein Neurotiker, dessen Persönlichkeit, jenseits aller Hoffnung auf wirksames Tun, das der Realität seiner Umwelt angepaßt wäre, aufgespalten ist. Sie sind völlig ungesichert in sich selbst und primitiver Verwirrung preisgegeben, und am äußersten Punkt der krankhaften Belastung werden Leben und Tod eines. In neurotischer Exaltation stirbt der Leidende, um dem Tod zu entgehen.«[5]

Wie bei jedem Verdrängungsvorgang blieb die psychische Dynamik auch bei den Psychoanalytikern erhalten: Die überscharfen Auseinandersetzungen zwischen Schultz-Hencke und Müller-Braunschweig nach dem Krieg könnten auf diesem Hintergrund als Abwehr des Eingeständnisses eigener Schuldgefühle und damit einer gewissen Art von Täterschaft verstanden werden. Boehm sprach direkt aus, daß es Müller-Braunschweig in Zürich darum gegangen sei, »seinen Todfeind Schultz-Hencke« »zu erledigen«[6] — und man muß wohl hinzufügen: »vice versa«.

---

[4] Zur unbewußten Manifestation von Schuldgefühlen siehe Lockot, R. (1994).

[5] Meerloo, A. M. (1950) S. 83 f.

[6] Protokoll der Generalversammlung der DPG vom 3.12.50, S. 7 (Brecht et. al. 1985, S. 197) .

Schottlaender und Mitscherlich standen außerhalb dieser Verstrik-kung von Kollaboration, Schuld und Abwehr von Schuldgefühlen. Zum Teil mag das ihr persönliches Verdienst gewesen sein — zum anderen waren sie nicht als offizielle Vertreter einer Gesellschaft in dem Konflikt, den Widerspruch zwischen Kollegen und staatlichen Forderungen bewältigen zu müssen. Schottlaender, als Opfer der nationalsozialistischen Rassengesetzgebung, und Mitscherlich, klarer auf der Seite der Regimegegner stehend, mußten sich dieser inneren Zerrissenheit, die die Berliner Gruppe letztlich selbst zerstörte, nicht aussetzen. Aber auch über die Schicksalsgemeinschaft in der Opposi-tion hinaus setzten sich beide, jetzt frei und sich gegenseitig anre-gend, für die Verwirklichung ihrer psychoanalytischen Vorstellungen ein, bis das Potential ihrer Freundschaft erschöpft war. In Berlin zeigte es sich, daß es über die Schicksalsgemeinschaft hinaus nichts Verbindendes gab. Das Trennende trat nun in aller Schärfe hervor.

Auf dem Züricher Kongreß von 1949 wurden die Weichen für die weitere institutionelle, theoretische und personelle Entwicklung der institutionalisierten Psychoanalyse in Deutschland gestellt.

Wie sahen die Konsequenzen von Nationalsozialismus, Krieg und Nachkriegszeit, die die folgende Entwicklungsrichtung bestimmten, aus?

Als Anna Freud als Sekretärin der IPA die Deutschen einlud, nach Zürich zu kommen, kannte sie:
— Boehms negative Beurteilung von Müller-Braunschweigs morali-scher und antisemitischer Haltung
— Müller-Braunschweigs negative Beurteilung von Schultz-Henckes Abweichung von der Freudschen Position
— und sie kannte den Rickman-Report, in dem auch Boehm vernich-tend charakterisiert wurde.
Es wäre nicht verwunderlich gewesen, wenn die Deutschen gar nicht erst nach Zürich eingeladen worden wären — ebenso wie zur *Eranos-Tagung* 1946 und zum *Mental Health-Congress* nach London im August 1948. Der holländische Psychoanalytiker Van der Hoop be-schrieb in einem Brief an Simmel (20.03.1947)[7] den mächtiger wer-denden Einfluß der deutschen Gruppe in der *Internationalen Gesell-*

---

[7] Für die Überlassung diese Dokuments danke ich Ludger Hermanns.

schaft für Psychotherapie während der Nazizeit. Deshalb habe er mit dem Schweizer Dr. Meier eine Neugründung der Gesellschaft ohne die Deutschen im September 1946 in Zürich beschlossen. Van der Hoop sprach gut deutsch, schrieb aber den Brief auf englisch. Simmel antwortete ebenfalls auf englisch (17.04.1947).

Die Deutschen wurden nach Zürich eingeladen. Es ist unklar, ob der Status ihrer Mitgliedschaft — provisorisches oder volles Mitglied — vor dem Kongreß noch unbestimmt war und eine vollkommene Anerkennung möglich gewesen wäre.

Es ist zum beliebten Deutungsmuster der deutschen Nachkriegsliteratur zur Geschichte der Psychoanalyse geworden, den offiziell angegebenen Grund für eine provisorische Aufnahme, die Unsicherheit über die »Reinheit der Psychoanalyse«, als vorgeschoben zu betrachten und dahinter »Ressentiments«, wie es z.B. Boehm, Riemann und Müller-Braunschweig, aber auch Schottlaender und Klett völlig unangemessen ausdrückten, zu vermuten.[8] Die Gründe werden gern bei der IPA gesucht — aber was haben die Deutschen dazu beigetragen, daß die Abstimmung in Zürich zu ihren Ungunsten verlief?

Müller-Braunschweig kam nicht unvorbereitet nach Zürich — er hatte bereits eine konkrete internationale Begegnung (in Amsterdam) erlebt und eine schwere psychosomatische Krise hinter sich, die er mit Hilfe der Jungianerin Gertrud Weller erfolgreich überwunden hatte. Er stellte dem internationalen Publikum die Situation so dar, daß er, nur gedrängt durch Schultz-Henckes Absicht vorzutragen, seine »Freudianische« Gegenposition formulierte. Eigentlich habe er schweigen wollen. Über den Zweck dieser bekundeten Absicht und auch die Bedeutung des Schweigens kann man nur spekulieren. Sollte etwas verschwiegen werden, wollte er den anderen Kollegen Platz zum Sprechen einräumen war ein Schweigen aus Scham gemeint?

H.-E. Richter meint, daß Müller-Braunschweig derjenige war, »der am wenigsten fähig war, sich zu schämen und selbstkritisch mit der Vergangenheit umzugehen«. Müller-Braunschweig habe sich mehr »als Repräsentanten der unterdrückten Analyse« verstanden, »die jetzt endlich wieder Zugang haben müsse zur Universität und Anerkennung finden müsse, und er hat sich nicht geschämt, oder uns das nicht ver-

---

[8] z.B. während der Geschäftssitzung der DPG am 28.2.50 (Brecht et al. (1985) S. 190).

mittelt ... ich hab ihn immer erlebt als Opfer, der bis zuletzt gekämpft hat, wobei er sein Verhalten nicht kritisch als korrupt gesehen hat, sondern daß er das, was man hätte rausschlagen können, auch rausgeschlagen hat, und das, um die Analyse zu bewahren, und dann sich eingelassen hat. Wobei immer wieder von ihm betont wurde, was man alles gerettet hatte und wo man nicht nachgegeben hatte und daß man eine eigene *Arbeitsgruppe A* hatte — also immer eigentlich auch das, wo bei allen Kompromissen man was rausgeschlagen hatte«. Richter meint, daß sich Müller-Braunschweig vor allem dadurch von den anderen DPG-Mitgliedern unterschieden habe, daß er am hartnäckigsten bei Anna Freud darum warb, wieder in die IPV aufgenommen zu werden.[9]

Müller-Braunschweigs Vortrag wirkt in der thesenartigen Zusammenfassung präzise und fundiert — aber wie »Freudianisch« war Müller-Braunschweig tatsächlich? Am 16.02.1935 hatte er anläßlich des 15jährigen Bestehens des *Berliner Psychoanalytischen Instituts* einen Vortrag mit dem Titel »Die erste Objektbesetzung des Mädchens in ihrer Bedeutung für Penisneid und Weiblichkeit«[10] gehalten. Dieser Vortrag sei ihm zwei Jahre später als »Zeichen seiner Verjudung und sexuellen Verworfenheit« ausgelegt worden.[11] Aber wie nahm Freud selber ihn auf? Am 21.07.1935 schrieb Freud an Müller-Braunschweig[12], daß er sich in seiner Kritik gehemmt fühle. Seine Arbeit gehöre zu der Kategorie der Arbeiten von Horney, Jones und Radó u.a., die die Bisexualität der Frau nicht erfaßt hätten und die die phallische Phase besonders ablehnten. Freud meinte, daß es hier noch einen unausgesprochenen oder auch unentdeckten Bereich gäbe, über den er sich nicht nur kurz äußern könnte, sondern der eine eigene Abhandlung erfordere. Allerdings sehe er es als unerlaubten autoritären Eingriff an, Müller-Braunschweig in der Entwicklung seiner Gedanken zu stören. Trotz der Kritik an Müller-Braunschweigs Arbeit ist der Brief voller interessanter Anregungen.

---

[9] Gespräch mit H.-E. Richter, 19.07.88.
[10] Müller-Braunschweig, C. (1936).
[11] Müller-Braunschweig, C. (1951, unv.).
[12] Zit. nach der englischen Fassung aus der Zeitschrift *Psychiatry* (1971) Vol. 34, Aug. (S. 329) »Freud and female sexuality: a previously unpublished letter«.

Ist es nicht eigentlich schade, daß Müller-Braunschweig seine eigene wissenschaftliche Linie, unabhängig davon, ob er Freuds Anregungen hat aufnehmen können oder nicht, nicht weiter verfolgte? Seine Auffassung von Religion z.B. wich, ebenso wie die von March, erheblich von der Freudschen Position ab.[13]

Rückblickend ist Müller-Braunschweigs Züricher Vortrag als geschickter politischer Schachzug zu beurteilen. Aber was mag es für ihn bedeutet haben, daß sein Lehranalytiker Sachs (1881-1947), gleichalt mit Müller-Braunschweig, nicht mehr lebte? Müller-Braunschweig blieb, abgesehen von der Bekundung seiner mangelnden Durchsetzungsfähigkeit, ganz auf dem theoretischen Niveau. Durch seine Ausführungen qualifizierte er sich als »Hüter der reinen Lehre« — aber hätte sich Jones nicht u.U. gegen die deutsche Gruppe ausgesprochen, wenn er von Müller-Braunschweigs enger Verbindung zu Gertrud Weller gehört hätte? Am 27.04.1950 berichtete er Müller-Braunschweig von einer »ähnlichen Situation«, in der er 1919 die englische Gesellschaft auflöste, um sich der Jungianer, die nicht freiwillig austreten wollten, zu entledigen. Hätte er nicht den Rückschluß ziehen müssen, daß der Vorsitzende der DPG durch den von den Nationalsozialisten wohlgeschätzten Jung weitgehend beeinflußt worden war und sich die »Reinheit der Lehre« damit relativierte? Müller-Braunschweig scheint also seine eigenen, möglicherweise von der Freudschen Position wegführenden Gedanken zugunsten der Betonung der klassischen Lehre aufgegeben und seine Affinität zur Jungschen Lehre verleugnet zu haben. Er tat das wohl, um keine Zweifel an der Selbstinszenierung der DPV als Vereinigung »reiner Analytiker« entstehen zu lassen.

Ich mußte an das Grimmsche Märchen von Allerleihrauh denken. Allerleihrauh hatte ihrem zudringlichen Vater, der darauf bestand, sie zu heiraten, immer wieder einen Aufschub seiner Pläne abgerungen, indem sie ein wunderschönes Kleid nach dem anderen von ihm forderte und schließlich einen Mantel aus den Fellen aller Tiere des Landes. Dabei hoffte sie vergebens, ihn von seinem Vorhaben abzubringen und floh schließlich. Auch die »reinen Analytiker« der Nach-

---

[13] z.B. Müller-Braunschweig, C. (1929). Die Entstehung und Bedeutung des Schuldgefühls (S. 472-483). In: Ethik, Juli. March, H. (1930). Gedanken über Religion. In: Ethik, 6. Jahrg. (S. 33-36).

kriegszeit scheinen der Phantasie nachgehangen zu haben, wie Allerleirauh, ihre wahre Schönheit und Jungfräulichkeit unter einem Mantel
von tausenderlei Rauhwerk versteckt, einem Deckmäntelchen von ein
bißchen Jung, Künkel und *Deutscher Seelenheilkunde* erhalten und
sich damit dem Zugriff von ›Papi Göring‹ entzogen zu haben. Aber
vielleicht hatte Allerleirauh ihrem infantilen Liebesverlangen nach dem
Tod ihrer Mutter doch ein bißchen nachgegeben und sich für ihren
Vater besonders hübsch gemacht ... Allerleihrauh arbeitete dann als
Küchenmädchen an einem anderen Königshof. Mit kleinen Zeichen,
die sie als Königstochter auswiesen, machte sie sich schließlich dem
Prinzen, der gerade eine Frau suchte, bemerkbar. Und so gaben auch
die DPV-Analytiker der IPV kleine Signale, die sie als dazugehörend
auswiesen.

Schultz-Hencke trug seine beziehungslose Lehre relativ beziehungs-
los vor, aber auch irgendwie im deutschen Zeitgeist mitschwingend.
Das »Alte« (das »Orthodoxe«) hatte aus seiner Sicht abgewirtschaftet,
der Neuanfang mit der »Stunde 0«, die »Neoanalyse« verhieß Aufbruch und Befreiung von der Vergangenheit. Auch in der deutschen
Literatur galt der »Neorealismus«[14] als prägende literarische Strö-
mung der Nachkriegszeit.

Welches unbewußte Konzept könnte die Hintergrundsfolie Schultz-
Henckes Verhaltens gewesen sein, von dem er sich internationale
Anerkennung und sogar Führerschaft erhoffte? Was mag es für ihn
bedeutet haben, daß sein Lehranalytiker Radó (1890-1972), der ihn in
Berlin besucht haben soll, 1942 aus dem New Yorker Institut aus-
schied?[15] Die Charakterisierung Radós durch Frosch (1991) erweckt
den Eindruck, als habe sich Schultz-Hencke mit wesentlichen Zügen
Radós identifiziert. Radó wird als »diktatorischer«, als »widersprüchli-
cher Mann« geschildert, der leidenschaftlich und eigensinnig seine
Ideen vortrug und ungeduldig und streitsam reagierte, wenn sie nicht
schnell genug verstanden oder akzeptiert wurden. Diese Eigenarten
erzeugten Feindseligkeit und Opposition gegen sein Konzept. Auch die

---

[14] Morrien, A. (1988). Interview mit Hans Werner Richter (1951) S. 34.
[15] Radó verließ 1942 das »orthodoxe« New Yorker Institut und war später Präsident
der *American Academy of Psychoanalysis*, gegr. 1956, einer nationalen, neoanalytischen Dachorganisation, die als Alternative zur Amerikanischen Psychoanalytischen Gesellschaft geplant war (Peters, U. 1992, S. 140).

Wertschätzung der Medizin und die Abwertung der Laienanalyse teilten Radó und Schultz-Hencke miteinander. Den »Laien« räumte Schultz-Hencke allerdings noch eine gewisse Berechtigung für den pädagogischen Bereich — nicht als Therapeuten, sondern als Erzieher —[16] ein. Ebenso wie Radó heiratete auch Schultz-Hencke eine seiner Patientinnen.

Kemper überlieferte, daß Schultz-Hencke bereits während der NS-Zeit öffentlich erklärte, kein Nationalsozialist zu sein[17], und mir ist nicht bekannt, daß er sich aus opportunistischen Gründen angepaßt hat. Trotz seiner außerordentlich problematischen Persönlichkeit gab es in diesem Sinne keine »moralischen« Einwände gegen ihn.

Müller-Braunschweig prangerte Schultz-Hencke für seine Beziehungslosigkeit dem internationalen Publikum gegenüber und für seine von Freud abweichenden Ansichten an. Wäre die Entscheidung in Zürich nur nach politisch-moralischen Kategorien gefällt worden, hätte Schultz-Hencke sicher das bessere Ansehen gehabt als Müller-Braunschweig, der durch Rickman und in den Beurteilungen von Jones und Anna Freud als ungeeigneter Kandidat betrachtet wurde.

Boehm tat das, was Müller-Braunschweig für angemessen gehalten hatte, er schwieg. Boehm hatte sich aus dem internationalen Diskurs völlig und endgültig zurückgezogen. Er fühlte sich nicht nur von vielen seiner deutschen Kollegen abgelehnt, sondern auch von der IPA, wie er auf dem Amsterdamer Kongreß (1951) öffentlich mitteilt.

Welche Rückschlüsse lassen sich über die Art der Zerstörung der DPG von innen ziehen?

Eine charakteristische Verhaltensweise der Deutschen bestand darin, jeweils einen Kollegen bei Jones und Anna Freud anzuschwärzen. Boehm beschuldigte Müller-Braunschweig, während der NS-Zeit »Assimilant« gewesen zu sein, Müller-Braunschweig präsentierte Schultz-Hencke als denjenigen, der nicht in die DPG gehöre und sie behindere. Konnte man zunächst eine innere Zerrissenheit der DPG-Mitglieder finden, so erscheint das gegenseitige Anschwärzen einer Abspaltung eigener ungeliebter oder unerwünschter Anteile zu entsprechen, die in den jeweils abgespaltenen Teil projiziert wurden. Den »Mitmacher« sah Boehm in Müller-Braunschweig und den der Psy-

---

[16] Schultz-Hencke-Prot., 12.06.45, B.A.
[17] Kemper, W. (1973) S. 318.

choanalyse untreu Gewordenen sah Müller-Braunschweig in Schultz-Hencke. Individuelle Abwehrmechanismen wie Spaltung, Projektion, Identifikation, Identifizierung mit dem Angreifer und Verleugnung wirkten sich fragmentierend auf den gesamten Gruppenprozeß aus.

»Die Zerstörung des geographisch-politischen Raums der Nation«, so schreibt der Historiker Bernd Hüppauf, »wurde auch als Zerstörung eines mentalen Raums erfahren, in dem Orientierung gegenüber Vergangenheit und Zukunft hätten entwickelt werden können«[18] und, so muß man hinzufügen, nicht entwickelt werden konnten, gerade weil die mentale Fragmentierung Perspektivlosigkeit in Vergangenheit und Zukunft einschließt.

Welche Funktion kam der IPA bei der Restituierung des »mentalen Raumes« zu? Sieht man Jones und Anna Freud als ihre repräsentativen Vertreter an, so gewinnt man den Eindruck, daß sie das sichere Gefühl von Kollegialität und gleicher Gesinnung mit den DPG-Mitgliedern verloren hatten und nach bekannten Problemmustern und ihrer erprobten Lösung suchten.

— Schultz-Henckes abweichende Auffassungen waren ja bereits bekannt — selbst Freud hatte sie verurteilt — und wurden nicht als durch den Natioalsozialismus beeinflußt angesehen;
— auch Schultz-Henckes Ehe mit seiner ehemaligen Patientin, der Exfrau von Gustav Bally, war bereits Ende der 20er Jahre als skandalös gebrandmarkt worden[19];
— ferner erinnerte man sich an Boehms unseriösen Umgang mit dem Geld des Stipendienfonds
— und Jones projizierte die Konfliktstruktur seines Verhaltens den Jungianern gegenüber auf Müller-Braunschweigs Umgang mit der DPG.

Die DPG-Mitglieder waren ihren im Ausland lebenden Kollegen fremd geworden. Die Tendenz, die Suche nach dem Bekannten — also den Verhaltensmustern, die bereits vor der NS-Zeit ihre Bewertung erfahren hatten — im fremd Gewordenen mögen auch andere Psychoanalytiker geteilt haben. Gerade die Erfahrung der Emigration verstärkt m.E. eine gewisse konservative Tendenz.

---

[18] Hüppauf, B. (1988) S. 23.
[19] Gespräch mit Gerda Schultz-Hencke vom 22.09.80.

In diesem Sinne ist wohl auch Lampl-de Groots Vorwurf an die DPG zu interpretieren, sich nicht wie die holländische Gesellschaft aufgelöst zu haben.[20] Sie suchte nach einer gemeinsamen Basiserfahrung — und jeder, der die Verhältnisse näher kennt, weiß, daß selbst Lampl-de Groot eine Gemeinsamkeit konstatierte, die sich grundsätzlich unterschied: Die DPG mußte die Entscheidung über ihre Auflösung bzw. für ihr Weiterbestehen bereits im Dezember 1935 fällen, während die Holländer sich dafür erst nach der Erfahrung der Okkupation und des Krieges entschieden. Zu dieser Zeit war die DPG längst erzwungenermaßen aufgelöst, und vielleicht war es gerade diese Erfahrung, die die Holländer dazu veranlaßte, der Zwangsauflösung zuvorzukommen.

Der entscheidende Grund für die nur provisorische Mitgliedschaft der DPG bei der IPA scheint darin zu bestehen, daß die Verbindung zur DPG weitgehend abgerissen war — man könnte auch sagen, nur »provisorisch« bestand. Von der Kollaboration der »reichsdeutschen« Psychoanalytiker im *Göring-Institut* werden die meisten IPA-Mitglieder nur eine vage Vorstellung gehabt haben — abgesehen von eigenen, schmerzlichen Erfahrungen der als »jüdisch« definierten Psychoanalytiker.

Neben den »wiedererkannten« Problemen, durch die die fremd Gewordenen vertraut gemacht werden sollten — gleichgültig, ob sie sich mehr oder weniger moralisch verwerflich, rassistisch, psychopathisch oder verräterisch verhalten hatten —, bot Müller-Braunschweig seinerseits, gewissermaßen als Losungsformel, den IPA-Mitgliedern die allen bekannte und vertraute Freudsche Position an. Außerdem bemühte er sich hartnäckig um die Beziehung zu Anna Freud und anderen ehemaligen Kollegen, die er als Gleichgesinnte wiederzufinden hoffte. Selbst wenn dabei wesentliche Dimensionen verleugnet wurden, führte es doch dazu, daß die Deutschen als Partner in Betracht gezogen wurden.

Die Definition des Problems durch die IPA und seine Eingrenzung auf einen theoretischen Raum machten es wieder, wenn auch vereinfacht, faßbar, verhandelbar — denn wäre die Gruppe ihrer Eigendynamik überlassen worden, ihrer Fragmentierung, dann wäre wohl die Auflösung der Gesellschaft eine unvermeidliche Folge.

---

[20] Zu den folgenden Ausführungen siehe Int. J. of Psychoana., Vol. XXX, Part 3, 1949.

Die Trennung der DPV von der DPG ist so als Bilanz einer Summe individueller Abwehrmechanismen zu sehen, die eine Kommunikation schließlich unmöglich machte, beiden Gesellschaften aber wieder eigene Konturen verlieh. Daß das nur eine Phase des Übergangs sein kann, schwingt in Lochs »Diagnose« der DPV mit, deren Überlebensstrategie er als »regressive Abwehrorthodoxie« bezeichnet.[21]

Die Konfrontation mit der internationalen Öffentlichkeit war für Schottlaender und Mitscherlich nicht so überraschend. Sie waren dem »Weltbürgertum« näher als die Berliner DPG-Mitglieder. Beide hatten sich in Deutschland auf kleinstem Nenner durch ihre Position gegen den Nationalsozialismus und ihr Interesse an der Psychoanalyse verbunden gefühlt. Nach dem Krieg wurde die Welt durch die Begegnung mit Amerika gleichsam »größer«. Schottlaenders und Mitscherlichs Differenzen wurden nach Mitscherlichs USA-Reise sowohl theoretisch als auch persönlich deutlich und führten schließlich zur Trennung.

Während diese Beziehung ihre sehr persönliche Ausformung nicht verliert, wird der Konflikt der Berliner DPG-Mitglieder zu einem über das Persönliche hinausgehenden Gruppenprozeß, der dann wieder auf die Beziehungen der Mitglieder untereinander zurückwirkt.

Die Konfrontation mit der internationalen psychoanalytischen Öffentlichkeit führt zu einem Rückgriff auf in der Geschichte der Gruppenkohäsion erworbene Sozialisationsmuster, die den Anspruch erheben, die bestmöglichen Lösungen zu bieten. Gerade in geschichtlichen Phasen, in denen die Zerstörung der Gruppe durch unbewältigbare traumatische Erfahrungen durch die antagonistischen Positionen ihrer Vertreter und ihrer inneren Zerrissenheit droht, ist m.E. diese regressive Gruppenbewegung zu beobachten. Die Angst vor dem Auseinanderfallen, vor der Fragmentierung, scheint in jeder Gruppe die Fähigkeit zu beeinträchtigen, die Einzigartigkeit jeden Konflikts wahrzunehmen. Dementsprechend boten auch die beiden DPG-Repräsentanten Müller-Braunschweig und Schultz-Hencke etwas für die anderen bekannt Erscheinendes an. Diese Neigung zur Regression und die damit verbundene »Benutzung« alter, bekannter Konfliktverläufe scheint mir auch heute noch eine zirkuläre Kommunikation in vielen psychoanalytischen Gruppen zu verhindern. Dem wäre eine Kommunikationsstruktur entgegenzusetzen, die sich fragend und zuhörend auf den Gesprächspartner bezieht.

---

[21] Loch, W. (1983) S. 339.

Anhang

(1) Mitglieder der DPG

Mitglieder der *Deutschen Psychoanalytischen Gesellschaft*, der *Arbeitsgruppe ›A‹*, der *Berliner Psychoanalytischen Gesellschaft* und der *Deutschen Psychoanalytischen Gesellschaft/Deutschen Psychoanalytischen Vereinigung*

	I.Z.P. 1937 AG'A'	DPG 1940	BG* 1945 18.8	BG 1946 9.4.	BG 1949 I.J.P.	DPV 1952 I.J.P.
1. Achelis-Lehbert	x	x	x	x	x	
2. Aichhorn		x	x			
3. Baumeyer	x	x	x	x	x	
4. Boehm	x	x	x	x	x	
5. Buder-Schenck		x a.o.	x			
6. Böhlendorf			x	x	x	
7. Besold						x a.o.
8. Cellarius	x a.o.	x	x	x	x	
9. Dräger	x a.o.	x	x	x	x	x
10. Ekmann	x	x	x	x		x
11. Fughe		x	x	x	x	
12. Fuchs-Kamp		x a.o.	x	x		
13. Goebel	x	x	x	x	x	
14. Graber	x	x				
15. Günther						x a.o.
16. Gundert	x a.o.	x	x	x	x	
17. Heilbrun						x a.o.
18. Kalau vom Hofe		(x)**	x	x	x	
19. Kath		x	x	x	x	x
20. Kemper	x	x	x	x	x	***
21. Laessig		x	x	x		
22. March	x	x	x	x	x	x
23. Mette	(x)**	x	x	x	x	
24. Müller-Braunschw. A.	x	x	x	x	x	x
25. Müller-Braunschw. C.	x	x	x	x	x	x
26. Muthmann	x a.o.	x	x	x	x	
27. Ortner		x	x	x	x	
28. Riemann		x	x	x	x	
29. Roellenbleck	x	x	x	x	x	

	I.Z.P. 1937 AG'A'	DPG 1940	BG* 1945 18.8	BG 1946 9.4.	BG 1949 I.J.P.	DPV 1952 I.J.P.
30. Ranft	x a.o.	x	x	x	x	
31. Scheunert	x a.o.	x	x	x	x	x
32. Schmoeckel****						x a.o.
33. Schottlaender		x	x	x	x	
34. Schultz-Hencke		x	x	x	x	
35. Schneider			x	x	x	
36. Seiff	x a.o.	x	x	x	x	
37. Spangenberg					x	
38. Staudte			x	x	x	
39. Steinbach			x	x	x	x
40. Sydow, v.	x a.o.	x				
41. Tiling		x	x	x	x	
42. Vollrath			x			
43. Weigel	x a.o.		x	x	x	
44. Weigert-Vowinkel			x			
45. Werner	x a.o.	x	x	x	x	x
46. Wimmersperg v.	x a.o.	x	x	x	x	x
47. Wiegmann			x			

*   ›Berliner Psychoanalytische Gesellschaft‹ Bezeichnung der DPG gemäß einer Auflage der *Britischen Militärregierung*. Seit dem 3.12.1950 wieder *Deutsche Psychoanalytische Gesellschaft.*

**   Kalau vom Hofe, seit 1935 Mitglied, trat im Okt.1935 vorläufig aus. Ebenso Mette (Mitglied seit 1932).

***   Kemper war durch seine Auswanderung nach Brasilien direktes IPV-Mitglied geworden.

****   Schmoeckel, Johanna konnte als »Halbjüdin« nicht Mitglied am *Institut für psychologische Forschung und Psychotherapie* werden.

I.Z.P. = Internationale Zeitschrift für Psychoanalyse

I.J.P. = International Journal of Psychoanalysis

(2) Wissenschaftliche Sitzungen der DPG (B.A.)

(Ergänzt durch Baumeyer, F. (1971) S. 222-224)

1945:

14.8.	Cellarius: Schultz-Hencke	Schicksal und Neurose
18.9.	Cellarius: Schultz-Hencke	Schicksal und Neurose
16.10.	Mitgliederversammlung	
	Müller-Braunschweig	Wo steht der Analytiker heute?
30.10.	Müller-Braunschweig	Wo steht der Analytiker heute?
13.11.	(statt 6.11, da Müller-Braunschweig krank ist)	
11.12.	Kath	Die drei Abhandlungen

1946:

15.1.	Kath	Die drei Abhandlungen
29.1.	Kath	Die drei Abhandlungen
12.2.	Kath	Die drei Abhandlungen
26.2.	Boehm	Neuere Erkenntnisse in der analytischen Theorie und Therapie
12.3.	Böhlendorf	Analyse und Synthese; Agieren und Leben
26.3.	Wiegmann	Internat und Psychotherapie
9.4.	Geschäftssitzungen	
	Kalau vom Hofe	Aus der Gefängnisarbeit
30.4.	Boehm	Fortschritte in Theorie und Technik
16.5.	Kemper	Der Patient schweigt
21.5.	Müller-Braunschweig	Das therapeutische Ideal
4.6.	Müller-Braunschweig	Variationen des Begriffes Narzißmus
18.6.	Müller-Braunschweig	Variationen des Begriffes Narzißmus
2.7.	Schirren	Einleitung einer ersten Lösung bei einem festgefahrenen Patienten
16.7.	Kemper	Der Patient schweigt
20.8.	Schirren	Einleitung einer ersten Lösung bei einem festgefahrenen Patienten
1.10.	Ries (wird verlesen)	Ein unerwünschtes Kind und sein Todestrieb
29.10.	Ries (wird verlesen)	Ein unerwünschtes Kind und sein Todestrieb
12.11.	Werner	Psychiatrie in Kanada arbeitet für den Frieden
	Dräger	Freud: Ein Kind wird geschlagen 3 Abende Diskussion (Datum unb.)

1947:

4.1.	Fromm-Reichmann (wird verlesen)	Zum Übertragungsproblem bei der Schizophrenie
18.2.	Kemper	Mrrjasch: Chronische Schweiger
April/Mai	Werner	Vortrag von Kinderfällen an 2 Abenden
15.4.	Staehr (Gast)	Symbolik der Zahlen 1 - 4
29.4.	Staehr (Gast)	Symbolik der Zahlen 1 - 4
10.6.	Dräger, Kalau vom Hofe, Müller-Braunschweig	Berichten über das Amsterdamer Treffen (Pfingsten 1947)
?	Steinbach	Bonaparte: Mythes de guerre
26.7.	Wiegmann und Boehm	Mitscherlich, Vom Ursprung der Sucht
8.10.	Wiegmann und Boehm	Mitscherlich, Vom Ursprung der Sucht
30.9.	Boehm	Falldarstellung
21.10.	Werner	Ruben (London), Erziehungsberatung
4.11	Werner	Ruben (London), Erziehungsberatung
2.12.	Ausschußsitzung	Über organisatorische Fragen

1948:

3.2.	Baumeyer	Schreberkrankengeschichte
17.2.	Fughe	Vor- und Frühformen der sprachlichen
2.3.	Fughe	Beziehung von Mutter und Kind
16.3.	Wiegmann	Ein Fall von Erythrophobie
17.4.	Müller-Braunschweig	Bericht über Geschichte der Gesellschaft und die bisherigen Aktivitäten (»Deutsche Zeitschrift f. Psa«) »Skizzen ...« (Wiegmann, ord. Mitglied)
11.5.	Steinbach	Garma: Genitale Morphologie und Physiologie in Träumen
1.6.	Geschäftssitzung	Schwebende Fragen
15.6.	Geschäftssitzung	Schwebende Fragen
29.6.	Möller-Schönherr (Gast) Hellpach	Über Verdrängung
14.9.	Geschäftssitzung	Über die Art der Beteiligung am IPV-Kongreß
28.9.	Schultz-Hencke	Diskussion seiner Thesen
2.10.	Schultz-Hencke	Diskussion seiner Thesen
2.11.	Schultz-Hencke	Diskussion seiner Thesen
16.11.	Schultz-Hencke	Diskussion seiner Thesen
14.12.	Beschränkte Teilnehmerzahl	Wichtige aktuelle organisatorische Fragen

1949:

15.1.	Meyer (Luise)	Ein Fall von Angstneurose mit schweren Kriegsträumen
25.1.	Dräger	»Washington Meeting« der »American - Psychoanalytic Association« vom Mai 48, im Bulletin of the American Psa Ass. Vol. No. 3, Sept. 48
19.2.	Schöne	Ruth Fulton Benedikt: Pattern of Culture
5.3.	Schöne	Ruth Fulton Benedikt: Pattern of Culture
9.4.	Müller-Braunschweig	Bemerkungen zur Libidotheorie
21.5.	Winkler	Liebesfähigkeit, Selbstbehauptung und Selbstfindung dargestellt an einem Fall
14.6.	Heilbrun	Psychiatrie und Psychoanalyse (Vortrag zum Erwerb der Mitgliedschaft)
16.7.	Kath	Bewertung von Kinderaussagen
30.7.	Kleiner Kreis, Zürichreise und Psychagogen	
3.9.	Austausch der Eindrücke vom Züricher Kongreß	
26.9.	Ausschußsitzung	Stellungnahme zu Schultz-Henckes Professor an der Linden-Universität
10.12.	Steinbach	Ein Fall von Impotenz
20.12.	Schöne	Cardiner: Psychological Frontiers of Society

1950:

3.1.	Müller-Braunschweig Schultz-Hencke	Kurzreferate von Zürich
10.1.	Schöne	Cardiner: Psychological Frontiers of Society
17.1.	Schultz-Hencke	Gültigkeit des Ödipuskomplexes
24.1.	Müller-Braunschweig	Im kleinen Kreis über Grotjahn: Neuere Fortschritte in der analytischen Behandlung der Psychosen
28.1.	Vorbesprechung (Vorstand und einzelne andere)	Über die künftige Gestaltung der Beziehung zur Neo-Gruppe
31.1.	Müller-Braunschweig im kleinen Kreis	Neuere Fortschritte in der analytischen Behandlung der Psychosen (Grotjahn)
14.2.	Scheunert	Ein Fall von Impotenz
28.2.	Besprechung	Über das Verhältnis der psa. Gesellschaft zu der Schultz-Hencke-Gruppe[1]
14.3.	Müller-Braunschweig	Kindliche Sexualtheorien und -phantasien in der Neurose und ihre Symptomatik

28.3.	Scheunert	Benedek: Die psychosomatischen Zusammenhänge der primären Mutter-Kind-Einheit
25.4. (23.4.?)	Dräger*	Über eine veröffentlichte Krankengeschichte eines amerikanischen Negers
9.5.	Schmoeckel	Die Mutter als Vampir (Fallbericht)
23.5.	Müller-Braunschweig, Ada	Frauenjugendgefängnis
6.6.	Müller-Braunschweig	Behandlung von Psychosen (Grotjahn)
20.6.	Müller-Braunschweig, Ada	Frauenjugendgefängnis
4.7.	Hopmann*	Ein Fall von Zwangsneurose
18.7.	Steinbach	Psyche und Hormon
25.7.	Ries	Traum einer Patientin
15.8.	Steinbach	Psyche und Hormon
26.9.	Kühne	French & Alexander: Studies in Psychosomatic Medicine
6.10.	Geschäftssitzung	Stellungnahmen zu Müller-Braunschweigs Rundschreiben
3.12.	Generalversammlung der DPG	Auszug der DPV-Gruppe mit Müller-Braunschweig[2]

---

* An diesen Sitzungen nahmen außer den psychoanalytischen und neo-analytischen Mitgliedern eine von Schultz-Hencke nominierte Reihe, nicht der Gesellschaft angehöriger Neo-Psychoanalytiker teil. An den nichtgekennzeichneten Sitzungen nahmen ab 14.3.1950 nur Psychoanalytiker teil.

[1] Brecht et al., 1985, S. 190.

[2] Brecht et al., 1985, S. 191. Namentlich sind in dem Protokoll aufgeführt: Achelis-Lehbert, Baumeyer, Boehm, Böhlendorf, Cellarius-Schwager, Dräger(*), Fuchs-Kamp, Goebel, Kath(*), March(*), Meyer (a.o.M.), Müller-Braunschweig, A.(*), Müller-Braunschweig, C.(*), Scheunert(*), Schottlaender, Schultz-Hencke, Seiff, Staudte, Steinbach(*), Werner(*) und Wiegmann. Die (*)-Markierungen entstammen ebenfalls dem Protokoll.

(3) Chronologie der Gründungen und Kongresse (soweit ermittelt)

1945, Juni	Gründung des *Instituts für Psychopathologie und Psychotherapie*, Berlin.
1946, 1.3.	Gründung des *Zentralinstituts für psychogene Erkrankungen der Versicherungsanstalt Berlin*, Leitung Kemper; Prophylaxe, Schultz-Hencke.
1946, 8.2.	Gründung des *Instituts für psychologische Forschung und Psychotherapie*. München. Leitung: Steger.
1946, 22.u.23.11.	Arbeitsbesprechung der Psychiater und Neurologen der sowjet. Besatzungszone. Thema: Organisation der Geisteskranken- und Psychopathen-Fürsorge (Beitrag von Kemper).
1947	Gründung der Zeitschrift *Psyche. Ein Jahrbuch für Tiefenpsychologie und Menschenkunde in Forschung und Praxis* mit Mitscherlich, Schottlaender und Kunz als Herausgeber.
1947, Sept.	Ärzteausschuß unter Vorsitz von Dr. Koch (Darmstadt) erarbeitet die *Heidelberger Denkschrift*.
1947, 18./19.10.	Tagung der AG der *Westdeutschen Ärztekammern*.
1947, 27.-29.9.	Gründungstagung der *Studiengesellschaft für Praktische Psychologie*. Vorsitzender: Störring (Göttingen), Stellvertreter: Hische (Hannover). (Nächste Tagung 23.-25.4.48). Sektionen vorgesehen. Kühnel gründet *Arbeitsgemeinschaft für Ärztliche Psychotherapie*, Vorsitzender: Kühnel, Geschäftsführer: Dogs (Treff 22.4.48).

Zeitschrift f. praktische Psychologie ab Anfang 1948

1948, 2.4.	Gründung des *Institut für Psychotherapie*, Stuttgart. Vorsitzender: Bitter. Stellvertreter: Gundert u. Schottlaender.
1948, 6.3.	Gründungsversammlung der *Psychiatrisch-Neurologischen Gesellschaft* in Mecklenburg.
1948, 22.4.	Konstituierung der *Ärztlichen Arbeitsgemeinschaft für Praktische Psychotherapie*. Vorsitzende: Kühnel, Mohr, Mauz. Beirat: Jores, Kemper, Schulte, Schultz-Hencke, Störring, Wolff.
1948, 27.-29.5.	Wissenschaftliche Tagung der *Psychiater, Neurologen und Psychotherapeuten*.
1948, 11.-21.8.	1. Internationaler Kongreß (nach dem Krieg) für *Mental Health*, London.

1948, 11.9.	Gründung der *Allgemeinen Ärztlichen Gesellschaft für Psychothera-pie* anläßlich der Tagung *Deutscher Neurologen und Psychiater* (Marburg). Vorsitzender: Kretschmer, Schriftführer: Kühnel (vorgesehen 22.-25.9.49 gemeinsam mit der *Gesellschaft Deutscher Neurologen und Psychiater*, Göttingen).
1948, 9.-12.9.	Jahresversammlung der *Deutschen Neurologen und Psychiater* (Marburg).
Anfang 1949	*Zeitschrift für Psychoanalyse. Unter Mitwirkung von Psychoanalytikern des In-und Auslandes.* Hrsg. Müller-Braunschweig. Mußte nach zwei Nummern 1949/50 ihr Erscheinen einstellen.
1949, 22.-24.4.	4. Tagung der *Studiengesellschaft für Praktische Psychologie*, Bremen. Thema: Das Autoritätsproblem in der Gegenwart. (Vorträge von v. Gehlen, Weniger, Blättner, Conze, Höffner, Trill, Haas, Metzger, v. Bracken, Villinger, Gersond, Peters, Jensch, Schindler (London), Schultz-Hencke (Der menschliche Freiheitsdrang als psychotherapeutisches Problem), Hische, Bornemann, Korsch.
1949, 25.4.	Die 55. Tagung der *Deutschen Gesellschaft für Innere Medizin* (Psychosomatik).
1949, Anf. Juli	Gründung der *Deutschen Gesellschaft für Psychotherapie und Tiefenpsychologie*. Vorsitzender: v. Weizsäcker, Geschäftsführer: Bitter, Sitz Stuttgart.
1949, 10.-17.7.	Internationale Tagung für *Praktische Psychologie*, von der *Österreichischen Gesellschaft für Praktische Psychologie* veranstaltet.
1949, 15.-19.8.	16. Congress of the *International Psycho-analytical Association* (Zürich).
1949, 19.-21.8.	Internationale *Rorschachtagung* (Zürich) von der *Schweizer Gesellschaft für Psychologie*.
1949, 22.-26.8.	Internationaler Kongreß für *Seelische Hygiene*, Genf.
1949, 22.-30.8.	*Eranos*-Tagung (Ascona).
1949, 22.-25.9.	Tagung der *Gesellschaft Deutscher Neurologen und Psychiater* (Göttingen).
1949, 1.-5.10.	*Psychologenkongreß* (München).
1950, 12.-14.4.	Sexualwissenschaftliche Arbeitstagung (Frankfurt).
1950, 6./7.5.	11. Tagung der *Schweizerischen Gesellschaft für Psychologie und ihre Anwendung*.
1950, 11.5.-17.5.	Psychotherapeutische Woche in Lindau.

1950, 2./3.6.	66. Wanderversammlung der *Südwestdeutschen Psychiater und Neurologen* (Badenweiler).
1950, 10.6.	Gründung der *Deutschen Psychoanalytischen Vereinigung* (geheimer Plan am 13.05.50 gefaßt). Vorsitzender: Müller-Braunschweig.
1950, 25.9.-7.10.	Dritter Kurs für Psychotherapie an der Universitäts-Nervenklinik Tübingen.
1950, 15.-18.9.	Arbeitstagung der *Deutschen Gesellschaft für Psychotherapie und Tiefenpsychologie.*
1950, 18.-28.9.	1. Weltkongreß für *Psychiatrie* (Paris).
1950, 21.5./31.8.	*Eranos*-Tagung.
1951	Zeitschrift für Psychotherapie und medizinische Psychologie. Hg. Kretschmer, E., Mauz, F., Kühnel, G., Georg Thieme Verlag. Stuttgart.
1951, 2.-9.9.	Deutsche Psychotherapiewoche (Karlsruhe).
1951 Januar	Ordentliche Hauptversammlung der Österreichischen Allgem. Ärztl. Gesellschaft für Psychotherapie, Präsident: V. Frankl.
1951, 1.3.	Einrichtung einer psychosomatischen Beratungsstelle für Kinder und Erwachsene. Leitung: Prof. Seitz, Prof. Weber und Dr. J. Cremerius.
1951, 11.-15.6.	Arbeitstagung für analytische Psychotherapie und Erziehungshilfe. Veranstalter: Senat von Berlin und Institut für Psychotherapie.
1951	Gründung des *Wiener Arbeitskreis für Tiefenpsychologie.* Leitung: J. Caruso.
1951, 26.-28.7.	2. Kongreß der *Gesellschaft für Konstitutionsforschung.*
1951, 5.-9.8.	17. Congress of the *International Psycho-analytical Association* (Amsterdam).
1951, 26.-30.9.	Tagung der Gesellschaft Deutscher Neurologen und Psychiater in Stuttgart.
1952, 20.-22.10.	Arbeitstagung der Gemeinschaft *Arzt und Seelsorger.*
1952, 1.-4.9.	52. Tagung der *Deutschen Gesellschaft für Kinderheilkunde.*
1932 - 1952	20 Jahre *Eranos*-Tagungen.
1952, 24.-30.8.	Jahresversammlung der *World Federation for Mental Health* (Brüssel).
1952, 13.-15.9.	2. Internationaler *Rorschach* Kongreß.

(4) Protokoll der Ausschußsitzung vom 7. August 1945 (B.A.)

Ausschussitzung vom 7.August 1945.

(Anwesend: Böhm, Fuchs-Kamp, Kalau v.Hofe, Kemper, March,Müller-Br.
Schultz-Hencke, Seiff.)

Böhm   teilt mit,dass er wegen Verkehrsschwierigkeiten an der letzten

Dienstagsitzung nicht teilnehmen konnte. Er klärt die Missverständnisse

auf, die durch Kempers Aeusserungen über die ursprünglich beabsichtigte

Aufmachung einer psa. Klinik in Charlotenburg entstanden sind.

Mu.-Br. verliest das Protokoll der letzten Sitzung mit Wiegmann am

Dienstag,den 31.7.45.

Schu.H. vermisst in dem Protokoll einen Passus über die Besetzung

der Klinik, er habe die ausdrückliche Erklärung von Wiegmann,dass in

dieser Beziehung Vorschläge erfolgt seien.

Böhm bemerkt hierzu ,Wiegmann habe die Absicht gehabt, mit 2-3 Aerz-

ten, Kemper,Schu.-H.und Haseloff, zu besetzen, Wiegmann wollte auch

einige Stunden in der Woche übernehmen, mehr wusste er nicht.

Frau Seiff erinnert sich,dass Wiegmann vorigen Dienstag erwähnte,

Haseloff habe eine Arbeit geschrieben, die ihm sehr gefallen habe;

deswegen hätte er ihn vorgeschlagen.

Schu.-H. berichtet von seinem Gespräch mit Wiegmann über seinen eige-

nen Plan zur Verwirklichung der i ,   .schwebt habenden Poliklinik

mit Institut, nach dem er am Ende eines Jahres die ersten wissenschaft-

lichen Ergebnisse Sauerbruch vorlegen und dadurch der Psychotherapie

einen ganz bestimmten Grundstein verschaffen wollte. Wiegmann habe dar-

auf erwidert, warum wollen Sie denn erst in einem Jahr finanziert le-

ben,warum nicht schon jetzt mit meiner Hilfe in Charlottenburg?Erst

in diesem Zusammenhang sei eine Beteiligung von ihm aus in Frage ge-

stellt worden.

Kemper bemerkt,dass vorher nur eine Aufstellung psa. Kollegen er-

folgt war.

Schu-He. gibt zu,dass auf seine Frage nach der Besetzung,wenn er und
die anderen Leute nicht mitmachen würden,die psa.Kollegen genannt worden seien,ohne Namensnennung,sodass es auf eine rein psa.Besetzung
herauskam.

Kemper mach auf den Irrtum aufmerksam,dass Schu.-H.mangelnde Bereit-
schaft,die Psychoanalyse zu vertreten,nur aus seiner) *Aversion* gegen die Psa.
entstanden sei.Es seien vielmehr zwei grosse konkrete Faktoren,die ihn
dazu bestimmtn,1) die Laienfrage, 2) die Frage der Finanzierung.

Kalau v.H. kann nicht verstehen,was die Laienfrage mit der Einstellung gegenüber der Analyse zu tun hat,Laien gäbe es ja überall,bei
Jung bei der Psa. und den anderen.

Kemper berichtigt, dass die Laienfrage insofern etwas damit zu tun
hat,weil ein arbeitsfähiges Institut nur möglich ist,wenn Laien mitar-
beiten.Aerzte sind nicht zur Genüge da,Aerzte könnten zu den bewillig-
ten Sätzen auch nicht eingespannt werden.Die Existenzfähigkeit stehe
und falle mit der Durchkämpfung der Laienfrage.

Schu./He.entwickelt nochmals den Plan eines Instituts,wie es ihm vor
der Begegnung mit Redeker (9.Juli) und Sauerbruch (14.Juli) vorge-
schwebt habe:Gründung mit Jungianer etc. randständigerweise , als Lehr-
institut ,im kommenden Winter mit Vorlesungen von Mü-Br.,evtl.auch
Kemper,Demonstrationskursen (häufiger als früher) von Mü-Br. und Böhm,
die obligatorisch von allen anderen,auch seinen eigenen Schülern,mit-
anzuhören wären. Obg.   wisse,dass er damit bei allen Instanzen
auf schwersten Widerstand stossen würde,habe er diese beiden Gruppen
in sein Institut nehmen wollen. Er habe damit viel auf sich genommen.

(?) Auch die Laienfrage durchkämpfen zu müssen,diese heikle Frage,die
bei allen augenblicklich regierenden Instanzen in der aggressivsten
Weise aufgegriffen werde (Paul Vogler,Adlatus von Sauerbruch,habe Kemper
gegenüber sich in aggressivster Form geäussert). Man denke an die an

der Junggruppe wie ein Bienenschwarm hängende Laienmasse und die
noch schwerer an der Psychoanalyse hängende Aversion. Er habe also
eine Gruppe zu vertreten, an deren Spitze der verdiente Laie Mu-Br.
steht, das vertrüge nicht die weitere Zuziehung von Laien. Bei der
Junggruppe seien es nur ganz wenige Laien, die er vertreten könne
- wenn er Geld haben wolle . Er müsse das ablehnen, wissend, dass
es praktisch unmöglich ist, so etwas durchzukämpfen.
Ein weiterer Grund,der ihm die Unmöglichkeit seiner Durchkämpfung
bestätigt, ist das von Redeker und Sauerbruch gewählte Musterbei-
spiel"der kleine Hans" . Gegenüberstellung:Was sagt Schu/He.zum kl.
Hans, was sagt Mü/Br. zum kleinen Hans " . Er würde vertreten 10%
geniale Ersterkenntnis, 90% methodolgisch terminologisch deduk-
tionsmässiger Mist.
Mu/Br. wendet ein,es sei billige Krittelei,den Hans so anzusehen.
Schu/ e bleibt dabei, dass er in Opposition gehen müsse , da er
keinen Anlass sehe, sich gegen die Weltmeinung in Bewegung zu setzen
Mu/Br. fragt, inwieweit die Praxis der Poliklinik anders werden
sollte, als in dem alten psa. Institut.
Böhm spricht sich hierzu aus, dass er persönlich unter dem Übergewicht der Juden im alten Institut immer gelitten habe. Bö.schilder
dann die historische Entwicklung des Göring-Institutes und weist
nach (Wohnungwahl) , dass ursprünglich beabsichtigt gewesen sei,jede
der drei Gruppen selbständig für sich arbeiten zu lassen.Durch Gö.
Wortbrüchigkeit sei etwas anderes,als Gleichberechtigung für alle,
herausgekommen.
Schu/He. findet beim Anhören dieser Schilderung der histroischen
Entwicklung des Instituts heute die gleiche formale Situation in
bezug auf Kräfteverhältnis,Instanzen und empfiehlt die gleiche
Anwendung der Methoden.
(Gespräch mit Sauerbruch wegen Jung-Therapie in Zürich - Frau mit
     Mammakarzinom)

<u>Mu-Br.</u> ist gleichfalls der Meinung,dass die augenblickliche Situation eine
Aehnlichkeit mit der von 1936 anlässlich der Gründung des Göring-Instit-
tuts darstelle,insofern,als die jetzigen Medizingewaltigen sowohl psa-
feindlich als auch jungfeindlich seien.

<u>Schu/He.</u> meint dazu,es stünde im Hintergrund nicht einmal ein Nichtge-
waltiger wie damals Göring,vielmehr Zutt,gegen den ihn Sauerbruch
schützen wolle.

<u>Mu-Br.</u> halt es für gut, wenn alle Richtungen vereinigt werden. Er
würde es auch schlucken,wenn die Psa. als Randexistenz auftreten musste.

<u>Kalau v.H.</u> fragt Schu/He., ob er darüber orientiert ist,ob Sauerbruch
sein Buch gelesen hat oder wie S. dazu kommt,ihn gegen Zutt zu verteidigen.

<u>Schu/He.</u> berichtet, dass Redeker ihn wegen der Laienfrage wutentbrannt
habe abfahren lassen .Sauerbruch habe nach 1½ std.Gespräch über eine
Fülle von Personen - ein Gespräch,das mehr ein Examen war - ihn einge-'
gliedert: Sie gehören in die Notgemeinschaft deutscher Wissenschaftler
(ungefähr Kais .Wilhelm-Institut). Er habe Sauerbruch alle Fragen so
beant ortet, dass S. sagte ,ja, ja , so kann das sein ....-Brugsch
wollte auf Grund eines 2 std. Gesprächs, - das ebenso mehr Examens-
charakter hatte - mein Buch lesen und erklärte dann nach 8 Tagen,
habilitieren Sie sich .

<u>Kalau v.H.</u> fragt,ob Sch.-H. es für möglich hielte,dass die Psa.so-
zusagen als Hefe in den Teig käme   Oder nur als Randexistenz?

<u>Schu/He.</u> erklärt : Angenommen,meine Leute kämen auf Grund des gehemm-
ten Menschen ; diese Leute werden ge   en,im 2.Semester Psychoanalyse mitanzuhören, was im Demonstrati onskurs Mü-Br. oder anderswo in
der ps. Vorlesung über Traumdeutung, ausdrücklich gesagt wird zu den
Thesen von Schu/He., nämlich Kritisches, Einschränkendes.
Frage,wie wirkt sich das auf die Leute aus ?

<u>Kemper</u> meint, Sie werden im Entwurf erst in Grundaufbau bei Schu/He.
ausgebildet und zimlich erschüttert in das 2.Semester hineingehen.

Schu/He.: Der Ausdruck Grundplan heisst : falls jemand als Jung-
anhänger kommt und zu Schu/He. gehen will, hat er folgenden Verlauf
von Vorlesungen und Semestern anzuhören : Deamolyse als Kernauffas-
sung. Sämtliche Leute sämtlicher Observanz hören in verschiedener
Verteilung obligatorisch sämtliche Dinge, aber mit dem Unterschiede,
sie hören nicht, wem sie als Psychoanalytiker kommen wollen, tun-
lichst von Anfang an Analyse oder als Individualpsychologen ebenso
Jungsche Positionen, wie sie meine Positionen zu hören hätten.
Das ist die tatsächliche Einschränkung.
Kemper fragt , ob das als ausreichend erscheint.
Böhm glaubt, sich als Periöke nicht vorstellen zu können.
Schu-He. weist auf die Möglichkeit hin, durch eine einzige kasui-
stische Bemerkung die grössten Zweifel zu erwecken.

March erkundigt sich, wie der Ausbildungskandidat mit seiner Lehranalyse eingeordnet ist.
Schu/He. Sie beginnt erst im 2. Semester .
Hinweis, dass dies alles erst Entwurf, nichts weiter als Vorsprung
einer raschen Initiative.
Böhm vermag sich nach Entwicklung der Schu-He'.Thesen nicht zu erklären, wie I.H. Sch. dazu kommt, zu sagen: wir werden doch nicht
ein psa. Institut vernichten, um ein desmolytisches in die Welt zu
setzen.
Schu/He. Eine objektive Begründung dafür liegt nicht vor. Er hat
das sicher so gesagt als Replik auf den Inhalt einer Unterhaltung.
Kemper : mit der Tendenz, dass ich der Ueberträger sei, dass hier
ein desmolytisches Institut geschaffen sei. Ich werde nicht eine
Schu/He. derartig untergrabende Position an I.H.Sch. weiter geben .
   Böhm wünscht Themawechsel, weil noch ein anderes Missverständnis
aufgeklärt werden soll.

Schu/He. bemerkt nochmals , dass es eine rein politisch taktische Notwendigkeit von ihm - dem Mann ohne Macht und Geld - sei,
wenn er sich für den "kl.Hans" nur in geringer Weise einsetzen könne.
Böhm erklärt , er habe am kleinen Hans nichts auszusetzen. Er halte
ihn noch heute als eines der wichtigsten Schriftstücke der ganzen 12
Bände.
Schu/He. wiederholt seine Bereitwilligkeit,sich an einer Sache zu beteiligen,wie von ihm aufgestellt, mit Deamolyse als Kernauffassung,
dann sehr schnell obligatorische Vorlesungen über Psychoamlyse usw.
mit Prüfungen. 5 Stunden hintereinander,angehängt 3 Doppelstunden;
Darin liege eine Chance verborgen,in der viel gemacht werden konne,
ohne dass .es merkt.Offiziell also doe Freiheit,6 Std.Vorlesung zu
halten und zu Hause noch einmal zu lesen.
Die Jungleute sollen sich dann wissenschaftlich auseinandersetzen und
streiten .
Böhm leuchtet die Richtigkeit des Schu/He.Planes in bezug auf Men-
genverteilung aus politisch taktischen Gründen ein: so gewählt, um
das Institut nicht unnötig zu belasten.
Nicht klar zu kriegen ist ihm, ob Schu/He.mit seiner politischen
Prognose in diesem Umfange recht hat.Böhm meint aber, das könne nur
beurteilen, wer die Verhandlungen selbst führte.
Mu/Br. sieht,dass das Institut unter einem ähnlich ungünstigen Stern
steht wie 1936.Damals die Angst Göring,dass wir uns den Prinzipien des
Dritten Reiches gegenüberstellen könnten,heuten- bei aller Verschieden-
heit- die Befürchtungen Schu/He. um die jetzige Einstellung des medizinischen Instanzenapparates.Das könnte auf die einzelnen eine ähnliche
Wirkung ausüben.Damals waren die Psychoanalytiker die gefährliche:
:"man muss sich so benehmen,dass man nicht in Gefahr kommt,mit
ihnen zu sympathisieren."
Schu/He. Das ist nicht zu bestreiten.

(Die Originalvorlage wurde einschließlich der Schreibbesonderheiten und Fehler original-
getreu nachgeschrieben.)

(5) Teilnehmer am IPA-Kongreß in Zürich, 1949
(soweit ich sie ermitteln konnte)

Balint, M. (England)
Bartemeier, L. (Canada)
Bibring, E. (USA)
Bibring, G. (USA)
Blitzsten, L.(USA)
Bluhm, K. (USA)
Boehm, F. (Deutschland)
Böhlendorf, I. (Deutschland)
Bonaparte, M. (Frankreich)
Broadwin, I. (USA)
Brun, R. (Schweiz)
Burke, M. (Argentinien)
Bychowski, G. (USA)
Christoffel, H. (Schweiz)
Davidson, C. (USA)
Dräger, K. (Deutschland)
Dunbar, F. (USA)
Eidelberg, L. (USA)
Eisendorfer, A. (USA)
Eissler, K. (USA)
Eissler, R. (USA)
Freud, A. (England)
Flescher, J. (Italien)
Flournoy, H. (Schweiz)
Garma, A. (Argentinien)
Gillespie, W. H. (England)
Glover, E. (England)
Greenson, R. (USA)
Grotjahn, M. (USA)
Hartmann, H. (USA)
Heimann, P. (England)
Hitschmann, E. (USA)
Hoffer, W. (England)
Isakower, O. (USA)
Jones, E. (England)
Katan, M. (USA)
Kemper, W. (Argentinien)
Kielholz, A. (Schweiz)
Klein, M. (England)
Kris, E. (USA)
Kuchera, O. (Tschechoslowakei)
Kupper, H. (USA)
Lacan, J. (Frankreich)
Lagache, D. (Frankreich)
Lampl-de Groot, J. (Holland)
Lantos, B. (England)
Leeuw, van der (Holland)

Leuba, J. (Frankreich)
Loewenstein, R. M. (USA)
Lorand, S. (Argentinien)
Monchy, R. De (Schweden)
Müller-Braunschweig, A. (Deutschland)
Müller-Braunschweig, C. (Deutschland)
Musatti, C. (Italien)
Nacht, S. (Frankreich)
Oberndorf, C. P. (USA)
Orgel, Z. (USA)
Pfister, O. (Schweiz)
Rascovsky, A. (Argentinien)
Rascovsky, M. De (Argentinien)
Rickman, J. (England)
Riemann, F. (Deutschland)
Rosenfeld, H. (England)
Sarasin, P. (Schweiz)
Saussure, R. De (USA)
Schlossberg, T. (Argentinien)
Schmideberg, M. (USA)
Schultz-Hencke, H. (Deutschland)
Schur, M. (USA)
Seiff, M. (Deutschland)
Silbermann, I. (USA)
Sperling, O. (USA)
Sperling, M. (USA)
Spitz, R. (USA)
Staudte, A. (Deutschland)
Steinbach, M. (Deutschland)
Stern, A. (USA)
Waals, H.G. Van Der (Holland)
Weigert, E. (USA)
Werner, M.-L. (Deutschland)
Zilboorg, G. (USA)
Zulliger, H. (Schweiz)

USA	33
England	11
Argentinien	7
Schweiz	7
Frankreich	5
Deutschland	11
Holland	3
Italien	2
Canada	1
Schweden	1
Tschechoslowakei	1

(6) Schultz-Henckes Vortrag auf dem Züricher Kongreß von 1949

Zur Entwicklung und Zukunft der psychoanalytischen Begriffswelt
von Harald Schultz-Hencke (Zürich, den 16.8.49)

Meine Damen und Herren!
Wenn ich mich heute und hier zu meinem Thema äußere, so bitte ich, dies als Anfrage an Sie, die Sie so weit her nach Zürich gekommen sind, zu nehmen. Ich habe mich oft gefragt, ob ich wohl ein Echo erhalten werde, und wie dieses sein wird. In Deutschland wissen wir immer noch viel zu wenig von »drüben«. Wir haben dort einen Nachwuchs auszubilden, und ihm, wenn irgend möglich, den neusten Stand unseres Wissens zu vermitteln. Und das müssen wir tun angesichts einer immer noch äußerst skeptischen Haltung der deutschen Psychiatrie, allen tiefenpsychologischen Positionen im eigentlichen Sinne gegenüber. Und wie ich schon sagte, fragen wir uns immer wieder mit höchstem Interesse: Wie steht es eigentlich in Wirklichkeit im Ausland, besonders jenseits der Meere.

Wir fühlen uns dem Nachwuchs gegenüber verpflichtet, u.a. dazu, die rechten Worte und Begriffe zu verwenden. Wir wissen, daß es sich da um Zweckmäßigkeitsfragen handelt und nicht um die Frage richtig oder falsch? Aber was am Beginn des 18. Jahrhunderts bereits von Leibniz gefordert wurde, nämlich nach Möglichkeit eine »mathematisierte« Sprache zu entwickeln, was, soviel wir wissen, heute in Chicago von Carnap und an unbekanntem Ort von Neurath vertreten wird, ist u.a. auch für uns Aufgabe. Ich sage ausdrücklich unter anderem, aber eben *auch* !

Zur Sache selbst: Im ersten Überblick gesehen, haben wir es mit drei Begriffsarten zu tun, mit empirisch-konstatierenden, mit empirisch-funktionalen und mit solchen, die eine Aussage über Regeln enthalten. Will man nun herausfinden, welches im jeweiligen Stande einer Wissenschaft die rechten Worte und Begriffe sind, so wird man sich hinsichtlich jener drei Begriffsarten fragen müssen, welche von ihnen sind notwendig, vielleicht sogar unerläßlich, welche haben lediglich zusätzlichen Charakter. Wenn hier geantwortet wird, ergibt sich eine Ordnung der Begriffe, d.h. eine Rangordnung. Und wenn man fragt, was denn die sogenannte Neo-Psychoanalyse charakterisiere, so darf gesagt werden, ihr Interesse richte sich nicht so sehr auf das Entdecken neuer Tatbestände, nicht so sehr auf die kritische Untersuchung bis dahin gültiger rein empirischer Thesen, als vielmehr auf ein Ordnen im eben erläuterten Sinn.

Praktisch erweist sich da, daß ein solches Ordnen unter anderem hervorgehobenerweise in der Ausschaltung zweier Begriffstypen besteht, nämlich in der von Metaphern und der von Versubstanzierungen. Dabei wird selbstverständlich die *Fruchtbarkeit* der Verwendung bildhafter Begriffe in keiner Weise bestritten. Die ursprünglich anfänglichen Denkakte, auch die innerhalb strengster Wissenschaft, enthalten zunächst einmal stets eine Fülle von Bildern. Der Mensch ist so geartet, daß er so *beginnt*. Das sogenannte rationale Denken schließt sich dann erst an. Verselbständigt sich dieses aber, so bedeutet das häufig schon nach kurzer Zeit Erstarrung. Aber — obgleich dies alles so ist, besteht die Wissenschaft letztlich ihrem Sinn und ihrer natürlichen Tendenz nach aus nicht-bildlichen, nicht-substanzhaften Aussagen. Wenn also eine Wissenschaft in ihren jungen Jahren sehr verständlicher- und richtigerweise unter anderem auch mit vielen Metaphern und Versubstanzierungen zu arbeiten begonnen hat, enthebt das doch nicht die Forscher späterer, reiferer Zeit, hier klärend fortzuschreiten.

Nun soll hier natürlich nicht ein ganzes System der rechten Worte und Begriffe entwikkelt und vorgeschlagen werden. Ich muß mich vielmehr damit begnügen, an einigen Beispielen zu erläutern, wodurch sich etwa notwendige Begriffe von zusätzlichen oder gar fragwürdigen unterscheiden.

Nehmen wir den Begriff der Oralität. Psychologisch ausgedrückt, würden wir von oralem Erleben zu sprechen haben, von oralem Antriebs- und Bedürfniserleben. Daß es dieses gibt, ist unbezweifelbar. Dem, der sich einer eigenen Analyse, d.h. einer mikropsychologischen Betrachtung seines Erlebens unter hierfür günstigen Bedingungen unterzieht, kann jederzeit das Faktum oralen Erlebens aufgezeigt werden. Er kann dazu veranlaßt werden, mit dem Erlebnis der Evidenz das Vorkommen, das Empirische also von Oralem im Strome des Erlebens zu konstatieren. Zweifellos ist diese Qualität des Erlebens innerhalb neurosenpsychologischer Zusammenhänge besonders auch wichtig. D.h. sie verdient ein eigenes Wort als Bezeichnung. In diesem Sinne eben wurde der Begriff der Oralität eingeführt. Aber es ist eben über die bloße konstatierende Empirie hinaus hier mit ein Bedeutungsakzent gesetzt worden. Sie wissen ja alle, daß Frau Horney diesen zum Beispiel nicht anerkennt, wie wir meinen merkwürdigerweise, denn allein schon die neurotische Symptomatik, aber auch der Traum und das psychotische Erleben enthalten orale Qualitäten in äußerst markanter Weise. Unter anderem ist die Herkunft dieser oralen Phänomene aufzuklären. Schon von daher besteht für die Wissenschaft u.E. die Notwendigkeit, den Begriff der Oralität, wie Freud ihn prägte, als Hinweis auf eine Gruppe einfacher empirischer Fakten beizubehalten. Die Psychiatrie zum Beispiel wird sich daran gewöhnen müssen, diesen Begriff als legitim anzuerkennen.

Ganz entsprechend verhält es sich auch mit dem Begriff der Analität. Alles eben formal für die Oralität Gesagte gilt auch für den analen Bereich.

Die beiden oben erwähnten Begriffe wurden bereits um die Jahrhundertwende geprägt. Sie lagen also für jeden vor, der die gleichen empirischen Bereiche späterhin als Nachuntersucher betrachtete. So ist es, historisch gesehen, ᴇ ..ᴀɢe zweiter Ordnung, ob es als notwendig anerkannt werden muß, eine Erlebniskategorie des Kaptativen und eine des Retentiven durch besonderen Begriff hervorzuheben. Die von mir entwickelte Neo-psychoanalyse ist dieser Meinung, und sie bemüht sich, mit möglichster Deutlichkeit die Beziehung des kaptativen Erlebens zum oralen, wie des retentiven zum analen zu charakterisieren. Es wird sich im Laufe der weiteren Entwicklung unserer Wissenschaft zeigen, ob solche Neuherausstellung zweier Begriffe als notwendig und zweckmäßig anerkannt werden muß oder nicht. Auf jeden Fall aber handelt es sich bei den beiden Begriffen des Kaptativen und Retentiven um einfach empirisch-konstatierende, die ihrer Absicht nach auf Erlebnisqualitäten hinweisen, die nicht ohne weiteres mit denen der Oralität und der Analität als identisch angesehen werden können.

Von solchen rein empirisch-konstatierenden Begriffen gibt es in der Psychoanalyse eine ganze Menge. Fragt man nach ihrer Zweckmäßigkeit und Notwendigkeit, so zeigt sich, daß sie auf jeden Fall das für sich haben, daß sie jeweils ein spezifisches Quale durch Hinweis hervorheben.

Betrachten wir aber einmal den ebenfalls zur psychoanalytischen Begriffswelt gehörigen Begriff des Narzißmus! Ist dieser Begriff formal ebenso einfach, geradlinig und selbstverständlich zustande gekommen wie jeder der eben erwähnten? Zweifellos nicht. Das Wort, auch dann wenn man zunächst einmal von narzißtischem Erleben spricht, also im eigentlichen Sinn psychologisch formuliert, bezieht sich auf eine Legende. In dieser liebt ein Jüngling sich selbst, seine eigene Schönheit. Wenn dieses sehr spezielle Erleben identisch auch nur innerhalb der neurotischen Bereiche nicht nur vorkäme, sondern auch immer gemeint wäre, wenn das Wort narzißtisch fällt, würde es sich auch hier um einen zwar entlehnten, aber doch einfach empirischen Begriff handeln. Diejenigen Tatbestände aber, die in der Literatur geschildert worden sind und geschildert werden, wenn es sich um das Faktum des Narzißmus handeln soll, sind zweifellos *nicht* mit jenem in gewisser Weise simplen Erleben identisch. Nähere Betrachtung erweist vielmehr, daß hier ein Wort, das ursprünglich einen ganz speziellen Sinn hatte, auf einen höchst differenzierten Bereich übertragen wird, der nur Ähnlichkeiten aufweist. Damit wird der Begriff des Narzißmus zur Metapher. Deren Umfang und Inhalt muß sehr genau verstanden werden, wenn sie im Einzelfall Anwendung finden soll. Als Metapher ist der Begriff des Narzißmus, der Prägnanz des legendären Vorkommnisses wegen sehr illustrativ. Sobald es aber auf genaueste, mikropsychologische Erfassung der ins Auge gefaßten Erlebnistatbestände ankommt, muß der so einleuchtende Begriff des Narzißmus vorsichtig gewogen werden. In manchen Fällen also kann er zunächst nur die Bedeutung eines modus dicendi haben, d.h. eines vorläufigen Hinweises auf Bedeutsames und etwa Zugehöriges. Es handelt sich da mehr um ein Wachrütteln wissenschaftlicher Aufmerksamkeit als um scharfen, präzisen Hinweis. Ist das aber so, dann wird es erlaubt sein müssen, so und so oft lieber einen vorliegenden Tatbestand mit einfach empirisch-konstatierenden Begriffen konkret zu schildern und dadurch hervorzuheben, als jene einleuchtende Metapher des Narzißmus in Kurzformulierung zu verwenden.

Was ist hiermit in Kürze praktisch gesagt? Doch das, daß gegenüber der eindeutigen Notwendigkeit und Zweckmäßigkeit eines Begriffes wie der Oralität etwa der Begriff Narzißmus eine geringe Valenz hat, einen geringen Grad von wissenschaftlicher Verbindlichkeit. Aber es wird wohl nun nicht überhört werden können, daß ausdrücklich gesagt wurde: eine gering*ere* Valenz, also nicht etwa der Begriff sei deshalb fallen zu lassen, weil es den gemeinten Tatbestandsbereich gar nicht gibt. Was er meint, ist nur eben vergleichsweise komplexer, differenzierter, in sich heterogener, als das lebhafte, leuchtende Bild narzißtischen Verhaltens nahelegt.

Auch von solchen, vorsichtig zu behandelnden und hinsichtlich ihrer Zweckmäßigkeit wieder und wieder zu überprüfenden Begriffe gibt es in der Lehre der Psychoanalyse ebenfalls eine erhebliche Menge. U.E. besteht für die Wissenschaft unter anderem auch diese Aufgabe, die eben charakterisierte Begriffsgruppe von der ersten völlig fraglos abzuheben.

Nehmen wir ein weiteres Beispiel, den Exhibitionismus. Wie steht es damit? Weist er mit seinem Wortinhalt einfach auf entsprechendes Empirisches hin? Oder zielt er wenigstens auf einen Bereich ab, der nächst Verwandtes umgreift? Anders und konkreter formuliert: In welcher Beziehung steht das Faktum des einfachen exhibitionistischen Verhaltens etwa zu den Trauminhalten, die gewöhnlich auch als exhibitionistisch bezeichnet werden? Der Augenschein ergibt zunächst jedenfalls eine sehr erhebliche Differenz. Im einen Fall entblößt der Betreffende sein Genitale im Zustand sexueller Erregtheit, im anderen Fall läuft der Betreffende vielleicht nur unvollständig bekleidet in einer dafür ungewöhnlichen Situation herum. Sollte man jetzt nach einer wissenschaftlichen Entwicklung von über einem halben Jahrhundert nicht doch noch einmal recht genau vergleichen, bevor man ein- und denselben Terminus für beides verwendet? Ich bin der Meinung, die Wissenschaft sollte das nunmehr, im Rückblick und Vorausblick bereitwillig tun. Der Begriff des Exhibitionismus ist u.E. wirklich frag-würdig; denn vieles spricht dafür, daß die sogenannten exhibitionistischen Träume ihren besonderen Inhalt von Erlebnissen und Handlungen herleiten, die für den Träumer als Kleinkind charakteristisch waren. Diese Art der Beziehung wird wohl allgemein angenommen. Also fragt es sich, als was dann jenes frühkindliche Erleben und Handeln anzusehen sei. Welchen Antrieb erlebt das Kleinkind, bevor es und während es halbbekleidet herumläuft? Erlebt es da wirklich außer in seltensten Einzelfällen irgendetwas von sexueller Erregung, und entspräche diese auch nur dem üblichen Torso frühkindlicher Sexualität? Alle Beobachtungen scheinen uns gegen solche Auffassung zu sprechen. Die unmittelbaren Äußerungen der Kinder, die faktischen Erinnerungen und Berichte von Patienten, aber auch Lehranalysanden enthalten regelmäßig keine Spur von Hinweis auf sexuelle Erregtheit. Und diese ist doch integrierender Bestandteil jener Exhibitionismus genannten Perversion. In beiden Fällen wird etwas enthüllt, und zwar vom Körper des Betreffenden. Beide Male wird genitale Nacktheit gezeigt. Das eine Mal direkt, das andere Mal der Tendenz nach faktisch. Aber im zweiten kindlichen Fall scheint uns eindeutig ein nichtsexueller protestierender Akt vorzuliegen. Im wesentlichen ein Akt der Willkür, der Durchbrechung gesetzter Ordnungen. Es besteht also überwiegend eine äußere Ähnlichkeit zwischen der Perversion und dem kindlichen Verhalten. Nur in den seltensten Fällen mischt sich, wie schon gesagt, auch beim Kinde spezifisch sexuelles Erleben hinein. Ist dies aber so, so wird der psychoanalytische Begriff des Exhibitionismus, der ja beide heterogene Gebiete umfassen soll, noch sehr viel mehr zur Metapher wie etwa der Begriff des Narzißmus. Daher auch fragt es sich u.E. nunmehr durchaus, ob es nicht besser wäre, das Wort Exhibitionismus für die Perversion als solche zu reservieren. Dieses erstaunliche Phänomen erfordert sehr verständlicherweise ein besonderes Wort. Man sollte es dabei lassen. Und wenn dann Träume den auffallenden Inhalt frühkindlicher Ordnungsdurchbrechung enthalten, auch wenn das etwa im Nackt-Herumlaufen besteht, besonders aber wenn ein Mensch sich sonst im allgemeinsten Sinn »entblößt«, so sollte man ruhig beim einfachen Schildern und psychologisch Interpretieren bleiben. Uns scheint eine Notwendigkeit für einen besonderen Terminus an dieser Stelle nicht vorzuliegen. In diesem Falle verunklärt der sensationelle Allgemeinbegriff des Exhibitionismus mehr, als daß er aufklärend auf Neues und Zusammengehöriges hinweist. Wir brauchen hier nicht zu übertreiben. Die faktischen Gewichte sprechen im Grunde für sich selbst. Immerhin würde damit der Begriff des Exhibitionismus ebenso wie die ihm analogen in der Rangordnung der psychoanalytischen Begriffe an später, und doch vielleicht ganz zu vernachlässigender Stelle stehen.

Zum Schlusse kommend, möchte ich nun noch einmal betonen: Sinn meiner Ausführungen war der eigentlichen Absicht nach die Anfrage an die internationale Welt der Psychoanalyse, wie es ihrer Meinung nach mit jener terminologisch-methodologischen Aufgabe steht. Erscheint sie »drüben« genau so wichtig wie uns hier? Darüber brauchen wir nicht zu streiten, daß es sich hier mit Sicherheit um einen langen wissenschaftlichen Prozeß handeln wird. Denken wir doch an die Entwicklung der organischen Chemie, die mehrere Jahrhunderte in Anspruch genommen hat. Wir brauchen uns nicht zu schämen, wenn wir nur Schrittchen nach Schrittchen vollziehen können. Aber sollten wir nicht doch dieses auch-Wichtige entschlossen in Angriff nehmen? Dies meine Frage an Sie als Vertreter der weiten Bereiche, die vielfach noch jenseits unserer deutschen Sicht liegen.

346

(7) *»Heidelberger Denkschrift«*

»Unter Psychotherapie wird Therapie auf tiefenpsychologischer Grundlage verstanden. Diese Therapieform ist keine ›Spezialität‹ wie die anderen Fachgebiete der Medizin, sondern eine Ergänzung zu all diesen Fachgebieten. Dies zeigt sich deutlich in der Entwicklung der Psychotherapie von der Behandlung der ›Neurosen‹ zu den echten organischen Krankheiten hin.
Es ist deshalb anzustreben, daß sowohl praktische Ärzte, wie Ärzte aller Fachgebiete sich mit den Methoden der Tiefenpsychologie bekannt machen.
A. Folgerichtig ist deshalb nicht richtig, daß die Psychotherapie zu einem Fachgebiet erklärt wird. Es wird vielmehr gefordert, daß das Wort ›Psychotherapie‹ neben den Fachbezeichnungen geschützt wird.
Wer diesen Zusatz »Psychotherapie« neben seiner Berufsbezeichnung führen will, muß eine entsprechende Ausbildung erfahren haben, er muß bereit und in der Lage sein, die »große Psychotherapie« (im Sinne einer tiefenpsychologisch bestimmten Heilweise) auszuüben. Jeder praktische oder Facharzt kann unter dieser Voraussetzung als Psychotherapeut tätig sein.
B. Die Ausbildung besteht in:
a) Lehranalyse von 100-150 Stunden (möglichst bei 2 Lehranalytikern verschiedener Richtungen).
b) Der Behandlung von mindestens 10 Fällen in ausführlicher analytischer Behandlung unter Kontrolle der Ausbildungsstätte.
c) Zusätzlicher Tätigkeit in einer psychiatrischen Klinik während eines halben Jahres oder Besuch der Vorlesungen während 2 Semestern.
d) Zusätzlicher Tätigkeit in einem psychologischen Institut oder Besuch der Vorlesungen während mindestens 2 Semestern.
e) Studium der Philosophie während mindestens 4 Semestern.
f) Besuch der Spezialvorlesungen, Seminare, Kolloquien aus dem Gebiet der Psychotherapie und allgemeinen klinischen Medizin während mindestens 4 Semestern.
C. Da es sich bei der Psychotherapie um ein Wissensgebiet handelt, welches von der sonst gelehrten Heilkunde in vielen Stücken abweicht, ist es erforderlich, den Ausbildungsgang durch eine Prüfung abzuschließen.
Diese soll bestehen in:
a) Einer schriftlichen, wissenschaftlich begründeten Darstellung eines der behandelten Fälle.
b) In der schriftlichen Behandlung eines gestellten theoretischen Themas aus der Psychotherapie oder allgemeinen klinischen Medizin.
c) In einer Verteidigung beider Arbeiten in einer ausführlichen Diskussion bei einer mündlichen Abschlußprüfung.
Die Beurteilung erfolgt analog der Doktorprüfung.
D. Die praktische Ausbildung erfolgt an einem Universitätsinstitut für Psychotherapie oder an einer staatlich anerkannten Ausbildungsstätte.
Die Lehranalyse kann von diesem erfahrenen Psychotherapeuten übertragen werden. Der theoretische Ausbildungslehrgang ist an einer Universität zu absolvieren. Die Spezialvorlesungen sind dort oder an den Instituten zu hören.

E. In der Kassenpraxis darf Psychotherapie nur ausüben, wer dazu berechtigt ist, neben seiner Berufsbezeichung das Wort ›Psychotherapie‹ zu nennen.

F. Es ist zu fordern, daß in die Preugo ein Satz für Psychotherapie aufgenommen wird, der für die Behandlungsstunde wenigstens 12 Reichsmark vorsieht.

G. Während mehr als 40 Jahren hat sich ergeben, daß die Behandlung von Psychoneurosen, Erziehungsschwierigkeiten und so weiter erfolgreich durch medizinische Laien ausgeübt werden kann. Sie müssen als wertvolle ärztliche Hilfskräfte angesehen werden. Ihre Zahl in Deutschland ist bisher nicht groß — weniger als 200 derartige behandelnder Psychologen.

Der Titel »Behandelnder Psychologe« kann in Zukunft nur an solche Personen verliehen werden, die durch Staatsexamen oder Doktorprüfung ein akademisches Studium zum Abschluß gebracht haben.

Ihr Ausbildungsgang ist dem unter B - D beschriebenen gleich, jedoch zu ergänzen durch:

a) Studium der Physiologie während mindestens 2 Semestern.

b) Studium der Inneren Medizin während mindestens 4 Semestern.

H. Behandelnde Psychologen dürfen Kranke mit körperlichen Symptomen nur auf Weisung eines Arztes und unter dessen ständiger Kontrolle behandeln.

Bei allen übrigen Fällen ist vor Beginn der Behandlung das Gutachten eines Arztes einzuholen und im Falle des geringsten Zweifels der Kranke erneut vorzustellen.

I. Es ist anzustreben, daß die ›Behandelnden Psychologen‹ nach ihrer Abschlußprüfung als solche eine staatliche Anerkennung erhalten.

Vom Zeitpunkt dieser staatlichen Anerkennung ab ist den Ärzten nur noch die Zusammenarbeit mit staatlich anerkannten behandelnden Psychologen gestattet« (Mitscherlich, A., 1947b).

Rudolf Adam (6.8.1988)
Helmut Bach (26.9. u. 23.10.1987, mehrfach)
Peter Bally (26.7.1990)
Erika Baumeyer (20.4.1988)
Friedrich Beese (25.11.1988)
Hellmut Becker (8.9.1987, mehrfach)
Anneliese Dräger (5.8.1988)
Dorothea Fuchs-Kamp (16.12.1987 u. 6.1.1988)
Klaus Hagsphil (8.8.1987)
Hilde Hartung (7.11.1988)
Otto Haseloff (12.11., 25.11., 5.12. u. 17.12.1985)
Erika Heilbrun (25.8.1987)
Wolfgang Hochheimer (18.2.1988)
Kurt Höck (18.4.1990)
Hella Ippen (10.2.1988)
Eduard Jorswieck (19.8.1986)
Lene Keppler (26.11., 7.12.1988 u. 15.2.1989)
Margarete Köhler (viele Male)
Traute Kühnel (18.7.1988)
Jeanne Lampl-de Groot (18.12.1979)
Regina Lepsius (26.8.1986)
Luise Meyer (28.9.1985, 14.5.1987, 15.1. u. 5.3.1988, viele Male)
Margarete Mitscherlich-Nielsen (21.6.1991)
Paul Parin (25.7.1990)
Fritz Popper (27.4.1988)
Horst-Eberhard Richter (19.7.1988)
Gerhard Scheunert (8.8.1979, 26.7.1980)
Gisela Schirren (19.2., 14.3. u. 17.3.1986)
Eva Schottlaender (26.11.1988)
Gerda Bally-Schultz-Hencke (22.09.1980)
Erich Simenauer (20.5.1980)
Beate Stodieck (28.10.1987)
Gerda Stötzel-Schultz-Hencke (21.1.1986)
Hans Ulrich (29.4.1988)
Van Daaken (26.8.1988)
Ilse Wild (17.7.1987)
Eugen Zgainski (4.9.1988)

Literatur

Abraham, Rez. (1950): Feldkeller, P. Das unpersönliche Denken. (1949): Berlin, Thieme, Stuttgart. In: Psyche, Bd. IV, S. 261.

Baechler, J. (1981): Tod durch eigne Hand, Frankfurt a.M.

Baker, H. (1974): Beginn der deutschen Sozial- und Arbeitspolitik unter der Militärregierung. In: Christmann, A. u. Hesselbach, W.: Sozialpolitik. Ziele und Wege. Wissenschaft und Politik, Köln.

Bally, G. (1934): Deutschstämmige Psychotherapie. Neue Zürcher Zeitung 155:343 v. 27.02.1934.

Bartholomäi, R., Bodenbender, W., Henkel, H., Hüttel, R. (1977): Sozialpolitik nach 1945. Geschichte und Analysen. Bonn-Bad Godesberg.

Baumeyer, F. (1971): Zur Geschichte der Psychoanalyse in Deutschland. 60 Jahre Deutsche Psychoanalytische Gesellschaft. Z. Psychosom. Med. Psychoanal., Jg. 17, S. 203 - 240.

Becker, H. (1949): Bericht über die Jahresversammlung der deutschen Neurologen und Psychiater in Marburg. In: Psychiat. Neurol. u. Med. Psych., Leipzig, Bd. I, S. 249 - 256.

Berger, F. (1989): Zur Vorgeschichte des Sigmund-Freud-Instituts in Frankfurt. In: Bareuther, H. et.al. (Hg.): Forschen und Heilen, Frankfurt a.M., S. 263 - 288.

Bergmann, T. (1978): 50 Jahre KPD (Opposition): 30.12.1928 - 30.12.1978. Hannover.

Bergmann, T. (1987): Gegen den Strom. Die Geschichte der Kommunistischen-Partei-Opposition, Hamburg.

Bitter, W. (1973): In: Pongratz. Psychotherapie in Selbstdarstellungen. Stuttgart, S. 34 - 74.

Boeck (1948): Berichte über den »International Congress on Mental Health«, London 11. - 21. Aug. 1948 1. Konferenz über Kinderpsychiatrie. Psyche, Bd. II, S. 462 - 465.

Boehm, F. (1947): Die notwendige Lehranalyse. Psyche, Bd. I, S. 463 - 469.

Boehm, F. u. Baumeyer, F. (1951, unv.): Notizen über die Ereignisse und Spaltung in der »Deutschen Psychoanalytischen Gesellschaft« seit dem Züricher Kongreß (1949) (14.7.51).

Boehm, F. (1978): Bericht über die Ereignisse von 1933 bis zum Amsterdamer Kongreß im August 1951 (undat.): Schriften zur Psychoanalyse. Deutsche Psychoanalytische Gesellschaft. München.

Bonin, W. (1983): Hermes Handlexikon. Die großen Psychologen. Von der Seelenkunde zur Verhaltenswissenschaft. Forscher, Therapeuten und Ärzte. Düsseldorf.

Boss, M. (1950): Erwiderung zum Bericht über mein Referat auf der 66. Wanderversammlung der südwestdeutschen Psychiater und Neurologen in Badenweiler. Psyche, Bd. IV, S. 394 - 400.

Boveri, M. (1968): Tage des Überlebens. Berlin, 1945. München.

Brecht, K. (1987): Der »Fall Edith Jacobson«. PsA-Info-Nr. 28, Informationsschrift für Weiterbildungsteilnehmer der *Deutschen Psychoanalytischen Vereinigung*, März 1987. Hg. Hermanns, L. u. Bomhard, K. v.

Brecht, K., Friedrich, V., Hermanns,L., Kaminer, I., Juelich, D. (1985): »Hier geht das Leben auf eine sehr merkwürdige Weise weiter ...« Zur Geschichte der Psychoanalyse in Deutschland. Hamburg.

Brun, R. (1951): Der psychologische Charakter der Psychoanalyse Freuds. Psyche, Bd. V, S. 561 - 580.

Bügler, K. (1963): Die Entwicklung der analytischen Psychologie in Deutschland. In: Fordham, M.: Contact with Jung. London, S. 23 - 32.

Burkert, H.-N., Matußek, K., Obschernitzki, D. (1985): Zerstört, besiegt, befreit. Der Kampf um Berlin bis zur Kapitulation 1945. Hg. von Mitarbeitern des Pädagogischen Zentrums Berlin. Bd. 7, Berlin.

Burzig, G. (1982): Der Psychoanalytiker und der transsexuelle Patient. Ein Beitrag zur notwendigen Auseinandersetzung mit »psycho«-chirurgischen Eingriffen an den Geschlechtsmerkmalen. Psyche, Bd. IX, S. 848 - 856.

Cremerius, J. (1982): Die Bedeutung des Dissidenten für die Psychoanalyse. Psyche, Jg. 31, H. 6.

Derbolowsky, U., Lindenberg, W. (1949): Wissenschaftliche Tagung der Psychiater und Neurologen in der sowjetischen Besatzungszone Deutschlands. 27. – 29. Mai 1948. In: Psychiatrie, Neurologie und Medizinische Psychologie, Leipzig, Bd. I, S. 53 - 59.

Döring, K. (1949): 52. Deutscher Ärztetag. In: Tagesspiegel, Jg. 5, Nr. 1202, 9.9.49.

Dührssen, A. (1971): Zum 25jährigen Bestehen des Instituts für psychogene Erkrankungen der Allgemeinen Ortskrankenkasse Berlin. Z. Psychosom. Med. Psychoanal., Jg. 71, S. 21 - 41.

Ehebald, U. (1950): Rez. Gottschick, J. (150): Kriegsgefangenschaft und Psychosen. In: Der Nervenarzt, H. 3. In: Psyche, Bd. IV, S. 150.

Eissler, K. (1982): Psychologische Aspekte des Briefwechsels zwischen Freud und Jung. Jahrbuch der Psychoanalyse, Beiheft 7.

Elrod, N. (1994): Rez. Heimann, Paula (1989): About Children and Children-No-Longer. Collected Papers 1942 – 80, M. Tonnesmann (Hg.). London/New York. In: Psyche, Bd. I.

Erlenmeyer, A., Tann, M. v. d. (1991): Jung und der Nationalsozialismus. Texte und Daten. Privatdruck. Berlin, März.

Fenichel, O. (1929): Rez. Schultz-Hencke (1927): »Einführung in die Psychoanalyse«. Jena. In: Int. Z. f. Psychoanal., Bd. XV, H. 4.

Ferenzci, S. (1928): Über den Lehrgang des Psychoanalytikers. In: Bausteine zur Psychoanalyse, Bd. III, S. 422 - 431.

Freud, A. (1949): (General Secretary): Bulletin of the International Psychoanalytical Association. Report of the sixteenth international Psychoanalytical Congress (Zürich): IJP, Jg. XXX, Part 3, S. 4 - 13; Authors' Abstracts S. 27 f.

Freud et al. (1976): Sigmund Freud. Sein Leben in Bildern und Texten. Frankfurt a.M.

Friedrich, V. (1988): Briefe einer Emigrantin. Die Psychoanalytikerin Clara Happel an ihren Sohn Peter (1936 – 1945). Psyche, Bd. III, S. 193 - 215.

Frosch, J. (1991): The New York Psychoanalytic Civil War. Journal of Americ. Psa. Ass. 39.

Gänshirt, H. (1986): Neurologische Klinik. In: Schettler, G. (1986): Das Klinikum der Universität Heidelberg und seine Institute. Berlin Heidelberg, New York, Tokyo, S. 124 - 127.

Giese (1950): Rez. Bader, K. (1949): Soziologie der deutschen Nachkriegskriminalität. Verlag J. C. V. Mohr, Paul Siebeck, Tübingen. In: Psyche, Bd. IV, S. 117.

Görres, A. (1959): Verstehen und Heilen im Werk Felix Schottlaenders. In: Keppler, Lene (Hg.): Schottlaender, Felix. Das Ich und die Welt. Stuttgart.

Grosskurth, P. (1993): Melanie Klein. Ihre Welt und ihr Werk. Stuttgart.

Grunberger, B. (1977): Betrachtungen zur Spaltung zwischen Narzißmus und Triebreifung. In: Vom Narzißmus zum Objekt. Frankfurt a.M., S. 189 - 215.

Grunert, J. (1984): Zur Geschichte der Psychoanalyse in München. Psyche, Jg. 38, S. 865 - 904.

Haas, R. (1948): Berichte über den »International Congress on Mental Health«, London 11. – 21. Aug. 1948. II. Konferenz über Medizinische Psychotherapie. Hauptthema: »Die Schuld«. Psyche, Bd. II, S. 465 - 473.

Haas, R. (1949): Rez. In der Beeck, M. (1949): Psychische und charakterliche Veränderungen bei Hungerzuständen. Hippokr. 2, S. 44 - 47. In: Psyche, Bd. III, S. 693.

Haas, R.(1950): Rez. Schilling, F. (1948): Selbstbeobachtungen im Hungerzustand. Beträge a. d. Allgem. Med., H. 6, Stuttgart. In: Psyche, Bd. IV, S. 289.

Häfner, (1952): Rez. Rintelen, F. J. (1951): Philosophie der Endlichkeit als Spiegel der Gegenwart. Meisenheim. In: Psyche, Bd. VI, H. 8, S. 113/114.

Harenberg, B. (1986): Die Chronik Berlins. Dortmund.

Henkelmann, T. (1992): Zur Geschichte der Psychosomatik in Heidelberg. V. v. Weizsäcker und A. Mitscherlich als Klinikgründer. In: Psychotherapie, Psychosomatik, Med. Psychol., Jg. 42, H. 5.

Henkels, W. v. (1965): Bonner Köpfe. »Die das Paradies verheißen möchten«. In FAZ, 13.2.1965.

Henßge, E. (1949): Reaktive psychische Erkrankungen der Nachkriegszeit. In: Psychiatrie, Neurologie und Med. Psycho. Bd. 1, S. 133 - 137.

Herdeis, C. u. Tömmel, S. E. (1991): Psychoanalyse unter den Bedingungen der Nachkriegsverhältnisse: die Gründungsgeschichte der Münchner Arbeitsgemeinschaft für Psychoanalyse, M.A.P. e.V. In: Luzifer-Amor, Zeitschrift zur Geschichte der Psychoanalyse, 4. Jg., H. 7.

Hermanns, L. (1986): Vorbemerkungen zum Heftteil über Käthe Dräger mit biographischen Ergänzungen und einer Bibliographie. Psa-Info-Nr. 27. Sept.

Hermanns, L. (1987): Kurzbiographie von E. Jacobson. Psa-Info-Nr. 28, Informationsschrift für Weiterbildungsteilnehmer der *Deutschen Psychoanalytischen Vereinigung*, März 1987. Hermanns, L. u. Bomhard, K. v. (Hg.).

Hermanns, L. (1990): Bedingungen und Grenzen wissenschaftlicher Produktivität bei Psychoanalytikern in Deutschland 1933 bis 1945 – mit einem exemplarischen Versuch über Alexander Mette und sein Novalis-Projekt. Jahrbuch der Psychoanalyse, Bd. 25, S. 28 - 54.

Hermanns, L. (1991): Psychoanalytiker in Deutschland 1933 — 1945: Zwischen Anpassung und Widerstand. In: Juelich, D. (Hg.): Geschichte als Trauma. Frankfurt a.M.

Hermanns, L. (1993): Biographisches Nachwort. Erich Simenauer. Wanderungen zwischen Kontinenten. Ges. Schriften zur Psychoanalyse. Jahrbuch der Psychoanalyse. Beiheft 16, S. 615 - 633.

Höck, K. (1979): Psychotherapie in der DDR. Eine Dokumentation zum 30. Jahrestag der Republik. Teil 1. Verlag nicht angegeben.

Hoffmann, W. (1959): Felix Schottlaender. In: Keppler, Lene (Hg.): Schottlaender, Felix. Das Ich und die Welt. Stuttgart.

Huebschmann, P. (1948): Referat über die wissenschaftliche Tagung der Psychiater, Neurologen und Psychotherapeuten. Psyche, Bd. II, S. 309 - 315.

Hüppauf, B. (1988): Schwierigkeiten bei der Suche nach einem Anfang. Die Stunde Null und das Selbstverständnis der Bundesrepublik. In: Dichter und Richter. Die Gruppe 47 und die Nachkriegsliteratur. Akademie-Katalog, 151. Ausstellung v. 28.10. — 7.12.88.

Janzarik, W. (1986): Psychiatrische Klink. In: Schettler, Gotthard. (Hg.): Das Klinikum der Universität Heidelberg und seine Institute. Berlin, Heidelberg, New York, Tokio. S. 128 - 136.

Jahresbericht 1949 der Abtg. Sozialwesen des Magistrats von Groß-Berlin, Rep. 12, Acc. 902, Nr. 23.

Jaspers, K. (1950): Zur Kritik der Psychoanalyse. Nervenarzt, 21, S. 465 - 468.

Jensch, Nikolaus. (1949): Über psychogene Störungen der Kriegsgefangenschaft. Dtsch. Med. Wochenschrift, Nr. 12, S. 368 - 370.

Jones, E.(1934): I. Z. Psa. Korrespondenzblatt.

Jones, E. (1941): The psychology of quislingism. Int. J. Psychoanal., 22:1 - 12.

Jones, E. (1960): Das Leben und Werk von Sigmund Freud. Bd. I-III. Bern.

Jores, A. (1947/48): Um den Paragraphen 218. In: Hamburger Akademische Rundschau. Jg. 2, H. 1/2, 1947/48.

Kalus, F. (1949): Erfahrungen mit den neuzeitlichen Psychosebehandlungen. In: Psychiatrie, Neurologie und Med. Psycho., Leipzig, Bd. 1, S. 65 - 69.

Katzenstein-Sutro, E. (1947): Rez. Mitscherlich, A. (1945): Freiheit und Unfreiheit in der Krankheit. Heidelberg. In: Schweizer Archiv für Neurologie und Psychiatrie. Bd. LVIII, Zürich.

Kaul, F. K. (1973): Nazimordaktion T4. Volk und Gesundheit, Berlin.

Kemper, W. (1947): Bericht über den Stand der Psychotherapie in Berlin. Psyche, Bd. I, S. 156 - 159.

Kemper, W. (1947a): Der Patient schweigt. Psyche, Bd. I, S. 503 - 522.

Kemper, W. (1947b): Die Seelenheilkunde in unserer Zeit. Stuttgart.

Kemper, W. (1948, unv.): Bericht über den Londoner Congress on Mental Health vom 9. - 21.8.1948. K.A.

Kemper, W. (1973): Autobiographie. In: Pongratz, Psychotherapie in Selbstdarstellungen. Stuttgart, S. 259 - 345.

Keppler, L. (1989, unv.): Felix Schottlaender.

King, P. (1988): Sur les activités et l'influence des psychanalystes britanniques durant la Deuxième Guerre mondiale. In: Revue Internationale d'Histoire de la Psychanalyse, Presses Universitaires de France, Bd. 1.

King, P. (1989): Activities of British Psychoanalysts during the second world war and the influence of their inter-disciplinary collaboration in the development of Psychoanalysis in Great Britain. In: Int. Rev. Psycho-Anal. Bd. 16, S. 15 - 33.

Kloska, G. (1976, unv.): Rede anläßlich der Trauerfeier zum Tode von Margarete Seiff am 08.06.76.

Knight, R. P. (1953): The present status of organized psychoanalysis in the United States. J. Amer. Psychoanal. Ass., 1:197 - 221.

Krebs, M. (1981, unv.): Gespräch mit Paula Heimann. Jan. 1981. Tonbandaufnahme.

Krisch, H. (1936): Die Psychologie des Unbewußten von Carus. Ztblt. f. Psychoth., Bd. 9, H. 5, S. 283 - 290.

Kroug, W. (1951): Konfrontation mit dem Nichtkönnen. Psyche, Bd. V, S. 161 - 186.

Krovoza, A. u. Schneider, C. (1989): Psychoanalyse in Berlin und Heidelberg nach 1945. Zur Vorgeschichte des Sigmund-Freud-Instituts in Frankfurt. In: Bareuther, H. et al. (Hg.): Forschen und Heilen. Frankfurt a.M., S. 237 - 260.

Krumholz, W. (1969): Berlin-ABC. Berlin, München.

Kütemeyer, W. (1947): Paragr. 218. Psyche, Bd. 1, S. 543 - 559.

Lewin, B. (1949): Neurologisch-Psychiatrische Untersuchungen und Beobachtungen an deutschen Kriegsgefangenen in Ägypten 1941 — 47. In: Psychiatr., Neurol., u. Med. Psych. Bd. I, S. 230 - 235.

Limentani, A.(1989): The Psychoanalytic Movement during the years of the war (1939 — 1945): according to the Archives of the IPA. Int. Rev. Psycho-Anal. Bd. 16, S. 3-13.

Limentani, A. (1992): Aus dem Archiv. Internationale Psychoanalyse. Newsletter der Internationalen Psychoanalytischen Vereinigung. Winterausgabe.

Loch, W. (1983): A. Mitscherlich und die Renaissance der Psychoanalyse in der BRD. Psyche, Bd. 22, H. 4.

Lockot, R. (1985): Erinnern und Durcharbeiten. Zur Geschichte der Psychoanalyse und Psychotherapie im Nationalsozialismus. Frankfurt a.M.

Lockot, R. (1991): Die Nachwirkungen des Nationalsozialismus auf Gruppenbildungen der psychoanalytischen Organisation in Deutschland (1945 — 1951). In: Luzifer-Amor; Zeitschrift zur Geschichte der Psychoanalyse. 4. Jg., H. 7.

Lockot, R. (1994): Ein Versuch über die unbewußte Darstellung von Schuld und ihrer Abwehr — dargestellt am Beispiel der Deutschen Psychoanalytischen Gesellschaft. In: Luzifer-Amor; Zeitschrift zur Geschichte der Psychoanalyse. 7. Jg., H. 13.

Lohmann, H. M. (1987): Alexander Mitscherlich. Hamburg.

March, H. (1930): Gedanken über Religion. In: Ethik, 6. Jg., S. 33 - 36.

Meerloo, J. A. M. (1950): Die Atomfurcht. Psyche, Bd. IV, S. 81 - 91.

Meinertz, J. (1949): Rez. Mann, Th. (1948): Nietzsches Philosophie im Lichte unserer Erfahrung. Berlin. In: Psyche, Bd. III, S. 212 - 216.

Mette, A. (1934): Die tiefenpsychologischen Grundlagen des Tragischen, Apollinischen und Dionysischen. Berlin.

Mette, A. (1950): Umschau im Fachgebiet: Psychotherapie. In: Psychiatr., Neurol. u. Med. Psych., Bd. II, S. 158/159.

Mette, A. (1950): Rez. Schwarz, H. (1950): Ein Gutachten über die ärztliche Tätigkeit im sog. Erbgesundheitsverfahren. Med.-jur. Grenzfragen unter besonderer Berücksichtigung der Psychiatrie und Neurologie. H. 1. Halle. In: Psychiatrie, Neurologie und Med. Psycho. Bd. II, S. 317.

Mitscherlich, A. (1947): Vom Ursprung der Sucht. Eine pathogenetische Untersuchung des Vieltrinkens. Stuttgart, 1947.

Mitscherlich, A. (1947a): Aktuelles zum Problem der Verwahrlosung. Psyche, Bd. I, S. 103 - 118.

Mitscherlich, A. (1947b): Was ist Psychotherapie? Psyche, Bd. I, S. 455 - 460.

Mitscherlich, A. (1949): Rez. Zehnder, Max (1949): Psychochirurgie in USA. Schweiz. Med. Wochenschrft. 79, 9. Psyche, Bd. III, S. 691 - 692.

Mitscherlich, A. (1949a): Aus der 55. Tagung der Deutschen Gesellschaft für Innere Medizin in Wiesbaden. Psychosomatische Medizin. Schlußwort. Psyche, Bd. III, S. 391 - 398.

Mitscherlich, A. (1949b): Über die Reichweite psychosomatischen Denkens in der Medizin. Psyche, Bd. III, S. 342 - 398.

Mitscherlich, A. (1950/51): Kritik oder Politik? (Zu K. Jaspers: Zur Kritik an der Psychoanalyse), Psyche, Bd. IV, S. 241 - 254.

Mitscherlich, A. (1980): Ein Leben für die Psychoanalyse. Frankfurt.

Mitscherlich, A. (1982): Geschichtsschreibung und Psychoanalyse. Bemerkungen zum Nürnberger Prozeß (1945). 1. Schweizer Annalen, 1945, S. 604 - 613, 1. Jg.; 2. Die Fähre, 1946, S. 29 - 39; 3. Psyche, Bd. XII, S. 1082 - 1093.

Mitscherlich, A. u. Mielke, F. (1946): Das Diktat der Menschenverachtung. Eine Dokumentation. Heidelberg.

Mitscherlich, A. u. Mielke, F. (1978): Medizin ohne Menschlichkeit. Dokumente des Nürnberger Ärzteprozesses. Frankfurt a.M.

Mitscherlich-Nielsen, M. (1992): Erinnerungen an die Entwicklung der Psychoanalyse in Westdeutschland nach 1945. In: Psychoanalyse, Klinik und Kulturkritik, 46. Jg., März.

Moellenhoff, F. (1952): Rez. Weizsäcker, V. v. (1951): Der kranke Mensch. Stuttgart. In: Psyche, Bd. VI, H. 4, S. 42 - 45.

Mohr, W. (1950/51): Arbeitstagung der Deutschen Gesellschaft für Psychotherapie und Tiefenpsychologie, vom 15. - 18. September 1950. Psyche, S. 70 - 75.

Morrien, A. (1988): Interview mit Hans W. Richter 1951. In: Dichter und Richter. Die Gruppe 47 und die Nachkriegsliteratur. Akademie-Katalog, 151. Ausstellung v. 28.10. - 7.12.88.

Mühlleitner, E. (1992): Biographisches Lexikon der Psychoanalyse. Tübingen.

Mühlleitner, E. u. Reichmayr, J. (1993): The Exodus of Psychoanalysts from Vienna. In: Weibel, R./Stadler, F.: Vertreibung der Vernunft — The Cultural Exodus from Austria. Wien.

Müller-Braunschweig, C. (1929): Die Entstehung und Bedeutung des Schuldgefühls. S. 472 - 483: In: Ethik, Juli.

Müller-Braunschweig, C. (1933): Psychoanalyse und Weltanschauung. Reichswart, Aug.

Müller-Braunschweig, C. (1936): Die erste Objektbesetzung des Mädchens in ihrer Bedeutung für Penisneid und Weiblichkeit. Erweiterte Fassung seines am 16.02.1935 gehaltenen Vortrags zum 15-jährigen Bestehen des Berliner Psychoanalytischen Instituts. Int. Z. f. Psa., Bd. 22, H. 2.

Müller-Braunschweig, C. (1947): Prolegomena. Zum Grundriß einer praktischen und theoretischen Tiefenpsychologie. Psyche, Bd. I, S. 189 - 205.

Müller-Braunschweig, C. (1948, unv.): Skizzen der Geschichte der »Deutschen Psychoanalytischen Gesellschaft« von 1936 — 1947. (Bericht des Vorsitzenden auf der Generalversammlung vom 17. April 1948).

Müller-Braunschweig, C. (1949): Geleitwort des Herausgebers. In: Zeitschrift für Psychoanalyse unter Mitwirkung von Psychoanalytikern des In - und Auslandes. Bd. I, H. 1.

Müller-Braunschweig, C. (1949/50): Internationaler Psychoanalytischer Kongreß, Zürich. Zeitschrift f. Psychoanalyse, Bd. I, H. 2, S. 186 - 192.

Müller-Braunschweig, C. (1951, unv.): Kurzer Bericht über die Entwicklung und die Tendenzen der psychoanalytischen Forschung und Ausbildung in Deutschland ab 1933 bis zur Gegenwart. Juli 1951 an Glover.

Müller-Braunschweig, C. (1955): Margarete Steinbach, Madrid. Int. J. Psa. Vol. 36.

Muñoz, M. L. (1989): Contribucion a la historia del movimiento psicoanalitico en España: formacion de la Asociacion Psicoanalitica de Madrid. Revista de Psicoanalisis de Madrid, No. Extra.

Neiser, E. M. J. (1978): Max Eitingon. Leben und Werk. Diss. Mainz.

Nedelmann, C. (1984): Anlage 4 zum Protokoll der Mitgliederversammlung der DGPT vom 26.10.1984 in Lindau.

Neue Zürcher Zeitung (NZZ 1949): Nr. 219, 11.8.49 zu Blatt 2, 8.

Neue Zürcher Zeitung (NZZ 1949): Nr. 224, 16.08.49, Blatt 1.

Neumann, J. (1949): Zwei Neurosen in der Nachkriegszeit. Psyche Bd. III, S. 858 - 870.

Nobbe, H. (1951): Über eine Erweiterung der Aufgaben der Landesheilanstalten. In Psychiatr., Neurol. u. Med. Psych, Bd. III, S. 25 - 28.

Oberborbeck, K. (1994): Kinderanalyse im Umfeld des Berliner Psychoanalytischen Instituts. 1920 — 1933. Luzifer-Amor; Zeitschrift zur Geschichte der Psychoanalyse. 7. Jg. H. 13.

Oehme, C. (1949): Eröffnungsansprache. Aus der 55. Tagung der Deutschen Gesellschaft für Innere Medizin in Wiesbaden (25.04.49): Psyche, Bd. VIII.

Parin, P. (1949): Rez. Mitscherlich, A. (1947): Vom Ursprung der Sucht. Klett, Stuttgart. In: Schweizer Archiv für Neurologie und Psychiatrie. Bd. LXIII, Zürich, S. 426 f.

Payne, S. (1952): Obituary, Dr. John Rickman. J. Psa., Vol. 33, S. 54 - 60.

Peters, U. H. (1992): Psychiatrie im Exil. Die Emigration der dynamischen Psychiatrie aus Deutschland 1933 — 1939. Düsseldorf.

Pflanz, (1947): Rez. Reiwald, P. (1944): Eroberung des Friedens. Psychologische Grundlagen der neuen Gesellschaft. Zürich-New York, Europa Verlag. Psyche, Jg. 1, H. 4, S. 598 - 600.

Pfister, O. (1952): Karl Jaspers als Sigmund Freuds Widersacher. Psyche, Bd. VI, S. 241 - 275.

Platen-Hallermund, A. (1948): Berichte über den »International Congress on Mental Health«, London 11. — 21. Aug. 1948. III. Konferenz über Psychische Hygiene. Psyche, Bd. II, S. 473 - 480.

Plügge, H. (1947): Rez. De Quincey, Th. (1947): Bekenntnisse eines englischen Opiumessers. Fulda, Parceller & Co.(engl. Orginalausgabe, 1821) In: Psyche, Bd. I, 1947/48, S. 608 - 610.

Plügge, H. (1951): Über suizidale Kranke. Psyche, Bd. V, S. 433 - 450.

Psychotherapie, Neurologie und Medizinische Psychologie. Zeitschrift für Forschung und Praxis (1949): Hg.: Mette; unter besonderer Mitwirkung von Destunis, Düker, Ewald, Gottschaldt, Hellpach, Kemper, Köbcke, Pfeifer, Roggenbau, K. Schneider, Schultz-Hencke, Schwarz, Stender, Vogel und Wagner. Hirzel, Leipzig. Bd. 1.

Richter, H.-E. (1985a): Die Chance des Gewissens. Erinnerungen und Assoziationen, Hamburg.

Richter, H.-E. (1985b): Als Psychoanalytiker in der Friedensbewegung. Psyche, Bd. IV, S. 289 - 299.

Riemann, F. (1973): Fritz Riemann. In: Pongratz, Psychotherapie in Selbstdarstellungen. Stuttgart. S. 346 - 376.

Roellenbleck, E. (1947): Platonische Urworte über die Psychotherapie. Psyche, Bd. I, S. 3 - 5.

Roellenbleck, E. (1952): Rez. Dürckheim-Montmartin, Karlfried Graf von. Im Zeichen der großen Erfahrung.(1951): München-Plannegg. In: Psyche, Bd. VI, H. 8, S. 133 - 135.

Roggenbau, Ch. (1949): Über die Krankenbewegung an der Berliner Universitäts-Nervenklinik in den Jahren 1933 — 1945. Jg. 1, H. 5, S. 129 - 133.

Schacht, J. (1949): Rez. Hische, W. (1949): Psychologie und Gegenwartsmensch. Hannover. In: Psyche, Bd. III, S. 928.

Schacht, J. (1949a): Rez. Russell, B. (1937/47): Macht. Europaverlag/Zürich. In: Psyche, Bd. III, S. 942.

Schelkopf, A. (1969): Aspekte der Psychoanalyse. Fritz Riemann — Versuch einer Biographie. In Schelkopf/Ehlhardt (Hg.): Aspekte der Psychoanalyse, Göttingen.

Schiller, F. (1955): Die Teilung der Erde. In: Der ewige Brunnen. München.

Schottlaender, F. (1946): Die Mutter als Schicksal. Klett, Stuttgart.

Schottlaender, F. (1949): Rez. Simmel, E. (1946): Anti-Semitism. A Social Disease. New York. In: Psyche, Bd. III, S. 187 - 192.

Schottlaender, F. (1949a): Rez. Zbinden, H. (1947): Die Moralkrise des Abendlandes. Bern. In: Psyche, Bd. III, S. 204 - 207.

Schultz, J. H. (1964): Lebensbilderbuch eines Nervenarztes. Stuttgart.

Schultz-Hencke H. (1948): Das Deutsche Gesundheitswesen. Hg. von Deutsche Wirtschaftskommission für die sowjetische Besatzungszone. Berlin. Jg. 3., S. 604.

Schultz-Hencke, H. (1949): Der heutige Stand der »großen« Psychotherapie. Psychiatr., Neurol. u. Med. Psych. Leipzig, Bd. I, S. 244 - 249.

Schultz-Hencke, H. (1949a): La psychothérapie et la psychanalyse en Allemagne. In: Les Temps Modernes. Ed. Sartre. Aug. — Sept.

Schultz-Hencke, H. (1949b): 29 Thesen zum heutigen Stand der analytischen Psychotherapie. Der Nervenarzt, Bd. 20.

Schultz-Hencke, H. (1951): Lehrbuch der Analytischen Psychotherapie. Stuttgart.

Schultz-Hencke, H. (1953): Analytische Psychotherapie und Psychosomatik. Eine Erwiderung. Psyche, Bd. VI, S. 218 - 224.

Schwarz, H. (1949): Zur konvulsiven und operativen Therapie in der Psychiatrie. In: Psychiat., Neurol. u. Med. Psych., Leipzig, Bd. 1, S. 97 - 110.

Schwarzmann, (1949): Rez. Sachs, H. (1948): Marks of Love and Life. Cambr. In: Psyche, Bd. III, S. 644 - 646.

Seemann, W. (1950): Rez. Klebanow, D., Hegnauer, H. (1950): Zur Frage der kausalen Genese von angeborenen Mißbildungen. Med. Klinik. Nr. 38 u. 39. Psyche, Bd. IV, S. 284.

Seemann, W. (1950a): Rez. Schmitz, W. P. (1950): Der Heimkehrer und seine Beurteilung unter dem Aspekt psychosomatischer Wechselwirkung und vegetativer Dysregulationen. Med. Klinik, Nr. 41. Psyche, Bd. IV, S. 289.

Seemann, W. (1951): Psychotherapie für die Praxis. Bericht über den ersten Tag der Deutschen Therapiewoche 1951, 2. − 9. Sept. Psyche, Bd. V, S. 478 - 480.

Spengler, M. (1949): Rez. Bychowski, G. (1948): Dictators and Disciples, from Caesar to Stalin. New York. In: Psyche, Bd. III, S. 209 - 211.

Sroka, K. (1947/48): Die Schwangerschaftsunterbrechung und der Paragr. 218. In: Hamburger Akademische Rundschau. Jg. 2, H. 1/2.

Steiner, R. (1989): 'It is a new kind of diaspora ...' Int. Rev. Psycho-Anal., Bd. 16, S. 35 - 78.

Thorwald, J. (1960): Die Entlastung. Das Ende des Chirurgen Ferdinand Sauerbruch. Stuttgart.

Tiling, E.: Wandlung und Entwicklung in einer Umbruchszeit. Leben eines baltischen Nervenarztes (ca. 1970, unv.). Privatdruck.

Weigert, E. (1952): Die Entwicklung der psychoanalytischen Ausbildung in den USA. Psyche, Bd. VI, S. 632 - 640.

Wein, M. (1988): Die Weizsäckers. Geschichte einer deutschen Familie. Stuttgart.

Weiss, E. (1952): Rez. Schultz-Hencke, H. (1951): Lehrbuch der Analytischen Psychotherapie. Stuttgart. Psyche, Bd. VI, H. 8, S. 81 - 93.

Weizsäcker, V. v. (1947): »Euthanasie« und Menschenversuche. Psyche, Bd. I, S. 68 - 102.

Weizsäcker, V. v. (1949): Psychosomatische Medizin. Psyche, Bd. III, S. 331 - 341.

Weizsäcker, V. v. (1977): Natur und Geist. München.

Wistrich, R. (1983): Wer war wer im dritten Reich. München.

Wyss, D. (1951): Rez. Frankl, V. (1949): Der unbedingte Mensch. Wien. Psyche, Bd. V, H. 4, S. 32 - 35.

Wyss, D. (1977): Die tiefenpsychologischen Schulen von den Anfängen bis zur Gegenwart. Entwicklung, Probleme, Krisen. Göttingen.

Zinkin, J. (1954): Rez. Schultz-Hencke, H. (1952): Das Problem der Schizophrenie: Analytische Psychotherapie und Psychose. Stuttgart. In: Psychoanalyt. Review, 41.

Archive:

B.A.	Bundesarchiv Koblenz
Brit.A.	British-Archives
K.A.	Alfred Köhler Archiv
M.A.	Mitscherlich Archiv
Mü-Br.A.	Müller-Braunschweig-Archiv
ZSDDR	Zentrales Staatsarchiv der (Ex)DDR Potsdam

Bildnachweise:

Personenregister

Abraham, Karl 27, 28, 44, 45, 165, 176, 251, 316
Achelis, Werner 83, 240, 252
Achelis-Lehbert, Elly 252
Adler, Alfred 45, 77, 94, 95, 102, 122, 160, 169, 227, 282
Aichhorn, August 116, 129, 179, 205, 243, 266
Alexander, Franz 28, 146, 147, 149, 214, 237, 239, 250, 257, 269, 297
Allport, Gordon William 214
Andreas-Salomé, Lou 132
Argelander, Hermann 287
Ash, Mitchel 19, 39
Auchter, Wolfgang 286
Aufreiter, Hans oder Friedl 209
Aumüller, Anneliese 120

Bach, Helmut 19, 253, 359
Bader, Karl 71
Baker, H. 91
Baechler, J. 71
Balint, Michael 209, 264
Bally, Gustav 16, 17, 51, 70, 83, 84, 132, 135, 137, 140, 155, 156, 179, 203, 221, 264, 265, 268, 277, 302, 303, 324
Bally, Hanni 17
Bartemeier, Leo 220, 229, 239, 246
Baudert, Annette 124
Bauer, K. H. 175
Baumeyer, Franz 118, 177, 217, 234, 247, 249, 250, 251, 252, 253, 255, 259, 260, 261, 284
Beck, Ludwig 67
Becker, Hellmut 11, 18
Becker, H. 75, 293
Becker, Werner F. 262
Beese, Friedrich 18
Behn-Eschenburg, Hans 141
Benedek, Therese 39, 158, 228, 239, 297

Benjamin, Ann od. John (unklar) 269
Berger, Falk 137, 278
Bergmann, Gustav, v. 257
Bergmann, T. 194, 196
Berna, Jacques 269
Bernfeld, Siegfried 12, 37, 90
Bibring, Eduard 128, 229, 251
Bibring, Grete 269
Biermann, Gerd 176
Bilz, Rudolf 80
Binder, Hans 303
Bingel, A. 294
Binger, Carl 214, 269
Bini, Lucio 294
Binswanger, Ludwig 264, 303, 310
Bion, Wilfried 177, 202, 289
Bitter, Wilhelm 130, 148, 158, 206, 213, 228, 260, 275, 276, 282
Bleuler, Manfred 187, 304
Blitzsten, Lionel 215
Bloch 124
Bluhm, Kilian 189, 225
Boeck 203
Boehm, Felix 23, 28, 29, 34, 35, 36, 37, 38, 40, 41, 42, 43, 44, 45, 46, 47, 48, 49, 50, 51, 52, 53, 54, 58, 60, 81, 91, 93, 98, 103, 104, 105, 106, 109, 110, 113, 115, 118, 125, 126, 142, 143, 182, 189, 190, 192, 193, 198, 199, 200, 207, 213, 217, 228, 231, 235, 237, 247, 249, 251, 252, 253, 254, 263, 289, 314, 315, 316, 317, 318, 319, 323, 324
Böhlendorf, Ina 17, 213, 228
Bomhard, K. v. 40
Bonaparte, Marie 214, 223, 225
Bonhoeffer, Karl 73
Bonin, W. 173
Boor, Clemens de 176
Borchert, Wolfgang 188

Lewin, Bruno 74
Liebeck, (Kirschner) Lotte 39, 263
Liebermann, Kurt 114
Limentani, Adam 208, 209, 210, 215
Lindenberg, Wladimir 115, 294
Linser, Karl 291
Loch, Wolfgang 326
Lockot, Regine 36, 44, 55, 56, 63,
    67, 118, 119, 131, 162, 177, 190,
    196, 290, 317
Lohmann, Hans-Martin 136, 159,
    175

Maeder, Alphonse 141
Maetze, Gerhard 253
Maetze, Sigrid 245
Maetze, Maximilian
Mann, Thomas 163
March, Hans 100, 107, 110, 111,
    235, 237, 242, 243, 247, 251, 252,
    321
March, Wolfgang 100
Marcondes, Durval 209
Margolin, G. 269
Martini, P. 267
Marx, Karl 194, 227
Matussek, Paul 293
Mauz, Friedrich 75, 184, 310
Mayer-Gross, W. 291
Mead, Margaret 185
Meerloo, Joost Abraham Maurits 317
Meggendorffer, Friedrich 294
Meier, C. A. 319
Meinertz, J. 163
Meng, Heinrich 119, 128, 149, 307
Menninger, Karl 183, 188
Mette, Alexander 77, 91, 110, 111,
    112, 114, 115, 216, 284
Meyer, Luise 18, 21, 63, 64, 65, 71,
    77, 83, 89, 93, 97, 100, 103, 110,
    112, 124, 178, 212, 252, 281
Michaelis, W. 119
Michel, Ernst 135, 214, 282
Mielke, Fred 163, 264, 267
Mitchell, T. W. 201
Mitscherlich, Alexander 21, 22, 23,
    24, 25, 70, 80, 81, 82, 83, 84, 90,
    92, 107, 117, 126, 127, 130, 131,

132, 133, 134, 135, 136, 137,
138, 139, 140, 141, 142, 143,
144, 145, 147, 150, 151, 152,
153, 154, 155, 157, 158, 159,
160, 161, 162, 163, 166, 167,
168, 171, 172, 173, 174, 175,
176, 178, 203, 204, 205, 206,
207, 213, 214, 215, 221, 228,
229, 253, 259, 264, 265, 266,
267, 268, 269, 270, 271, 272,
273, 274, 275, 276, 277, 278,
279, 280, 281, 282, 292, 295,
297, 298, 299, 301, 302, 318, 326
Mitscherlich, Malte 138
Mitscherlich-Nielsen, Margarete 17,
    176, 264
Moellenhoff, Fritz 298
Moniz, Egas 290
Morgan, Irmgart 287
Moritz, Eva 120
Morrien, A. 322
Mühlleitner, Elke 39, 208, 224
Müller, Max 38, 51, 55, 308
Müller-Braunschweig, geb. Schott
    Ada 13, 63, 86, 119, 120, 188,
    192, 196, 213, 221, 232, 245,
    246, 252, 286
Müller-Braunschweig, Hans 63
Müller-Braunschweig, Carl 13, 14,
    16, 17, 22, 23, 24, 27, 34, 35, 36,
    37, 38, 41, 47, 48, 49, 50, 51, 53,
    54, 55, 58, 60, 68, 83, 86, 88, 89,
    90, 91, 92, 93, 96, 97, 99, 100,
    101, 102, 103, 104, 105, 106,
    107, 110, 111, 112, 113, 114,
    115, 116, 117, 118, 120, 125,
    126, 137, 155, 177, 178, 179,
    180, 181, 182, 183, 188, 189,
    192, 193, 196, 198, 199, 200,
    204, 205, 207, 210, 211, 213,
    214, 215, 216, 217, 218, 219,
    221, 222, 223, 224, 227, 228,
    229, 231, 232, 233, 234, 235,
    236, 237, 238, 239, 243, 244,
    245, 246, 247, 248, 249, 250,
    251, 252, 253, 259, 263, 276,
    277, 278, 279, 280, 282, 284,
    287, 298, 313, 314, 316, 317,

Schneider, Kurt 134, 167, 168, 172, 251, 252, 253
Schneider, Lambert 159
Schneider-Kassel, Hans 113, 251
Schnurre, Wolfdietrich 188
Schottlaender, Eva 17
Schottlaender, Felix 17, 22, 23, 24, 25, 80, 83, 84, 91, 92, 93, 107, 126, 127, 128, 129, 130, 134, 135, 136, 137, 138, 139, 140, 141, 142, 143, 144, 145, 147, 148, 150, 151, 152, 153, 154, 155, 157, 158, 159, 160, 161, 163, 168, 171, 172, 175, 176, 178, 184, 203, 204, 205, 207, 208, 214, 228, 252, 256, 265, 266, 267, 268, 269, 270, 272, 273, 274, 275, 276, 318, 319, 326
Schröder, Louise 90
Schröter, Michael 19, 261
Schulte, W. 184
Schultz, Johann Heinrich 126, 137, 198, 241
Schultz-Hencke, Harald 16, 17, 21, 22, 23, 24, 28, 29, 30, 31, 32, 33, 34, 35, 49, 57, 58, 60, 82, 90, 91, 92, 93, 94, 95, 96, 97, 99, 100, 101, 102, 103, 104, 105, 107, 108, 110, 111, 112, 113, 114, 115, 118, 119, 121, 122, 124, 125, 126, 161, 177, 178, 182, 187, 188, 198, 199, 211, 213, 215, 216, 217, 218, 219, 220, 221, 223, 224, 225, 226, 227, 229, 231, 232, 233, 234, 235, 236, 237, 238, 239, 240, 241, 242, 242, 246, 247, 248, 249, 250, 251, 252, 253, 256, 257, 259, 260, 261, 262, 263, 277, 278, 280, 282, 284, 293, 298, 308, 313, 317, 318, 319, 322, 323, 324, 326
Schwarz, Hanns 77, 292, 293, 294
Schwarzmann 315
Schwidder, Werner 237, 259
Scott, Walter 162, 185
Sechehaye, M. A. 258
Seemann, Walter 66, 70, 72, 76, 176, 269, 297
Seif, Leonhard 131, 282

Seiff, Margarete 113, 213, 216, 237, 247, 251
Seitz, Walther 308
Servadio, Emilio 209
Siebeck, Richard 171
Silbermann, Isidor 225
Simenauer, Erich 13, 15
Simmel, Ernst 12, 34, 37, 163, 181, 182, 316, 318, 319
Sommer, Robert 76
Sommer, W. 176, 269
Spaulding, Irving, A. 239
Speer, Ernst 260, 293
Spengler, Martha 163
Spranger, Eduard 187
St(a)ehr, Virgo v. 120
Staabs, Gertrud v. 177
Staehelin, J. E. 308
Staudte, Anny 97, 213, 252
Stauffenberg, Claus Graf Schenk v. 67
Steck, H. 309
Steger, Max 92
Steinbach, Margarete 23, 189, 197, 198, 199, 200, 213, 245, 251, 252
Steiner, Riccardo 34, 36, 39, 45, 49, 56
Stekel, Wilhelm 109
Sterba, Richard 268
Stern, Adolph 225
Stern, Hugo 163
Sternberger, Dolf 159
Sterren, van de, H. A. 209
Storfer, A. J. 128
Sugar, Milkos 209
Sullivan, Harry Stuck 258
Sydow, Eckard v. 110
Sylvester, Emmy 269

Tann, Mathias von der 119
Thorwald, Jürgen 67, 239
Tiling, Erich 109
Tittel, H. 194
Tömmel, Sieglinde E. 219, 224
Tonnesmann, M. 215
Tosquelles, F. 289
Trüb, H. 266
Trüb-Wolf, Susi 273